Eigentum und Verfügungsbefugnisse am menschlichen Körper und seinen Teilen

Recht und Medizin

Herausgegeben von den Professoren
Dr. Erwin Deutsch, Dr. Bernd-Rüdiger Kern, Dr. Adolf Laufs, Dr. Hans Lilie,
Dr. Andreas Spickhoff, Dr. Hans-Ludwig Schreiber

Bd./Vol. 107

PETER LANG
Frankfurt am Main · Berlin · Bern · Bruxelles · New York · Oxford · Wien

Dörte Busch

Eigentum und Verfügungsbefugnisse am menschlichen Körper und seinen Teilen

PETER LANG
Internationaler Verlag der Wissenschaften

Bibliografische Information der Deutschen Nationalbibliothek
Die Deutsche Nationalbibliothek verzeichnet diese Publikation in der Deutschen Nationalbibliografie; detaillierte bibliografische Daten sind im Internet über http://dnb.d-nb.de abrufbar.

Zugl.: Halle-Wittenberg, Univ., Diss., 2010

Gedruckt auf alterungsbeständigem,
säurefreiem Papier.

3
ISSN 0172-116X
ISBN 978-3-631-63042-6

www.peterlang.de

Vorwort

Die vorliegende Arbeit lag der Juristischen Fakultät der Martin-Luther-Universität Halle-Wittenberg im Sommersemester 2010 als Dissertation vor. Das Manuskript wurde im Dezember 2008 abgeschlossen, so dass später erschienene Literatur für die Veröffentlichung nur in Teilen Berücksichtigung finden konnte. Danken möchte ich meinem verehrten Doktorvater, Herrn Prof. Dr. Hans Lilie, der mir mit Rat und Tat zur Seite stand, mir alle wissenschaftliche Freiheiten ließ und durch dessen Anregungen diese Arbeit gedeihen konnte. Mein Dank gilt ferner Frau Prof. Dr. Katja Nebe für die schnelle Zweitkorrektur meiner Arbeit und ihre aufmunternde Unterstützung.

Zu dem Entstehen und Gelingen dieser Arbeit haben viele liebe Menschen beigetragen, denen ich an dieser Stelle von Herzen danken möchte. Zu allererst sind hier meine Eltern zu nennen, die meine Neugier an den Naturwissenschaften geweckt und gefördert und mich bei all meinen Schritten begleitet haben. Was wären die langen Samstage in der Bibliothek und im Institut für Anwaltsrecht an der HU zu Berlin ohne Mareike Schmidt und Karl-Michael Schmidt gewesen. In endlosen Diskussionen durfte ich meine Thesen mit ihnen erörtern und bin ihnen für die vielen wertvollen Anregungen, die sie mir gegeben haben, sehr dankbar. Nicht unerwähnt darf meine Frankfurter Kollegin, Frau Rechtsanwältin Henriette Marcus, bleiben, ohne deren Korrekturlesen und Hinweise diese Arbeit sicherlich sehr viel später eingereicht worden wäre. Last but not least sei meiner Kollegin, Frau Rechtsanwältin Esther Meyer, gedankt, die mir im Büro immer den Rücken freigehalten und mich mit viel Humor unterstützt und fürs Rigorosum gedrillt hat.

Inhaltsverzeichnis

Einleitung

Der menschliche Körper steht im Zentrum des Interesses der verschiedenen Wissenschaftsdisziplinen. Während die Fortschritte auf den naturwissenschaftlichen Gebieten, der Biologie, Chemie, Physik und Medizin immer neue Erkenntnisse über den menschlichen Körper, seine Funktionen und sein Genom zu Tage bringen und geradezu ein weltweites Tauziehen und Ringen um die Entwicklung neuer Therapieansätze stattfindet, versuchen die anderen Wissenschaften Schritt zu halten – was ihnen jedoch nicht so ganz gelingen will. Die Vertreter der Philosophie, Soziologie, Religionswissenschaft und nicht zuletzt der Rechtswissenschaft sind bemüht, den medizinischen Entwicklungen einen gesellschaftsfähigen Rahmen zu geben, bestimmte Entwicklungen zu fördern und wiederum andere zu reglementieren.

Was ist nun dieser menschliche Körper – was macht ihn zu einer so wertvollen Ressource, dass die verschiedenen Wissenschaftszweige miteinander um seine Einordnung und die Rechte an ihm ringen und wetteifern?

Der menschliche Körper auch als Sitz der Seele und einzigartige menschliche Hülle bezeichnet, ist quantitativ ausgedrückt nichts anderes als ein Gemisch aus: 40 Kilo Sauerstoff, 20 Kilo Kohlenstoff, 7 Kilo Wasserstoff, 3 Kilo Stickstoff, 2 Kilo Kalzium, 1 Kilo Phosphor und 2 Kilo verschiedener anderer Substanzen.[1] Während dieses Stoffgemisch vor wenigen Jahren bzw. Jahrzehnten nichts bzw. sehr wenig wert war, hat sich auf Grund der rasanten Fortschritte und Entwicklungen auf dem Gebiet der Biomedizin und Biotechnologie ein blühender Markt etabliert,[2] dessen Nachfrage nach Geweben und Organen kaum befriedigt werden kann. Unsere Körper, Körperteile und Körperprodukte haben einen Wert erhalten, der sich von traditionellen Wertkonzeptionen unseres Körpers vehement unterscheidet.[3]

Mit eben diesem Spannungsverhältnis von Angebot und Nachfrage menschlicher Gewebe und Organe, den sie begleitenden vielschichtigen Interessen der „Gewebespender“,[4] den entnehmenden Institutionen, verarbeitenden Ärzten,

---

1 Dies ist die stoffliche Zusammensetzung eines 75 kg schweren Menschen, so *Bankl*, Im Rücken steckt das Messer, S. 122.

2 *Kimbrell*, Ersatzteillager Mensch, S. 13.

3 *Quigley*, Property and the body: Applying Honoré, J Med Ethics 2007; 33: 631-634, S. 631.

4 Unter dem Begriff „Gewebespender“ werden alle Menschen zusammengefasst, denen Gewebe, Körperflüssigkeiten und Organe zu diversen Zwecken entnommen werden, sei es zu therapeutischen oder diagnostischen Zwecken.

Laboren und Industriezweigen wie auch den zukünftigen Empfängern und der rechtlichen Einordnung der einzelnen Schritte der Entnahme- und Verarbeitungskette beschäftigt sich die vorliegende Arbeit. Die rechtliche Verortung der Rechte, Pflichten und Ansprüche der einzelnen Beteiligten kann jedoch nicht im luftleeren Raum erfolgen. Die neue wertvolle Ressource „menschlicher Gewebe und Organe" erhält ihr Gesicht erst im Zusammenspiel der einzelnen Disziplinen: Medizin, Philosophie, Religion, Biowissenschaften und Ethik. Denn, parallel zum medizinischen Fortschritt haben das allgemeine Verständnis und das Selbstverständnis des menschlichen Körpers in den letzten Jahrhunderten einen stetigen Wandel erfahren.

Ein häufig anzutreffendes Bild ist das des menschlichen Körpers als Maschine. Im Grossen Vollständigen Universal-Lexicon aller Wissenschaften und Künste von 1739 ist der menschliche Körper noch wie folgt erklärt: „Menschliche Maschine, Machina humana, oder der menschliche Cörper, ist der andere wesentliche Theil des Menschen, und ist eine sehr künstliche, dabey aber auch der Veränderung und Fäulniß leicht unterworfene Maschine [...]."[5]

Der Körper eines Lebendigen wird von Leibniz beschrieben als eine Art göttliche Maschine oder natürlicher Automat, der alle künstlichen Automaten in unendlichem Maße übertrifft.[6]

Der französische Wissenschaftler und Philosoph René Descartes stellt sich in der ersten Hälfte des 17. Jahrhunderts vor, „dass der Körper nichts anderes sei als eine Statue oder Maschine aus Erde, die Gott gänzlich in der Absicht formt, sie uns so ähnlich wie möglich zu machen und zwar derart, dass er ihr nicht nur äußerlich die Farbe und die Gestalt all unserer Glieder gibt, sondern auch in ihr Innerstes all jene Teile legt, die notwendig sind, um sie laufen, essen, atmen, kurz all unsere Funktionen nachahmen zu lassen, von denen man sich vorstellen könnte, dass sie aus der Materie ihren Ursprung nehmen [...]."[7]

Auch in der Medizin kann man sich mitunter des Eindrucks nicht erwehren, dass der Patient im Rahmen der Behandlung auf seinen Körper bzw. den Probleme machenden Körperteil – ähnlich einer defekten und zu reparierenden Maschine – reduziert wird. Wurde in den Anfängen der Medizin der Körper noch als Einheit und zum Individuum gehörend angesehen und der ganze Mensch therapiert, so hat sich im Laufe der medizinischen Entwicklung der Fokus vom Menschen als Gesamtheit von Körper und Seele auf den Körper als Sache verschoben, deren Teile nach Bedarf repariert und ausgetauscht werden können. Nicht selten wer-

5 *Zedler,* Grosses Vollständiges Universal-Lexicon Aller Wissenschaften und Künste, Bd. 20, Sp. 809.

6 http://www.zum.de/Faecher/D/BW/gym/Buechner/determini_2.htm.

7 *Scharlau*, Mensch und Maschine, http://www.uni-bielefeld.de/psychologie/ae/Ae01/hp/scharlau/mum.htm.

den die entnommenen Körpermaterialien von den Medizinern und Forschern als „Gebrauchsgegenstände" aufgefasst, denen seitens der Patienten bzw. „Spender"[8] kein Wert zugemessen werde. Entsprechend wird zu großen Teilen immer noch selbstverständlich davon ausgegangen, dass die Patienten mit dem Zurücklassen ihrer Körpermaterialien, seien sie nun zu Diagnose- oder Therapiezwecken entnommen, jegliche Rechte an ihnen aufgeben[9], da sie für sie wertlos seien bzw. sie nicht für deren Entsorgung verantwortlich sein wollen[10].

Im Kontrast hierzu steht die – von der Allgemeinheit kaum angezweifelte – These, jeder Mensch gehöre sich selbst und könne über seinen Körper autonom bestimmen.[11] Richtig ist diese Annahme für die Frage der Zulässigkeit der Entnahme von Körpersubstanzen und Materialien. Ohne aufgeklärte Einwilligung ist jeder medizinische Eingriff unzulässig und erfüllt den Tatbestand einer Körperverletzung[12]. Ob diese Annahme jedoch auch für die Weiterverwendung entnommener Körpermaterialien für weitere Zwecke wie Forschung und Therapie Dritter ohne Kenntnis und Einwilligung ihres ehemaligen Trägers gilt, ist im Rahmen dieser Arbeit zu klären. Dies gilt insbesondere vor dem Hintergrund der Frage, ob die Körpermaterialien angesichts der gestiegenen Nachfrage und immer neuer Einsatzmöglichkeiten nicht bereits zu wertvoll sind, um sie einfach zu entsorgen, sprich, ob nicht vielleicht sogar von einer „Sozialpflichtigkeit" des Körpers[13]auszugehen ist, die uns verpflichtet, die Weiterverwendung der uns entnommenen Körpersubstanzen zum Wohle Dritter ungefragt hinzunehmen.

Diese Fragen sind nicht zuletzt das Resultat der rasanten medizinischen Entwicklungen. Neue Organspendepraktiken und die Hingabe von Gewebe und Gameten zu Forschungszwecken haben den menschlichen Körper in eine Ressource von Wert für den Patienten, die Forscher und Ärzte verwandelt.[14]

---

8 Der Begriff des Spenders wird an dieser Stelle lediglich zur terminologischen Vereinfachung benutzt und umfasst auch diejenigen Menschen, die mangels Kenntnis von der Weiterverwendung der ihnen entnommenen Körpermaterialien keinen Spenderwillen im eigentlichen Sinne formen konnten.

9 *ZEK BÄK*, Stellungnahme zur (Weiter-)Verwendung von menschlichen Körpermaterialien für Zwecke medizinischer Forschung (20.02.2003), E. I. 1., S. 5.

10 *Schröder/Taupitz*, Menschliches Blut verwendbar nach Belieben des Arztes?, S.85f. Die Autoren argumentieren dahingehend, dass der Patient beim Zurücklassen seiner Materialien eine konkludente Übereignungsofferte abgibt, da er keinesfalls die ihm entnommenen Materialien zurückhaben möchte, noch für deren Entsorgung verantwortlich sein will und somit kein weiteres Interesse an ihnen hat.

11 *Herrmann*, Self-Ownership, S. 277.

12 *Martis/Winkhart*, Arzthaftungsrecht, A 507 m.w. Rechtssprechungsnachweisen.

13 *Herrmann*, Self-Ownership, S. 277.

14 *Campbell*, Body, Self and the Property Paradigm, Hastings Center Report, Vol. 22 No 5, 34-42, S. 35.

Dieses Netz an unterschiedlichen, zum Teil widerstreitenden Interessen gilt es aufzulösen, die Rechte und Pflichten der Beteiligten zu definieren. Hinter der biomedizinischen Entwicklung kann und darf die rechtliche Bewertung und Einordnung des menschlichen Körpers nicht unreflektiert zurückbleiben. Mit den immer neuen Möglichkeiten des Einsatzes von Körpermaterialien gewinnt die Frage der rechtlichen Einordnung dieser Materialien und der damit einhergehenden Rechte und Pflichten der Beteiligten an Brisanz.

Dreh- und Angelpunkt dieser Arbeit ist die Frage, inwiefern die bestehenden rechtlichen Rahmenbedingungen den heutigen Bedürfnissen und Erwartungen in Bezug auf die eigenen und abgeleiteten Verfügungsrechte über den menschlichen Körper und seine Teile noch gerecht werden. In einem zweiten Schritt werden die aufgezeigten Systemfehler und Rechtslücken daraufhin überprüft, welche Regelungen geschaffen werden müssen, um die Rechtslage den veränderten Gegebenheiten anzupassen.

Verlauf der Arbeit

Angesichts der heutigen medizinischen und biotechnischen Möglichkeiten wie der Blut-, Plasma- oder Organspende steht nicht mehr außer Frage, dass der Mensch Verfügungen über seinen Körper und dessen Teile treffen kann und auch trifft. Fraglich ist allerdings, welches Ausmaß diese Verfügungsmacht einnehmen soll und inwieweit die Annahme der Sacheigenschaft und Eigentumsfähigkeit des Körpers und seiner Organe denknotwendige Voraussetzung für die Ausübung der Verfügungsmacht sind. Eines ist den in Rechtsprechung und Literatur erörterten und vertretenen, zum Teil sehr verschiedenen, Erklärungsmodellen zum rechtlichen Status des menschlichen Körpers und seiner Materialien gemeinsam, nämlich das Bestreben dem Körperinhaber umfassende Verfügungsrechte wo möglich und umfassenden Schutz wo nötig, zukommen zu lassen. Inwiefern dieses gelingt und an welchen Stellen noch Nachbesserungsbedarf besteht, soll in den folgenden Kapiteln untersucht und dargestellt werden.

1. Kapitel

Zu Beginn wird ein kurzer Überblick über den Status des menschlichen Körpers und der von ihm getrennten Teile in Sprache, Religion, Philosophie und Medizin gegeben. Im Anschluss werden die in Literatur und Rechtsprechung vertretenen Konzepte zum Status des menschlichen Körpers und seiner Materialien in ihren Details dargelegt. Hierzu werden in Bezug auf den menschlichen Körper der sachen- und der personenrechtliche Ansatz und in Bezug auf die Körpermaterialien der sachen- und persönlichkeitsrechtliche Standpunkt, die Überlagerungsthese und der fortentwickelte sachenrechtliche Ansatz erörtert und einander gegenübergestellt.

2. Kapitel

Nachdem der rechtliche Status vom Körper getrennter Materialien geklärt ist, werden an dieser Stelle in einem ersten Schritt die Voraussetzungen an die Entnahme von Körpermaterialien im Hinblick auf Aufklärung und Einwilligung des Patienten erörtert. In einem zweiten Schritt wird nachfolgend geprüft, inwiefern eine über den ursprünglichen Entnahmezweck hinausgehende Verwendung der entnommenen Körpermaterialien von der Einwilligung zur Entnahme gedeckt ist. Erörtert werden insbesondere die Szenarien, in denen dem Patienten im Rahmen medizinischer Eingriffe zum Beispiel Blut oder Gewebe zu Diagnose oder Therapiezwecken entnommen wird, dieses nach Gebrauch aber nicht vernichtet, sondern vielmehr aufbewahrt und der Forschung zugänglich gemacht wird. So soll geklärt werden, inwiefern die Einwilligung zur Entnahme der Körpermaterialien auch die Einwilligung zu deren Vernichtung nach Erreichen des Entnahmezwecks umfasst oder auch darüber hinausgehende Verwendungen wie zum Beispiel die Verwendung zu laborinternen Kontrolluntersuchungen und nicht zuletzt deren Einsatz in Forschungsvorhaben.

3. Kapitel

Im dritten Kapitel werden mögliche Einsatzfelder für die Nutzung menschlicher Materialien in Medizin und Biotechnik aufgezeigt und anhand der einzelnen Verwendungsformen die Interessen der beteiligten Parteien wie „Körpermaterialspender", Arzt, Forscher und Allgemeinheit an diesen Materialien erarbeitet und in Beziehung gesetzt.

Aufgrund der Häufigkeit ihrer Verwendung werden Blut, Knochenmark, Organe und Gewebe näher auf ihre medizinischen Einsatzmöglichkeiten und den rechtlichen Schutz der Spender bzw. Patienten vor deren Weiterverwendung untersucht. Wegen ihres besonderen Stellenwertes und Ansehens in der Gesellschaft werden ferner Nabelschnurblut, die Plazenta und Embryonen in-vivo als auch in-vitro in die Betrachtungen mit aufgenommen. Für diese Materialien wird das bestehende rechtliche Regelwerk vorgestellt und darauf überprüft, inwiefern es die Interessen und Rechte der Beteiligten korrekt abbildet bzw. an welchen Stellen es weiterer Regelungen zum Schutz der ehemaligen Körpermaterialträger bedarf.

4. Kapitel

Im abschließenden Kapitel werden die Ergebnisse der Arbeit vorgestellt und Lösungsvorschläge bezüglich der Umsetzung der Informationserfordernisse bezüglich der Weiterverwendung entnommener Körpermaterialien in Aufklärungsbögen und Einverständniserklärungen unterbreitet.

Kap. I – Rechte am menschlichen Körper und seinen Substanzen

Zur Bestimmung der möglichen Rechtsinhaber und der sie flankierenden Rechte am menschlichen Körper und seinen Teilen ist auf das allgemein zivilrechtliche System zurückzugreifen. Danach werden heute Bestimmungsrechte entweder sachenrechtlich oder personenrechtlich begründet.[15]

Die sachenrechtlichen Herrschaftsbefugnisse gewähren dem Eigentümer mit Einschränkungen[16] das Recht, nach Belieben mit seinem Eigentum zu verfahren,[17] es zu nutzen, zu verwerten oder auch zu zerstören.

Den sachenrechtlichen Herrschaftsbefugnissen stehen die personenrechtlichen Direktionsbefugnisse gegenüber. Von den antiken Philosophen ausgehend, bis zu den Vertretern der Aufklärung, August Friedrich Müller und insbesondere Immanuel Kant, hat das Recht der Selbstbestimmung des Individuums immer mehr an Bedeutung gewonnen und den Menschen und seine Bestimmung als Selbstzweck anerkannt.[18] Nicht zuletzt die Erfahrungen der Antike, in der Sklaven als „Sache" der fast uneingeschränkten Verfügungsgewalt des Eigentümers ausgesetzt waren, haben den Gesetzgeber dazu bewogen, sich im Grundgesetz mit verfassungsrechtlicher Verbindlichkeit zur Unantastbarkeit der Menschenwürde in Art. 1 Abs. 1 GG zu bekennen.[19] Dieser grundlegenden Wertentscheidung kommt insofern besondere Bedeutung zu, als sie bei der Anwendung aller Rechtsnormen zu beachten ist.[20] Unter dem Begriff der Menschenwürde ist der Eigenwert zu verstehen, der dem Menschen um seiner selbst und nicht um anderer Güter und Zwecke willen zukommt. Auf den Punkt gebracht wird der Menschenwürdebegriff in der „Formel": Der Mensch dürfe nicht zum Objekt, zum bloßen Mittel und damit zur vertretbaren Größe herabgewürdigt werden.[21]

---

15 *Brohm*, Forum: Humanbiotechnik, Eigentum und Menschenwürde, JuS 1998, 197-205, S.197.

16 Mögliche Einschränkungen können sich aus Gesetz und den berechtigten Interessen Dritter ergeben.

17 Siehe die Regelungen des § 903 BGB.

18 *Brohm*, Forum: Humanbiotechnik, Eigentum und Menschenwürde, JuS 1998, 197-205, S.198.

19 Dreier/*Dreier*, Vorb. zur Art. 1 Rdnr. 2, Art. 1 I Rdnr. 139.

20 *BK/Zippelius*, Artt. 1 u. 2 GG, Rdnr. 30.

21 BVerfGE 45, S. 187 (228); *Starck* in v. Mangoldt/Klein/Starck, Art. 1 Abs. 1, Rdnr. 17; Dreier/*Dreier*, (die Objektformel kritisch betrachtend) Art. 1 I, Rdnr. 53; Sachs/*Höfling*, Art. 1, Rdnr. 15; *Hofmann* in Schmidt-Bleibtreu/Hofmann/Hopfauf, Art. 1, Rdnr. 7; Maunz/Dürig/*Herdegen*, Art. 1, Abs. 1, Rdnr. 33; *Kunig* in v. Münch/Kunig, Art. 1, Rdnr. 22; *Jarass* in Jarass/Pieroth, Art. 1 Rdnr. 6.

Folgerichtig kommt Brohm zu dem Schluss, dass die Wertentscheidung des Art. 1 Abs. 1 GG es verbiete, den Menschen zum Gegenstand des Eigentumsrechts zu machen.[22] Dies lässt die Problematik der Grenzziehung erahnen, nach welchen Kriterien und Gesichtspunkten von einer „Vergegenständlichung“ des Menschen gesprochen werden kann und wann nicht. Hinzu kommt der stetige Wandel des verfassungsrechtlichen Eigentumsbegriffs der sich in der Vergangenheit, bedingt durch den Wandel der gesellschaftlichen Verhältnisse, mehrfach von der Begrenzung auf den gegenständlichen Sachbegriff gelöst und durch die Hinzunahme neuer Erscheinungsformen erweitert hat.[23] In Zeiten neuester biotechnischer Entwicklungsmöglichkeiten rückt die Debatte um die Einordnung des menschlichen Körpers und seiner Teile wieder in den Vordergrund und es stellt sich die Frage, ob im Hinblick auf diese Techniken und Möglichkeiten der verfassungsrechtliche Eigentumsbegriff erweitert oder eingeschränkt werden sollte und ob es einer Grenze zwischen den beiden Zuordnungsbereichen bedarf bzw. wo diese letztlich zu ziehen ist.

A. Körperaspekte in anderen Disziplinen

Da Rechtsfindung und Rechtsprechung und damit die Normierung der Rechte und Pflichten im Hinblick auf den Umgang mit Körperteilen nicht zuletzt Ausfluss aktueller gesellschaftlicher Gegebenheiten, Möglichkeiten und Ängste sind, sollen im Folgenden der menschliche Körper und seine Teile unter verschiedenen Gesichtspunkten betrachtet werden.

I. Der „körpersprachliche“ Ansatz

Der Begriff des „Körpers“ stammt von dem lateinischen Wort „corpus“, was so viel wie Körper, Leib bedeutet. Des Weiteren ist unter einem Körper ein Rumpf oder auch ein von ebenen oder gekrümmten Flächen begrenzter Teil eines dreidimensionalen Raumes zu verstehen.[24] Gemein ist diesen Definitionen, dass ein Körper eine gegenständliche Materie ist, der von anderen Dingen durch die eigene Räumlichkeit präzise abgrenzbar ist. Diese Auslegung des Körperbegriffs könnte ein Indiz für das Verständnis der Menschen von ihren eigenen und anderen Körpern bilden, wonach sie als Sache, als Gegenstand bzw. Objekt angesehen

22 *Brohm*, Forum: Humanbiotechnik, Eigentum und Menschenwürde, JuS 1998, 197-205, S.199.
23 *Brohm*, Forum: Humanbiotechnik, Eigentum und Menschenwürde, JuS 1998, 197-205, S. 199.
24 *Wahrig*, Deutsches Wörterbuch „Körper“, S. 782.

werden. Das dem zumindest in der Sprachwahl so ist, lässt sich anhand unserer Umgangssprache nachvollziehen. So sagen wir zum Beispiel „Du hast mir weh getan“, aber „Mein Bein schmerzt“. Dies impliziert die Ansicht, dass wir unseren Körper und seine Teile als etwas von „uns“ verschiedenes ansehen. Der Körper ist nicht nur die Widerspiegelung meiner selbst, sondern wird auch begriffen als das, was ich bin und was ich habe und besitze.[25] Sprachlich betrachtet sind wir sowohl Subjekt als auch Objekt, der Betrachter und der Betrachtete.[26] Die Benutzung von Possessivpronomen im Hinblick auf unseren Körper ist Ausdruck seines besonderen Wertes für uns, seiner Exklusivität und Unteilbarkeit, unseres „territorialen“ Anspruchs auf körperliche Integrität und des Wunsches, dass andere diese Integrität respektieren mögen. Die Menschen wünschen sicherzustellen, dass in Bezug auf ihren Körper sie selbst das „beste“ Recht haben, darüber zu bestimmen, was mit ihrem Körper geschehen soll. Diese Ansicht brachte Leon Kass treffend auf den Punkt mit seinem Ausspruch: „Mein Körper mag zwar nicht meiner oder Gottes sein, aber zwischen Dir und mir ist es ganz sicher meiner.“[27] So ist es auch nicht verwunderlich, dass das Credo des modernen Menschen lautet: „Der Mensch gehört sich selber“, denn wem sonst könnte er gehören, wenn nicht sich selbst?[28]

Nichtsdestotrotz gibt der Gebrauch von Possessivpronomen in Bezug auf den menschlichen Körper für sich selbst keinen Anhaltspunkt für die Annahme eines „Eigentümerverhältnisses“ zwischen dem Individuum und seinem Körper. Als Ausfluss der gesellschaftlichen Ansicht über die universelle individuale Freiheit wird häufig das „Körperbenutzungs-Freiheits-Prinzip“ angewendet, wenn es um die Auslegung des Status des eigenen Körpers geht. Nach diesem Prinzip ist eine Person frei, ihren Körper zu benutzen wie sie mag und körperlichen Kontakt zu bzw. mit anderen zu erlauben oder zu verbieten. So erscheint es nur allzu verständlich, dass der Körper als dem Individuum gehörend aufgefasst wird. Trotzdem geht es nicht so weit, dass unser „Eigentumsrecht“ am eigenen Körper dahingehend interpretiert wird, dass dieselben Nutzungsbefugnisse und Rechte an ihm bestehen, wie an anderen Dingen, die wir besitzen. Der Rahmen, in dem wir die Freiheit haben, mit unserem Körper nach Belieben zu verfahren, wird nicht nur kontrovers diskutiert, sondern ist auch sehr schwierig zu ziehen. Hier müssen alle Interessen bedacht und gegeneinander abgewogen werden.

Konsequenterweise muss man zu dem Resultat kommen, dass die Besitzer- und Eigentümerrhetorik weder dazu gedacht noch geeignet ist, wörtlich genom-

---

25 *Campbell*, Body, Self, and the Property Paradigm, Hastings Center Report, Vol. 22 No 5, 34-42, S. 34.

26 *Kass*, Thinking about the Body, Hastings Center Report, Vol. 15, No 1, 20-30, S.23.

27 *Kass*, Thinking about the Body, Hastings Center Report, Vol. 15, No 1, 20-30, S.23.

28 *Illhardt*, Wem gehört der Mensch?, S. 5.

men zu werden. Wie Harris sagte: „Eigentumsrhetorik ist in diesem Kontext unnötig, normalerweise harmlos, aber beweist immer potentiell zu viel.“[29] Allein vom allgemeinen Sprachgebrauch kann folglich nicht darauf geschlossen werden, dass der Mensch Eigentum an seinem Körper hat oder haben sollte.

II. Der christlich / biblische Ansatz

> Oder wisset Ihr nicht, dass euer Leib ein Tempel des heiligen Geistes ist,
> der in euch ist, welchen ihr habt von Gott,
> und seid nicht eurer selbst?
> Denn Ihr seid teuer erkauft;
> darum so preiset Gott an Eurem Leibe und in Eurem Geiste,
> welche sind Gottes.
> (1 Korinther 6: 19, 20)

Während der Körperstatus kontrovers betrachtet und interpretiert wird, ist die Analogie zum Eigentum eine häufig vorzufindende Thematik in der religiösen Betrachtung.[30]

Vergleichbar mit unserer Umgangssprache, die den Wunsch nach Anerkennung der körperlichen Integrität widerspiegelt, wird der Körper in der religiösen Sprache als „Gefängnis“, „Grab“, „Tempel“ oder heiliger Ort bezeichnet, seinen Wert und seine Einzigartigkeit reflektierend. Diese Beschreibungen des Körpers legen den Schluss nahe, dass auch in der Bibel ein Recht auf körperliche Integrität anerkannt wird, welches bestimmten Schranken hinsichtlich der Einwirkungsmöglichkeiten auf den Körper unterlegen ist. Die Menschen haben ihren Körper mit all seinen Charakteristika und Talenten als ein Geschenk von Gott erhalten, was allerdings der Möglichkeit den menschlichen Körper als Eigentum zu betrachten nicht im Wege steht. Trotzdem drängt sich die Frage auf, welche Art von Eigentum am Körper besteht und vor allem welche Rechte und Pflichten damit verbunden sind. Paulus bringt zum Ausdruck, dass die Menschen Gott gehören und nicht sich selbst und dass Gott es ist, der die Restriktionen und Verantwortlichkeiten in Bezug auf die „Körpernutzung“ vorgibt.[31] Jedoch bedeutet der Umstand, dass die Menschen Gott gehören nicht, dass sie ihrer moralischen Rechtfertigung für ihre Taten und Unterlassungen im Hinblick auf ihren Körper im Verhältnis zu Gott enthoben wären. So geht Campbell davon aus, dass die Beziehung zwischen Mensch und Gott als Eigentumsberechtigung beschrieben

29 *Harris*, J.W., Who owns my body?, OJLS 1996, 65-70, S. 65.

30 *Campbell*, Body, Self, and the Property Paradigm, Hastings Center Report, Vol. 22 No 5, 34-42, S. 38.

31 Bibel, 1 Korinther 6:19 (20).

werden kann, in der Hinsicht, dass die Menschen Treuhänder für Gottes Eigentum, nämlich ihren Körper sind.[32] Diese Treuhänderschaft umfasst einerseits die Berechtigung den Körper zu nutzen und andererseits die Rechtfertigungspflicht bei Missbrauch des Körpers.

Zusammenfassend ist zu sagen, dass nach biblischen Ansätzen der menschliche Körper eigentumsfähig ist, aber nicht wir selbst Eigentum an ihm haben, sondern Gott. Trotz dessen sind wir Menschen befugt unseren Körper zu „benutzen", allerdings im Rahmen von Einschränkungen. Problematisch ist hierbei jedoch die Frage, wo genau diese Grenzen im Hinblick auf die voranschreitende biotechnische Entwicklung und die gesteigerte Erwartungshaltung der Bevölkerung gezogen werden sollen.

III. Der philosophische Ansatz

Hervorzuheben ist hier insbesondere, dass die Auseinandersetzungen mit dem Menschen, sich hauptsächlich mit der Seele und nicht dem Körper als solchem befasst haben. Traditionell wurde davon ausgegangen, dass Körper und Seele unterschiedliche Realitäten sind, wovon die Lebensnotwendige die Seele und nicht der Körper gewesen ist.[33] Über die Jahrhunderte hinweg haben Philosophen die verschiedensten Meinungen zum Status des menschlichen Körpers vertreten, vom generellen Eigentumskonzept, über das Eigentum an sich selbst bis hin zur vehementen Verneinung eines Eigentumsstatus.

Der wohl bekannteste Philosoph, der als Vertreter der „Eigentum an sich selbst Theorie" zitiert wird, ist John Locke. Ihm zufolge hat jedermann Eigentum an der eigenen Person.[34] Dieses Prinzip wurde von Richard Arneson mit den Worten beschrieben: „Sich selbst besitzend, ist jede Person frei mit ihrem Körper zu machen was sie will, solange sie damit nicht andere, nicht konsentierende Personen schädigt oder zu schädigen beabsichtigt".[35] Hier zeigt sich wieder die Bedeutung die dem Recht auf körperliche Integrität zugeschrieben wird, der Wunsch, dass niemand die eigenen Entscheidungen über den Körper beeinflusse und letztlich, die Exklusivität unseres Körpers. Auch wenn es für möglich gehalten wird, dass

32 *Campbell*, Body, Self, and the Property Paradigm, Hastings Center Report, Vol. 22 No 5, 34-42, S. 38.

33 *Reich*, Encyclopedia of Bioethics, S. 294.

34 Originalzitat: „Every Man has a Property in his own Person. This no Body has any Rights to but himself." In *Locke*, Two Treaties of Government, S. 305, 306.

35 Originalzitat: „Owning himself, each person is free to do with his body whatever he chooses so long as he does not cause or threaten any harm to non-consenting others." *Arneson*, Lockenian Self-Ownership: Towards a demolition, Political Studies 39 (1991), 36-42, S. 40.

am menschlichen Körper Eigentum bestehen kann, so haben die Menschen doch nicht das unbeschränkte Recht nach Belieben über ihren Körper zu verfügen, auch sie unterliegen gewissen Limitationen. Die Ansicht, dass der menschliche Körper nicht nur eigentumsfähig sei, sondern auch im Eigentum des jeweiligen Individuums stehe, wurde unter anderem von den Levellern vertreten, die davon ausgingen, dass jeder Mensch ein Eigentumsinteresse am eigenen Körper haben solle.[36]

Gegen das Konzept des Eigentums an sich selbst haben sich unter anderem Hobbes und Kant ausgesprochen. Im Leviathan beschrieb Hobbes, dass im Naturzustand jeder Mensch ein Recht an jeder Sache habe; selbst am Körper des anderen.[37] Im Gegensatz zu Locke geht er nicht von einem exklusiven Recht am eigenen Körper aus.

Kant hingegen legt dar, dass der Mensch nicht berechtigt sei, seine Gliedmaßen für Geld zu verkaufen[38] und führt drei Gründe an, warum dem so sei.

Erstes Argument ist die Freiheit, das Frei sein des Menschen, womit die Freiheit des Menschen gemeint war, sich einen eigenen Willen zu bilden. Er führt aus, dass wenn Menschen tatsächlich Eigentumsrechte an ihren Körperteilen hätten und diese auch ausüben würden, dass sie dann ihre Freiheit verlieren würden. Außerdem argumentiert Kant, dass jemand der Würde besitzt sich von einer Sache unterscheidet, die einen Marktpreis hat. Folglich führe die Annahme, dass Menschen Eigentum an ihrem Körper und seinen Teilen hätten und diese Rechte auch ausübten, dazu, dass sie ihren Körper, bzw. seine Teile in einer Art und Weise behandelten, die den Prinzipien der Menschlichkeit und Würde widerspräche.[39] Abschließend begründet er seinen Standpunkt damit, dass der Anspruch auf Selbstachtung inkompatibel mit dem Ansatz sei, Menschen könnten ihre Körper wie Eigentum behandeln, denn dann würden sie jegliche Selbstachtung verlieren und auch bloße Sachen und Gegenstände sein.[40]

Kants Aussage, Menschen seien nicht berechtigt, ihre Gliedmaßen zu verkaufen führt nicht denknotwendig zu der Annahme, dass sie auch kein Eigentum an ihrem Körper und seinen Teilen haben sollen. Viele Eigentumsgegenstände unterliegen Restriktionen hinsichtlich ihrer Verfügungs- und Benutzungsmöglichkeiten. Auch wenn Kant nicht explizit die Eigentumsfähigkeit des menschlichen Körpers und seiner Teile verneint, so ist doch aus seinen Verweisungen auf die Konzepte der Menschenwürde, der Menschlichkeit und der Selbstachtung zu

---

36 *Macpherson*, The political theory of possessive individualism, S. 142.

37 *Hobbes*, Leviathan (1909), Kapitel 14, S. 99: „Every man has a right to everything; even to one anothers body".

38 *Kant*, Lectures on Ethics, S. 124.

39 *Kant*, Lectures on Ethics, S. 124.

40 *Kant*, Lectures on Ethics, S. 124.

schließen, dass er diese ablehnt. Kants Bedenken und Einwände gegen die Annahme eines Eigentumsrechts spiegeln sich weiterhin in den heutigen Debatten wieder. Es wird häufig argumentiert, dass die Menschenwürde es den Menschen verbiete, sich selbst als Waren zu behandeln.

B. Rechtsüberblick

Über viele Jahrhunderte der Rechtsentwicklung stellte sich die Frage nach der rechtlichen Stellung des menschlichen Körpers mangels Klärungsbedürftigkeit erst gar nicht, da der Körper über seinen Selbstwert für die betreffende Person hinaus keinen besonderen Wert zu besitzen schien.

Aber schon zu Beginn des 20. Jahrhunderts erklärte Gareis, dass es keineswegs lächerlich sei, die Frage aufzuwerfen, „wie wir juristisch zu unserm Körper und seinen einzelnen Teilen stehen".[41] Allerdings wandten sich nur wenige Juristen dieser Fragestellung zu, was angesichts der mangelnden Bedeutung für die tägliche juristische Praxis nicht weiter verwundern darf. So führt Schäfer noch 1961 aus, dass die Frage nach der Stellung des menschlichen Körpers und Leichnams im Rechtssystem lediglich ein drittrangiges Problem darstelle.[42]

Im Folgenden sollen deshalb die Rahmenbedingungen für die rechtliche Einordnung von Körpermaterialien, deren Entnahme und Verwendung, beginnend bei den völkerrechtlichen Vorschriften, über das Verfassungsrecht hin zum Zivilrecht dargelegt werden.

I. Biomedizinkonvention

Hierbei handelt es sich um den weltweit ersten völkerrechtlich verbindlichen Vertrag zum Schutz der Menschenrechte im Bereich der Biomedizin.[43] Das Übereinkommen ist rechtlich als völkerrechtliche Rahmenkonvention einzuordnen, die sich dadurch auszeichnet, dass sie zwar verbindliche Normen enthält, die aber eher weit formuliert sind und somit keine weit reichenden Pflichten für die Staaten enthalten.[44] Die Konvention verpflichtet gemäß Art. 1 Abs. 2 die Staaten in

41 *Gareis*, Das Recht am menschlichen Körper in: FS Schirmer, S. 61.
42 *Schäfer*, Rechtsfragen zur Verpflanzung von Körper- und Leichenteilen, S. 1.
43 *Taupitz*, Das Menschenrechtsübereinkommen zur Biomedizin der Europarates – taugliches Vorbild für eine weltweit geltende Regelung?, S. 2.
44 *Riedel*, Die Rahmenkonvention – Eine geeignete Regelungstechnik für ein Übereinkommen zur Biomedizin?, S. 34.

ihrem nationalen Recht Maßnahmen zu ergreifen, um den Bestimmungen des Übereinkommens Wirksamkeit zu verleihen. Neben weiteren Staaten hat auch Deutschland die Konvention bisher nicht unterzeichnet. Das Übereinkommen ist vielfach kritisiert worden. Vor allem die Schutzstandards seien auf zu niedrigem Niveau und den Interessen von Forschung und Wirtschaft werde implizit der Vorrang vor dem Schutz der Menschenwürde eingeräumt.[45]

Obwohl das Übereinkommen u.a. deshalb kritisiert wird, weil es nur sehr weit gefasste Rahmenbedingungen enthält und den Einzelnen nicht ausreichend schützt, ist erstaunlich, dass es im Gegensatz zum deutschen kodifizierten Recht, das sich mit der Entnahme und Verwendung von Körpersubstanzen befasst als einziges Normwerk Regelungen betreffend die Weiterverwendung entnommenen Körpermaterials enthält. So ist in Art. 22 des Übereinkommens kodifiziert, dass Teile des menschlichen Körpers, die im Verlauf eines Eingriffs entnommen werden, nur dann zu einem anderen Zweck als jenem, der bei der Entnahme vorgesehen war, aufbewahrt und verwendet werden dürfen, wenn dies in Übereinstimmung mit angemessenen Aufklärungs- und Einwilligungsverfahren geschieht. In dem erläuternden Bericht zu dem Übereinkommen wird das Ziel dieses Artikels darin gesehen, den Menschen im Hinblick auf im Verlauf von Interventionen entnommenen Körperteilen, deren Konservierung oder Verwendung für einen anderen Zweck als den ursprünglich vorgesehenen, zu schützen.[46] Dies sei deshalb erforderlich, weil aus jedem Körperbestandteil und sei er noch so klein eine Vielzahl von Informationen abgeleitet werden könnten, u.a. zur Identität des Betreffenden – selbst wenn es sich um anonymisierte Proben handele.[47] Die Argumentation ist mithin auf den ersten Blick vergleichbar mit der von Höfling, welcher aus verfassungsrechtlicher Sicht ebenfalls ein Aufklärungs- und Einwilligungserfordernis bezüglich der Weiterverwendung entnommener Substanzen fordert.[48] Allerdings wird das Aufklärungs- und Einwilligungserfordernis in dem erläuternden Bericht wieder verwässert. Mitnichten wird von einem umfassenden Aufklärungs- und Einwilligungserfordernis ausgegangen, sondern vielmehr Einschränkungen

---

45 Wissenschaftliche Dienste des Deutschen Bundestages, Zur Vereinbarkeit der „Bioethik-Konvention" des Europarates mit den Grundrechten, Bearbeiter: Kathmann, WF III-206/94, 24.1.1995; Deutscher Richterbund, DRB lehnt Beitritt zur Bioethik-Konvention ab, DRiZ 1998, S. 316.

46 *Europarat*, Erläuternder Bericht zu dem Übereinkommen zum Schutz der Menschenrechte und der Menschenwürde im Hinblick auf die Anwendung von Biologie und Medizin, DIR/JUR (97) 5, S. 40.

47 *Europarat*, Erläuternder Bericht zu dem Übereinkommen zum Schutz der Menschenrechte und der Menschenwürde im Hinblick auf die Anwendung von Biologie und Medizin, DIR/JUR (97) 5, S. 40.

48 *Höfling*, Verfassungsrechtliche Aspekte der Verfügung über menschliche Embryonen und „humanbiologisches Material", Gutachten, S. 141. Siehe hierzu Ausführungen unter Kap. I. B. III. 2., S. 41ff.

im Hinblick auf die Erreichbarkeit des Substanzspenders und der Art der Körperteile bzw. deren Verwendungszweck vorgenommen. Es müsse Spielraum für Flexibilität geschaffen werden, da nicht „grundsätzlich die explizite Einwilligung einer Person zur Verwendung von Teilen ihres Körpers gefordert werde".[49] Leider wird darauf verzichtet, diese These zu untermauern zumal der Wortlaut des Art. 22 Biomedizinkonvention[50] im Widerspruch zu dieser Auslegung steht. In Art. 22 Biomedizinkonvention wird nicht hinsichtlich der Art der Körperteile differenziert – es bedarf vielmehr unabhängig von der Art der Körperteile eines angemessenen Aufklärungs- und Einwilligungsverfahrens. Dies wirft die Frage auf, was unter einem angemessenen Aufklärungs- und Einwilligungsverfahren zu verstehen ist, insbesondere von welchen Faktoren die Angemessenheit abhängig gemacht werden soll. In dem erläuternden Bericht wird hierzu zunächst grob differenziert zwischen Patienten die nicht oder nur äußerst schwierig zu erreichen sind, damit ihre Einwilligung erbeten werden kann und denen die erreichbar sind.[51] Logischerweise könne bei Patienten die nicht erreichbar seien, bzw. bei denen ein ungerechtfertigt großer Aufwand betrieben werden müsste um sie zu erreichen, keine Einwilligung eingeholt werden.[52] Dementsprechend scheint die Schlussfolgerung zu lauten, dass in diesen Fällen die entnommenen Substanzen weiterverwendet werden dürfen, sofern kein Widerspruch durch den Betroffenen bzw. dessen gesetzlichen Vertreter vorliegt. Die Widerspruchslösung ist allerdings nur auf die Fälle anwendbar, in denen die Patienten bereits vor Entnahme der Körperteile über mögliche Weiterverwendungsmöglichkeiten und ihr Recht, diesen zu widersprechen aufgeklärt wurden. Im Umkehrschluss würde dies bedeuten, dass in den Fällen in denen Körpersubstanzen ohne vorherige Aufklärung über mögliche Weiterverwendungsformen bereits entnommen wurden und zu einem anderen Zeitpunkt weiterverwendet werden sollen, mangels Widerspruchs und fehlender Erreichbarkeit des ehemaligen Substanzträgers jegliche Form der Weiterverwendung zulässig ist. Geschützt wäre der Betroffene hier lediglich wieder im Rahmen seines allgemeinen Persönlichkeitsrechts. Pauschal wird geäußert, dass es in einer

49 *Europarat*, Erläuternder Bericht zu dem Übereinkommen zum Schutz der Menschenrechte und der Menschenwürde im Hinblick auf die Anwendung von Biologie und Medizin, DIR/JUR (97) 5, Pkt. 136, S. 41.

50 Art. 22 Verwendung eines dem menschlichen Körper entnommenen Teils: Wird bei einer Intervention ein Teil des menschlichen Körpers entnommen, so darf er nur zu dem Zweck aufbewahrt werden, zu dem er entnommen worden ist; jede andere Verwendung setzt angemessene Informations- und Einwilligungsverfahren voraus.

51 *Europarat*, Erläuternder Bericht zu dem Übereinkommen zum Schutz der Menschenrechte und der Menschenwürde im Hinblick auf die Anwendung von Biologie und Medizin, DIR/JUR (97) 5, Pkt. 137, S. 41.

52 *Europarat*, Erläuternder Bericht zu dem Übereinkommen zum Schutz der Menschenrechte und der Menschenwürde im Hinblick auf die Anwendung von Biologie und Medizin, DIR/JUR (97) 5, Pkt. 137, S. 41.

Reihe von Fällen ausreichend sei, wenn der Betroffene bzw. dessen gesetzlicher Vertreter nach gebührender Aufklärung keinen Widerspruch geäußert habe.[53] Dies wirft gleich zwei Fragen auf: Erstens wodurch zeichnet sich diese Reihe von Fällen aus und zweitens was ist eine gebührende Aufklärung. Die erste Frage soll im Hinblick auf die Ausführungen zu den „anderen Fällen" Beantwortung finden. So soll in anderen Fällen, in Abhängigkeit von der Art und Weise der Verwendung, der die entfernten Körperteile zugeführt werden sollen, eine explizite und spezielle Einwilligung erforderlich sein, vor allem in Fällen, in denen sensible Daten über identifizierbare Personen gesammelt werden.[54] Bezogen sowohl auf die Art und Weiterverwendung der Körperteile als auch die Sensibilität möglicher erhobener bzw. zu erhebender Daten werden die Einwilligungserfordernisse qualitativ abgestuft. Auf den ersten Blick müsste beispielsweise die Weiterverwendung von entnommenem Blut zu Eichzwecken diagnostischer Laborgeräte zulässig sein, sofern ihr nicht vom Spender widersprochen wurde. Andererseits können aus einem Tropfen Blut bereits vielfältige sensible Daten über den ehemaligen Substanzträger gewonnen werden, was wiederum für ein Einwilligungserfordernis spräche, zumal unter dem Aspekt, dass die zu Diagnosen entnommenen Proben nicht anonymisiert sind, damit die Ergebnisse dem Patienten zugeordnet werden können. Dieses an sich harmlose Beispiel der Weiterverwendung entnommener Substanzen illustriert die Problematik der Abgrenzung zwischen denjenigen Körpersubstanzen, die abhängig von der konkreten Art der Weiterverwendung einer speziellen Einwilligung bedürfen und jenen, bei denen es eines Widerspruchs bedarf. Eine solche Differenzierung ist weder interessengerecht, noch praktikabel. Eine Differenzierung widerspricht bereits dem Zweck und Ziel der Regelung, den Betroffenen vor einer unkonsentierten Weiterverwendung seiner Materialien zu schützen, weil – wie in der Erläuterung selbst explizit ausgeführt – aus jedem Körperbestandteil und sei er noch so klein eine Vielzahl von Informationen abgeleitet werden kann.[55] Um dem besonderen Stellenwert und der hohen Aussagekraft menschlicher Körpersubstanzen gerecht zu werden, muss deshalb für die Weiterverwendung aller Substanzen die vorherige spezifische Einwilligung gefordert werden. Der Patient muss zumindest in groben Zügen auf mögliche Verwendungsarten seiner Substanzen hingewiesen werden und bei Forschungsvorhaben, die sensible Daten berühren über den genauen Inhalt und Umfang dieser Vorhaben informiert werden, damit er eine informierte Entscheidung treffen kann.

53 *Europarat*, Erläuternder Bericht zu dem Übereinkommen zum Schutz der Menschenrechte und der Menschenwürde im Hinblick auf die Anwendung von Biologie und Medizin, DIR/JUR (97) 5, Pkt. 137, S. 41.

54 *Europarat*, Erläuternder Bericht zu dem Übereinkommen zum Schutz der Menschenrechte und der Menschenwürde im Hinblick auf die Anwendung von Biologie und Medizin, DIR/JUR (97) 5, Pkt. 137, S. 41.

55 Ibid, S. 45.

Die Diskussionen um die Unterzeichnung und Ratifizierung der Konvention gehen in Deutschland weiter. So äußerte sich Herta Däubler-Gmelin dahingehend, dass Deutschland seine Standards in die internationale Diskussion einbringen müsse, d.h. „Ja zur Wissenschaft, Innovation, Forschung und Medizin bei gleichzeitiger Berücksichtigung von Menschenwürde und Menschenrechten."[56] Sie fordert außerdem angesichts der Tatsache, dass es weite Bereiche der deutschen Regelungen gebe, die die fortschrittlichen Mindeststandards der Biomedizinkonvention noch nicht erfüllten, dass diese Teile jetzt endlich vernünftig verbessert und insoweit der Biomedizinkonvention angeglichen werden sollen.[57]

Solange die Biomedizinkonvention von Deutschland noch nicht unterzeichnet ist, sind die Regelungen des Übereinkommens für Deutschland nicht verpflichtend. Sie können jedoch als „Kompass" fungieren und die Richtung zeigen, in welche sich die Entwicklung nationaler rechtlicher Regelungen bewegen muss, um nicht hinter den völkerrechtlichen Vorgaben zurückzubleiben. Für den Fall der Ratifizierung der Biomedizinkonvention muss Deutschland die Vorgaben des Art. 22 „Verwendung eines dem menschlichen Körper entnommenen Teils" Biomedizinkonvention im nationalen Recht umsetzen.

II. Entwurf eines Zusatzprotokolls „Archivierte menschliche biologische Materialien in der bio-medizinischen Forschung"

In Ergänzung der Biomedizinkonvention wurde im Oktober 2002 der Entwurf eines Zusatzprotokolls zum Umgang mit biologischen Materialien in der bio-medizinischen Forschung vom Europarat zur Öffentlichen Stellungnahme freigegeben.[58] Der Entwurf ist das Ergebnis der Plenarsitzung des CDBI[59] im Dezember 2000 und der daraus entwickelten Vorschläge.[60] Umgesetzt wurde der Entwurf zunächst in einer Empfehlung des Europäischen Ministerrats an die Mitgliedsstaaten im März 2006.[61]

56 *Enquete-Kommission Ethik und Recht in der modernen Medizin*, Wortprotokoll der 41. Sitzung am 04. Juli 2005, Protokoll 15/41, S. 13.

57 *Enquete-Kommission Ethik und Recht in der modernen Medizin*, Wortprotokoll der 41. Sitzung am 04. Juli 2005, Protokoll 15/41, S. 13.

58 *Trouet,* New European guidelines for the use of stored human biological materials in biomedical research, 2003, www.jmedethics.com, S. 99.

59 Comité Directeur de Bioéthique.

60 *Trouet,* New European guidelines for the use of stored human biological materials in biomedical research, 2003, www.jmedethics.com, S. 99.

61 *Council of Europe, Committee of Ministers*, Recommendation Rec (2006) 4 of the Committee of Ministers to member states on research on biological materials of human origin.

Ziel dieser Empfehlung war es, die bestehende Regelungslücke für den Umgang mit biologischen Materialien in der Forschung innerhalb der EU zu schließen.[62] Während die Biomedizinkonvention und die Menschenrechtskonvention zumindest Rahmenbedingungen für die Forschung am Menschen schaffen, gibt es bislang weder internationale noch nationale Regelungen den Umgang mit archivierten menschlichen Körpersubstanzen zu Forschungszwecken betreffend.[63]

Sorgen über den Zugang zu und den Schutz von Daten als auch öffentliche Skandale über die Weiterverwendung menschlicher Körpermaterialien zu Forschungszwecken ohne das Wissen der ehemaligen Substanzträger haben die Notwendigkeit der Schaffung einheitlicher internationaler Regelungen erhöht. Oberstes Ziel hierbei war der Schutz der Rechte und fundamentalen Freiheiten derjenigen, deren biologische Materialien Objekt von Forschungsvorhaben werden könnten.[64] Darüber hinaus wurde die Notwendigkeit erkannt, das Vertrauen in die medizinischen Berufsträger und damit die Basis der Patienten-Arzt-Beziehung wieder herzustellen.[65] Der Zweck der Regelung ist folglich, den steigenden Bedürfnissen und Gefahren der Forschung mit menschlichen Körpermaterialien Rechnung zu tragen.

Archiviertes menschliches Körpermaterial ist in der Vergangenheit häufig für Zwecke benutzt worden, die zum Zeitpunkt der Archivierung weder von den Ärzten und Forschern noch von den Substanzspendern vorhersehbar waren, so dass in vielen Fällen zum Zeitpunkt der Entnahme weder über diese Verwendungsmöglichkeiten aufgeklärt werden, noch die Einwilligung hierzu eingeholt werden konnte.

1. Regelungszweck

Die Intention und der Regelungszweck der Empfehlungen sind in Art. 1 der Empfehlungen niedergelegt. Danach sollen sie dem Schutz Betroffener vor einer For-

62 *Council of Europe, Steering Committee on Bioethics*, Draft Explanatory Report to the proposal for an instrument on the use of archived human biological materials in biomedical research, CDBI/INF (2002) 6, S. 2; *Council of Europe, Steering Committee on Bioethics*, Draft explanatory memorandum to the draft recommendation on research on biological materials of human origin, CDBI (2005) 5 REV 2, S. 2.

63 *Council of Europe, Steering Committee on Bioethics*, Draft Explanatory Report to the proposal for an instrument on the use of archived human biological materials in biomedical research, CDBI/INF (2002) 6, S. 2.

64 *Council of Europe, Steering Committee on Bioethics*, Draft explanatory memorandum to the draft recommendation on research on biological materials of human origin, CDBI (2005) 5 REV 2, S. 2.

65 *Council of Europe, Steering Committee on Bioethics*, Draft explanatory memorandum to the draft recommendation on research on biological materials of human origin, CDBI (2005) 5 REV 2, S. 2.

schung an ihren Körpermaterialien, die in einer Art und Weise ausgeführt wird, welche abhängig von ihrem Ziel, ihrer Natur oder ihrer Durchführung die Menschenwürde verletzten könnte[66], dienen.

2. Regelungsumfang

Die Empfehlungen sind nicht nur für jegliche Art der medizinischen Forschung, in deren Rahmen biologische Materialien dem Menschen entnommen und zu Forschungszwecken aufbewahrt werden, anwendbar, Art. 2 Nr. 1 der Empfehlungen, sondern darüber hinaus auch auf die Weiterverwendung biologischer Materialien, die den Betroffen zu anderen Primärzwecken entnommen wurden, Art. 2 Nr. 2 der Empfehlungen. Keine Anwendung finden die Empfehlungen hingegen für den Umgang mit embryonischen und fetalen Gewebe, Art. 2 Nr. 3 der Empfehlungen.

In dem Entwurf des Zusatzprotokolls aus dem Jahre 2002 wurde der Anwendungsbereich im alten Art. 2 bezüglich der Herkunft und des Entnahmezwecks der biologischen Materialien weiter differenziert und in folgende Kategorien unterteilt:

1. Materialien, die aus diagnostischen oder therapeutischen Eingriffen übrig geblieben sind,
2. Materialien die speziell für ein Forschungsvorhaben gespendet und aufbewahrt wurden,
3. Materialien, die ursprünglich für Transplantationszwecke gespendet wurden und entweder übrig blieben oder sich als ungeeignet für die Transplantation herausgestellt haben,
4. Materialien Verstorbener, die obduziert wurden.[67]

Die vorgenannten, in dem Entwurf von 2002 enumerativ angeführten Anwendungsbereiche behalten auch weiterhin ihre Gültigkeit. Sie wurden lediglich unter der allgemeineren Formulierung des aktuellen Art. 2 Nr. 1 und 2 zusammengefasst. Die Empfehlungen sind auf diese Materialien anwendbar.[68]

66 *Council of Europe, Steering Committee on Bioethics*, Draft Explanatory Report to the proposal for an instrument on the use of archived human biological materials in biomedical research, CDBI/INF (2002) 6, S. 5.

67 *Council of Europe, Steering Committee on Bioethics*, Draft Explanatory Report to the proposal for an instrument on the use of archived human biological materials in biomedical research, CDBI/INF (2002) 6, S. 5.

68 *Council of Europe, Steering Committee on Bioethics*, Draft explanatory memorandum to the draft recommendation on research on biological materials of human origin, CDBI (2005) 5 REV 2, Pkt. 16, S. 6.

3. Anforderungen an die Erlangung biologischer Materialien für Forschungszwecke

In Art. 10 Nr. 1 der Empfehlungen ist normiert, dass biologische Materialien für die Forschung nur unter Beachtung der Vorschriften des dritten Kapitels der Empfehlungen erlangt und verwendet werden dürfen. Die Information und Einwilligung des Betroffenen sollten unter Beachtung der absehbaren Forschungsziele und der möglichen Entscheidungsalternativen so spezifisch wie möglich sein, Art. 10 Nr. 2 der Empfehlungen.

Gemäß Art. 12 Nr. 1 der Empfehlungen dürfen biologische Materialien, die für andere Zwecke als Forschungszwecke entnommen wurden, nur mit angemessener Einwilligung oder in Übereinstimmung mit den Vorgaben des Art. 22 Nr. 1 ii. für Forschungszwecke gelagert und verwendet werden. Wann immer möglich, sollten die Betroffenen vor der Entnahme über die bezweckte Verwendung zu Forschungszwecken informiert und deren Einwilligung erlangt werden, Art. 12 Nr. 2 der Empfehlungen.

a) Anforderungen an Aufklärung und Einwilligung

In Art. 10 Nr. 2 der Empfehlungen werden die Anforderungen an Inhalt und Umfang der Aufklärung dargestellt. Danach sollen die Information und die Einwilligung zur Erlangung dieser Materialien so spezifisch wie möglich im Hinblick auf eine vorhersehbare Nutzung für Forschungszwecke und die damit verbundenen Wahlmöglichkeiten sein.

Die Patienten sollen insbesondere über den Zweck der Archivierung des Materials aufgeklärt werden.[69] In den Fällen, in denen noch nicht absehbar ist, für welche Forschungsvorhaben das Material gespeichert werden soll, sind die Patienten über diese Ungewissheit zu informieren.[70] Zum Zeitpunkt der Aufklärung sollen die Patienten unterstützende Dokumente erhalten in denen ihnen die Tragweite ihrer Entscheidung deutlich gemacht werden soll.[71] Die Aufklärungs- und Einwilligungsbögen sollen die möglichen Optionen für den Patienten aufführen. Diese sollten die Möglichkeit beinhalten:

---

69 *Council of Europe, Steering Committee on Bioethics*, Draft explanatory memorandum to the draft recommendation on research on biological materials of human origin, CDBI (2005) 5 REV 2, Pkt. 20, S. 11.

70 *Council of Europe, Steering Committee on Bioethics*, Draft explanatory memorandum to the draft recommendation on research on biological materials of human origin, CDBI (2005) 5 REV 2, Pkt. 20, S. 11.

71 *Council of Europe, Steering Committee on Bioethics*, Draft explanatory memorandum to the draft recommendation on research on biological materials of human origin, CDBI (2005) 5 REV 2, Pkt. 20, S. 11.

- die Verwendung ihrer Materialien und Daten für Forschungszwecke auszuschließen,
- die Möglichkeit, nur in die Nutzung von nichtverknüpftem anonymisiertem Material und Daten einzuwilligen,
- die Möglichkeit nur in bestimmte Forschungsvorhaben einzuwilligen und
- die Möglichkeit vor weiteren Forschungsvorhaben kontaktiert oder nicht kontaktiert zu werden.[72]

Ferner sind die Patienten über ihre Möglichkeiten, den Umfang ihrer Einwilligung jederzeit zu ändern, bzw. diese gänzlich zu widerrufen aufzuklären, Art. 15 Nr. 1 der Empfehlungen. In den Fällen, in denen es sich um identifizierbare Materialien handelt, sollen die Patienten abhängig vom nationalen Recht entweder die Möglichkeit haben, die Vernichtung ihrer Materialien oder deren unverknüpfte Anonymisierung zu fordern, Art. 15 Nr. 2 der Empfehlungen.

b) Regelungen im Falle des Fehlens einer Einwilligung

Für die Fälle, in denen keine Einwilligung der Person, von der die biologischen Materialien stammen, vorliegt, ist die Verwendung für Forschungsvorhaben, sofern es sich um identifizierbare Materialien handelt, nur unter den Vorgaben des Art. 22 der Empfehlungen zulässig.

Die Materialien sind im Sinne dieser Empfehlung identifizierbar, wenn sie alleine oder in Verbindung mit verknüpften Daten die Person identifizieren von der sie stammen, sei es direkt oder mittels eines Codes, Art. 3 i) der Empfehlung.

Zunächst wird gefordert, dass, soweit möglich, versucht wird, den Betroffenen zu kontaktieren und die Einwilligung noch nachträglich zu erlangen, Art. 22 Nr. 2 i. der Empfehlung.

Ist es im zumutbaren Rahmen, d.h. zeitlich und mit allen verfügbaren Mitteln[73] unmöglich, die betroffene Person zu erreichen, sollen die archivierten Materialien unter dem Vorbehalt einer unabhängigen Evaluation nur unter Erfüllung der folgenden drei Kriterien für Forschungsvorhaben nutzbar gemacht werden können:

i) Das Forschungsvorhaben verfolgt wichtige wissenschaftliche Interessen,
ii) Das Forschungsziel kann nicht auch vernünftigerweise durch die Verwendung biologischer Materialien erreicht werden, für die eine Einwilligung vorliegt und

72 *Council of Europe, Steering Committee on Bioethics*, Draft explanatory memorandum to the draft recommendation on research on biological materials of human origin, CDBI (2005) 5 REV 2, Pkt. 20, S. 11.

73 *Council of Europe, Steering Committee on Bioethics*, Draft explanatory memorandum to the draft recommendation on research on biological materials of human origin, CDBI (2005) 5 REV 2, Pkt. 71, S. 16.

iii) Es gibt keine Anhaltspunkte, dass die betroffene Person sich gegen die Verwendung ihrer Materialien für diese Forschungszwecke ausgesprochen hat.

Diese Voraussetzungen sind jedoch nicht in der Lage, den ehemaligen Substanzeninhaber umfassend vor der Verwendung seiner ihm entnommenen Materialien zu Forschungszwecken zu schützen. Vielmehr wird der Eindruck erweckt eine Art „Alibikatalog" geschaffen zu haben, um den Forschungseinrichtungen relativ einfach die Verwendung der Materialien zu ermöglichen.

Zum ersten besteht schon die Problematik der sehr unbestimmten Voraussetzung der „wichtigen wissenschaftlichen Interessen". An welchen Kriterien die Wichtigkeit festgemacht werden soll wird weder in der Empfehlung selbst noch in der Erklärung hierzu dargelegt. Es dürfte folglich relativ einfach sein, die entsprechende Bedeutung der wissenschaftlichen Interessen nachzuweisen.

Auch die zweite Voraussetzung, dass das Forschungsziel nicht mittels anderer Materialien erreicht werden könne, für deren Nutzung eine Einwilligung vorliegt, vermag keinen ausreichenden Schutz zu bieten. Denn, solange es keine Verpflichtung gibt, vor der Entnahme oder zumindest in engem zeitlichen Zusammenhang mit der Entnahme die Einwilligung für die Verwendung der Materialien zu Forschungszwecken zu erlangen, können sich die Einrichtungen von vornherein auf den bequemen Weg zurückziehen, erst gar keine Einwilligung einzuholen, um dann die Materialien doch zu Forschungszwecken zu verwenden.

Schließlich ist es äußerst unwahrscheinlich, dass Patienten im Rahmen der Einwilligung zur Entnahme ihrer Materialien zu Diagnose- oder Therapiezwecken von selbst auf die Idee kommen, dass diese nach deren Verwendung für Forschungsvorhaben archiviert und genutzt werden könnten. Entsprechend werden sich schwerlich Äußerungen der Patienten finden lassen, die einem bestimmten Forschungsvorhaben und der Verwendung ihrer Materialien hierin widersprochen hätten.

Dieser Voraussetzungskanon ist mithin nicht geeignet, die Interessen der Patienten umfänglich zu schützen. Für die Kliniken, Entnahme- und Forschungseinrichtungen gibt es keinen Grund, die zeitlich als auch ökonomisch aufwendige Aufklärung für die Weiterverwendung der entnommenen Materialien zu Forschungszwecken durchzuführen und die korrespondierende Einwilligung einzuholen. Schließlich können sie relativ problemlos auch ohne Einwilligung ihre Forschungsvorhaben durchführen.

Gibt es bereits für die identifizierbaren Materialien keinen wirklichen Grund, die Einwilligung zu Forschungsvorhaben einzuholen, so gibt es im Hinblick auf nicht verknüpfte anonymisierte Materialien erst recht keinen Grund hierzu. Mit diesen darf nämlich geforscht werden, solange nicht bekannt ist, dass der Patient vor der Anonymisierung seines Materials der Verwendung zu dem beabsichtigten Forschungsvorhaben widersprochen hat, Art. 23 Abs. 1 der Empfehlungen.

Auf den ersten Blick erscheint dies in Bezug auf die nicht verknüpften anonymisierten Materialien als gerechtfertigt, da auch im Rahmen späterer Forschungsvorhaben keine Verbindung zu dem ursprünglichen Materialträger hergestellt werden kann. Dies ist zwar richtig, jedoch nicht der einzige Schutzzweck eines Aufklärungs- und Einwilligungserfordernisses. Denn, das Persönlichkeitsrecht des ehemaligen Substanzträgers ist nicht nur in den Fällen berührt, in denen ein Bezug zwischen Substanzträger und Material im datenschutzrechtlichen Sinne hergestellt werden kann.[74] Vom Persönlichkeitsrecht ist nämlich auch die Entscheidungsmöglichkeit über den Umgang mit dem eigenen Gewebe und das Recht, willkürlichen Umgang mit diesem auszuschließen, umfasst.[75]

Entsprechend ist für die Weiterverwendung entnommener Materialien zu Forschungszwecken, egal ob diese anonymisiert sind oder nicht, die Einwilligung der Betroffenen zu fordern. Wie diese im Einzelnen aussehen soll, welche Aufklärung ihr vorausgegangen sein muss und welche Möglichkeiten der Patient haben soll, wird detailliert für alle Arten von Materialien im III. Kapitel bei den entsprechenden Körpermaterialien dargestellt.[76]

Zusammenfassend bleibt festzustellen, dass dieser Entwurf die rechtlichen Voraussetzungen, unter denen die Forschung mit menschlichen biologischen Körpermaterialien zulässig ist, entsprechend den Vorgaben der Biomedizinkonvention konkretisiert. Somit ist zumindest eine generelle Aufklärung, dass entnommene Materialien für Forschungszwecke verwendet werden können und im Fall konkreter Forschungsvorhaben eine auf diese ausgerichtete erweiterte Aufklärung und eine entsprechende Einwilligung desjenigen, dem die Materialien entnommen werden, erforderlich.

III. Verfassungsrechtliche Vorgaben

Die geradezu explosionsartige Veränderung und Entwicklung der Biowissenschaften und Biomedizin stellt den Gesetzgeber vor die schwierige Aufgabe, diesen grundrechtsrelevanten Bereich zu gestalten. Als Grenzen gesetzgeberischer Tätigkeit dürfen auf der einen Seite nicht die Grundrechtspositionen derjenigen Beteiligten im Übermaß eingeschränkt werden, die die biowissenschaftliche Entwicklung vorantreiben, während der Gesetzgeber auf der anderen Seite dazu aufgerufen ist, die anderen Beteiligten dieser Entwicklung in ihren Grund-

74 *Kutlu*, AGB-Kontrolle bei stationärer Krankenhausaufnahme, S. 227.

75 *Kutlu*, AGB-Kontrolle bei stationärer Krankenhausaufnahme, S. 227; *Freund/Weiss*, Zur Zulässigkeit der Verwendung menschlichen Körpermaterials für Forschungs- und andere Zwecke, MedR 2004, 315-319, S. 317.

76 Kap. III., S. 122ff.; Zusammenfassung in Kap. IV. A. I. 2., S. 257ff.

rechtspositionen vor „biowissenschaftlichen Interventionen und Verfügungen“ zu schützen, wobei ihm ein erheblicher Ermessens- und Gestaltungsspielraum zukommt.[77] Bis auf einzelne spezialgesetzliche Normierungen, wie zum Beispiel das nachfolgend noch zu erörternde Transfusionsgesetz, bewegen sich eine Vielzahl von Verfügungen über humanbiologisches Material, wie beispielsweise dessen Weiterverwendung zu Forschungszwecken in einem „zwar nicht rechtsfreien, aber doch – normativen Ordnungsrahmen, der ohne problemspezifische Fokussierung nur mehr oder wenige grobe und allgemeine Vorgaben und Orientierungskriterien enthält“[78].

Zunächst soll der verfassungsrechtliche Rahmen, in welchem rechtliche Regelungen zur Gewinnung und Verarbeitung menschlicher Körpermaterialien zulässig und notwendig sind evaluiert und abgesteckt werden. Hierzu bedarf es der Beachtung und Abwägung existenzieller Grundrechtspositionen der in die Biomedizin involvierten Parteien. Zu bedenken sind hierbei zum einen die Grundrechte der „Substanzträger“ aus allgemeinem Persönlichkeitsrecht, dem Recht auf körperliche Unversehrtheit bis hin zur Menschenwürdegarantie – demgegenüber die Grundrechte von Ärzten und Forschern aus Artt. 12 Abs. 1 und 5 Abs. 3 Satz 1 GG, wie auch den Grundrechten der Kommerzialisierungsinteressierten aus Artt. 12 Abs. 1 und 14 GG,[79] die den Gesetzgeber einfachgesetzlicher Normen gemäß Art. 1 Abs. 3 GG in seinen verfassungsrechtlichen Wertentscheidungen binden.

1. Verfassungsrechtliche Vorgaben bezüglich der Entnahme von Körpermaterialien

Zu Beginn werden die verfassungsrechtlichen Anforderungen und Grenzen an die Entnahme von Körpermaterialien zu Primärzwecken wie Diagnose, Behandlung und Spende erörtert.

a) Menschenwürde, Art. 1 Abs. 1 GG

Der Begriff der Menschenwürde ist schwer zu fassen. Einen allgemein akzeptierten Rechtsbegriff, „der über die allgemeinen Aussagen zu Bedeutung, Rechts-

77 *Höfling*, Verfassungsrechtliche Aspekte der Verfügung über menschliche Embryonen und „humanbiologisches Material“, Gutachten, S. 1.

78 *Höfling*, Verfassungsrechtliche Aspekte der Verfügung über menschliche Embryonen und „humanbiologisches Material“, Gutachten, S. 15.

79 *Höfling*, Verfassungsrechtliche Aspekte der Verfügung über menschliche Embryonen und „humanbiologisches Material“, Gutachten, S. 15.

charakter und Rang hinausginge", gibt es nicht.[80] Überwiegend wird mit der so genannten „Objektformel" argumentiert, wonach der konkrete Mensch nicht zum Objekt, zu einem bloßen Mittel, zur vertretbaren Größe herabgewürdigt werden darf.[81] Einigkeit besteht bezüglich der drei Kernaussagen der Menschenwürdegarantie. Geschützt wird der Mensch vor starken Verletzungen des Gleichheitsgedanken[82] als Ausdruck verfassungsstaatlicher Freiheit sind Individualität, Identität sowie physische, psychische und moralische Integrität des Menschen zu respektieren[83] und ein materielles Existenzminimum zu sichern.[84]

Deshalb muss sichergestellt werden, dass menschliche Körpermaterialien nicht ohne das Einverständnis des Trägers entnommen werden dürfen. Diesem Erfordernis wird insofern Rechnung getragen als die unkonsentierte Entnahme von Körpermaterialien eine Körperverletzung darstellt und somit straf- als auch zivilrechtlich justitiabel ist.

b) Allgemeines Persönlichkeitsrecht, Art. 2 Abs. 1 i.V.m. Art. 1 Abs. 1 GG

Bei der Beurteilung der Frage, inwiefern der Mensch Köpermaterialien, wie z.B. Blut und Blutbestandteile spenden darf, ist nicht etwa die Eigentumsgarantie nach Art. 14 Abs. 1 GG einschlägig, vielmehr haben sich entsprechende gesetzliche Regelungen ausschließlich an Art. 2 GG zu messen, da Eigentumsrechte am Körper eines lebenden Menschen nicht bestehen.[85] Das allgemeine Persönlichkeitsrecht umfasst das Recht autonomer Selbstentfaltung, nach außen gerichteter Selbstdarstellung und gewährleistet die Grundbedingungen freier Entfaltung der Persönlichkeit.[86]

In Ergänzung zu Art. 1 Abs. 1 GG verpflichtet das allgemeine Persönlichkeitsrecht den Gesetzgeber grundsätzlich dazu, die Blutentnahme von der vorherigen persönlichen Einwilligung des Betroffenen abhängig zu machen. Von diesem Grundsatz ausgenommen sind die Fälle, in denen Duldungspflichten gesetzlich normiert sind, wie zum Beispiel in § 81 a StPO zur Blutentnahme.

Klärungsbedürftig ist weiterhin, ob der Betroffene aufgrund des Einwilligungserfordernisses korrespondierend durch seine Einwilligung in jegliche Form der Blutentnahme bzw. –spende einwilligen kann. Das allgemeine Persönlichkeitsrecht unterliegt der Schrankentrias des Art. 2 Abs. 1 GG. Danach findet das

80 Dreier/*Dreier*, Art. 1 Rdnr. 50.
81 Siehe Fn. 21.
82 Dreier/*Dreier*, Art. 1 I, Rdnr. 59.
83 Dreier/*Dreier*, Art. 1 I, Rdnr. 60.
84 Dreier/*Dreier*, Art. 1 I, Rdnr. 61.
85 *Depenheuer* in v. Mangoldt/Klein/Starck, Art. 14 Rdnr. 144.
86 Dreier/*Dreier*, Art. 2 I, Rdnr. 69; Maunz/Dürig/*Di Fabio,* Art. 2 Abs. 1, Rdnr. 147; *Starck* in v. Mangoldt/Klein/Starck, Art. 2 Abs. 1, Rdnrn. 86, 87, Sachs/*Murswiek,* Art. 2, Rdnr. 59.

Recht auf freie Entfaltung der Persönlichkeit dort seine Grenzen, wo Rechte Dritter verletzt oder gegen die verfassungsmäßige Ordnung oder das Sittengesetz verstoßen wird. Als nahe liegende Schranke kommt das Grundrecht auf körperliche Unversehrtheit gemäß Art. 2 Abs. 2 GG in Betracht. Geschützt werden Leben und Gesundheit und dem Gesetzgeber obliegt die Pflicht, zumindest aber die Befugnis, durch die normative Festlegung von Einwilligungsgrenzen den Spendewilligen vor sich selbst zu schützen.

Bezüglich der Blutspende greifen sämtliche Regelungen zwangsläufig in die Grundrechte verschiedener Betroffener ein und sind nur dann verfassungsgemäß, wenn die kollidierenden Interessen in einen möglichst schonenden Ausgleich gebracht werden. Grundsätzlich gilt, dass sich die Grenzziehung unter Beachtung des aus dem Rechtsstaatsprinzip entwickelten Gebots der Verhältnismäßigkeit an den Besonderheiten des konkreten Einzelfalles orientieren muss. Erforderlich sind mithin die Abwägung zwischen Schwere und Zweck der Verletzung,[87] bzw. eine Gegenüberstellung von Risiko und Nutzen. Dreierlei Interessenträger sind hier in Einklang zu bringen: der Spender, der Spendenempfänger und die Spendeeinrichtung bzw. Klinik. Grundsätzlich ist der Zweck der Körpermaterialspende, die Heilung bzw. Besserung des gesundheitlichen Zustands eines Dritten rechtsethisch positiv zu bewerten. Allerdings darf nicht außer Acht gelassen werden, dass der Spender mit der Spende ein eigenes gesundheitliches Risiko eingeht. Im Großen und Ganzen ist davon auszugehen, dass die Entnahme geringer Mengen menschlichen Körpermaterials einen medizinisch unproblematischen Eingriff darstellt, der lediglich mit geringen Risiken behaftet ist. So regeneriert sich beispielsweise Blut nach einer Blutentnahme innerhalb kürzester Zeit vollständig, so dass für den Spender keine Folgen des Eingriffs zurückbleiben.[88] Die Spendeeinrichtungen haben zum Teil altruistische, wissenschaftliche aber auch wirtschaftliche Interessen an der Körpermaterialspende, während der Spendenempfänger das Interesse der Verbesserung seines körperlichen Befindens, seiner Heilung hat. Im Gegensatz zum Spender besteht für den Empfänger die Gefahr der Infizierung mit Bakterien oder Viren durch verseuchte Materialien, wie z.B. Blutkonserven. Dieses Risiko ist durch gesetzlich vorgeschriebene aufwändige Prüfverfahren indes stark herabgesetzt.

Der Grundsatz der Verhältnismäßigkeit ist mithin dann gewahrt, wenn dem Spender nicht mehr Körpermaterialien entnommen werden, als durch ihn selbst kompensiert werden können.[89]

---

87 *Maunz/Zippelius*, Staatsrecht, § 13 III 6, S. 95.

88 *Schoeller*, Vorschlag für eine gesetzliche Regelung der Organspende vom lebenden Spender, S. 16.

89 *Bock*, Rechtliche Voraussetzungen der Organentnahme von Lebenden und Verstorbenen, S. 102.

Prinzipiell ist festzuhalten, dass Art. 2 Abs. 2 GG die Befugnis des Spenders umfasst, über eigenes Körpermaterial selbst zu verfügen. Aus diesem Grund sind etwaige Einschränkungen der Nutzungs- und Entäußerungsbefugnisse des Spenders aus verfassungsrechtlicher Sicht rechtfertigungsbedürftig.[90]

2. Verfassungsrechtliche Vorgaben bzgl. der Verwendung von Körpermaterialien zu Sekundärzwecken

Nachfolgend sollen die verfassungsrechtlichen Voraussetzungen und Rahmenbedingungen für eine Weiterverwendung von Körpermaterialien, zu Sekundärzwecken wie zum Beispiel zu Forschungszwecken erörtert werden.

Verfassungsrechtliche Wertungen bezüglich der Verwendung zu Sekundärzwecken enthalten Artt. 14 Abs. 1 und 2 Abs. 1 i.V.m. 1 Abs. 1 GG. Allein aus der Anwendung dieser Verfassungsprinzipien ergibt sich hingegen keine detaillierte Antwort auf die Frage der „Zuordnungs-, Verfügungs-, Kommerzialisierungs- und Partizipationsrechte" der Betroffenen.[91] Es sollen deshalb die Vorgaben zusammengefasst werden, die sich unter Rückgriff auf zusätzliche Normgehalte des Grundgesetzes gewinnen lassen.

a) Eigentum, Art. 14 Abs. 1 GG

Gemäß Art. 14 Abs. 1 GG muss das Eigentum gewährleistet werden, Inhalt und Schranken können durch Gesetze bestimmt werden. Hierbei stellt sich zunächst die Frage, ob der menschliche Körper bzw. einzelne Bestandteile eigentumsfähig sein können.

Art. 14 GG schützt als Eigentum die rechtliche Zuordnung eines vermögenswerten Gutes zu einem Rechtsträger.[92] Welche vermögenswerten Güter in den Schutzbereich fallen, bestimmt sich nach dem Zweck und der Funktion der Eigentumsgarantie unter Berücksichtigung ihrer Bedeutung im Gesamtgefüge der Verfassung.[93] Hierbei ist zu berücksichtigen, dass die Eigentumsregelungen des Zivil- und des Öffentlichen Rechts über den verfassungsrechtlichen Eigentumsbegriff als Transformationsnormen fungieren und insoweit Tatbestandswirkung im Verfassungsrecht beanspruchen.[94]

---

90 *Höfling*, Verfassungsrechtliche Aspekte der Verfügung über menschliche Embryonen und „humanbiologisches Material", Gutachten, S. 109.

91 *Höfling*, Verfassungsrechtliche Aspekte der Verfügung über menschliche Embryonen und „humanbiologisches Material", Gutachten, S. 107.

92 *Böhmer*, Grundfragen der verfassungsrechtlichen Gewährleistung des Eigentums in der Rechtsprechung des Bundesverfassungsgerichts, NJW 1988, 2561-2574, S. 2566.

93 Sachs/*Wendt*, Art. 14 Rdnr. 21.

94 *Depenheuer* in v. Mangoldt/Klein/Starck, Art. 14, Rdnr.111.

Während ein Eigentumsrecht am menschlichen Körper als Gesamtgebilde verneint wird[95], stellt sich die Frage, ob sich diese Rechtsposition auch auf vom Körper getrennte Teile erstreckt. Während die Eigentumsfähigkeit von Körperteilen in der zivilrechtlichen Literatur der letzten Jahre vermehrt Beachtung gefunden hat, ist auffällig, dass sich in der gesamten verfassungsrechtlichen Kommentarliteratur zum heutigen Zeitpunkt lediglich im Grundgesetzkommentar der Autoren v. Mangoldt, Klein und Starck eine kurze Erörterung von Depenheuer finden lässt. So handelt es sich nach seiner Auffassung bei vom Körper getrennten Bestandteilen um sonderrechtsfähige Sachobjekte, an denen die Person Eigentum erwirbt, von der sie stammen.[96] Ungeachtet dessen bestehe das Persönlichkeitsrecht des Körpermaterialspenders an diesen Substanzen fort.[97] Das Eigentumsrecht kann bei „objektiv erkennbarer Endzweckbestimmung" auch vom allgemeinen Persönlichkeitsrecht überlagert werden.[98] Dies ist dann der Fall, wenn Körpersubstanzen mit dem Zweck der Wiedereingliederung in den Körper entnommen werden.

Dementsprechend obliegt es dem Gesetzgeber im Rahmen seiner Kompetenzen bereichsspezifische Regelungen für die einzelnen Körperteile und –substanzen zu schaffen, wobei ihm weitreichende Gestaltungsfreiheit zukommt.[99]

Nachdem festgestellt wurde, dass vom Körper getrennte Materialien sowohl dem Eigentumsrecht als auch dem allgemeinen Persönlichkeitsrecht unterfallen, stellt sich die Anschlussfrage, inwiefern Umstände aus der Sphäre des Spenders bei der Gewinnung des Materials Auswirkungen auf deren Weiterverwendung zu Sekundärzwecken haben. Im Vordergrund stehen hierbei die Fragen der Informiertheit des Substanzinhabers über die Voraussetzungen, Primär- und Sekundärzwecke, Folgen und Grenzen seiner Verfügungen über eigene Körperteile.[100]

b) Bioinformationelle Selbstbestimmung, Art. 2 Abs. 1 GG

Als Konkretisierung des Grundrechts auf informationelle Selbstbestimmung im Rahmen des allgemeinen Persönlichkeitsrechts können sich aus diesem Rechte des Spenders und Pflichten der verwertenden Institutionen bezüglich der Weiterverwendung zu Sekundärzwecken ergeben. Diesem Grundrecht kommt insbesondere im Hinblick auf die Möglichkeit aus dem Material genetische Informationen

95 Siehe hierzu die Ausführungen in Kap. I. B. IV. 1. a) bb), S. 47f.

96 *Depenheuer* in Mangoldt/Klein/Starck, Art. 14 Rdnr.144.

97 *Depenheuer* in Mangoldt/Klein/Starck, Art. 14 Rdnr.144.

98 *Depenheuer* in Mangoldt/Klein/Starck, Art. 14 Rdnr.145.

99 *Höfling*, Verfassungsrechtliche Aspekte der Verfügung über menschliche Embryonen und „humanbiologisches Material", Gutachten, S. 115.

100 *Höfling*, Verfassungsrechtliche Aspekte der Verfügung über menschliche Embryonen und „humanbiologisches Material", Gutachten, S. 119.

zu gewinnen, welche im reprogenetischen Kontext erhoben, weitergegeben oder auf sonstige Weise verwertet werden können, erhebliche Bedeutung zu.

Mit dem Grundrecht auf informationelle Selbstbestimmung soll den Gefahren der totalen Registrierung und Katalogisierung, der Abrufbarkeit eines umfassenden Persönlichkeitsprofils betroffener Personen begegnet und dem Einzelnen die Befugnis eingeräumt werden, selbst über Freigabe und Verwendung seiner persönlichen Daten zu entscheiden.[101] Das Recht wird unabhängig von der qualitativen Aussagekraft der betroffenen persönlichen Daten gewährt.[102] Es handelt sich mithin um ein Selbstbestimmungsrecht über personenbezogene Informationen und schützt vor „jeder Form der Erhebung, schlichten Kenntnisnahme, Speicherung, Verwendung, Weitergabe oder Veröffentlichung" persönlicher Informationen.[103] Das Grundrecht umfasst „die Befugnis des Einzelnen, grundsätzlich selbst zu entscheiden, wann und innerhalb welcher Grenzen persönliche Lebenssachverhalte offenbart werden".[104] Korrespondierend hierzu sind Vorkehrungen gegen Zweckentfremdungen,[105] wie beispielsweise die Weitergabe von Substanzen und anderweitige Verwertung zu Forschungszwecken zu treffen. Grundsätzlich umfasst die Einwilligung in einen diagnostischen oder therapeutischen medizinischen Eingriff drei Bereiche: die Einwilligung in den Eingriff, in die Gefahr und in die Ausforschung. Eine wirksame Einwilligung setzt ihrerseits die vorhergehende Information und Aufklärung bezüglich dieser drei Bereiche voraus. Hierzu ist erforderlich, dass der Betroffene übersehen kann, auf welche Daten sich seine Einwilligung erstreckt.[106] Um den Betroffenen in diese Lage versetzen zu können, bedarf es einer über den eigentlichen Eingriffszweck hinausgehenden Information und Aufklärung über die weitere Verwendung der entnommenen Substanzen, da er nur so in die Lage versetzt werden kann, zu übersehen, welche Daten potentiell erhoben werden können. Fraglich ist insofern, ob sich die ursprünglich zu Diagnose- oder Therapiezwecken gegebene Einwilligungserklärung in die Entnahme der Körpersubstanzen auch auf deren Weiterverwendung zu Forschungszwecken, zur kommerziellen Nutzung erstreckt. Während das Fehlen der Aufklärung über eine Verwendung zu Sekundärzwecken den Eingriff selbst nicht rechtswidrig werden lässt,[107] so stellt sich doch die Frage, ob die weitergehende Verwendung durch diese „Grundeinwilligung" gedeckt ist bzw. ob es überhaupt einer weitergehenden Einwilligung bedarf. Zu dieser Fra-

101 *Hofmann* in Schmidt-Bleibtreu/Hofmann/Hopfauf, Art. 2, Rdnr. 26.

102 Maunz/Dürig/*Di Fabio*, Art. 2 Abs. 1 Rdnr. 174.

103 Maunz/Dürig/*Di Fabio,* Art. 2 Abs. 1, Rdnrn. 175, 176.

104 BVerfGE 65, 1 (41f.).

105 *Höfling*, Verfassungsrechtliche Aspekte der Verfügung über menschliche Embryonen und „humanbiologisches Material", Gutachten, S. 131.

106 *Schaffland/Wiltfang*, BDSG, 1995, § 4 Rdnr. 12f.

107 Siehe Ausführungen in Kap. II. A. III., S. 84.

ge hat sich Spiros Simitis explizit dahingehend geäußert, dass genetische Daten, wie alle anderen personenbezogenen Daten auch nur mit dem Einverständnis der Betroffenen erhoben werden dürfen.[108] Wegen der sensiblen Aussagekraft dieser Daten gibt es keine Dereliktion – Materialien, die nicht (mehr) für den vereinbarten Zweck gebraucht werden, sind zu vernichten. Dies gilt sowohl für die erhobenen Daten als auch für die ihnen zugrunde liegenden Materialien.[109] Es ist den Ärzten und Forschern selbstverständlich unbenommen, bezüglich des nicht oder nicht mehr gebrauchten Materials für die Verwendung zu Sekundärzwecken nach erfolgter Information und Aufklärung eine entsprechende Einwilligung einzuholen. So folgert Höfling zu Recht, dass aufgrund der „persönlichkeitsrechtlichen Tiefendimension jeder menschlichen Körpersubstanz“ die Einwilligung des Substanzspenders unabhängig von der Art der Weiterverwendung, ob nun für die kosmetische Industrie oder medizinische Forschung erforderlich ist.[110] Wegen des besonderen Stellenwerts menschlicher Körpersubstanzen und –bestandteile muss im Hinblick auf deren potentiell weitgehende Aussagekraft bezüglich genetischer Daten des ursprünglichen Materialträgers die Aufklärung des Spenders über jegliche Form der Weiterverwendung und damit zu erhebende und weiterzuverarbeitende Daten erfolgen.

Zusammenfassend bleibt festzustellen, dass mit dem „informed consent“ des Patienten bzw. Spenders in die Primärmaßnahme nicht gleichzeitig die Einwilligung zur Verwendung für Sekundärzwecke gegeben wird. Vielmehr bedarf es präziser Angaben über die Art der zukünftigen Verwendung, damit der Betroffene informiert in diese einwilligen kann oder nicht. Fehlt es an einer derartigen Einwilligung, begründet dies ein Verarbeitungs- und Verwertungsverbot der Substanzen. Der Gesetzgeber ist mithin aufgerufen, entsprechende Regelungen für das Aufklärungs- und Einwilligungserfordernis bezüglich der Weiterverwendung menschlicher Körpersubstanzen zu schaffen.

IV. Zivilrechtliche Einordnung

Über die Jahrhunderte hinweg hat sich in der Betrachtung und rechtlichen Würdigung des Körpers ein Wandel vollzogen, vom Standpunkt, der Körper sei als Sache zu behandeln, hin zu der Ansicht, dass niemand Eigentum an seinem Kör-

---

108 *Simitis*, Aspekte des Schutzes genetischer Daten, in: Genanalyse und Persönlichkeitsrechtsschutz, Internationales Colloquium, Lausanne, 14. April 1994, 107, S. 117f.

109 *Simitis*, Aspekte des Schutzes genetischer Daten, in: Genanalyse und Persönlichkeitsrechtsschutz, Internationales Colloquium, Lausanne, 14. April 1994, 107, S. 117f.

110 *Höfling*, Verfassungsrechtliche Aspekte der Verfügung über menschliche Embryonen und „humanbiologisches Material“, Gutachten, S. 141.

per haben könne. Insbesondere auf den früheren Kulturstufen spiegelt sich die Geneigtheit der Völker wieder, den Körper als Sache zu behandeln. Im römischen und auch im germanischen Recht konnte der Mensch „Sache“ sein und hatte die Rechtsmacht, über seine Körperlichkeit gleich einer Sache zu verfügen.[111] So haftete in Anwendung des XII-Tafelgesetzes zum Beispiel der Schuldner für Nichtleistung mit seinem Körper.[112] Ähnlich war es im fränkischen Recht, wonach der Schuldner seinen Körper verpfänden konnte.[113] Auch war eine tarifartige Abschätzung des Körpers und seiner einzelnen Teile im „Wergeld“ und bei „Bußen“ bekannt.[114]

Im römischen Deliktsrecht wurde zwischen dem Schutz des Eigentums (zu welchem auch Sklaven zählten) und dem des Körpers differenziert.[115] Während auf Ersteren die actio legis Aquiliae anwendbar war und auf einen Schadensersatz in Geld zielte, war bei Körperverletzungen freier Menschen die actio iniuriarum aestimatoria anwendbar, welche auf die Genugtuung durch Geldbuße zielt.[116] Mit der actio ex lege Aquilia konnte die schuldhafte Sachbeschädigung eines Sklaven, die durch aktive und unmittelbare Einwirkung auf das Objekt widerrechtlich und schuldhaft einen (Vermögens-)Schaden verursacht hatte, sanktioniert werden.[117] Ulpian prägte den Standpunkt, dass sich ein freier Mensch für seine eigene Person nicht direkt auf die Lex Aquilia stützen dürfe, sondern eine Klage analog der Lex Aquilia anstrengen müsse, da niemand als der Eigentümer seiner Glieder angesehen werde.[118] Die prätorische Praxis weitete den Inhalt der Klage aus, so dass im Fall der schuldhaften Körperverletzung eines freien Bürgers die actio legis Aquiliae utilis, die ursprünglich an Eigentumsverletzungen anknüpfte, hier Anwendung fand.[119] Für die deutsche Rechtsentwicklung war der Standpunkt Ulpians und die daran verkörperten Wertvorstellungen von großem Einfluss, so dass nicht weiter verwunderlich ist, dass auch heute die Mehrheit in Literatur und Rechtsprechung diesen Standpunkt teilt und dem menschlichen Körper die Sacheigenschaft abspricht.[120]

111 *Kaser*, Römisches Privatrecht, § 81 III 1, S. 316.

112 *Kaser*, Römisches Privatrecht, § 81 III 1, S. 316f.

113 *Koppe*, Das Recht am eigenen Körper, S. 22.

114 *Gareis*, Das Recht am menschlichen Körper in: FS Schirmer, S. 62, Fn. 2.

115 *Brüggemeier*, Haftungsrecht, § 5 A, S. 197.

116 *Brüggemeier*, Haftungsrecht, § 5 A, S. 197.

117 *Honsell/Mayer-Maly/Selb*, Römisches Recht, 4. Aufl., 1987, § 130 III 2, S. 366.

118 L. 13 D. ad leg. Aqu. (9.2.): Ulpianus libro octavo decimo ad edictum. Liber homo suo nomine utilem Aquiliae habet actionem: directam enim non habet, quoniam dominus membrorum suorum nemo videtur.

119 *Walter*, Geschichte des Anspruchs auf Schmerzensgeld bis zum Inkrafttreten des bürgerlichen Gesetzbuches, S. 72f.

120 Der lebende menschliche Körper und von ihm ungetrennte Teile werden nach herrschender Meinung nicht als Sachen im Sinne des § 90 BGB aufgefasst und es kann auch kein Eigentum

1. Der lebende Körper

Der menschliche Körper steht im Spannungsfeld zwischen dem sachenrechtlichen und dem personenrechtlichen Ansatz. Im Rahmen des Zivilrechtsgefüges kann er, rechtlich betrachtet, nur Person oder Sache sein. Dies ergibt sich bereits aus der Gesetzessystematik des BGB, in dessen ersten Abschnitt die Personen als Rechtssubjekte im Gegensatz zum zweiten Abschnitt, in welchem die Rechte an Sachen und Tieren geregelt werden.

Somit stellt sich die Frage nach der Rechtsnatur des menschlichen Körpers? Er ist die gegenständliche Manifestation der Persönlichkeit des Menschen und als solcher die unmittelbare und gegenwärtige Erscheinung der Person selbst.[121] Die gegenständliche Einstufung des menschlichen Körpers erfordert somit eine Unterscheidung zwischen Person und Körper, was die Frage aufwirft, inwieweit eine Trennung zwischen Person und Körper überhaupt möglich und indiziert ist und ob dem Körper, als „menschliche Hülle", Sacheigenschaft zugesprochen werden sollte.

a) Sachenrechtlicher Ansatz

Ob etwas rechtlich als „Sache" einzuordnen ist, bestimmt sich nach dem Sachbegriff des § 90 BGB. Hiernach sind Sachen im Sinne des BGB ausschließlich körperliche Gegenstände. Nach rein wörtlicher Auslegung würde der menschliche Körper die Kriterien des Sachbegriffs erfüllen. Er ist räumlich zu Tage tretende Materie, die nach natürlicher Anschauung ein für sich bestehendes, im Verkehrsleben besonders bewertetes und begrenztes Stück der vom Menschen beherrschbaren Natur darstellt.[122] Ob etwas Sache ist oder nicht, wird heutzutage von der Funktion des § 90 BGB ausgehend entschieden, wobei die Eigentumsfähigkeit eine Schlüsselrolle bei der Entscheidung über die Sacheigenschaft spielt.[123]

aa) Befürworter des Eigentums am Körper

Für die wenigen Befürworter des Eigentums am menschlichen Körper und damit der Sacheigenschaft des Körpers sind hier exemplarisch v. Vangerow und Brunner zu nennen.

---

an ihnen erworben werden. So, MüKo/*Holch* § 90 Rdnr. 2, Palandt/*Heinrichs*, § 90 Rdnr. 3, Soergel/*Muehl*, § 90 Rdnr. 5 m.w.N.; *Jauernig*/Jauernig, § 90 Rdnr. 9; Erman/*Michalski*, § 90 Rdnr. 5, Ott in Alternativkommentar zum Bürgerlichen Gesetzbuch, § 90 Rdnr. 8, Prütting/Wegen/Weinreich/*Völzmann-Stickelbrock*, § 90 Rdnr. 6; BGB-RGRK/*Kregel*, § 90 Rdnr. 2; Staudinger/Dilcher, § 90 Rdnr. 14.

121 *Larenz*, AT BGB, § 16 I.

122 Siehe die Definition für Körperlichkeit in Soergel/*Marly*, § 90 BGB Rdnr. 1.

123 *Schünemann*, Die Rechte am menschlichen Körper, S. 26.

Nach Brunner ist es keineswegs indiskutabel, den, wie er sich ausdrückt, „fast geheiligten Satz“ „nemo dominus, membrorum suorum“ aufzugeben, denn es könne nicht bestritten werden, dass der Mensch über seine Haare und Nägel wie ein Eigentümer frei verfügen kann.[124] Des weiteren argumentiert er, dass es nicht ersichtlich sei, warum erst nach Trennung vom Körper der Mensch Eigentümer der abgetrennten Teilen ist, zumal es jeglicher Rechtsgrundlage für das Entstehen von Eigentum nach der Trennung vom Körper entbehre.[125] Letztlich würde die Einordnung des menschlichen Körpers als Eigentum auch mit dem natürlichen Empfinden und dem allgemeinen Sprachgebrauch, nämlich dem Gebrauch von Possessivpronomen, in Einklang stehen.[126] Zum gleichen Ergebnis kommt v. Vangerow, der davon ausgeht, dass sich der Mensch aus Psyche und Physis zusammensetze und hinsichtlich des „Physischen an ihm Objekt des Eigenthumsrechts sei.“[127]

Letztendlich argumentieren beide Vertreter sehr ergebnisorientiert. Da sie es für erstrebenswert erachten, dass der Mensch über seinen Körper und dessen Teile verfügen kann, glauben sie die Voraussetzung dafür schaffen zu müssen, indem sie annehmen der Körper sei eine Sache an der der Mensch Eigentum haben könne. Nach ihrer Meinung würde dies in der Praxis zu sachgerechten Lösungen und einer adäquaten Regelung des Bereichs führen.

Angesichts der heutigen medizinischen und biotechnischen Möglichkeiten, wie der Blut-, Plasma- oder Organspende steht nicht mehr außer Frage, dass der Mensch Verfügungen über seinen Körper und dessen Teile treffen kann und auch trifft. Fraglich ist allerdings, welches Ausmaß diese Verfügungsmacht einnehmen soll und inwieweit die Annahme der Sacheigenschaft und Eigentumsfähigkeit des Körpers und seiner Organe denknotwendige Voraussetzung für die Ausübung der Verfügungsmacht sind und ob dies sowohl zweckmäßig als auch mit den gesellschaftlichen Vorstellungen und Idealen vereinbar wäre.

bb) Gegner des Eigentums am Körper

Unter anderem wird gegen eine Subsumtion des menschlichen Körpers und seiner Teile unter den Sachbegriff des § 90 BGB die Entstehungsgeschichte des Paragraphen angeführt. Für die inhaltliche Kennzeichnung eines Gegenstandes als Sache war dessen Eigenart, menschlichen Bedürfnissen zu dienen, bestim-

---

124 *Brunner*, Theorie und Praxis im Leichenrecht, NJW 1953, Heft 32, 1173-1174, S. 1173.

125 *Brunner*, Theorie und Praxis im Leichenrecht, NJW 1953, Heft 32, 1173-1174, S. 1173.

126 *Brunner*, Theorie und Praxis im Leichenrecht, NJW 1953, Heft 32, 1173-1174, S. 1173, zum Sprachgebrauch und insbesondere zur Benutzung von Possessivpronomen siehe auch die Ausführungen in Kap. I. A. I, S. 22ff.

127 *V. Vangerow*, Pandekten, S. 82f..

mend,[128] wobei an den Körper in diesem Zusammenhang nicht gedacht wurde.[129] Gegen die Annahme der Sachqualität des menschlichen Körpers spricht außerdem die Individualität des Menschen. Bereits allein die Einzigartigkeit des Körpers verbietet die Annahme von Eigentum.[130] Wollte man den Körper mit anderen Vermögensgegenständen gleichstellen, so führte dies zu einem Verstoß gegen die Menschenwürde und zur Negierung des personalen Eigenwerts des Menschen.[131] Neben diesen Überlegungen, die hauptsächlich davon geleitet sind, dass der Mensch nicht eigentumsfähig sein könne, weil er das nicht sein dürfe,[132] da dies sozial und gesellschaftlich nicht wünschenswert sei, gibt es auch eine Reihe funktionaler Überlegungen die gegen die Annahme der Sachqualität des menschlichen Körpers sprechen.

Zum einen ist hier der Wortlaut des § 823 BGB anzuführen, der hinsichtlich der Schutzgüter zwischen „Körper“ und „Eigentum“ unterscheidet. Diese Unterscheidung wird als stärkstes Indiz gegen die Eigentumsfähigkeit und damit gegen die Sachqualität des menschlichen Körpers angeführt.[133] Gegen die Annahme einer eigentumsrechtlichen Beziehung zwischen Person und Körper sprechen zwei wesentliche Elemente des Eigentums, namentlich die aus dem Charakter als Herrschaftsrecht fließende Befugnis zur Vernichtung der Sache und die Übertragbarkeit des Eigentumsrechts. Beide sind im Zusammenhang mit dem lebenden Körper verpönt und gesellschaftlichen Konsens gemäß ausgeschlossen.[134] Die Annahme, dass eine andere Person Eigentum an einem selbst haben könnte, würde nicht nur das Tor zur Sklaverei wieder öffnen, sondern ist auch unvereinbar mit der grundgesetzlichen Garantie der Menschenwürde. Aus Artikel 1 Absatz 1 GG ergibt sich nämlich der rechtsethische Grundsatz, dass der Mensch, wie auch sein Körper, nicht zum Objekt erniedrigt werden dürfen.[135] Dies wäre aber der Fall, wenn man die Eigentumsfähigkeit des menschlichen Körpers bejahte. Entscheidend ist auch die räumliche Nähe des Körpers zur Person: Wenn auch eine Trennung zwischen Körper und Person logisch möglich wäre, so ist sie dies doch praktisch nicht.[136] Schließlich ist ein Verfügungsrecht über den eigenen Körper auch vom Grundgesetz nicht anerkannt.[137]

---

128 *Mugdan*, Recht der Schuldverhältnisse, S. 15.

129 *Jansen*, Blutspende, S. 22.

130 *Jansen*, Blutspende, S. 22.

131 *Müller*, Die kommerzielle Nutzung menschlicher Körpersubstanzen, S. 42.

132 *Gareis*, Das Recht am menschlichen Körper in: FS Schirmer, S. 91.

133 *Jansen*, Blutspende, S. 15; *Schünemann*, Die Rechte am menschlichen Körper, S. 33.

134 *Sasse*, Zivil- und strafrechtliche Aspekte der Veräußerung von Organen Verstorbener und Lebender, S. 53.

135 Siehe Fn. 21.

136 *Schünemann*, Die Rechte am menschlichen Körper, S. 34.

137 *Dürig* in Maunz/Dürig, GG-Kommentar, Art. 2 Abs. 2, Rdnr. 12.

b) Persönlichkeitsrechtlicher Ansatz

Im Gegensatz zu einem Eigentumsrecht am menschlichen Körper wäre auch ein umfassendes „Recht am Körper“ denkbar. Nach Savigny ist die Herrschaft des Menschen über seinen Körper naturbedingt und unabhängig von der rechtlichen Beurteilung, was konsequenterweise zu einer Verneinung des „Rechts am eigenen Körper“ führt.[138] Jellinek brachte dies mit seiner Aussage „Ein Recht hat man, Persönlichkeit ist man“[139] auf den Punkt. Der Mensch ist somit als „Gesamtwesen“ zu beurteilen, wobei der Körper lediglich Teil des Subjekts Mensch ist. Auch der BGH hat sich nicht zur Anerkennung eines „Rechts am Körper“ durchringen können. Die körperliche Unversehrtheit gehört nach Auffassung des Gerichts zu den „Rechtsgütern, die zwar Dritten gegenüber Rechtsschutz genießen, selbst aber nicht Gegenstand eines Rechts ihres Trägers sind.“[140] Das Gericht kommt somit zu dem Schluss, dass der Mensch über seine körperliche Unversehrtheit nicht wie über eine ihm gehörige Sache verfügen könne.[141] Das bedeutet allerdings nicht, dass der Mensch überhaupt keine Verfügungen über seinen Körper treffen kann. So hat der BGH in der gleichen Entscheidung ein Selbstbestimmungsrecht aus dem Grundgesetz abgeleitet, welches dem Menschen erlaubt, Eingriffe in den eigenen Körper zuzulassen.

Die Unterscheidung des Menschen in das „berechtigte Subjekt, das abstrakte und zugleich konkrete Ich und das von diesem beherrschte objektive im freien Menschen, die dem Ich dienenden körperlichen und geistigen Kräfte des Menschen“ hat die „Anerkennung jenes Herrschaftsrechts des freien Menschen über sich selbst, des von der positiven Rechtsordnung geschützten Rechts der Persönlichkeit über den Körper und die Glieder desselben zur Folge.“[142] Auf den Punkt gebracht ist das Objekt des Persönlichkeitsrechts die eigene Person, welche zugleich Subjekt und Objekt ist.[143]

Die Beschäftigung mit dem persönlichen Eigenwert und der Selbstentfaltung führte im Laufe der Entwicklung zur Forderung nach einem allgemeinen Persönlichkeitsrecht, welches sich in ein Recht auf Entfaltung der Persönlichkeit, ein Recht an der Persönlichkeit und ein Recht auf Individualität gliedert.[144]

Verankerung fand das allgemeine Persönlichkeitsrecht als Fortsetzung der bereits in einzelnen Länderverfassungen verfolgten Linie[145] schließlich im Grund-

---

138 *Schünemann*, Die Rechte am menschlichen Körper, S. 36.

139 *Jellinek*, System der subjektiven Öffentlichen Rechte, S. 84.

140 BGHZ 29, 33ff. (36).

141 BGHZ 29, 33ff. (36).

142 *Gareis*, Das Recht am menschlichen Körper in: FS Schirmer, S. 74.

143 *Kohler*, Lehrbuch der Rechtsphilosophie, S. 131.

144 *Hubmann*, Das Persönlichkeitsrecht, S. 108.

145 Beispielhaft siehe: die Bremer Verfassung v. 21.10.47 (GesBl. 1947 S. 251), Art. 5 Abs. 1 „Die Würde der menschlichen Persönlichkeit wird anerkannt und vom Staate geachtet“; Verfassung

gesetz. Der Einfluss der Menschenwürde konkretisiert sich im Bereich des Rechts des Menschen an seinem Körper in Gestalt seines allgemeinen Persönlichkeitsrechts, welches im Rahmen der Artt. 1 Abs. 1, 2 Abs. 1 GG verfassungsrechtlichen Schutz genießt. Es beinhaltet das Recht des Einzelnen auf Achtung seiner Menschenwürde und auf Entfaltung seiner Persönlichkeit.[146]

Nicht unumstritten ist hierbei die Frage, welchen Einfluss diese grundgesetzliche Wertentscheidung auf das subjektive Privatrecht hat. Anerkannt ist, dass es als subjektives öffentliches Recht dem Einzelnen Schutz vor unberechtigten Eingriffen des Staates in seine persönlichen Werte und Güter gewährt.[147] Fraglich ist allerdings, inwiefern dies auch im Verhältnis Privatperson zu Privatperson zutrifft. Klärungsbedürftig ist zunächst, welche Bedeutung den Grundrechten, insbesondere Artt. 1 und 2 GG für das Privatrecht zukommt. Die Ansichten in Literatur und Rechtsprechung sind mannigfaltig, wobei besonders die Art und Weise umstritten ist, in der die Grundrechtsvorschriften auf das Privatrecht einwirken[148]. Einigkeit besteht insofern, als das anerkannt ist, dass Grundrechte nicht nur Abwehrrechte gegen den Staat, sondern darüber hinaus Ausdruck einer objektiven Werteordnung des Grundgesetzes sind, die als verfassungsrechtliche Grundentscheidung für alle Bereiche des Rechts gelten muss.[149] Falsch wäre allerdings daraus zu folgern, dass die Grundrechtsbestimmungen in gleicher Weise auch im Verhältnis zwischen Privatpersonen anwendbar wären. Sie können nicht im gleichen Umfang wie zwischen Individuum und Staat wirken, da insoweit andere Wertungsmaßstäbe gelten und auch der Regelungsfreiraum im Privatrecht zu berücksichtigen ist.[150] Eine unmittelbare Drittwirkung der Grundrechte ist somit mit dem Konzept der Privatautonomie unvereinbar. Dennoch werden die Normen des Privatrechts mittelbar durch die Grundrechte beeinflusst, denn keine bürgerlichrechtliche Vorschrift darf im Widerspruch zu ihnen stehen oder im Widerspruch zu ihnen ausgelegt werden.[151]

---

des Freistaates Bayern v. 2.12.1946 (GVBl. 1946, S.333), Art. 100 „Die Würde der menschlichen Persönlichkeit ist in Gesetzgebung, Verwaltung und Rechtspflege zu achten".

146 BVerfGE 72, 155 (170).

147 *Hubmann*, Das Persönlichkeitsrecht, S. 108.

148 Im Wesentlichen werden zwei Ansätze vertreten, die unmittelbare Drittwirkung der Grundrechte und die mittelbare Drittwirkung der Grundrechte, wobei Letztere die herrschende Meinung wiederspiegelt. Vertreter der unmittelbaren Drittwirkung war lange Zeit das Bundesarbeitsgericht, BAG, Urt. v. 28.09.1972, Az.: 1 AZR 469/71 = JZ 1973, 375f. Hingegen wird die mittelbare Drittwirkung der Grundrechte vom Bundesverfassungsgericht, BVerfG, Urt. v. 23.04.1986, Az.: 2 BvR 487/80, BVerfGE 73, 261,269 als auch vom Bundesgerichtshof, Urt. v. 28.04.1986, Az.: II ZR 254/85, NJW 1986, 2944 vertreten. Grundlegend hierzu: *Dürig*, FS Nawiasky, S 157ff.; Maunz/Dürig/*Di Fabio,* Art. 2 Abs. 1, Rdnr. 138 m.w.N.

149 BVerfGE 7, 198 (205).

150 Maunz/Dürig/*Di Fabio,* Art. 2 Abs. 1, Rdnr. 136.

151 Maunz/Dürig/*Herdegen*, Art. 1 Abs. 3, Rdnr. 41, 52, 57; *Pieroth* in Jarass/Pieroth, Art. 1, Rdnr. 22; *Kunig* in v. Münch/Kunig, Art. 1, Rdnr. 52; *Hofmann* in Schmidt-Bleibtreu/Hofmann/Hopfang, Art. 1, Rdnr. 72; Sachs/*Höfling*, Art. 1 , Rdnr. 106.

Wie angedeutet, ist vor allem die Art und Weise der Grundrechtseinwirkung auf das Privatrecht umstritten. Ausführliche Erläuterungen an dieser Stelle würden allerdings den Rahmen der Arbeit sprengen. Zusammenfassend stehen sich zwei Theorien gegenüber: Die eine, dass Grundrechte nur auf dem Weg über die wertausfüllungsfähigen und –bedürftigen Begriffe, wie die Generalklauseln des Zivilrechts zur Geltung kommen[152] und die andere, dass bestimmte Grundrechte unmittelbaren (absoluten) Einfluss auf das Privatrecht haben.[153] Weitgehend anerkannt ist, dass die Artt. 1 und 2 GG Bedeutung für das Privatrecht besitzen,[154] jedoch lassen sich unmittelbar aus ihnen keine privatrechtlichen Ansprüche herleiten,[155] vielmehr bedürfen sie der Transformation ins Zivilrecht.

Es ist unstreitig, dass unsere Rechtsordnung ein Persönlichkeitsrecht am menschlichen Körper anerkennt. Auf Grund der Naturgegebenheiten des Körpers muss im menschlichen Zusammenleben nicht nur das Recht auf körperliche Integrität, auf Abwehr von Körperverletzungen und Gesundheitsschädigungen, sondern auch das Selbstbestimmungsrecht über den Körper gewahrt bleiben.[156] Sowohl in Gareis' Ausführungen, als auch in den Materialien zum Bürgerlichen Gesetzbuch kommt zum Ausdruck, dass der Körper als Subjekt des Persönlichkeitsrechts betrachtet wird.[157]

Die Literatur stuft das Recht am Körper als subjektives Recht im Sinne eines einheitlichen, umfassenden besonderen Persönlichkeitsrechtes am eigenen Körper ein.[158] Dem Einzelnen steht – im Rahmen des § 138 BGB – die uneingeschränkte Verfügungsbefugnis über dieses Rechtsgut zu.[159] Der BGH ist in

152 Vertreten von *Dürig*, in Maunz: Vom Bonner Grundgesetz zur gesamtdeutschen Verfassung FS Nawiasky, S.157ff. (176).

153 *Enneccerus-Nipperdey*, § 15 II 4 c; BGHZ 13, 33; 26, 354; 27, 285ff.; 33, 20; 39, 131f.

154 *Hubmann*, Das Persönlichkeitsrecht, S. 112.

155 *Kaufmann*, Allgemeines Persönlichkeitsrecht und Schmerzensgeld, JuS 1963, 373-384, S. 378ff.; *Kaufmann*, Die Einrede der entgegenstehenden Gewissenspflicht, AcP 161 (1962), 289-302, S. 298f.

156 *Hubmann*, Das Persönlichkeitsrecht, S. 226.

157 So führt *Gareis* in „Das Recht am menschlichen Körper“ in: FS Schirmer, S. 87 aus, dass „Am lebendigen Körper und an dessen Gliedern und übrigen Teilen der freie Mensch ein Persönlichkeitsrecht hat, das Recht auf körperliche und geistige Integrität, ein persönliches Herrschaftsrecht über das Äußere seines Ich“. Außerdem siehe die Materialien zum BGB, wo der Wille des Gesetzgebers, den Körper als Persönlichkeitsrecht zu betrachten, zum Ausdruck kommt – vgl. *Mugdan*; Die gesamten Materialien zum Bürgerlichen Gesetzbuch, 1899, II, S. 406, 420, 1073, 1078, 1267.

158 MüKo/*Holch* § 90 Rdnr. 2, Palandt/*Heinrichs*, § 90 Rdnr. 3, Soergel/*Muehl*, § 90 Rdnr. 5; Jauernig/*Jauernig*, § 90 Rdnr. 9; Erman/*Michalski*, § 90 Rdnr. 5, *Ott* in Alternativkommentar zum Bürgerlichen Gesetzbuch, § 90 Rdnr. 8, Prütting/Wegen/Weinreich/*Völzmann-Stickelbrock*, § 90 Rdnr. 6; BGB-RGRK/*Kregel*, § 90 Rdnr. 2; Staudinger/Dilcher, § 90 Rdnr. 14.

159 *Sasse*, Zivil- und strafrechtliche Aspekte der Veräußerung von Organen Verstorbener und Lebender, S. 54.

einzelnen Urteilen sogar so weit gegangen, dem Menschen über seinen eigenen Körper eine uneingeschränkte Verfügungsbefugnis zuzusprechen.[160]

c) Stellungnahme und Zusammenfassung

Zusammenfassend lässt sich feststellen, dass eine Reihe praktischer, ethischer und rechtlicher Überlegungen, gegen die Eigentumsfähigkeit und damit gegen die Sachqualität des menschlichen Körpers sprechen. Unter dem Gesichtspunkt der besonderen Stellung des lebenden menschlichen Körpers, seiner Einzigartigkeit, der Untrennbarkeit von Person und Körper und der grundgesetzlich garantierten Würde, die ihm zukommt, ist die Ablehnung der Sachqualität nicht nur überzeugend sondern zwingend notwendig, um einen adäquaten Schutz zu gewährleisten. Der Argumentation der „Eigentumsbefürworter" kann insoweit nicht zugestimmt werden, denn auch bei ergebnisorientierter Auslegung und dem Wunsch die Verfügungsmacht des Menschen über seinen Körper anzuerkennen und zu gewährleisten, darf die besondere Stellung des menschlichen Körpers aufgrund seiner Einzigartigkeit nicht aus den Augen gelassen werden. Es ist somit unumstritten, dass sowohl in der Rechtsprechung als auch in der Literatur die Beziehung des Menschen zu seinem Körper als Persönlichkeitsrechtliche qualifiziert wird, was dem besonderen Achtungsanspruch gegenüber dem menschlichen Körper gerecht wird. Der persönlichkeitsrechtliche Ansatz gewährt dem Körper den gleichen Schutz vor Eingriffen Dritter, wie er bei der Annahme von Eigentum bestünde. Darüber hinaus bietet er den Vorteil, dass die Dispositionsbefugnis originär begrenzt ist und nicht, wie bei der Anwendung von Eigentumsvorschriften aus der weiten Verfügungsbefugnis über Eigentum von Rechtsprechung und Lehre auf den durch die guten Sitten bestimmten Umfang zurückgeführt werden muss.[161]

Der persönlichkeitsrechtliche Ansatz ist somit gegenüber dem eigentumsrechtlichen Ansatz vorzugswürdig, da er der besonderen Stellung des menschlichen Körpers gerecht wird und mindestens genauso umfangreichen Schutz bietet, wie die Anwendung eigentumsrechtlicher Vorschriften.

2. Körperteile nach ihrer Trennung vom Körper

Nachdem wir gesehen haben, dass die Beziehung zwischen dem Menschen und seinem Körper eine persönlichkeitsrechtliche ist, stellt sich die Frage, ob die gleiche Einordnung auch noch sach- und ergebnisgerecht für vom Körper getrennte

160 BGH VersR 74, S. 752ff. (753); *Sasse*, Zivil- und strafrechtliche Aspekte der Veräußerung von Organen Verstorbener und Lebender, S. 54 mit weiteren Nachweisen.

161 *Johnsen*, Die Leiche im Privatrecht, S. 27.

Teile ist oder ob die vielfältigen Einsatzmöglichkeiten in Medizin und Forschung und bereits gängige Umgangspraxis mit diesen Körperteilen und Substanzen eine anderweitige rechtliche Einordnung erfordern. Denkbar wären sowohl eine sachenrechtliche, eine persönlichkeitsrechtliche als auch eine kombiniert sachen-/persönlichkeitsrechtliche Einordnung abgetrennter Körperteile und –substanzen.

Während ursprünglich der Schwerpunkt der rechtlichen Qualifikation darin bestand, die Besitzergreifung an abgetrennten Körperteilen zu legitimieren[162], hat sich dieser heute auf die Verpflanzung und Übertragung auf fremde Körper, auf ihre Nutzbarkeit für die Forschung und damit auch auf ihre wirtschaftliche Verwertbarkeit verschoben. Im Vordergrund der heutigen rechtlichen Einordnung stehen der Schutz der Bestimmungsbefugnisse der Organ- oder Gewebespender und die Gewährleistung dass bestimmte, vom Spender gegebene Direktiven nach der Trennung der Körpersubstanzen vom Körper auch noch eingehalten werden.[163] Der Grund dieser Verschiebung ist in dem in der Zwischenzeit erfolgten Funktionswandel der abgetrennten Körperteile und Substanzen zu sehen. Waren ihre damaligen Nutzungsmöglichkeiten noch sehr beschränkt und damit ihr wirtschaftlicher Wert entsprechend gering, so hat sich dieser Zustand elementar gewandelt Heute ist kaum ein menschliches Körperteil oder Organ denkbar, das nicht von Nutzen in Medizin oder Forschung wäre und zu einem entsprechenden Marktwert führt. Wie gering der Wert menschlicher Körperteile eingeschätzt wurde, illustriert Shakespeare in seinem Roman „Kaufmann von Venedig“, wo es heißt: „Ein Pfund von Menschenfleisch, von einem Menschen genommen, ist so schätzbar, auch so nutzbar nicht, als Fleisch von Schöpsen, Ochsen, Ziegen.“[164] Es hat sich also ein Wandel hinweg von der funktionsfremden Benutzung menschlicher Körperteile, wie zum Beispiel der Benutzung als Schaustücke in Vitrinen oder als wissenschaftliche Forschungsobjekte, zu einer Weiterverwendung in der körperlichen Funktion entwickelt, d.h. zum Beispiel bei einer Organspende, dass Organe in andere Körper eingefügt werden, wo sie die ihnen bestimmte Leben erhaltende Funktion wieder ausüben.[165]

Für einzelne spezifische Körperteile wurden gesetzliche Regelungen geschaffen, die den Umgang mit ihnen bzw. Verfügungen über diese zum Gegenstand haben. Exemplarisch zu nennen sind hierbei das Transplantationsgesetz, welches die Spende, Entnahme und Übertragung von Organen regelt, wie auch das Transfusionsgesetz, welches die Gewinnung und Verwendung von Blut und Blutbe-

---

162 Siehe hierzu die Ausführungen zum sachenrechtlichen Ansatz, Kap. I. B. IV. 1. a). S. 46ff.

163 *Schünemann*, Die Rechte am menschlichen Körper, S. 72.

164 *Shakespeare*, Der Kaufmann von Venedig, I/3, Zeilen 164-166.

165 Eingehend zum Wandel von der funktionsfremden hin zur „funktionseigenen“ Weiterverwendung menschlicher Körperteile und Substanzen siehe *Jansen*, Die Blutspende aus zivilrechtlicher Sicht, S. 124.

standteilen regelt; das Stammzellengesetz, welches die Einfuhr und Verwendung von embryonalen Stammzellen regelt und das Embryonenschutzgesetz, welches unter anderem den Umgang von Körpersubstanzen regelt, die menschliche Erbanlagen enthalten. Vorgenannten Regelungen ist gemein, dass sie nur schemen- und bruchstückhaft einzelne Aspekte im Umgang mit vom Körper getrennten Körperteilen regeln, jedoch eine für alle vom Körper getrennten Teile anwendbare Aussage über deren rechtlichen Charakter und die an ihnen bestehenden originären Rechte nicht getroffen wird. Mangels einer expliziten rechtlichen Regelung haben sich in der Vergangenheit verschiedene und zum Teil sehr konträre Meinungen zur Einordnung von Körperteilen herausgebildet.

Erstrebenswertes Ziel bei der rechtlichen Qualifikation menschlicher Körperteile und Substanzen muss es folglich sein, eine praktikable Lösung mit eindeutigen rechtlichen Zuordnungen zu schaffen und gleichzeitig das Persönlichkeitsrecht des Substanzträgers angemessen zu berücksichtigen.[166] Im Folgenden werden die hierzu vertretenen Ansätze dargestellt und auf ihre Praktikabilität hin überprüft.

a) Standpunkt des BGH

Zunächst soll der Standpunkt des BGH dargestellt und dann hierzu Stellung bezogen werden.

aa) Darstellung

Mit der Problematik der rechtlichen Einordnung menschlicher Körperteile hatte sich der Bundesgerichtshof in seinem „Spermaurteil"[167] auseinanderzusetzen. In diesem, dem BGH zur Revision vorgelegten Rechtsstreit ging es um die Frage, ob der Kläger berechtigt sei, Schmerzensgeld für die Vernichtung seiner Spermakonserve zu verlangen.

Der Sachverhalt lässt sich kurz skizzieren. Der Kläger hatte sich einer Operation wegen eines Harnblasenkarzinoms zu unterziehen, von der er wusste, dass diese zu seiner Zeugungsunfähigkeit führen würde. Somit ließ er vor der Operation Sperma von sich bei der Beklagten einlagern. Wegen beschränkter Lagerkapazitäten fragte die Beklagte beim Kläger nach, ob er weiter Interesse an der Aufbewahrung der Konserve habe und kündigte an, dass sie diese nach vier Wochen vernichten werde, wenn sie bis dahin nichts Gegenteiliges vom Kläger höre. Innerhalb dieser Frist antwortete der Kläger schriftlich, dass er an einer Weiteraufbewahrung festhalten möchte und dieses Schreiben ging auch bei der Be-

166 So auch *Müller*, Die kommerzielle Nutzung menschlicher Körpersubstanzen, S.44.
167 BGHZ 124, 52 = NJW 1994, 127.

klagten ein, fand aber auf unerklärliche Weise nicht seinen Weg in die Akte des Klägers. Daraufhin erfolgte die Vernichtung der eingelagerten Spermakonserve.

Für die Erörterung, ob der Kläger berechtigt sei, Schmerzensgeld für den Verlust seiner Spermakonserve zu erlangen, musste sich der BGH inzident mit der Frage beschäftigen, welche Rechtsstellung dieser Konserve zukam und welche Rechte der Kläger an ihr hatte.

Zunächst wird vom BGH die überwiegende Auffassung[168] geteilt, dass grundsätzlich Sacheigentum an abgetrennten Körperteilen entstehe, aber weitergehende Betrachtungsweisen erforderlich seien.[169]

Ausgangspunkt der Betrachtungen des Senats war der Begriff der Körperverletzung im Sinne der §§ 823 Abs. 1, 847 Abs. 1 BGB. Er versteht das Recht am eigenen Körper als gesetzlich ausgeformten Teil des allgemeinen Persönlichkeitsrechts, womit Schutzgut des § 823 Abs. 1 BGB nicht die Materie an sich ist, sondern das „Seins- und Bestimmungsfeld der Persönlichkeit, das in der körperlichen Befindlichkeit materialisiert ist."[170] Der BGH differenziert zwischen Bestandteilen des Körpers, die diesem mit der Absicht entnommen wurden, wieder in den Körper integriert zu werden, bzw. der Bewahrung der Körperfunktion gegenüber den Körperbestandteilen, die endgültig entnommen werden sollten. Der BGH stellt insoweit auf die funktionale Einheit ab.[171] Liegt diese vor, dann führt die Verletzung, bzw. Vernichtung des abgetrennten körperlichen Bestandteils zu einer Körperverletzung im Sinne des § 823 Abs.1 BGB.[172] Die dem Körper entnommenen Bestandteile bilden nach dem Schutzzweck der Norm auch während ihrer Trennung vom Körper eine funktionale Einheit, wenn sie nicht endgültig entnommen werden sollten, sondern nach dem Willen des ehemaligen Substanzträgers zur Bewahrung der Körperfunktion oder zu ihrer Verwirklichung später wieder mit ihm vereinigt werden sollen.

Nach Ansicht des BGH ist eine andere Betrachtungsweise vorzugswürdig, wenn die ausgegliederten Körperbestandteile nach dem Willen des Rechtsträgers nicht dazu bestimmt sind, in seinen Körper wieder eingegliedert zu werden.[173] In diesen Fällen soll es, mangels funktionaler Einheit, bei der bestehenden vorherrschenden sachenrechtlichen Qualifikation bleiben.[174] Allerdings sei auch hier wieder zu differenzieren, zwischen endgültig abgetrennten Körperbestandteilen, die nach dem Willen des Rechtsträgers für bestimmte Zwecke, wie Organtransplantationen für Dritte oder fremdbestimmte Blutspenden geschehen und sol-

168 Siehe Kap. I. B. IV. 2. b) aa) (1), Fn. 188.
169 BGHZ 124, 52 (55).
170 BGHZ 124, 52 (55); BGB-RGRK/*Steffen*, § 823 Rdnr. 9.
171 BGH, Urt. v. 09.11.1993, Az.: VI ZR 62/93, NJW 1994, 127-128, S. 128.
172 BGH, Urt. v. 09.11.1993, Az.: VI ZR 62/93, NJW 1994, 127-128, S. 128.
173 BGH, Urt. v. 09.11.1993, Az.: VI ZR 62/93, NJW 1994, 127-128, S. 128.
174 BGH, Urt. v. 09.11.1993, Az.: VI ZR 62/93, NJW 1994, 127-128, S. 128.

chen, mit denen kein weiterer Zweck verfolgt werde, dessen Beeinträchtigung oder Zunichtemachen das allgemeine Persönlichkeitsrecht des Rechtsträgers verletzen könnte.[175] Da in den erstgenannten Fällen das Persönlichkeitsrecht des Betroffenen das Sacheigentum überlagert, könnten Entschädigungsansprüche, unter den dafür entwickelten engen Voraussetzungen, des Betroffenen aus einer Verletzung seines allgemeinen Persönlichkeitsrechts entstehen.[176]

Innerhalb dieser Kategorien, also entweder weiterhin Körperteil wegen fortbestehender funktionaler Einheit auf der einen Seite oder Sacheigentum oder vom Persönlichkeitsrecht überlagertes Sacheigentum auf der anderen Seite, stellt nach Auffassung des BGH, die Spermakonserve einen Sonderfall dar. Einerseits sei das Sperma endgültig abgetrennt, andererseits solle es die körpertypische Funktion des Rechtsträgers, die der Fortpflanzung, erfüllen.[177] In diesem Fall sei es nun so, dass das Sperma nicht mehr in den „Ursprungskörper" eingegliedert werden solle, was Voraussetzung für die Einordnung als Körperteil wäre, andererseits solle es außerhalb des Körpers die gleiche Funktion, nämlich die Zeugungsfähigkeit, erfüllen, die ihm auch als Körperbestandteil zugekommen wäre.[178] Der BGH gelangt deshalb zu der Ansicht, dass selbst wenn man aus den eben genannten Gründen das Sperma nicht tatbestandlich in dem Schutzgut der körperlichen Integrität nach Maßgabe der §§823Abs.1, 847Abs.1 BGB erfassen wolle, diese Normen doch jedenfalls entsprechend anzuwenden seien.[179]

Zusammenfassend, handelt es sich nach Auffassung des BGH somit bei Körperteilen, die nach dem Willen des Rechtsträgers dem eigenen oder fremden Körpern wieder eingegliedert werden sollen, aufgrund der bestehenden funktionalen Einheit von abgetrenntem Körperteil und Gesamtorganismus des Rechtsträgers weiterhin um einen dem Körper zuzuordnenden Bestandteil, der rechtlich nicht anders zu behandeln ist, als jeder andere mit dem Körper tatsächlich verbundene Bestandteil.[180] Anders ist die Rechtslage nur bei abgetrennten Körperteilen zu beurteilen, die endgültig vom Körper getrennt werden sollen. Auf sie finden ausschließlich die sachenrechtlichen Vorschriften Anwendung.[181]

bb) Stellungnahme

Für die Auffassung des BGH spricht, dass sie einen äußerst effektiven Schutz für die dem Körper nur vorübergehend entnommenen Bestandteile ermöglicht.

175 BGH, Urt. v. 09.11.1993, Az.: VI ZR 62/93, NJW 1994, 127-128, S. 128.
176 BGH, Urt. v. 09.11.1993, Az.: VI ZR 62/93, NJW 1994, 127-128, S. 128.
177 BGH, Urt. v. 09.11.1993, Az.: VI ZR 62/93, NJW 1994, 127-128, S. 128.
178 BGH, Urt. v. 09.11.1993, Az.: VI ZR 62/93, NJW 1994, 127-128, S. 128.
179 BGH, Urt. v. 09.11.1993, Az.: VI ZR 62/93, NJW 1994, 127-128, S. 128.
180 BGH, Urt. v. 09.11.1993, Az.: VI ZR 62/93, NJW 1994, 127-128, S. 128.
181 BGH, Urt. v. 09.11.1993, Az.: VI ZR 62/93, NJW 1994, 127-128, S. 128.

Trotz dessen wird diese Einteilung nicht nur als unpraktikabel kritisiert, sondern auch deswegen angegriffen, weil sie neue Probleme aufwirft, die mit der vorgegebenen Einteilung nicht zu lösen sind.[182] So drängt sich unter anderem die Frage auf, wie in Situationen der Willens- bzw. Zweckänderung zu verfahren ist. So ist die rechtliche Einordnung einer Eigenblutspende für Operationen, die dann doch nicht mehr selbst benötigt wird fraglich.[183] Soll alleine diese Zweckänderung dazu führen, dass der Körperteil nun als Sache zu behandeln ist? Auch der umgekehrte Fall einer Fremdblutspende, die dann doch für die eigene Operation genutzt werden, wirft vorgenannte Fragen auf.[184] Ebendiese rechtlichen Einordnungsschwierigkeiten stellen sich auch im Rahmen von Hirnoperationen, bei denen Schädelteile entnommen und eingefroren werden, um sie zu einem späteren Zeitpunkt wieder einzusetzen und dies entgegen vorheriger Planung dann doch nicht mehr geschehen kann. Inwiefern Willens- bzw. Zweckänderungen für die rechtliche Einordnung maßgeblich sind, wurde vom BGH offen gelassen.

Soweit das Sacheigentum vom Persönlichkeitsrecht des Rechtsträgers überlagert sein soll, der Körperteile für andere spendet, kann die Auffassung des BGH geteilt werden, da sie zu sachgerechten Ergebnissen führt, nämlich einem umfassenden Schutz des Spenders vor Beeinträchtigungen seines Spenderorgans. Darüber hinaus scheint diese Grenzziehung zu eng zu sein. So muss kritisch hinterfragt werden, weshalb vom Körper getrennte Substanzen ausschließlich dem Eigentumsrecht unterfallen sollen, wenn sie keine Körperfunktion mehr ersetzen sollen, dafür aber der ehemalige Substanzträger andere, für ihn wichtige Zwecke mit den von ihm getrennten Materialien verfolgt, oder wo eine Forschung an diesen auch sein Persönlichkeitsrecht beeinträchtigen könnte. Anstatt einer Erweiterung des Körperbegriffs hätte der BGH das Ziel eines umfassenden Schutzes der Interessen des Spermaspenders z.B. auch durch die Anerkennung eines Eingriffs in das Allgemeine Persönlichkeitsrecht und die damit einhergehende Möglichkeit der Erstattung immaterieller Ansprüche erreichen können.

Eine generelle Exklusivität von Eigentum und Persönlichkeitsrecht erscheint jedenfalls nicht sachgerecht und ist nicht geeignet, die Interessen des ehemaligen Substanzträgers umfassend zu schützen.

---

182 Siehe hierzu ausführlich: *Taupitz*, Der deliktsrechtliche Schutz des menschlichen Körpers und seiner Teile, NJW 1995, 745-752.

183 Siehe zu dieser Problematik *Nixdorf*, Zur ärztlichen Haftung hinsichtlich entnommener Körpersubstanzen, VersR 1995, Heft 19, 740-745, S. 743.

184 *Taupitz*, Der deliktsrechtliche Schutz des menschlichen Körpers und seiner Teile, NJW 1995, 745-752, S. 752.

b) Der sachenrechtliche Ansatz

Nachfolgend werden nach einer kurzen Darstellung des sachenrechtlichen Ansatzes dessen Vor- und Nachteile erörtert.

aa) Darstellung

Voraussetzung einer sachenrechtlichen Einordnung abgetrennter Körperteile und –substanzen ist zunächst die Bejahung ihrer Sacheigenschaft.

Sachen im Sinne des § 90 BGB sind körperliche Gegenstände, die im Raum abgrenzbar sind.[185] Diese Voraussetzung erfüllen vom Körper getrennte Materialien. Nichts anderes gilt jedoch auch für Tiere, die obwohl sie körperlich und beweglich sind, nicht als Sache im Sinne des § 90 BGB qualifiziert werden. Sie sind gemäß § 90a BGB keine Sachen. So stellt sich die Frage, ob abgetrennte menschliche Körpersubstanzen Sachen sein können, wo doch „nicht einmal" Tiere als Sache rechtlich qualifiziert werden.[186] Hierbei darf jedoch nicht übersehen werden, dass Tiere zwar keine Sachen sind; die sachenrechtlichen Vorschriften aber entsprechend auf sie angewandt werden, soweit andere Vorschriften, insbesondere solche des Tierschutzes, dem nicht entgegenstehen. Wie im weiteren Verlauf der Arbeit noch ausgeführt werden wird, sprechen trotz bzw. gerade wegen der besonderen Bedeutung der abgetrennten Materialien für den Menschen viele Argumente für eine (auch) sachenrechtliche Einordnung dieser Materialien. Allein durch eine sachenrechtliche Qualifikation der Materialien kann sichergestellt werden, dass über sie im erforderlichen Maße verfügt werden kann, dass Dritte Rechte an ihnen erwerben, sie zum Beispiel zum Zwecke der Forschung verwenden können. Gleichzeitig werden aber auch die Interessen des ursprünglichen Substanzträgers gewahrt, der im Rahmen der sachenrechtlichen Bestimmungen umfassend über seine Materialien verfügen kann.

Es ist mithin nur konsequent, dass die bislang allgemeine und auch heute noch vorherrschende Meinung davon ausgeht, dass vom Körper abgetrennte Teile vom Moment der Trennung an als Sachen im Sinne des § 90 BGB zu behandeln sind.[187] Probleme bereitet allerdings die Erklärung, wieso und wie der persön-

185 Palandt/*Heinrichs*, § 90 Rdnr. 1; BGB-RGRK/Kregel, § 90 Rdnr. 14; Bamberger/Roth/*Fritzsche*, § 90 Rdnr. 5; Jauernig, vor § 90 Rdnr 4; MüKo/Holch, § 90 Rdnr. 1; Prütting/Wegen/Weinreich/*Völzmann-Stickelbrock*, § 90 Rdnr.2; Erman/*Michalski*, § 90 Rdnr. 2; *Ott* in Alternativkommentar zum Bürgerlichen Gesetzbuch, § 90 Rdnr. 2; Staudinger/*Jickeli/Stieper*, § 90 Rdnr. 1; Soergel/*Marly*, § 90 Rdnr. 1.

186 *Simon u.a.*, Biomaterialbanken – Rechtliche Rahmenbedingungen, B.1.2., S. 32.

187 MüKO/*Holch*, § 90 Rdnr. 27; Enneccerus/*Nipperdey*, § 121 Fn. 21; Staudinger/*Dilcher*, § 90 Rdnr. 15; Soergel/*Marly*, § 90 Rdnr. 7; Palandt/*Heinrichs*, § 90 Rdnr. 3; BGH NJW 1994, S. 127-128 (127); Jauernig/*Jauernig*, § 90 Rdnr. 9; Erman/*Michalski*, § 90 Rdnr. 5; *Ott* in Alternativkommentar zum Bürgerlichen Gesetzbuch, § 90 Rdnr. 8; BGB-RGRK/*Kregel*, § 90 Rdnr. 2, Prütting/Wegen/Weinreich/*Völzmann-Stickelbrock*, § 90 Rdnr. 6.

lichkeitsrechtliche Charakter des Rechts am Körper in einen Sachcharakter der abgetrennten Teile umschlägt.

(1) Direkter Eigentumserwerb des bisherigen Substanzträgers

Überwiegend wird angenommen, dass sich das Persönlichkeitsrecht des Menschen an seinem Körper mit der Trennung eines Teils ipso facto in Eigentum an dem getrennten Körperteil wandle und somit der getrennte Körperteil ins Eigentum desjenigen falle, zu dessen Körper es bislang gehört hat.[188] An dieser Stelle zeigt sich auch sogleich die Erklärungsproblematik der Vertreter dieser These. Es ist rechtlich nicht nachvollziehbar, wie sich allein durch die Abtrennung vom Körper das Persönlichkeitsrecht an den Körperteilen in ein Eigentumsrecht an ihnen umwandeln sollte. Größtenteils halten die Vertreter dieser Meinung es nicht einmal für nötig zu erklären, wie diese Umwandlung vonstattengehen soll, so sehr liegt es für sie auf der Hand, dass abgetrennte Körperteile nichts anderes als Sachen im Sinne von § 90 BGB sein können. Verschiedene Erklärungsansätze werden angeboten, wie der Eigentumserwerb an den abgetrennten Körperteilen vonstattengehen soll.

(2) Analogie zu § 953 BGB

Gemäß § 953 BGB sollen Erzeugnisse und sonstige Bestandteile einer Sache auch nach Trennung von dieser dem Eigentümer gehören. In Analogie zu § 953 BGB soll –nach herrschender Meinung- der Substanzträger mit Trennung vom Körper direkt Eigentum an den von ihm abgetrennten Körperteilen und Substanzen erwerben.[189] Der vormals höherrangige Persönlichkeitsschutz verringert sich nach der Trennung vom Körper zum Eigentumsschutz – das Persönlichkeitsrecht schwächt sich zum Eigentumsrecht ab[190]. Die Vertreter dieser Theorie gehen davon aus, dass dem Menschen das Eigentum über die von seinem Körper stammenden Teile und Substanzen zumindest ebenso zufallen müsse, wie dem Eigentümer einer Sache die von dieser getrennten Bestandteile. Sie argumentieren, dass der Mensch zwar kein Eigentum an seinem Körper habe, dass aber doch

188 MüKo/*Holch*, § 90 Rdnr. 27; Enneccerus/*Nipperdey,* § 121 Fn. 21; Staudinger/*Dilcher*, § 90 Rdnr. 16, Soergel/*Marly*, § 90 Rdnr. 4; Palandt/*Heinrichs,* § 90 Rdnr. 3; BGH NJW 1994, S. 127-128 (127).

189 Enneccerus/*Nipperdey*, AT BGB, § 121 Fn. 21; *Hubmann*, Das Persönlichkeitsrecht, S. 228 Fn. 38; Palandt/*Heinrichs*, § 90 Rdnr. 3; MüKo/*Holch*, § 90 Rdnr. 21; Soergel/*Marly*, § 90 Rdnr. 4 und § 953 Rdnr. 2; Staudinger/*Dilcher*, § 90 Rdnr. 16; *Schäfer*, Rechtsfragen zur Verpflanzung von Körper- und Leichenteilen, S. 50f.

190 *Simon u.a.*, Biomaterialbanken – Rechtliche Rahmenbedingungen, B.1.3.1., S. 33.; v. *Freier*, Getrennte Körperteile in der Forschung, MedR 2005, 321-328, S. 321.; *Halász*, Das Recht auf bio-materielle Selbstbestimmung, S. 40.

seine Rechtsbefugnis hinsichtlich seines Körpers der eines Sacheigentümers sehr ähnlich sei.[191]

Als Vorschrift des Sachenrechts soll § 953 BGB die Rechtslage von abgetrennten Bestandteilen einer Sache regeln. Aber genau hieran scheitert es, da der lebende menschliche Körper zu keinem Zeitpunkt Sachqualität hat. Infolgedessen können abgetrennte Körperteile vor ihrer Trennung auch nicht Bestandteil einer Sache gewesen sein, was eine Analogie zu dieser Sachenrechtsvorschrift verbietet.[192] Somit vermag dieser Erklärungsansatz nicht zu überzeugen.

(3) „Randtheorien“

Neben dem Ansatz einer analogen Anwendung des § 953 BGB werden von den Vertretern der These des direkten Eigentumserwerbs vereinzelt weitere Erklärungshypothesen angeboten.

(a) Die Nähe-Theorie

Nach ihr gehen abgetrennte Körperteile direkt in das Eigentum des bisherigen Trägers über, da sich mit der Trennung lediglich die Beziehung der Person zu diesem Teil gelockert habe.[193] Mag es auch richtig sein, dass sich mit der Trennung vom Körper zumindest die räumliche Beziehung des bisherigen Substanzträgers zu den abgetrennten Teilen gelockert hat, so wird auch hier nicht dargelegt, wie sich die Wandlung vom Persönlichkeitsrecht in ein Eigentumsrecht vollzieht. Diese Theorie vermag somit auch nicht zu überzeugen.

(b) Die Natur der Sache

Die Vertreter dieser Theorie argumentieren, dass nur der direkte Eigentumserwerb des früheren Substanzträgers an den von ihm abgetrennten Teilen der natürlichen Auffassung entspräche.[194] Wer sonst, wenn nicht der ehemalige Träger sollte Eigentum an den getrennten Teilen erwerben? Diese Argumentation ist zu sehr vom Ergebnis her erzwungen[195] und erklärt wieder nicht, wie sich die Umwandlung vom Persönlichkeitsrecht zum Eigentumsrecht vollzogen haben soll.

---

191 *Schünemann*, Die Rechte am menschlichen Körper, S. 62.

192 *Gareis*, Das Recht am menschlichen Körper in: FS Schirmer, S. 91; *Koppe*, Das Recht am eigenen Körper, S. 58.

193 *Klusemann*, Das Recht des Menschen an seinem Körper, S. 37f.

194 *Planck/Strecker*, Sachenrecht, § 90 Anm. 2 a.

195 *Schünemann*, Die Rechte am menschlichen Körper, S. 38.

(c) Analogie zur „insula in flumine nata“

Nach Mittelstein ist der Eigentumserwerb der Person an den von ihr abgetrennten Körperteilen nach den Grundsätzen des römischen Rechts über eine „insula in flumine nata“, also eine aus dem Fluss hervortretende Insel, zu beurteilen. Wie den Anliegern der neu entstandenen Insel diese ohne weiteres als Eigentum zufalle, so verhalte es sich auch beim Menschen hinsichtlich der von ihm abgetrennten Körperteile.[196] Dieser Vergleich hinkt gleich an mehreren Stellen: Zum einen handelt es sich um eine neu entstehende Insel, die so auch ansatzweise vorher nicht da gewesen ist – im Gegensatz zu Körperteilen, die vorher als fester Bestandteil des Körpers schon existierten. Zum anderen hatten die Inselanlieger vor deren Existenz keinerlei Recht an dieser, während die Beziehung zwischen Mensch und Körper durch das Persönlichkeitsrecht gekennzeichnet ist. Diese Sachverhalte sind somit nicht miteinander vergleichbar und außerdem fehlt es auch hier wieder an einem Erklärungsansatz für die Umwandlung des Persönlichkeitsrechts in ein Eigentumsrecht.

bb) Körperteile als herrenlose Sachen

Nach anderer Auffassung werden die Körperteile im Zeitpunkt der Trennung vom Körper zu herrenlosen Sachen.[197] Hier stellt sich dann das Problem, wer Eigentum an ihnen erwerben kann, wobei zwei Auffassungen vertreten werden. Zum einen wird ein Aneignungsrecht des bisherigen Trägers angenommen und zum anderen ein Eigentumsrecht des zuerst Okkupierenden.

(1) Aneignungsrecht des bisherigen Trägers

Nach überwiegender Ansicht wird ein Aneignungsrecht des bisherigen Trägers, zur Vermeidung der Aneignung durch beliebige Dritte angenommen. So ist die Aneignung der Körpersubstanz gemäß § 958 Abs. 1 BGB nach überwiegender Meinung möglich. Es wird argumentiert, dass dem früheren Inhaber ein ausschließliches Aneignungsrecht gemäß § 958 Abs. 2 BGB zustehe, da das ihm bis zur Trennung gewährte, sich auch auf diese Körpersubstanz erstreckende Persönlichkeitsrecht noch seine Wirkung entfalte.[198] Die Prolongation oder Nachwirkung des bis zur Trennung an dem Körperteil bestehenden Persönlichkeitsrechts

196 *Mittelstein*, GA Bd. 34 (1886), S. 172ff. (176).

197 *Gareis*, Das Recht am menschlichen Körper in: FS Schirmer, S. 90ff.; *Johnsen*, Die Leiche im Privatrecht, S. 39; *Kallmann*, Rechtsprobleme bei der Organtransplantation, FamRZ 69, 572-579, S. 577.

198 *Schultheis*, Privatrechtsverhältnisse am Leichnam, S. 32f.; *Johnsen*, Die Leiche im Privatrecht, S. 39.

wird somit als entscheidender Grund für ein Aneignungsrecht des früheren Trägers angesehen.[199] Wegen des unmittelbaren zeitlichen und räumlichen Bezugs des Substanzträgers zu den gerade von ihm abgetrennten Teilen ist eine Fortwirkung des Persönlichkeitsrechts an diesen Teilen zu bejahen. Nur kann der frühere Substanzträger über diese dann Kraft seines an ihnen bestehenden Persönlichkeitsrechtes verfügen und es bedürfte insofern keines eigentumsrechtlichen Ansatzes, wie von den Vertretern dieser Theorie angenommen. Sein Aneignungsrecht muss der ehemalige Substanzträger ausdrücklich oder konkludent ausüben, da sonst von einem stillschweigenden Verzicht ausgegangen werden muss und danach jeder Beliebige Eigentum an den abgetrennten Körperteilen und Substanzen nach § 958 Abs. I BGB erwerben kann.[200]

Wie dargelegt, bedarf es bei nahem räumlichen und zeitlichen Zusammenhang zwischen der Trennung und Aneignung der Körperteile des früheren Substanzinhaber wegen der Prolongation seines Persönlichkeitsrechts an diesen Teilen, keiner sachenrechtlichen Zuordnungsregelung, da die Körperteile durch das Persönlichkeitsrecht hinreichend geschützt sind. Ein Eigentumserwerb des bisherigen Trägers könnte auch wieder nicht erklären, wie sich das Persönlichkeitsrecht in ein Eigentumsrecht alleine durch Trennung umwandeln sollte.

(2) Eigentum des zuerst Okkupierenden

Im Gegensatz zu den Vertretern der Theorie vom Aneignungsrecht des früheren Substanzträgers, gehen die Vertreter dieser Ansicht davon aus, dass jeder Beliebige, der die Sache im Eigenbesitz hat, sich diese aneignen dürfe,[201] da der frühere Substanzträger ausreichend über § 823 BGB geschützt sei.[202] Johnson will bei einverständlicher Trennung, z.B. im Rahmen eines ärztlichen Behandlungsvertrages, einen Vertrag zwischen dem Träger und dem Abtrennenden annehmen, kraft dessen die Herausgabe verlangt werden könne.[203] Diese Annahme würde aber das Problem aufwerfen, dass z.B. Ärzte auf Grund eines Behandlungsvertrages zur Herausgabe des entnommenen Materials verpflichtet wären, während beliebige Dritte, die zufällig die herrenlose Sache in Eigenbesitz nehmen, dadurch Eigentum erwerben könnten.[204] Dies erscheint keineswegs sachgerecht, da somit kein umfassender Schutz der abgetrennten Körpermaterialien gewährleistet wird. Zudem wird, wie bei den anderen Theorien, auch hier nicht ersichtlich,

199 Staudinger/*Dilcher*, § 90 Rdnr. 4.

200 *Ehrlich*, Gewinnabschöpfung des Patienten bei kommerzieller Nutzung von Körpersubstanzen durch den Arzt, S. 17.

201 *Johnsen*, Die Leiche im Privatrecht, S. 44ff.

202 *Schünemann*, Die Rechte am menschlichen Körper, S. 70.

203 *Johnsen*, Die Leiche im Privatrecht, S. 44ff.

204 *Schünemann*, Die Rechte am menschlichen Körper, S. 92.

wie sich der Wandel von Persönlichkeitsrecht zu Eigentumsrecht vollzogen haben soll.

cc) Stellungnahme

Die noch vorherrschende Meinung[205] geht davon aus, dass Körperteile mit ihrer Trennung vom Körper rechtlich als Sachen zu qualifizieren sind. Diese Einordnung erfolgt mit einer Selbstverständlichkeit der Autoren, die jegliche Begründung überflüssig erscheinen lassen. Innerhalb der sachenrechtlichen Einordnung wird zwischen einem direkten Eigentumserwerb des ehemaligen Substanzträgers infolge einer Analogie zu § 953 BGB und der Herrenlosigkeit des abgetrennten Körperteils unterschieden, an dem der bisherige Träger ein Aneignungsrecht nach § 958 Abs. 1 BGB haben soll. Das Kernproblem und der Hauptkritikpunkt sind beiden Qualifikationen immanent. Auch nicht ansatzweise kann erklärt werden, wie sich die Umwandlung vom Persönlichkeitsrecht an den mit dem Körper noch verbundenen Körperteilen zu einem Sachrecht an diesen vollziehen soll.

Beide sachenrechtlichen Theorien sind angesichts des sich stetig entwickelnden medizinischen Fortschritts und der damit einhergehenden neuen Bedeutung und Wertigkeit von Körperteilen nicht mehr sachgerecht. Sie vermögen keinen fairen Interessenausgleich zwischen den Beteiligten (Körperteilinhaber, Ärzten, Forschungsinstitutionen etc.) zu schaffen. Die Theorie von der Herrenlosigkeit der getrennten Körpersubstanzen entspricht nahezu ausschließlich den Interessen der Ärzte und Industrie, indem sie eine eindeutige rechtliche Zuordnung schafft und eine uneingeschränkte Verkehrsfähigkeit der abgetrennten Körperteile ermöglicht.[206] Die Interessen der ehemaligen Körperteilinhaber werden hingegen nur rudimentär geschützt. Insbesondere in den Fällen, in denen die Körperteile einem Dritten übereignet wurden, hat der ehemalige Körperteilinhaber keine Einflussmöglichkeiten auf deren weitere Verwendung; es sei denn er hat sich diese im Behandlungsvertrag einräumen lassen. Angesichts der in der Gesellschaft noch bestehenden Ahnungslosigkeit über mögliche Weiterverwendungsformen entnommener Körpersubstanzen ist hingegen zu bezweifeln, dass sich der durchschnittlich verständige Patient beim Arztbesuch Gedanken über den Verbleib entnommener Körpersubstanzen und Körperteile macht und entsprechende Vorkehrungen für deren Weiterverwendung im Behandlungsvertrag trifft.

205 Siehe Fn. 187.

206 *Dohmen*, Die Gewinnung, Verarbeitung und Anwendung neonataler Stammzellen, S. 82.

c) Theorie des Fortbestehens des Persönlichkeitsrechts

Im Kontrast zum sachenrechtlichen Ansatz steht die Theorie des Fortbestehens der Persönlichkeitsrechts, die im Folgenden dargestellt und diskutiert wird.

aa) Darstellung

Gemeinsamer Ausgangspunkt der Vertreter dieser Auffassung ist ihre Ablehnung des sachenrechtlichen Ansatzes in Bezug auf die rechtliche Qualifikation des menschlichen Körpers, da dieser aus einer Zeit stamme, in der vornehmlich abgeschnittene Haare, Nierensteine, gezogene Zähne, etc. den rechtstatsächlichen Hintergrund bildeten und dieser somit nicht mehr geeignet sei, den heutigen Problemen Rechnung zu tragen.[207]

Um dem bereits beschriebenen Wandel der Nutzungsmöglichkeiten[208] gerecht zu werden, schlugen Vertreter dieser Auffassung vor, von dem Fortbestehen der persönlichkeitsrechtlichen Beziehung zwischen dem bisherigen Träger und seinem Körperteil auch nach der Trennung auszugehen.[209] Dass eine rein persönlichkeitsrechtliche Betrachtungsweise von Gegenständen möglich ist, ist dem deutschen Recht nicht unbekannt. So könnten die Beziehungen von Personen zu ihren abgetrennten Körperteilen, vergleichbar mit Gegenständen, die selbständig außerhalb der Person stehen, ausschließlich dem Persönlichkeitsschutz oder seinen verschiedenen Ausprägungen unterliegen. Exemplarisch wären hier die Persönlichkeitsrechte an geistigen Werken zu nennen, die durch das Urheberrecht geschützt sind.[210] Dem Urheber werden die ausschließliche Verwertung und Nutzung seines Werkes garantiert.[211] So kann sich beispielsweise der Künstler aufgrund seines Urheberpersönlichkeitsrechts gegen eine Umgestaltung „seines“ Kunstwerkes gegenüber dem jetzigen Eigentümer wehren.[212] Eine derartig enge intensive persönliche Beziehung wie zwischen Künstler und „seinem“ Werk kann erst recht zwischen Substanzträger und „seinen“ Substanzen bestehen, welche durch die Weitergabe an Dritte nicht vollkommen erlischt.

207 *Sasse*, Zivil- und strafrechtliche Aspekte der Veräußerung von Organen Verstorbener und Lebender, S. 56 m.w.N.

208 Siehe Ausführungen auf S. 53.

209 *Forkel*, Verfügungen über Teile des menschlichen Körpers, JZ 1974, 593-599, S. 595ff.; *Jansen*, Die Blutspende aus zivilrechtlicher Sicht, S. 124ff.

210 *Forkel*, Verfügungen über Teile des menschlichen Körpers, JZ 1974, 593-599, S. 593ff.; BGHZ 13, 334 = JZ 1955, S. 211 ff; *Ehrlich*, Gewinnabschöpfung des Patienten bei kommerzieller Nutzung von Körpersubstanzen durch den Arzt?, S. 19.

211 *Hubmann*, Das Persönlichkeitsrecht, S. 234.

212 *Taupitz*, Privatrechtliche Rechtspositionen um die Genomanalyse: Eigentum, Persönlichkeit und Leistung, JZ 1992, 1089-1099, S. 1093.

So bleibt nach Meinung der Vertreter dieser These, auch nach der Trennung vom Körper die persönlichkeitsrechtliche Beziehung zwischen dem ehemaligen Träger und dem Körperteil erhalten. Die persönlichkeitsrechtliche Qualifikation abgetrennter Körperteile bietet den Vorteil, dass sie die Abwehr unbefugter Eingriffe ermöglicht und darüber hinaus auch das Bestimmungsrecht des früheren Inhabers sichert.[213] Somit wird ein adäquater Schutz für die legitime Zweckbestimmung des ehemaligen Substanzträgers, wie mit den von ihm getrennten Substanzen verfahren werden soll, gewährleistet. Eine derartige persönlichkeitsrechtliche Qualifikation hindert zum Beispiel den Träger der Klinik oder den Arzt nach Belieben mit den Körperteilen im Sinne von § 903 BGB zu verfahren und hindert sie insbesondere daran, entgegen des vom ehemaligen Substanzträgers für die ihm entnommenen Substanzen gesetzten Zwecks zu handeln.[214]

Für vom menschlichen Körper getrennte Teile, die nach dem Willen des ehemaligen Substanzträgers noch von seinem Persönlichkeitsrecht umfasst sein sollen, so zum Beispiel weil er sie für eine bestimmte Person oder einen bestimmten Zweck spenden möchte, ist der Ansatz von der Fortwirkung des Persönlichkeitsrechts bisher am sachgerechtesten, da er den besonderen Interessen des Substanzträgers gerecht wird. Das Persönlichkeitsrecht ist für diese Fälle die adäquate Rechtsform, da es speziell auf den Schutz höchstpersönlicher Belange zugeschnitten ist, und nicht wie das Eigentumsrecht lediglich die typischen Sachinteressen, die ein Beliebiger hat oder haben kann, erfasst.[215]

Hingegen ist fraglich, inwiefern es des Schutzes von abgetrennten Körperteilen durch die Normen des Persönlichkeitsrechts in den Konstellationen bedarf, in denen der ehemalige Substanzträger sich lediglich der von ihm getrennten Teile entledigen möchte, bzw. keinen eigene Zweckbestimmung vorgenommen hat. Zu prüfen ist, ob es hier nicht sachgerechter wäre, diese innerhalb der Normen des Eigentumsrechts zu behandeln.

So argumentiert Schünemann, dass es jedenfalls bei abgetrennten Körperteilen und Substanzen, denen kein eigener, bzw. Gebrauchswert mehr zukommt, d.h. in den Fällen, in denen sie lediglich zum Abfall bestimmt sind, angesichts ihrer üblichen Behandlung als Sachen wirklichkeitsfremd wäre, sie noch als Gegenstände des fortwirkenden Persönlichkeitsrechts zu betrachten.[216] Dem ist insoweit zuzustimmen, als in der Mehrheit der Fälle der ehemalige Substanzträger tatsächlich keine höchstpersönlichen Interessen an diesen von ihm getrennten Teilen hat

213 *Forkel*, Verfügungen über Teile des menschlichen Körpers, JZ 1974, 593-599, S. 596; *Schünemann*, Die Rechte am menschlichen Körper, S. 71f.; *Ehrlich*, Gewinnabschöpfung des Patienten bei kommerzieller Nutzung von Körpersubstanzen durch den Arzt?, S. 20.

214 *Ehrlich*, Gewinnabschöpfung des Patienten bei kommerzieller Nutzung von Körpersubstanzen durch den Arzt?, S. 20.

215 So auch *Forkel*, Verfügungen über Teile des menschlichen Körpers, JZ 1974, 593-599, S. 595f.

216 *Schünemann*, Die Rechte am menschlichen Körper, S. 79.

und auch keine bestimmten Zwecke damit verfolgt; sie für ihn schlicht und einfach Abfall darstellen. Problematisch sind hier allerdings die Konstellationen, in denen zum Beispiel im Rahmen eines ärztlichen Behandlungsvertrages, der Patient Körpersubstanzen beim Arzt zurücklässt, weil er diese für wertlos hält und davon ausgeht, dass diese der Abfallbeseitigung zugeführt werden, in Wahrheit diese Substanzen aber noch vom Arzt oder Dritten anderen Zwecken, wie zum Beispiel Forschungszwecken zugeführt werden. In der Realität ist es häufig so, dass sich die meisten Patienten überhaupt keine Gedanken über den Verbleib und die möglichen Nutzungsmöglichkeiten des von ihnen zurückgelassenen Materials machen und sie in der Regel auch nicht von den Ärzten darüber aufgeklärt werden. Sollten diese zurückgelassenen Materialien nun aber Forschungszwecken zugeführt werden, die der Überzeugung des ehemaligen Substanzträgers zuwiderlaufen und die er strikt ablehnen würde, so stellt sich die Frage, ob in diesen Fällen nicht doch ein möglicherweise bestehendes Persönlichkeitsrecht an diesen Materialien verletzt sein könnte. Ins Zentrum des Problemkreises rückt somit die Frage wann, wie und unter welchen Bedingungen der Patient zum Beispiel beim Zurücklassen seiner Materialien in der Klinik sein Persönlichkeitsrecht an ihnen aufgibt und ob dem Klinikpersonal besondere Aufklärungspflichten hinsichtlich des zukünftigen Verbleibs der entnommenen Substanzen zukommen und letztlich ob und wenn ja, welche Rechtsmittel dem Patienten bei einer Täuschung durch den Arzt über den zukünftigen Verbleib seiner Substanzen zustehen. Diese Problematik wird, insbesondere im Hinblick auf die Weiterverwendung entnommener Körpermaterialien zu Drittzwecken in Kapitel 3 eingehend erörtert.[217]

An dieser Stelle bleibt festzuhalten, dass es in der Tat Situationen gibt, in denen kein Interesse mehr daran besteht, das Persönlichkeitsrecht des Menschen an seinem Körper auch an von ihm getrennten Teilen fortwirken zu lassen und eine eigentumsrechtliche Einordnung zu sachgerechteren Lösungen führt, so zum Beispiel wenn die Substanzen vom ehemaligen Träger als Abfall angesehen werden und auch der Abfallentsorgung ohne Umwege zugeführt werden.

Des Weiteren halten die Vertreter dieser These die persönlichkeitsrechtliche Einordnung von Körperteilen dort nicht für sachgerecht, wo die Teile nicht für einen konkreten Empfänger entnommen wurden, sondern lediglich allgemein gespendet wurden oder zur Aufbewahrung in einer Biobank bestimmt sind.[218] In diesen Fällen wird davon ausgegangen, dass nach dem rechtlich anzuerkennenden Willen des Betroffenen, er sein persönlichkeitsrechtliches Interesse an den abgetrennten Teilen aufgebe und daher keine erheblichen Beeinträchtigungen sei-

217 Kap. III, S. 121ff.

218 *Sasse*, Zivil- und strafrechtliche Aspekte der Veräußerung von Organen Verstorbener und Lebender, S. 57.

ner Person hervorgerufen werden können.[219] Zusätzlich wird angeführt, dass es in den meisten Fällen nicht mehr möglich oder nur mit sehr großem Aufwand möglich wäre, die abgetrennten Körperteile und Substanzen persönlichkeitsrechtlich einer bestimmten Person zuzuordnen.[220] In den meisten Fällen heißt leider nicht in allen Fällen und auch ein möglicherweise hoher Aufwand, um eine eindeutige Zuordnung zum Individuum zu leisten, ist keine Garantie dafür, dass es nicht doch Fälle gibt, in denen die Persönlichkeitsinteressen der „Substanzspender" tangiert sein könnten. Auch hier sind wieder einige Konstellationen denkbar, unter denen es zumindest fragwürdig erscheint, ob der Substanzträger tatsächlich seine persönlichkeitsrechtlichen Interessen aufgibt. So erfolgt die Spende von Körperteilen und Substanzen an eine Biobank zu deren Aufbewahrung immer vor dem Hintergrund der heutigen Nutzungs- und Forschungsmöglichkeiten an diesen Substanzen. Da biologische Materialien aber bereits über viele Jahrzehnte gelagert werden können stellt sich die Frage, ob eine zukünftige Verwertung der dort aufbewahrten Materialien zu Zwecken, die heute noch gar nicht absehbar sind, nicht doch den Persönlichkeitsinteressen des ehemaligen Substanzträges zuwiderlaufen könnten. Es müsste also genau bestimmt werden, in welchem Rahmen der Substanzträger auf seine Persönlichkeitsrechte verzichtet. Außerdem stellt sich bei der Aufbewahrung von Organen und Gewebe in Biobanken auch die Problematik der genetischen Aussagekraft dieser Materialien und an dieser hat das betreffende Individuum anerkannter Weise ein Persönlichkeitsrecht. Auch hier ist wieder fraglich, in welchem Umfang der Patient auf dieses verzichtet. Auch bei der Organ- und Gewebespende für die Allgemeinheit stellt sich die Frage, ob bei Nichtverwertbarkeit des gespendeten Materials zu diesem Zwecke, zum Beispiel wegen medizinischer Unbrauchbarkeit, eine anderweitige Verwertung des Materials möglich wäre, wie zum Beispiel für Forschungszwecke. Diese könnten wieder dem Persönlichkeitsrecht des ehemaligen Substanzträgers zuwiderlaufen.

Diese Problemkreise machen deutlich, dass nicht allgemein davon ausgegangen werden darf, dass der Substanzträger in den erwähnten Fällen seine persönlichkeitsrechtlichen Interessen an den von ihm abgetrennten Teilen aufgeben wolle. Vielmehr sind die zahlreichen Facetten der Verwendungsmöglichkeiten der abgetrennten Teile genau zu beleuchten, um das Ausmaß des Verzichts auf die Persönlichkeitsinteressen daran abzustecken.

Insgesamt lässt sich dennoch resümieren, dass eine Reihe von Situationen denkbar sind, in denen der Substanzträger tatsächlich sein Persönlichkeitsrecht an den von ihm abgetrennten Teilen aufgeben will und eine eigentumsrechtliche

219 BGHZ 16, 172 (175); BGHZ 32, 103 (109, 113), *Forkel*, Verfügungen über Teile des menschlichen Körpers, JZ 1974, 593-599, S. 595; *Jansen*, Die Blutspende aus zivilrechtlicher Sicht, SS. 124, 129.

220 *Schünemann*, Die Rechte am menschlichen Körper, S. 79.

Einordnung dieser Substanzen die einzig sachgerechte Lösung darstellt. Aber auch in diesen Fällen wird der persönlichkeitsrechtliche Ansatz kritisiert, da hier wieder nicht erklärt wird, wie sich die Umwandlung vom Persönlichkeitsrecht an den Körperteilen in ein Eigentumsrecht nach ihrer Trennung vollziehen konnte.

bb) Stellungnahme

Die Vertreter der Auffassung des Fortbestehens des Persönlichkeitsrechts haben den Vorteil, dass sie nicht erklären müssen, wie sich die Umwandlung vom Persönlichkeitsrecht am ganzen menschlichen Körper zum Sachenrecht an abgetrennten Körperteilen vollziehen soll.

Andererseits ist kritisch zu beurteilen, inwiefern eine rein persönlichkeitsrechtliche Einordnung abgetrennter Körperteile sachgerecht ist und den Bedürfnissen der Praxis entspricht. So ist von der Mehrheit der Vertreter dieser Meinung anerkannt, dass es Konstellationen gibt, in denen eine sachenrechtliche Einordnung der abgetrennten Körperteile vorzugswürdig erscheint, nämlich in den Fällen, in denen der ehemalige Substanzträger keine weiteren Interessen oder bestimmte Zwecke mit ihnen verfolgt.[221]

Problematisch beim rein persönlichkeitsrechtlichen Ansatz ist der Umstand, dass der ehemalige Substanzinhaber im Falle der Beschädigung oder Vernichtung der von seinem Körper getrennten Teile und Substanzen nur unzureichend geschützt ist. Es scheiden sowohl eine Strafbarkeit wegen Sachbeschädigung, als auch ein Anspruch auf Schadensersatz aus. Ein Schutz ist lediglich über § 823 Abs. 1 BGB wegen Verletzung des allgemeinen Persönlichkeitsrechts möglich.

Ein weiteres Manko des persönlichkeitsrechtlichen Ansatzes ist, dass er bezüglich der Einordnung abgetrennter Körperteile ausschließlich auf den Willen des ehemaligen Körperteilinhabers abstellt. Der Körperteil unterfällt dem Sachenrecht sowie der ehemalige Rechtsgutinhaber keine Interessen mehr an ihm hat. Die Schwierigkeit liegt einerseits darin, zweifelsfrei zu beurteilen, welchen Willen der ehemalige Substanzträger verfolgt. Zum anderen hängt die Willensbildung maßgeblich von den Umständen des Einzelfalls und den dem Substanzinhaber mitgeteilten Informationen über die Weiterverwendung der Körperteile ab. Wegen der zum Teil schwierigen Eruierbarkeit des Willens des Körpersubstanzinhabers und der vielfältigen Manipulationsmöglichkeiten durch die anderen Beteiligten (zum Beispiel durch Vorenthalten von Informationen über die mögli-

221 *Schünemann*, Die Rechte am menschlichen Körper, S. 79; *Sasse*, Zivil- und strafrechtliche Aspekte der Veräußerung von Organen Verstorbener und Lebender, S. 57; *Forkel*, Verfügungen über Teile des menschlichen Körpers, JZ 1974, 593-599, S. 595ff.; *Jansen*, Die Blutspende aus zivilrechtlicher Sicht, S. 124ff.

che Weiterverwendung der abgetrennten Körperteile) vermag auch dieser Ansatz nicht zu überzeugen. Das „Schwarz-Weiß-Schema" entweder Persönlichkeitsrecht oder Eigentum ist in den Konstellationen zum Scheitern verurteilt, in denen eine sachenrechtliche Einordnung sachgerechter und praktikabler wäre, der ehemalige Körpersubstanzinhaber den entsprechenden Willen hierzu hat, aber trotzdem nicht alle Facetten seines Persönlichkeitsrechts an den Substanzen aufgeben will. Diese Theorie wird folglich weder den Interessen der Ärzte und Kliniken an einer eindeutigen eigentumsrechtlichen Zuordnung und Verwendungsberechtigung noch dem Schutzbedürfnis des Substanzinhabers vor Eingriffen in sein Persönlichkeitsrecht durch unkonsentierte Weiterverwendungs-maßnahmen an seinen Körpersubstanzen gerecht.

d) Überlagerungsthese

Wie dargelegt führen beide Ansätze, nämlich die rein sachenrechtliche oder die rein persönlichkeitsrechtliche Einordnung vom menschlichen Körper getrennter Teile zu keinen sachgerechten Ergebnissen. Zum einen kann nicht plausibel dargelegt werden, wie sich eine Umwandlung des Persönlichkeitsrechts in das Eigentumsrecht vollzieht und zum anderen wird eine ausschließliche Einordnung als sachen- oder persönlichkeitsrechtlich den Interessen der Substanzspender und möglichen –empfängern nicht gerecht.

aa) Darstellung

Diesem Problem stellt sich für Schünemann von vornherein nicht, da er ausgehend von der sog. Überlagerungsthese, dem Körper von Anfang an Sachqualität zuspricht. Nach ihr ist der lebende Mensch sowohl Person als auch Sache. Die Einordnung des menschlichen Körpers erfolgt auf zwei Stufen, der sachenrechtlichen und der persönlichkeitsrechtlichen Ebene. Auf der ersten Stufe, der sachenrechtlichen Ebene, wird der Körper wie sonstige Materie auch als Sache aufgefasst und entsprechenden Regeln unterworfen.[222] Die persönlichkeitsrechtliche Ebene bildet dann die zweite Stufe. Während der Zuordnung des Körpers, bzw. seiner Teile zur Person, tritt die sachenrechtliche Ebene in den Hintergrund, sie wird völlig von der zweiten Stufe überlagert.[223]

Für die Betrachtung des intakten lebenden menschlichen Körpers kommt die Überlagerungsthese zu keinen anderen Ergebnissen als der persönlichkeitsrechtliche Ansatz, da sich im Resultat auch nur die zweite Stufe, also die persönlichkeitsrechtliche Ebene verwirklicht und für die rechtliche Einordnung einzig

222 *Schünemann*, Die Rechte am menschlichen Körper, S. 92.
223 *Schünemann*, Die Rechte am menschlichen Körper, S. 103.

relevant ist. Allerdings kommt ihr eigenständige Bedeutung hinsichtlich der abgetrennten Körperteile zu.

Während die sachenrechtliche Ebene beim intakten lebenden menschlichen Körper von der persönlichkeitsrechtlichen Ebene überlagert wird, kann nach der Trennung vom Körper das Erlöschen des Persönlichkeitsrechts an den Körperteilen nicht mehr ausgeschlossen werden.[224] Klärungsbedürftig ist allerdings unter welchen Voraussetzungen es zum Erlöschen des Persönlichkeitsrechts kommt. Nach Ansicht Forkels kann es nicht allein auf den Umstand der Trennung ankommen,[225] da dies nicht immer sachgerecht wäre. So in dem erwähnten Beispiel der Organspende für einen bestimmten Empfänger: hier wäre es nicht sachgerecht, wenn der Spender das Persönlichkeitsrecht an seinem Organ mit der Trennung verlöre, da er ein an ihm weiter fortbestehendes persönlichkeitsrechtliches Interesse hat, nämlich den Zweck, dass es einer bestimmter Person zugutekommen möge und die Abwehr von Eingriffen Unbefugter. Auch nach der Überlagerungsthese würde man für das Szenario einer Lebendorganspende davon ausgehen müssen, dass das Spenderorgan nach der Trennung vom Körper weiterhin vom allgemeinen Persönlichkeitsrecht umfasst ist. Nach Ansicht Schünemanns ist das Hervortreten der sachenrechtlichen Einordnung nämlich vom Willen des Substanzträgers abhängig. Nur wenn dieser auf sein Persönlichkeitsrecht, ausdrücklich oder konkludent, verzichtet, ist der Körperteil wie jede andere Sache auch zu behandeln.[226] Ein derartiger Verzicht ist im Falle der Lebendorganspende jedoch gerade nicht anzunehmen, da der Spender, wie bereits dargelegt, das Interesse daran hat, dass sein Organ unter allen Umständen dem von ihm bestimmten Empfänger transplantiert wird. Es bleibt somit mit Deutsch[227] zu konstatieren, dass zwischen dem Spender und seinem Organ bis zum Zeitpunkt der Transplantation beim Empfänger eine weit über die sachenrechtliche Beziehung hinausgehende enge Bindung besteht.

Als maßgebliche Kriterien für das Erlöschen des Persönlichkeitsrechts kämen die Trennung und der Verzicht des Substanzträgers auf sein Persönlichkeitsrecht an den abgetrennten Körperteilen infrage. Der Vorteil der Anwendung dieser Kriterien bestände in der hohen Einzelfallgerechtigkeit und dem größtmöglichen Schutz für den Berechtigten.[228] Der erkennbare Nachteil liegt in dem Nachweis des Vorhandenseins des subjektiven Elements, dem Aufgabewillen des Berechtigten. Zum einen ist zu fragen, ob es eines ausdrücklichen Verzichts des Substanzträgers bedarf oder ob ein konkludenter Verzicht ausreicht. In jedem dieser

224 *Schünemann*, Die Rechte am menschlichen Körper, S. 104.

225 *Forkel*, Verfügungen über Teile des menschlichen Körpers, JZ 1974, 593-599, S. 593ff.

226 *Schünemann*, Die Rechte am menschlichen Körper, S. 102ff., 157ff.

227 *Deutsch*, Das Persönlichkeitsrecht des Patienten, AcP 1992, 192, 161–180, S.173.

228 *Schünemann*, Die Rechte am menschlichen Körper, S. 95.

Fälle, aber besonders beim konkludenten Verzicht ergibt sich das Problem der objektiven Feststellbarkeit von Willensmängeln. Das Problem von Willensmängeln stellt sich mit hoher Wahrscheinlichkeit insbesondere in den Konstellationen, in denen Patienten ihre Körpermaterialien beim Arzt oder in der Klinik zurücklassen und sich über deren späteren Verbleib bzw. über mögliche Nutzungsformen keinerlei Gedanken machen. Generell ist aber zu sagen, dass die vom ehemaligen Substanzträger abzugebende Willenserklärung bezüglich der Beendigung der persönlichkeitsrechtlichen Beziehung zu den abgetrennten Körperteilen, nichts anderes als ein Verzicht auf dieses Recht ist,[229] welcher möglich und zulässig ist.[230]

Problematisch ist jedoch erneut die Frage, welche Voraussetzungen an einen wirksamen Verzicht zu knüpfen sind. Da es sich bei dem Verzicht auf das Persönlichkeitsrecht um eine Willenserklärung handelt, ist die Anwendung der Regeln über Rechtsgeschäfte nahe liegend.[231] Wie im Einzelnen der Verzicht auf das Persönlichkeitsrecht vonstattengehen soll und welche Faktoren für einen rechtmäßigen Verzicht relevant sind, wird im folgenden Kapitel über die Verfügungsbefugnisse des Substanzträgers näher beleuchtet.[232]

bb) Stellungnahme

Zwar sieht sich Schünemann nicht mehr der Problem gegenüber, erklären zu müssen, wie sich die Umwandlung vom Persönlichkeitsrecht zum Eigentumsrecht-recht vollzieht. Trotzdem weist sein Ansatz Praktikabilitätsschwierigkeiten auf, die wiederum durch die Ausschließlichkeit der Einordnung abgetrennter Körperteile entweder in die Kategorie des Eigentumsrechts oder des Allgemeinen Persönlichkeitsrecht resultieren. Denn letztlich hängt auch bei ihm die Einordnung vom Willen des ehemaligen Substanzinhabers ab. Mithin stellen sich dieselben Auslegungsschwierigkeiten, wann und in welcher Form dieser Wille vollzogen und ihm Ausdruck verliehen worden sein muss.

e) Der fortentwickelte sachenrechtliche Ansatz

Abschließend soll der fortentwickelte sachenrechtliche Ansatz dargestellt und diskutiert werden.

229 *Schünemann*, Die Rechte am menschlichen Körper, 105.

230 *Forkel*, Verfügungen über Teile des menschlichen Körpers, JZ 1974, 593-599, S. 596.

231 so auch *Schünemann*, Die Rechte am menschlichen Körper, S. 105.

232 Kap. III., S. 121ff..

aa) Darstellung

Ausgehend vom sachenrechtlichen Ansatz wurde diskutiert, inwiefern das Persönlichkeitsrecht des ehemaligen Substanzträgers eine Übereignung der ihm entnommenen Körpersubstanzen oder deren Aneignung durch einen anderen überdauern könne.[233]

Ähnlich der Überlagerungsthese gehen die Vertreter des fortentwickelten sachenrechtlichen Ansatzes auch von einer parallelen Existenz des Eigentums und des Persönlichkeitsrechts am Körper aus. Im Gegensatz zur Überlagerungsthese wird jedoch nicht von einem Stufenmodell ausgegangen, sondern Persönlichkeitsrecht und Eigentum sollen nebeneinander bestehen, wobei auch beides auseinander fallen kann. So sollen unabhängig von der eigentumsrechtlichen Position die persönlichkeitsrechtlichen Beziehungen des ehemaligen Substanzträgers zu den ihm entnommenen Substanzen nicht erlöschen.[234]

Dass ein Nebeneinander von Eigentums- und Persönlichkeitsrecht am selben Gegenstand und die unter Umständen gleichzeitig gegebene personal getrennte Rechtsinhaberschaft dem deutschen Rechtssystem nicht fremd sind, lässt sich anhand von Fallkonstellationen aus dem Urheberrecht veranschaulichen.[235] So ist beispielsweise in Bezug auf Briefe und Schriftstücke anerkannt, dass trotz des Eigentums eines Dritten an diesen, dem Verfasser aus seinem Persönlichkeitsrecht Befugnisse zustehen, bestimmte Verwendungsformen, bei Schriftstücken namentlich die Veröffentlichung, zu verhindern.[236] Und spätestens seit der Sirenenbild-Entscheidung[237] des Reichsgerichts ist das Nebeneinander von Eigentum und Persönlichkeitsrecht verschiedener Rechtsinhaber bekannt. Der Entscheidung lag folgender Sachverhalt zugrunde: Der Kläger, ein Künstler, hatte auf Bestellung der Hauseigentümer (Beklagten) in deren Treppenhaus ein Freskogemälde „Felseneiland mit Sirenen" gemalt, welches diese zu einem späteren Zeitpunkt insoweit überstreichen ließen, als dass die ehemals nackten Sirenen nun bekleidet waren. Daraufhin verlangte der Künstler von den Hauseigentümern Rückgängigmachung der Übermalung. Das Gericht erkannte an, dass der „Künstler, dem modernen Rechtsempfinden nach, ein gesetzlich geschütztes Recht darauf hat, dass das von ihm geschaffene Werk, als ein Ausfluss seiner individuellen künstlerischen Schöpferkraft, der Mit- und Nachwelt nur in seiner unveränderten individuellen Gestaltung zugänglich gemacht bzw. hinterlassen werde."[238] Daraufhin

233 *Schröder/Taupitz*, Menschliches Blut verwendbar nach Belieben des Arztes?, S.42.

234 *Ehrlich*, Gewinnabschöpfung des Patienten bei kommerzieller Nutzung von Körpersubstanzen durch den Arzt, S. 37.

235 So *Schröder/Taupitz*, Menschliches Blut verwendbar nach Belieben des Arztes?, S. 43.

236 BGHZ 13, 334, 338; 50, 133, 143.

237 RGZ 79, 397ff. (399).

238 RGZ 79, 397ff. (399).

wurden die Beklagten verurteilt, die Übermalung rückgängig zu machen. Diese Entscheidung zeigt anschaulich die parallele Existenz von Eigentum an dem Bild seitens der Hauseigentümer und Urheberpersönlichkeitsrecht an dem Bild seitens des Künstlers und somit auch ein Auseinanderfallen der personalen Rechtsinhaberschaft. Die Einschränkung des Eigentums erfolgt demnach durch eine Abwägung der Interessen der Beteiligten.[239]

Entsprechend argumentieren Schröder und Taupitz, dass vergleichbar der verbliebenen individuellen Beziehung des Künstlers zu seinem Werk, bestimmte Verwendungsformen von Körpermaterialien, wie etwa die Übertragung auf andere Personen, sowie deren Fortexistenz durch Kultivierung, eine ähnliche individuelle Beziehung des ehemaligen Substanzträgers zu „seinen" Substanzen darstellen können, die wertungsmäßig der Umgestaltung eines Kunstwerkes und der dadurch bewirkten Verletzung der geistigen Beziehung des Künstlers zu diesem, in nichts nachstehe.[240] Eine vergleichbar enge Beziehung und gesteigertes Interesse an der entnommen Körpersubstanz und ihrem Aussagewert kann in den Fällen vorliegen, in denen sie in Behandlungs- oder Forschungseinrichtungen solchen Untersuchungen zugeführt wird, in denen genetische Dispositionen des ehemaligen Substanzträgers entdeckt und aufgeklärt werden sollen. Also solche Untersuchungen, bei denen die Möglichkeit besteht, aus den Körpersubstanzen Rückschlüsse auf die Persönlichkeit des Substanzträgers zu ziehen, insbesondere auf seinen Geheim- und Intimbereich.

Demnach vermag der ursprüngliche Inhaber der Körpersubstanz eigentumsrechtliche Positionen einer anderen Person an dieser Körpersubstanz durch sein Persönlichkeitsrecht, als ein das Eigentum einschränkende Recht im Sinne des § 903 BGB, einzuschränken, sofern die notwendigen Voraussetzungen dafür erfüllt sind.[241] Der genaue Umfang des fortbestehenden Persönlichkeitsrechts und dessen Voraussetzungen werden an anhand einzelner Fallszenarien in Kapitel III. erörtert.[242]

Festzustellen bleibt, dass nach diesem Ansatz, jede Nutzung menschlicher Körpersubstanzen, unabhängig von der Frage des Eigentums daraufhin zu überprüfen ist, ob sie das Persönlichkeitsrecht des früheren Rechtsträgers, also des ehemaligen Substanzträgers, verletzt.

239 *Hubmann/Rehbinder*, Urheber- und Verlagsrecht, S. 67.

240 BGHZ 13, 334, 338; 50, 133, 143; *Schröder/Taupitz*, Menschliches Blut verwendbar nach Belieben des Arztes?, S. 44.

241 *Taupitz*, Privatrechtliche Rechtspositionen um die Genomanalyse: Eigentum, Persönlichkeit und Leistung, JZ 1992, 1089-1099, S. 1093; *Taupitz*, Wem gebührt der Schatz im menschlichen Körper?, AcP 191 (1991), 201-246, S. 209.

242 Kap. III., S. 121ff..

bb) Stellungnahme

Im Gegensatz zur Überlagerungsthese geht der fortentwickelte sachenrechtliche Ansatz nicht von einer Überlagerung der sachenrechtlichen von der persönlichkeitsrechtlichen Ebene aus, sondern von der Parallelität beider Ebenen, welche sich auch nach der Trennung fortsetzt. So sollen nach Ansicht der Vertreter dieser Ansicht die persönlichkeitsrechtlichen Beziehungen des ehemaligen Substanzträgers unabhängig von der eigentumsrechtlichen Position nicht erlöschen.

Diese Unabhängigkeit der Betrachtungsweise vermag zu überzeugen. Dem Eigentümer stehen alle Rechte an dem abgetrennten Körperteil zu, welche allerdings durch das Persönlichkeitsrecht des ehemaligen Substanzträgers eingeschränkt werden können. Den Bedürfnissen von Ärzten und Klinik ist insofern Rechnung getragen als bereits mit Trennung der Körperteile diese verkehrsfähig sind und die Interessen des ehemaligen Körperteilinhabers sind über sein an den abgetrennten Teilen fortbestehendes Persönlichkeitsrecht geschützt. Solange der ehemalige Substanzträger nicht in seinen Interessen und den von ihm verfolgten Zwecken und somit seinem allgemeinen Persönlichkeitsrecht betroffen ist, kann der Eigentümer der Materialien nach Belieben, in den Grenzen des § 903 BGB, mit ihnen verfahren. Außerdem wird ein umfassendes Schutzniveau der getrennten Körperteile erreicht, welche dem zivil- und strafrechtlichen Eigentumsschutz unterfallen. Dies erscheint eine sehr praxisnahe Lösung zu sein, welche zu sachgerechten Ergebnissen für alle Beteiligten führt.

Klärungsbedürftig ist jedoch, inwiefern der ehemalige Substanzträger tatsächlich Kenntnis von der jeweiligen Verwendung „seines“ Körpermaterials erlangt und erlangen muss, um ihr gegebenenfalls widersprechen zu können. Fraglich ist demnach, inwiefern dem Arzt eine besondere Aufklärungspflicht hinsichtlich des Gebrauchs der entnommenen Körpermaterialien und deren etwaiger Weiterverwendung zukommt. Äußerste Grenze ist jedenfalls die Situation, in der der ehemalige Körperteilinhaber keine persönlichen Interessen mehr an seinen Körperteilen hat. Ist dieser Punkt erreicht, darf der Eigentümer ohne Zustimmung des ehemaligen Substanzinhabers über dessen Substanzen verfügen. Wann und ob dieser Endpunkt erreicht wird, soll im Hinblick auf die Möglichkeiten der Weiterverwendung entnommener Substanzen für die einzelnen Körperteile und –substanzen in den folgenden Kapiteln separat dargestellt werden.

3. Zusammenfassung

Den berechtigten Interessen von Patienten, Organ- und Gewebespendern als auch Kliniken und verwertenden Einrichtungen kann nur dann genüge getan werden, wenn ein Doppelregime von Eigentums- und Allgemeinen Persönlichkeitsrechten an vom Körper getrennten Teilen und Substanzen anerkannt wird.

Durch eine erweiterte Aufklärung der Patienten, nicht nur bezüglich des Eingriffs selbst sondern auch bezüglich möglicher weitergehender Verwendungsformen der entnommenen Körperteile bzw. Substanzen kann der Patient in die Lage versetzt werden, eine informierte Entscheidung zu treffen und Weiterverwendungsmaßnahmen zu autorisieren oder auch zu verbieten. Somit kann Rechtssicherheit für alle Beteiligten erreicht werden.

Ziel der weiteren Ausführungen wird es somit bleiben, in einer Gesamtschau des verfassungs-, straf- und zivilrechtlichen Normengefüges, getrennt betrachtet nach einzelnen Körperteilen und –substanzen festzustellen, inwieweit die bestehenden rechtlichen Regelungen zu einem sachgerechten und fairen Interessenausgleich der involvierten Parteien führen, bzw. noch angepasst und verbessert werden müssen.

Kap. II – Aufklärungserfordernis bei der Beschaffung und Verwendung von Körpermaterialien

Seit der grundlegenden Entscheidung des Reichsgerichts vom 31.05.1894[243] sieht die Rechtsprechung in dem indizierten und lege artis durchgeführten ärztlichen Eingriff einen Eingriff in die körperliche Unversehrtheit und somit eine Körperverletzung. Um dem ärztlichen Eingriff seine Widerrechtlichkeit zu nehmen, bedarf es der Einwilligung des Patienten. Diese setzt ihres Zeichens eine vorausgehende ausreichende Aufklärung des Patienten voraus, damit dieser wirksam in den Eingriff einwilligen kann.

Typischerweise umfassen die ärztliche Aufklärung und Einwilligung im klinischen Alltag zunächst nur medizinisch indizierte Entnahmen und Untersuchungen, die für den Betroffenen von unmittelbarem Nutzen für die eigene Gesundheit sind.[244]

Welche Kriterien erfüllt sein müssen, damit die jeweilige Aufklärung als ausreichend angesehen werden kann, wird im Folgenden anhand verschiedener Eingriffs-, Entnahme- und Verwendungsszenarien erörtert.

A. Gewebeentnahme im Rahmen ärztlicher Behandlung

– „Wie entnommen so zerronnen?!" –

Im Rahmen der ärztlichen Behandlung werden dem Patienten nicht selten Substanzen, wie Blut, Urin, Speichel oder Gewebe für Diagnosemaßnahmen entnommen. Diese Situation ist für den Patienten mittlerweile alltäglich und selten wird die Entnahme von Blut oder anderen Substanzen von ihm kritisch hinterfragt.

Das Verhältnis zwischen Arzt und Patient ist auch heutzutage noch von Achtung und Vertrauen geprägt, da vom Arzt erwartet und gefordert wird, dass er im besten Interesse seiner Patienten handle. Historisch betrachtet wurde das menschliche Leben per se und die medizin-ethische Urteilsbildung vom Paradigma der „Heiligkeit des Lebens" bestimmt und der ärztliche Entscheidungsspielraum weit-

243 Reichsgericht, Urteil vom 31.5.1894, RGSt 25, 375.

244 *Dettmeyer/Madea*, Aufklärung und Einwilligung bei der Beschaffung und Verarbeitung von menschlichen Zellen und Geweben, Rechtsmedizin 2004, Heft 14, 85-93, S. 85.

gehend lediglich durch die Grenzen des medizinischen Könnens beschränkt.[245] Während lange Zeit grundsätzlich die Aufforderung des Hippokrates galt, den Kranken über sein Leiden nicht zu informieren,[246] so gewann die ärztliche Aufklärungspflicht in den dreißiger Jahren des 20. Jahrhunderts insofern Bedeutung, als dass das Reichsgericht Ansprüchen wegen Verletzung derselben stattgab.[247] Angesichts der Ambivalenz des medizinischen Fortschritts wurde in der westlichen Medizin das Paternalismusmodell, bei dem der Arzt im besten Interesse des Patienten für diesen entscheidet, von dem Autonomiemodell abgelöst, bei dem der Patient das Recht hat, über die zu erfolgenden Maßnahmen aufgeklärt zu werden und gegebenenfalls in die Behandlung einzuwilligen oder diese abzulehnen. Als primär ethische Gebote, aber auch als Grundlage vertraglicher und deliktischer Ansprüche, stellen Information und Zustimmung des Patienten die Basis der Aufklärungspflicht dar.[248] Der Patient hat einen moralischen Anspruch auf Selbstverwirklichung und Nichttäuschung.[249] Die rechtliche Grundlage der Einwilligung nach Aufklärung ergibt sich hingegen aus Art. 2 Abs. 1 GG. Hiernach ist jeder Person die freie Entfaltung ihrer Persönlichkeit garantiert. Das verfassungsrechtlich garantierte Persönlichkeitsrecht setzt sich in den zivilrechtlichen Regelungen insofern fort, als dass es sich hinter den Rechtsgütern „Körper", „Gesundheit" und „Freiheit" des § 823 Abs. 1 BGB verbirgt[250] und somit jeder ärztliche Eingriff ohne vorher erfolgte Einwilligung des Patienten in den konkreten Eingriff, tatbestandlich eine rechtswidrige Körperverletzung im Sinne von § 823 BGB darstellt. Ausgangspunkt bei der Beurteilung der Rechtmäßigkeit von Substanzentnahmen aus dem lebenden menschlichen Körper sind somit die wirksame Einwilligung des Patienten und die vorausgehende korrespondierende ärztliche Aufklärung.

Grundsätzlich hat die Einwilligung des Patienten in dreierlei Richtung zu erfolgen; er muss in den Eingriff, die Gefahr und in die Ausforschung einwilligen. Voraussetzung einer Einwilligung in diese drei Punkte ist spiegelbildlich die Aufklärung über dieselbigen Punkte. Der genaue Umfang und Inhalt der ärztlichen Aufklärung sind nicht explizit festgelegt und unterliegen einer stetigen Fortbildung als Ausfluss der Fortentwicklung der medizinischen Behandlungsmöglichkeiten. Jedenfalls ergeben sich Notwendigkeit und Inhalt der ärztlichen Aufklärung aus objektiven Kriterien und den Erwartungen des Patienten, soweit diese bekannt sind.[251] Die Aufklärung hat somit vom Empfängerhorizont des Pa-

245 *Baumann-Hölzle*, Patientenautonomie im Spannungsfeld, S. 23.

246 *Eberhardt*, Selbstbestimmungsrecht des Patienten und ärztliche Aufklärungspflicht im Zivilrecht Frankreichs und Deutschlands, in: Beiträge zum Privat-und Wirtschaftsrecht, S. 153.

247 Reichsgerichtsentscheidung vom 19.5.1931, JW 1932, 3328; *Ehlers*, Die ärztliche Aufklärung vor medizinischen Eingriffen, S. 18.

248 *Deutsch*, Medizinrecht, Arztrecht, Arzneimittelrecht und Medizinprodukterecht, Rdnr. 102.

249 *Illhardt*, Medizinische Ethik , S. 129, 130.

250 *Deutsch*, Das Persönlichkeitsrecht des Patienten, AcP 192 (1992), 161-180, S. 166.

251 *Deutsch*, Medizinrecht, Arztrecht, Arzneimittelrecht und Medizinprodukterecht, Rdnr. 120.

tienten auszugehen, mit dem Ziel, ihn in den Stand einer wirksamen Einwilligung zu setzen.[252]

Hinsichtlich der Substanzentnahme im Rahmen einer ärztlichen Behandlung und deren weiteren Schicksals sind folgende drei Fallkonstellationen denkbar:

Erstens, die Substanzentnahme ist medizinisch indiziert und therapeutisch, bzw. diagnostisch geboten, gleichzeitig verfolgt aber der behandelnde Arzt weitere eigene Interessen und Zwecke an der Substanz, sei es, dass sie aus Forschungsgründen sehr interessant ist oder wegen ihrer Einzigartigkeit einen besonderen Wert hat.[253]

Zweitens, dem Patienten wird ausschließlich aus therapeutischen oder diagnostischen Zwecken eine Körpersubstanz entnommen, die sich nachträglich bei der Untersuchung als interessant herausstellt und an der der Arzt deshalb weitere Interessen und Zwecke verfolgt. [254]

Drittens, dem Patienten wird nur vorgespiegelt, ihm müsse aus diagnostischen Zwecken Blut oder Gewebe entnommen werden, obwohl in Wahrheit der Arzt die Substanzen anderweitig verwenden möchte.[255]

I. Substanzentnahme aus therapeutischen oder diagnostischen Motiven und gleichzeitigem Vorliegen von „Drittmotiven"

Dieses Szenario erlangte erstmals Aufmerksamkeit infolge des Rechtsstreits von John Moore[256] und geriet somit ins Blickfeld der Öffentlichkeit und der juristischen Betrachtung. Erstmals in der Rechtsgeschichte versuchte hier ein Patient auf gerichtlichem Weg an den nicht unerheblichen Gewinnen beteiligt zu werden, die sein Arzt und mehrere pharmazeutische Unternehmen unter Verwendung

252 *Deutsch*, Medizinrecht, Arztrecht, Arzneimittelrecht und Medizinprodukterecht, Rdnr. 120.

253 Siehe hierzu die Ausführungen unter Kap. II. A. I., S. 79ff.

254 Siehe hierzu die Ausführungen unter Kap. II A. II., S. 84.

255 Siehe hierzu die Ausführungen unter Kap. II A. III., S. 84f.

256 Moore v. Regents of University of California et al., (1990) 51 Cal. 3d 120. Der Kläger, John Moore, litt an Leukämie, aufgrund derer ihm seine Milz erfolgreich entfernt worden war. Ohne Wissen des Klägers hatten die Ärzte schon vor der Milzentnahme den Verdacht gehabt, dass seine Zellen einzigartig seien. Es stellte sich heraus, dass die Milz bestimmte weiße Blutkörperchen enthielt, die zur Produktion eines für das Immunsystem wichtigen Proteins eingesetzt werden konnten. Daraufhin wurden die entsprechenden Zellen aus der Milz des Klägers weiterkultiviert und wirtschaftlich in großem Umfang genutzt, wovon er jedoch nichts wusste. Er wurde weitere sechs Jahre lang zu Nachuntersuchungen bestellt, bei denen ihm u.a. Blut abgenommen wurde, um zu sehen, ob die Leukämie erneut aufgetreten war. Zusätzlich besorgte man sich dabei aber auch noch Nachschub an seinen Zellen, wiederum ohne ihn über die vom Arzt und den pharmazeutischen Unternehmen verfolgten Interessen aufzuklären.

seiner Körpersubstanzen erzielt hatten. In diesem Fall war die Milzentnahme medizinisch indiziert und der Patient hatte auch in die medizinische Maßnahme eingewilligt. Hinzu kam allerdings, dass schon vor, bzw. bei der Milzentnahme, die Absicht bestand, diese später unabhängig von den Gesundheitsinteressen des John Moore für weitere, zusätzliche Zwecke zu verwenden.

Fraglich ist insofern, inwieweit diese, dem Patienten verheimlichte Absicht, Einfluss auf die Wirksamkeit seiner Einwilligung hat. Deshalb ist folgend eine eingehende Betrachtung des notwendigen Inhalts und Umfangs der Aufklärung, die einer wirksamen Einwilligung zugrunde liegen muss, erforderlich. Problematisch erscheint insofern, ob wissenschaftliche oder ökonomische Motive Gegenstand der Aufklärung sein müssen und wenn ja, ab welchem Umfang. Provokativ fragt Taupitz im Rahmen dieser Problematik, ob denn „ein allgemeines Interesse und die Absicht routinemäßiger Untersuchung von Körpersubstanzen mit dem Ziel zu sehen, ob etwas Interessantes dabei ist“[257] genüge, um innerhalb der Aufklärung Erwähnung finden zu müssen. Als äußerster Eckpunkt sind hier die Aufklärungserfordernisse bezüglich wissenschaftlich motivierter Eingriffe heranzuziehen. Allgemein anerkannt ist, dass die Aufklärung innerhalb von Studien wenigstens eben soweit zu gehen hat, wie bei der Behandlung.[258] Bei einer Untersuchung aus wissenschaftlichen Gründen fordert das Selbstbestimmungsrecht des Patienten eine sehr umfangreiche Aufklärung: Der Patient ist vor allem neben den allgemeinen Aufklärungstatbeständen über den wissenschaftlichen Aspekt des Eingriffs zu unterrichten.[259] Hier handelt es sich allerdings nicht um die Entnahme von Substanzen primär zu Forschungszwecken, sondern primär zu Diagnose- oder Therapiezwecken. Insofern ist zu überlegen, ob die gleichen Maßstäbe, wie bei der „Forschungsaufklärung“ anzuwenden sind.

Abgeschwächt zu den Aufklärungserfordernissen hinsichtlich der Substanzentnahme für Forschungsvorhaben, ist für Untersuchungen, die sowohl wissenschaftlichen Gründen als auch dem Interesse des Patienten dienen, anerkannt, dass der Patient trotzdem über die wissenschaftlichen Gründe aufzuklären ist.[260] Anderer Ansicht ist hier Taupitz, der prinzipiell nur eine Aufklärungspflicht bezüglich „rechtsgutbezogener“ Umstände annimmt.[261] Hier erscheint eine differenziertere Betrachtungsweise unter dem Gesichtspunkt des Zwecks der Aufklärung notwendig.

---

257 *Taupitz*, Wem gehört der Schatz im menschlichen Körper?, AcP 191 (1991), 201-246, S. 207.

258 *Deutsch*, Das Persönlichkeitsrecht des Patienten, AcP 192, 161-180, S. 176, mit weiteren Nachweisen in Fn. 55.

259 Urteil OLG Stuttgart vom 13.5.1980, 6 U 85/79, in: VersR 1981, 342, S. 343.

260 Urteil LG Frankfurt vom 9.1.1975, 2/4 0 676/72, in: VersR 1976, 1075; *Weißauer/Hirsch*, Forensische Probleme der Aufklärungspflicht vor diagnostischen Eingriffen, in: Med. Klin. Prax. 78 (1983) Nr. 4 ,57, S. 60.

261 *Taupitz*, Wem gehört der Schatz im menschlichen Körper?, AcP 191 (1991), 201-246, S. 207; *Schröder/Taupitz*, Menschliches Blut verwendbar nach Belieben des Arztes?, S. 23-33.

Die ärztliche Aufklärungspflicht dient der Selbstbestimmung des Menschen über seinen Körper und seine Gesundheit.[262] Ihr Zweck ist es, den Patienten, als Ausfluss seines Persönlichkeitsrechts in einen Zustand zu versetzen, in dem er den bevorstehenden Eingriff beurteilen kann, um sich dann aufgrund der gegebenen Informationen entweder für diesen oder dagegen entscheiden kann. Die Aufklärung soll dem Patienten also dazu dienen, die Vor- und Nachteile des Eingriffs einzuschätzen und dementsprechend den Nutzen des Eingriffs für seine Gesundheit zu beurteilen. Lässt man sich von diesem Zweck leiten, erscheinen alle Umstände, die keinen direkten Einfluss auf das Befinden des Patienten, bzw. seine Genesung haben als irrelevant dafür, ihn in die nötige Entscheidungsposition zu setzen, ob er den Eingriff vornehmen lassen solle oder nicht

Nicht selten fragen Patienten ihren behandelnden Arzt im Rahmen des Aufklärungsgesprächs, wie er die Situation einschätze und was er an ihrer Stelle tun würde. Ist der Arzt in diesem Szenario nicht ausschließlich von den Patienteninteressen geleitet, sondern spielen forschungs- und wirtschaftliche Erwägungen eine – wenn auch mitunter unbewusste – Rolle so läuft der Patient Gefahr, dass der Arzt den Abwägungsprozess des Für und Wider für den Eingriff nicht aus ausschließlich medizinischer Sicht beurteilt und entsprechende Empfehlungen ausspricht. Der Arzt hat einen nicht zu unterschätzenden Einfluss bei der Darstellung des Krankheitsbildes und der Beschreibung der Notwendigkeit der Therapie: Fakten können je nach den zugrunde liegenden Interessen mit unterschiedlicher Intensität und Zielrichtung dargelegt und der Patient manipulativ in die gewünschte Richtung gelenkt werden. Andererseits könnte naturlich auch argumentiert werden, dass solange die Behandlung dem Patienten nicht schade und medizinisch zumindest nicht kontraindiziert sei, der Patient mangels Interesses und nicht zuletzt aus Schutzaspekten vor Überforderung in wichtigen Entscheidungssituationen, über mitschwingende forschungs- bzw. wirtschaftliche Interessen nicht aufgeklärt werden müsse. Dieser Ansatz erscheint jedoch sehr paternalistisch, wenn nicht gar zynisch.

Deshalb wird in diesen Szenarien ein Abwägungsprozess dahingehend zu fordern sein, zu bestimmen, in welchem Verhältnis die eigenen wissenschaftlichen Interessen des Arztes zur medizinischen Indikation stehen. Überwiegen sie bei weitem die therapeutische Notwendigkeit des Eingriffs bzw. den therapeutischen Erfolg, und wird der Eingriff primär aus dieser Interessenlage durchgeführt, so muss der Patient über die wissenschaftlichen Interessen aufgeklärt werden. Solange sich die therapeutische Notwendigkeit und der therapeutische Erfolg mit den Drittinteressen aber zumindest die Waage halten, ist zugunsten des Arztes anzunehmen, dass es keiner gesonderten Aufklärungspflicht über die mit verfolgten wissenschaftlichen Interessen bedarf. Diese Auslegung ist im Interesse

262 *Laufs/Uhlenbruck*, Handbuch des Arztrechts, § 65, Rdnr. 16.

des Patienten, der, wenn er von den „Nebeninteressen“ des Mediziners wüsste, durchaus an der Notwendigkeit seines Eingriffs Zweifel bekommen könnte und so unter Umständen einen notwendigen und erfolgversprechenden Eingriff ablehnen könnte, nur aus Angst, dass der Arzt vorwiegend eigene Interessen mit der Maßnahme verfolge.

Dies ist durchaus ein zweischneidiges Schwert. Denn dem Patienten dürften durchaus Zweifel an der Indiziertheit des Eingriffs oder der Therapie kommen, wenn er wüsste, dass der Arzt eigene Interessen verfolgt. Zu einer umfassenden Beurteilung der Motivation des Arztes, den Eingriff vorzunehmen, sind dessen Motive nicht ganz unerheblich. Die eigene Motiv- und Interessenlage des Arztes und deren Folgen für den der Substanzentnahme vorausgehenden Aufklärungsinhalt und -umfang ist allerdings auf einer anderen Ebene des Arzt-Patientenverhältnisses besser zu fassen, und zwar auf der Ebene der (Weiter-) Verwendung der entnommenen Substanzen.[263]

Festzuhalten bleibt, dass eigene wissenschaftliche Motive, die der Arzt bei dem medizinischen Eingriff, neben den therapeutischen Zielen verfolgt, nicht Gegenstand der Aufklärung sein müssen, sofern die therapeutische Notwendigkeit und Erfolgschancen gegeben sind. Die eigene Motivlage des Arztes wirkt sich dann erst auf der Ebene der Verwendung der entnommenen Substanzen aus.

Neben den wissenschaftlichen Interessen verfolgten die Ärzte bei der Milzentnahme von Moore aber auch ökonomische Interessen. Fraglich ist, inwiefern über diese vor Beginn der Entnahme aufzuklären war. Wie stark ökonomische Motive im Zusammenhang mit der Entnahme von Körpersubstanzen und deren Verwendung sein müssen, um Gegenstand der notwendigen Aufklärung zu sein, gilt auch bis heute als unsicher.[264] In letzter Zeit hat die Spruchpraxis damit begonnen, die ärztliche Aufklärungspflicht auch auf wirtschaftliche Bewandtnisse zu erstrecken.[265] Der Arzt soll seinen Patienten über alternative Methoden, die Kosten und deren Übernahme durch den Krankenversicherer beraten.[266] Sofern von wirtschaftlicher Aufklärungspflicht gesprochen wird, ist diese im Sinne einer Aufklärungspflicht über die Erstattungsfähigkeit der Behandlungs- und Arzneimittelkosten zu verstehen.[267] Die Verpflichtung zur wirtschaftlichen Auf-

---

263 Siehe hierzu die Ausführungen unter Kap. II. B., S. 85ff.

264 *Taupitz*, Kommerzialisierung menschlicher Körpersubstanzen, S. 62.

265 *Laufs/Uhlenbruck*, Handbuch des Arztrechts, § 65, Rdnr. 17.

266 OLG Düsseldorf, MedR 1986, 208; KG VersR 2000, 89; m. Anm. *Rieger*, Verletzung der wirtschaftlichen Aufklärungs- und Dokumentationspflicht durch den behandelnden Arzt, DMW 1999, 1469-1470, S. 1469; Übersicht dazu bei *Michalski*, (Zahn-) Ärztliche Aufklärungspflicht über die Ersatzfähigkeit von Heilbehandlungskosten, VersR 1997, 137-145, S.139f.

267 *Michalski*, (Zahn-) Ärztliche Aufklärungspflicht über die Ersatzfähigkeit von Heilbehandlungskosten, VersR 1997, 137-145, S.139f.; *Schelling*, Die Pflicht des Arztes zur wirtschaftli-

klärung resultiert aus dem Umstand, dass der behandelnde Arzt im Zweifel auch bezüglich der Frage der Behandlungskosten und der Wahrscheinlichkeit deren Erstattung durch die Krankenversicherer eher der Experte ist, als der Patient und ihm folglich qua besseren Wissens die wirtschaftliche Aufklärungspflicht obliegt.[268] Dieser Ansatzpunkt rechtfertigt allerdings noch nicht, den Arzt schlechthin in die Rolle des Sachwalters fremder Vermögensinteressen zu drängen[269] und die Verpflichtung zur wirtschaftlichen Beratung ins Uferlose zu überspannen.[270] Die ärztliche Verpflichtung zur wirtschaftlichen Aufklärung ist Ausfluss einer Vermögensbetreuungspflicht, deren Verletzung nicht zur Unwirksamkeit der den körperlichen Eingriff rechtfertigenden Einwilligung führt.[271] Denn im Gegensatz zur therapeutischen Aufklärungspflicht wird die wirtschaftliche Aufklärungspflicht als eine Nebenpflicht aus dem Behandlungsvertrag zwischen Patient und Arzt hergeleitet.[272]

Indes lässt sich die Frage der Aufklärungsbedürftigkeit über eigene, mitschwingende, wirtschaftliche Interessen des Arztes nicht unter die Gruppe der „wirtschaftlichen Aufklärungspflicht" subsumieren. Schutzgut der wirtschaftlichen Aufklärungspflicht ist nämlich nicht das Selbstbestimmungsrecht und Integritätsinteresse des Patienten, sondern allein sein Vermögensinteresse. Hingegen ist das Wissen um eigene wirtschaftliche Motive des Arztes bei der Behandlung für den Patienten von großer Bedeutung. Nur wenn er um diese Motive weiß, kann er abwägen, ob der ihm vom Arzt vorgeschlagene Eingriff seine eigenen therapeutischen Interessen deckt oder der konkrete Eingriff vielleicht doch mehr wirtschaftlich indiziert ist. Erst wenn der Patient auch die ökonomischen Interessen des Arztes kennt, kann er den Therapievorschlag kritisch hinterfragen, die medizinische Indikation infrage stellen bzw. eine Zweitmeinung einholen. In den Fällen eigener ökonomischer Motive des Arztes ist somit zwingend eine Aufklä-

---

chen Aufklärung im Lichte zunehmender ökonomischer Zwänge im Gesundheitswesen, MedR 2004, 422-429, S. 423.

268 BGH, NJW 1988, 759ff., S. 760; *Schelling*, Die Pflicht des Arztes zur wirtschaftlichen Aufklärung im Lichte zunehmender ökonomischer Zwänge im Gesundheitswesen, MedR 2004, 422-429, S. 423.

269 *Laufs/Uhlenbruck*, Handbuch des Arztrechts, § 65, Rdnr. 17.

270 KG Berlin, Urteil vom 21.09.1999, Az.: 6 U 261/98.

271 LG Saarbrücken, NJW 1984, 2632, S. 2633f.; *Taupitz*, Wem gehört der Schatz im menschlichen Körper?, AcP 191 (1991), 201-246, S. 207; *Taupitz*, Kommerzialisierung menschlicher Körpersubstanzen, S. 63; *Baden*, Wirtschaftliche Aufklärungspflichten in der Medizin, NJW 1988, 746-749, S. 747; *Janker*, Heimliche HIV-Antikörpertests – strafbare Körperverletzung?, NJW 1987, 2897-2903, S. 2902.

272 *Michalski*, (Zahn-) Ärztliche Aufklärungspflicht über die Ersatzfähigkeit von Heilbehandlungskosten, VersR 1997, 137-145, S.140; *Schelling*, Die Pflicht des Arztes zur wirtschaftlichen Aufklärung im Lichte zunehmender ökonomischer Zwänge im Gesundheitswesen, MedR 2004, 422-429, S. 426.

rung über diese zu fordern, um der Selbstbestimmungs-aufklärung des Patienten Ausdruck zu verleihen.

Zusammenfassend bleibt zu konstatieren, dass in den Fällen, in denen neben die therapeutische und diagnostische Indikation, vor bzw. bei Beginn des Eingriffs, weitere eigene wissenschaftliche Interessen des behandelnden medizinischen Personals treten – es in diesen Fällen keiner gesonderten Aufklärung über diese „Mitinteressen" bedarf. Die Rechtmäßigkeit der Entnahme der Substanzen bleibt durch das Nichtoffenlegen der benannten „Mitinteressen" unberührt. Anders ist dies jedoch bei eigenen wirtschaftlichen Interessen des Arztes. Über diese ist der Patient aufzuklären.

II. Substanzentnahme aus therapeutischen oder diagnostischen Motiven mit nach der Entnahme hinzutretendem „Drittzweck"

Der Eingriff als solcher, also die Entnahme des Gewebes ist hier von der Einwilligung des Patienten gedeckt. Das erst nach der Entnahme hinzutretende anderweitige Interesse des Entnehmenden an der Substanz vermag die Einwilligung nicht nachträglich entfallen zu lassen. Die Entnahme der Substanz stellt somit einen durch die vorangegangene Einwilligung gerechtfertigten rechtmäßigen Eingriff dar, auf den später hinzutretende Umstände nicht zurückwirken.[273]

III. Substanzentnahme aus anderen als therapeutischen oder diagnostischen Motiven

Dieses Fallszenario bereitet rechtlich keine Schwierigkeiten. Der Arzt, der unter Vortäuschung einer medizinischen Indikation dem Patienten Substanzen entnimmt, muss sich gemäß § 823 Abs. 1 BGB jedenfalls wegen einer Körperverletzung verantworten und sieht sich Schadensersatz- und Schmerzensgeldansprüchen gegenüber. Neben den zivilrechtlichen Ansprüchen des geschädigten Patienten steht jedoch die strafrechtliche Verfolgung der Körperverletzung im Mittelpunkt.

Grundsätzlich kann durch die Einwilligung des Patienten die Rechtswidrigkeit der Behandlung und damit der Körperverletzung entfallen, wobei auch die durch

273 *Taupitz*, Wem gehört der Schatz im menschlichen Körper?, AcP 191 (1991), 201-246, S. 207; bezüglich Aids-Tests siehe *Eberbach*, Heimliche Aids-Tests, NJW 1987, 1470-1472, S. 1470f.

Irrtum beeinflusste Einwilligung noch freiwillig ist[274] und somit die Rechtswidrigkeit des Eingriffs entfallen lässt. In den hier beschriebenen Fällen geht es aber nicht um Situationen, in denen die Patienten einem bloßen Irrtum unterlegen waren, sondern um Fälle, in denen die Patienten aufgrund von Täuschung über die medizinische Indikation der Substanzentnahme durch den behandelnden Arzt in die Behandlung eingewilligt haben. In diesen Fällen liegt bereits keine wirksame Aufklärung vor. Ist die Einwilligung durch Täuschung herbeigeführt, fehlt es an der Voraussetzung der Freiwilligkeit der Einwilligung,[275] welche somit nicht wirksam ist und die Rechtswidrigkeit des Eingriffs auch nicht entfallen lässt.

In diesen Fällen erfüllt der Arzt den Tatbestand des § 823 Abs. 1 BGB und macht sich gegebenenfalls schadensersatzpflichtig.

B. (Weiter-) Verwendung der Substanzen

Nachdem festgestellt worden ist, dass weitere eigene wissenschaftliche Motive und Interessen der behandelnden Mediziner die Rechtmäßigkeit der Einwilligung in die Entnahme nicht entfallen lassen, bleibt zu klären, ob und in welchem Umfang auch die weitere Verwendung der entnommenen Substanzen durch die Einwilligung in die Entnahme gedeckt ist bzw. unter welchen Voraussetzungen es einer erneuten, modifizierten Einwilligung bedarf.

I. Situations- und Interessenanalyse

Nach Abgabe des Materials stellt sich grundsätzlich die Frage; „Wer darf wann zu welchen Zwecken in welchem Umfang und unter welchen Voraussetzungen das Material selbst verwenden oder an Dritte abgeben?“

Diese Fragen sind alles andere als künstlich konstruiert. Zwar sah die Situation in deutschen Arztpraxen und Krankenhäusern bislang so aus, dass die Patienten nach der Materialentnahme keinen Gedanken mehr an dessen Verbleib verschwendeten – dies ist aber – dem biomedizinischen Fortschritt geschuldet – im Wandel begriffen. Durch ebendiesen Fortschritt hat sich der menschliche Körper in eine Ressource von Wert, nicht nur für den Patienten sondern auch für Forscher und Ärzte gewandelt. Mögliche Verwendungszwecke entnommener Ma-

274 BGH, NJW 64, 1177; VersR 97, 572.

275 BGH, NJW 64, 1177; OLG Nürnberg, VersR 88, 299; bezüglich Aids-Test siehe *Eberbach*, Heimliche Aids-Tests, NJW 1987, 1470-1472, S. 1470f.; *Janker*, Heimliche HIV-Antikörpertests – strafbare Körperverletzung?, NJW 1987, 2897-2903, S. 2902.

terialen sind vielfältig. So können sie für diagnostische Maßnahmen z.B. in Mikrobiologie und Histologie, zur Forschung, für unmittelbare Transplantationen, zur Einbringung in eine Zell- bzw. Gewebebank für eine spätere Transplantation (z.B. Knochenmarkbank), zur Verarbeitung in Arzneimitteln beispielsweise, zur Züchtung von Zelllinien für Forschungszwecke (sog. „tissue engineering"), zur Züchtung von Zelllinien für therapeutische Zwecke wie spätere Transplantationen, für Aus- und Weiterbildungszwecke, zur Darstellung in Ausstellungen und Museen oder als Beweismittel eingesetzt werden.[276]

Bei der Frage der Aufklärungs- und Einwilligungserfordernisse bezüglich der Weiterverwendung der entnommenen Substanzen sind zwei grundsätzliche Herangehensweisen zu unterscheiden.

Die Vertreter der einen Gruppe gehen vom grundrechtlich geprägten Selbstbestimmungsrecht des Patienten aus, welches auch die Aufklärung des Patienten über eine geplante Verwendung der von ihm stammenden Substanzen erfordere.[277] Diese Ansicht hat zur Folge, dass nahezu jede über den ursprünglichen Entnahmezweck hinausgehende Verwendung entnommener Körpersubstanzen einer erneuten Aufklärung und Einwilligung bedarf. Zur Begründung dieser Ansicht verweisen die Vertreter vor allem auf die bereits bestehenden rechtlichen Regelungen zur Aufklärung und Einwilligung in anderen Gesetzen, wie dem AMG, MPG, TFG wie auch dem Menschenrechtsübereinkommen Biomedizin (von Deutschland noch nicht ratifiziert).[278]

So muss nach § 6 TFG der Entnahme von Blut und Blutbestandteilen zur Herstellung von Arzneimitteln eine Aufklärung vorausgehen. Die spendende Person muss vorher in einer für sie verständlichen Form über Wesen, Bedeutung und Durchführung der Entnahme und der Untersuchung sachkundig aufgeklärt werden.[279]

276 *Dettmeyer/Madea*, Aufklärung und Einwilligung bei der Beschaffung und Verarbeitung von menschlichen Zellen und Geweben, Rechtsmedizin 2004, Heft 14, 85-93, Tabelle 2 „Verwendungszwecke entnommener Zellen und Gewebe", S. 86.

277 *Dettmeyer/Madea*, Aufklärung und Einwilligung bei der Beschaffung und Verarbeitung von menschlichen Zellen und Geweben, Rechtsmedizin 2004, Heft 14, 85-93, S. 85, *Freund/Weiss*, Zur Zulässigkeit der Verwendung menschlichen Körpermaterials für Forschungs- und andere Zwecke, MedR 2004, 315-319, S.316; *Tschulik/Zatloukal*, Der neue Stellenwert von Tumor- und Gewebebanken im Licht der Genom- und Proteomforschung, Pathologe 2001, 22:310-315, S. 314.

278 So im Ergebnis *Dettmeyer/Madea*, Aufklärung und Einwilligung bei der Beschaffung und Verarbeitung von menschlichen Zellen und Geweben, Rechtsmedizin 2004, Heft 14, 85-93, S. 86.

279 *Deutsch/Spickhoff*, Medizinrecht, Arztrecht, Arzneimittelrecht, Medizinprodukterecht und Transfusionsrecht, Rdnr. 1260. – Der detaillierte Umfang der Aufklärungserfordernisse wird eingehend im entsprechenden Teil „Blut und Blutprodukte" erörtert; Verfassungsrechtliche Vorgaben, S. 168; Vorgaben im TFG, S. 177, Vorgaben in den Hämotherapierichtlinien, S. 186.

Gemäß § 40 Abs. 1 Satz 3 Nr. 3 b i.V.m. Abs. 2 AMG darf die klinische Prüfung eines Arzneimittels bei Menschen nur durchgeführt werden, wenn nach Absatz 2 Satz 1 aufgeklärt worden ist und der Proband schriftlich eingewilligt hat. Die betroffene Person ist durch einen Prüfer, der Arzt oder bei zahnmedizinischer Prüfung Zahnarzt ist, über Wesen, Bedeutung, Risiken und Tragweite der klinischen Prüfung sowie über ihr Recht aufzuklären, die Teilnahme an der klinischen Prüfung jederzeit zu beenden; ihr ist eine allgemein verständliche Aufklärungsunterlage auszuhändigen. Der betroffenen Person ist ferner Gelegenheit zu einem Beratungsgespräch mit einem Prüfer über die sonstigen Bedingungen der Durchführung der klinischen Prüfung zu geben.

So darf gemäß § 20 Abs. 1 Nr. 2 MPG die klinische Prüfung eines Medizinproduktes bei Menschen nur durchgeführt werden, wenn und solange die Person, bei der sie durchgeführt werden soll, ihre Einwilligung hierzu erteilt hat, nachdem sie durch einen Arzt, bei für die Zahnheilkunde bestimmten Medizinprodukten auch durch einen Zahnarzt, über Wesen, Bedeutung und Tragweite der klinischen Prüfung aufgeklärt worden ist. Zugleich muss sie mit dieser Einwilligung erklären, dass sie mit der im Rahmen der klinischen Prüfung erfolgenden Aufzeichnung von Gesundheitsdaten und mit der Einsichtnahme zu Prüfungszwecken durch Beauftragte des Auftraggebers oder der zuständigen Behörde einverstanden ist.

Allen Regelungen ist gemein, dass in den Fällen für die die Weiterverwendung bzw. Weiterverarbeitung von Körpermaterialien gesetzlich geregelt worden ist, als Mindesterfordernis eine Aufklärung mit korrespondierender Einwilligung in die jeweiligen Maßnahmen zu erfolgen hat, auch wenn diese qualitativ in ihren Anforderungen höchst unterschiedlich ausgestaltet sind.

Während die Vertreter der anderen Position die zuvor erörterte Argumentation nicht in Abrede stellen, so verweisen sie allerdings auch darauf, dass die deutsche Rechtsordnung eine freiheitliche Rechtsordnung sei, in der jeder tun und lassen könne was er wolle, sofern er nicht rechtlich geschützte Interessen anderer und der Allgemeinheit verletze.[280] Somit könne auch die Forschung an und mit Körpersubstanzen nur verboten sein, wenn sie rechtlich geschützte Interessen anderer oder der Allgemeinheit verletze.[281] Zwar müsse auch nach dieser Auffassung der Patient nach vorheriger Aufklärung in die Entnahme der Körper-

280 *Dettmeyer/Madea*, Aufklärung und Einwilligung bei der Beschaffung und Verarbeitung von menschlichen Zellen und Geweben, Rechtsmedizin 2004, Heft 14, 85-93, S. 86; *Nitz/Dierks*, Nochmals: Forschung an und mit Körpersubstanzen – wann ist die Einwilligung des ehemaligen Trägers erforderlich?, MedR 2002, 400-403, S. 400.

281 *Dettmeyer/Madea*, Aufklärung und Einwilligung bei der Beschaffung und Verarbeitung von menschlichen Zellen und Geweben, Rechtsmedizin 2004, Heft 14, 85-93, S. 86; *Nitz/Dierks*, Nochmals: Forschung an und mit Körpersubstanzen – wann ist die Einwilligung des ehemaligen Trägers erforderlich?, MedR 2002, 400-403, S. 400.

substanzen einwilligen. Nach der Entnahme würden die Substanzen hingegen nicht mehr dem rechtlichen Schutzgut des Körpers (§ 823 Abs. 1 BGB) bei ihrer weiteren Verwendung unterfallen.[282] Allerdings wird von den Vertretern dieser Position anerkannt, dass auch an den abgetrennten Körpersubstanzen fortwirkende Persönlichkeitsrechte der ehemaligen Träger bestehen, welche ihrerseits ein Aufklärungs- und Einwilligungserfordernis begründen können. Demnach bedarf die Forschung an und mit Körpersubstanzen nicht verfassungsrechtlich zwingend der Einwilligung des ehemaligen Trägers, es sei denn persönlichkeitsrechtliche Interessen des ehemaligen Trägers erfordern dieses.

Die Ansicht der Vertreter der ersten Position ist in Bezug auf die Weiterverwendung von Körpersubstanzen im Vergleich zur zweiten Position weder überzeugend noch sachgerecht. Der Verweis auf die Regelungen im Arzneimittel-, Transfusions- und Medizinproduktegesetz vermag die erste Position nicht zu stützen. Die dort getroffenen Anforderungen bezüglich Aufklärung und Einwilligung sind weder ein Indiz für deren Erfordernis in Bezug auf die Weiterverwendung von Körpersubstanzen noch besteht Anlass diese Regelungen spiegelbildlich in diesem Bereich umzusetzen. Alle drei Gesetze regeln die Entnahme von Körpersubstanzen ausschließlich zum Zweck der Weiterverwendung, sei es zur Herstellung von Transfusionen, Arzneimitteln oder Medizinprodukten. Die Substanzen werden den Probanden / Patienten von vornherein mit der Intention entnommen, sie ausschließlich für „Drittzwecke", d.h. zur Herstellung von Präparaten zu benutzen, die in erster Linie nicht dem Spender selbst zu Gute kommen sollen. Bei Substanzentnahme ist bereits bekannt für welche Zwecke die Substanzen entnommen werden sollen. In diesen Gesetzen wird keine Regelung bezüglich der Weiterverwendung der zu anderen Primärzwecken entnommenen Substanzen getroffen, vielmehr werden zum Teil bestimmte Substanzen vom Anwendungsbereich der Gesetze explizit ausgeschlossen. So ist in § 4 Abs. 3 und 4 MPG geregelt, dass dieses Gesetz nicht für menschliches Blut, Produkte aus menschlichem Blut, menschliches Plasma oder Blutzellen menschlichen Ursprungs oder Produkte, die zum Zeitpunkt des Inverkehrbringens Bluterzeugnisse, -plasma oder -zellen dieser Art enthalten, soweit es sich nicht um Medizinprodukte nach § 3 Nr. 3 oder § 3 Nr. 4 handelt und für Transplantate oder Gewebe oder Zellen menschlichen Ursprungs und Produkte, die Gewebe oder Zellen menschlichen Ursprungs enthalten oder aus solchen Geweben oder Zellen gewonnen wurden, soweit es sich nicht um Medizinprodukte nach § 3 Nr. 4 handelt, anwendbar ist.

282 *Dettmeyer/Madea*, Aufklärung und Einwilligung bei der Beschaffung und Verarbeitung von menschlichen Zellen und Geweben, Rechtsmedizin 2004, Heft 14, 85-93, S. 86; *Nitz/Dierks*, Nochmals: Forschung an und mit Körpersubstanzen – wann ist die Einwilligung des ehemaligen Trägers erforderlich?, MedR 2002, 400-403, S. 401.

Anders liegen hingegen die Voraussetzungen in den Szenarien, in denen gleichzeitig zu diagnostischen bzw. therapeutischen Zwecken Drittzwecke bezüglich der Verwendung der zu entnehmenden Substanzen bestehen, bzw. nach Entnahme zu einem späteren Zeitpunkt weitere Verwendungsinteressen und – möglichkeiten hinzutreten. Da häufig zum Zeitpunkt der Entnahme noch nicht absehbar ist, für welche weiteren Verwendungsmöglichkeiten die Substanzen von Interesse sein können, dürfen bereits aus Praktikabilitätsgründen keine überspannten Anforderungen an den Umfang der Aufklärung und Einwilligung gestellt werden. In den Fällen, in denen durch die Nutzung bzw. Weiterverwendung der Materialien die Persönlichkeitsrechte der ehemaligen Träger betroffen sein können, bedarf es einer vorherigen Einwilligung ansonsten nicht. Ob Persönlichkeitsrechte tangiert sind, hängt u.a. davon ab, welche Körpersubstanzen betroffen sind, für welche Forschungsziele diese eingesetzt werden und nicht zuletzt welche Rückschlüsse auf den Spender gezogen werden können.[283]

II. Schranken der (Weiter-) Verwendung

Schranken einer zulässigen (Weiter-) Verwendung der dem Patienten entnommenen Untersuchungsmaterialien können sich für den Arzt aus dem Eigentum des Patienten an „seinen“ Materialien, seinem Persönlichkeitsrecht oder dem Behandlungsvertrag ergeben.

1. Eigentum des Patienten

Von dem rechtlichen Ansatz der rein persönlichkeitsrechtlichen Einordnung abgetrennter menschlicher Körperteile und Substanzen abgesehen, liegt den anderen Theorien zur rechtlichen Einordnung dieser Teile die Annahme zugrunde, dass mit der Trennung vom Körper Eigentum an ihnen begründet werden kann.

a) Lehre von der Herrenlosigkeit des Untersuchungsmaterials

Nach den hierzu vertretenen Ansätzen wird die dem Körper entnommene Substanz mit deren Entnahme rechtlich zur „Sache“ und zunächst herrenlos, d.h. niemand hat Eigentum an ihr.

Je nach vertretenem Ansatz vollzieht sich der Eigentumserwerb entweder durch Inbesitznahme des zuerst Okkupierenden oder dem ehemaligen Substanz-

283 Siehe hierzu die Ausführungen zu den einzelnen Substanzen und ihren Verwendungsmöglichkeiten in Kap. III, S. 121ff.

träger wird ein Aneignungsrecht in Analogie zu § 958 Abs. 2 BGB zugesprochen. Zum Eigentumserwerb des ehemaligen Substanzträgers bedarf es bei der letzten Variante zusätzlich der Ausübung des Aneignungsrechtes. Eine vom ehemaligen Substanzträger verschiedene Person erwirbt mit der Inbesitznahme des Untersuchungsmaterials folglich nicht das Eigentum an diesem. Allerdings ist ein gutgläubiger Eigentumserwerb durch eine dritte Person möglich.

Nach diesen Lehren kann also entweder der behandelnde Arzt direkt durch Inbesitznahme des Untersuchungsmaterials Eigentum erwerben oder bei Annahme eines Aneignungsrechts des bisherigen Trägers analog § 958 Abs. 2 BGB jedenfalls eine dritte Person gutgläubig Eigentum erwerben. Der ehemalige Substanzträger hat in diesen Fällen von vornherein niemals Eigentum an „seinen" Untersuchungssubstanzen besessen, bzw. mangels Ausübung seines Aneignungsrechtes kein Eigentum besSchranken bezüglich der Verfügungs- und Verwertungsbefugnisse des Arztes, bzw. eines gutgläubigen Eigentümers ergeben sich nach diesen Ansätzen jedenfalls nicht aus bestehenden Eigentumsrechten des ehemaligen Substanzträgers, da dieser zu keinem Zeitpunkt Eigentum erlangt hat.

b) Eigentumsverlust

Hat der ehemalige Substanzträger aber sein Aneignungsrecht ausgeübt oder ist er aufgrund der anderen vertretenen Theorien unmittelbar mit Trennung des Untersuchungsmaterials vom Körper Eigentümer geworden oder geht man mit der Lehre vom fortentwickelten sachenrechtlichen Ansatz von einem von vornherein bestehenden Eigentumsrechts des Substanzträgers an dessen Körpermaterialien aus, so stellt sich das Problem, inwiefern er sein bestehendes Eigentum beim Zurücklassen seiner Untersuchungsmaterialien zu Untersuchungs- und Diagnosezwecken verloren bzw. auf andere übertragen hat.

Zwei Möglichkeiten des Eigentumsverlustes sind denkbar, zum einen durch Dereliktion und zum anderen durch Eigentumsübertragung auf einen Dritten gemäß § 929 BGB.

aa) Dereliktion

Der Patient könnte sein bestehendes Eigentumsanrecht an den ihm entnommenen Substanzen durch Dereliktion verlieren. Bereits der Umstand, dass jemand sich Substanzen und Körpermaterialien entnehmen und sie kommentarlos beim Arzt zurücklässt könnte als Dereliktion des Untersuchungsmaterials durch den Patienten angesehen werden.

Diese Position vertritt die Zentrale Ethikkommission der Bundesärztekammer, die davon ausgeht, dass derjenige, der sein Material kommentarlos zurücklässt, in der Regel dieses Material an den Arzt bzw. die Klinik übereignen oder das

Eigentum daran aufgeben will.[284] Argumente für diesen Standpunkt aber nicht vorgetragen. Im Folgenden soll aufgezeigt werden, dass dieser Standpunkt nicht haltbar ist und in dem kommentarlosen Zurücklassen des Materials beim Arzt oder in der Klinik weder eine Dereliktion noch eine Eigentumsübertragung[285] zu sehen sind.

Die Dereliktion ist ein einseitiges Rechtsgeschäft, welches sich aus zwei Elementen zusammensetzt, der Willensbetätigung und dem Realakt.[286] Voraussetzungen einer wirksamen Dereliktion sind somit eine vom Aufgabewillen des Berechtigten getragene Aufgabeerklärung plus die tatsächliche Aufgabe des Besitzes. Die Erklärung muss wie alle Willenserklärungen mit Rechtsfolgewillen abgeben werden, hier also den Willen ausdrücken, das Eigentum aufgeben zu wollen. Bei der Auslegung der Willenserklärung kommt es auf den objektiven Erklärungsinhalt an, es können aber auch die Vorstellungen des Handelnden herangezogen werden.[287] Im Rahmen des typischen Behandlungs- und Untersuchungsszenarios wird es regelmäßig an einer ausdrücklichen Erklärung des Patienten bezüglich seiner Eigentumsaufgabe mangeln. Fehlt somit eine ausdrückliche Erklärung, ist auf den objektiven Erklärungsgehalt abzustellen, wobei die Vorstellungen des Handelnden als Hilfestellung bei der Auslegung dienen.[288] Das Zurücklassen der Substanzen könnte anstatt als Dereliktion auch als zweckgebundene Aufgabe zur Vernichtung interpretiert werden. Eine Dereliktion läge nur bei Aufgabe sämtlicher eigentumsrechtlicher Beziehungen zu dem entnommenen Untersuchungsmaterial vor.[289] Eine Dereliktionsabsicht ist in den Fällen zu bejahen, in denen dem Wegwerfenden, bzw. Zurücklassenden das rechtliche Schicksal der Sache ersichtlich gleichgültig ist.[290] Kommt es dem Patienten bei der Zurücklassung des Untersuchungsmaterials darauf an, dass dieses nach Beendigung der Untersuchung vernichtet wird oder verfolgt er mit der Zurücklassung den Zweck, das Untersuchungsmaterial zugunsten einer anderen Person aufzugeben, so widerspricht diese Zwecksetzung regelmäßig einer Eigentumsaufgabe und ist ein sicheres Indiz dafür, dass ihm das Schicksal seiner Substanzen gerade nicht gleichgültig ist.

---

284 *ZEK BÄK*, Stellungnahme zur (Weiter-)Verwendung von menschlichen Körpermaterialien für Zwecke medizinischer Forschung (20.02.2003), E. I. 1., S. 5.

285 Siehe hierzu unter Kap. II. B. II. 1. b) aa) und bb), S. 101ff.

286 Staudinger/*Gursky*, § 959 Rdnr. 1, Bamberger/Roth/*Kindl*, § 959 Rdnr. 1; Prütting/Wegen/Weinreich/*Prütting*, § 959 Rdnr. 2; Erman/*Ebbing*, § 959, Rdnr. 1,2; Palandt/*Bassenge*, § 959 Rdnr. 1; MüKo/*Quack*, § 959 Rdnr. 1; Soergel/*Bassenge*, § 959 Rdnr. 1.

287 MüKo/*Quack*, § 959 Rdnr. 5; Staudinger/*Gursky*, § 959 Rdnr. 3; Bamberger/Roth/*Kindl*, § 959 Rdnr. 1; Erman/*Ebbing*, § 959 Rdnr. 3.

288 *Ehrlich*, Gewinnabschöpfung des Patienten bei kommerzieller Nutzung von Körpersubstanzen durch den Arzt?, S. 46.

289 *Ehrlich*, Gewinnabschöpfung des Patienten bei kommerzieller Nutzung von Körpersubstanzen durch den Arzt?, S. 47.

290 Staudinger/*Gursky*, § 959 Rdnr. 3.

Üblicherweise macht sich der Patient bei der Entnahme von Untersuchungsmaterialien und deren Zurücklassen beim Arzt jedoch nicht bewusst, dass er als Eigentümer über die entnommenen Substanzen verfügungsbefugt ist.[291] Die Bildung eines entsprechenden Rechtsfolgewillens muss für den Regelfall der ärztlichen Substanzentnahme verneint werden. Ist sich der Patient in der Regel schon nicht über seine Verfügungsbefugnis betreffs der ihm entnommenen Untersuchungssubstanzen bewusst, so mangelt es ihm im Zweifel auch regelmäßig am relevanten Willen zur Aufgabe des Eigentums, also am notwendigen Dereliktionswillen. Die Überlassung seiner Körpermaterialen zu Untersuchungszwecken an den Arzt spricht außerdem gegen einen Eigentumsaufgabewillen des Patienten bezüglich der ihm entnommenen Untersuchungsmaterialien, die sich ansonsten jeder beliebige Dritte aneignen könnte und so unter anderem deren Verwendung zu Diagnosezwecken verhindern könnte.[292] Dies ist nicht im Interesse des Patienten.

Zwar bedarf die Eigentumsaufgabe nicht notwendig einer förmlichen Willenserklärung zur Eigentumsaufgabe, da bereits aus den Umständen der Besitzaufgabe auf eine Eigentumsaufgabe geschlossen werden kann – im konkreten Fall der Eigentumsaufgabe von abgetrennten Körpermaterialien reicht die bloße Besitzaufgabe jedoch nicht aus. Bei Gegenständen, die erkennbar rein persönlicher Natur sind, wie zum Beispiel Tagebücher, reicht die bloße Besitzaufgabe nicht aus, um aus ihr eine konkludente Eigentumsaufgabe zu schlussfolgern.[293] Bereits aufgrund der bestehenden persönlichkeitsrechtlichen Überlagerung des Sacheigentums an den entnommenen Materialien muss davon ausgegangen werden, dass diese rein persönlicher Natur sind und eine Eigentumsaufgabe durch bloße Besitzaufgabe ausscheidet.[294]

Ein weiteres Argument spricht gegen eine Interpretation der unkommentierten Substanzübergabe an das medizinische Personal als Dereliktion durch den Patienten. Würde der Patient nämlich durch die Übergabe seines Materials dieses derelinquieren, verstieße er gegen umweltrechtliche Abfallvorschriften, nach denen der Substanzeigentümer zur umweltgerechten Entsorgung von Biomaterialien, §§ 10ff. KrW-/AbfG, verpflichtet ist.[295]

In aller Regel wird in den Fällen des Zurücklassens von Untersuchungsmaterial zu Untersuchungszwecken beim Arzt mangels Eigentumsaufgabewillens des Patienten an seinen Materialien eine Dereliktion ausscheiden. Einer unein-

291 *Ofner*, Gewinnung und Verwertung menschlicher Körpersubstanzen aus operativen Eingriffen in Kopetzki/Mayer, Biotechnologie und Recht, 185-197, S. 192.

292 *Schröder/Taupitz*, Menschliches Blut verwendbar nach Belieben des Arztes?, S.85f.

293 LG Ravensburg, NJW 1987, 3142.

294 *Simon u.a.*, Biomaterialbanken – Rechtliche Rahmenbedingungen, B.1.4.2.1.b., S. 39.

295 *Wicklein*, Biobanken, S. 47; *Ehrlich*, Gewinnabschöpfung des Patienten bei kommerzieller Nutzung von Körpersubstanzen durch den Arzt?, S. 50; *Halász*, Das Recht auf bio-materielle Selbstbestimmung, S. 64.

geschränkten Verwendungsbefugnis des Arztes stände somit das Eigentumsrecht des Patienten an den Untersuchungsmaterialien entgegen, sofern der Arzt oder ein Dritter nicht Eigentum an den Materialien gem. § 929 BGB erlangt hat.

bb) Eigentumsübertragung gemäß § 929 BGB

Der Patient könnte infolge von Einigung und Übergabe Eigentum an den entnommenen Untersuchungsmaterialien gemäß § 929 BGB auf den Arzt übertragen. Voraussetzung hierfür ist, dass der Eigentümer, sprich der Patient, dem Erwerber, also dem Arzt, die Sache, nämlich sein Körpermaterial übergibt und beide sich einig darüber sind, dass das Eigentum vom Patienten auf den Arzt übergehen soll. Regelmäßig äußern sich weder Arzt noch Patient ausdrücklich über die Übereignung des entnommenen Körpermaterials, so dass es sowohl an einem ausdrücklichen Angebot zur Übereignung als auch an dessen Annahme fehlt. Mangels ausdrücklicher Einigung der Beteiligten muss deren Verhalten auf Konkludenz hin überprüft werden.

Inhaltlich muss die Einigung auf Übertragung des Eigentums an einer bestimmten Sache gerichtet sein.[296] Insofern wird vertreten, dass diese Bestimmtheit gerade noch nicht in dem Zeitpunkt vorläge, in dem der Patient dem medizinischen Personal seine Bereitschaft signalisiert, sich bestimmte Körpersubstanzen entnehmen zu lassen.[297] Es mangle hier insofern an einer Übereignungsofferte, als dass die Substanz, bzw. das Körpermaterial an dem Eigentum übertragen werden soll, weder existent noch individuell bestimmbar ist.[298] Hiergegen spricht jedoch, dass zumindest im Rahmen der Aufklärung, das zu entnehmende Material seiner Art nach als auch seinem ungefähren Umfang nach konkretisiert worden und somit individuell bestimmbar ist.

So argumentiert Ehrlich, dass die entnommene Substanz in dem Moment hinreichend bestimmt ist, wo sie dem Körper des Patienten entnommen und ihrem Umfang nach klar abgrenzbar und definierbar ist.[299] Sowie das Untersuchungsmaterial hinreichend bestimmt ist gibt demnach der nicht bewusstlose bzw. nicht narkotisierte Patient seine konkludente Übereignungsofferte ab, indem er zulässt, dass das medizinische Personal das Untersuchungsmaterial gegebenenfalls aufbereitet und den vorgesehenen Analysen zuführt.[300]

---

296 Palandt/*Bassenge*, § 929 Rdnr. 4, Staudinger/*Wiegand*, § 929 Rdnr. 11; Prütting/Wegen/Weinreich/*Prütting*, § 929 Rdnr. 6; *Jauernig*, § 929 Rdnr. 5; Soergel/*Henssler*, § 929 Rdnr. 28; MüKo/Quack, § 929, Rdnr. 75, Erman/*Michalski*, § 929 Rdnr. 3.

297 *Simon u.a.*, Biomaterialbanken – Rechtliche Rahmenbedingungen, B.1.4.1.1., S. 35f.

298 *Simon u.a.*, Biomaterialbanken – Rechtliche Rahmenbedingungen, B.1.4.1.1., S. 35f.

299 *Ehrlich*, Gewinnabschöpfung des Patienten bei kommerzieller Nutzung von Körpersubstanzen durch den Arzt?, S. 54.

300 *Ehrlich*, Gewinnabschöpfung des Patienten bei kommerzieller Nutzung von Körpersubstanzen durch den Arzt?, S. 54.

Ofner argumentiert, dass mangels Aufklärung über die Existenz und den Verbleib des entnommenen Materials, der Erklärungsempfänger, also der Arzt, nicht davon ausgehen dürfe, die bloße Unterlassung des Patienten über die Untersuchungssubstanz zu disponieren, bilde eine konkludente Offerte zur Übereignung, denn dem Schweigen des Patienten könne grundsätzlich kein Erklärungswert beigemessen werden.[301] Unterstützung erhält Ofner von Freund und Weiss, die argumentieren, dass eine mutmaßliche Einwilligung und damit ein stillschweigendes Angebot zur Übereignung nicht angenommen werden könne, da der Rechtsgutträger keine Vorteile sondern vielmehr nur Rechtsgutbeeinträchtigungen zu erwarten habe.[302] Sie übersehen jedoch, dass der Patient durch die Übereignung seines Materials an den Klinikträger von seiner Pflicht zur umweltgerechten Entsorgung seiner Biomaterialien gem. §§ 10ff. KrW-/AbfG frei wird. Dies stellt einen großen Vorteil für den Patienten dar, der zum einen regelmäßig keine Kenntnis von dieser Verpflichtung hat und zum anderen auch nicht über das Wissen und die Möglichkeiten einer umweltgerechten Entsorgung verfügt.

Richtig ist, dass gemeinhin dem Schweigen des Patienten kein Erklärungswert beigemessen werden kann. Der Arzt darf das Nichtdisponieren des Patienten über das entnommene Material nicht als Übereignungsofferte werten.[303]

Kritisch muss hinterfragt werden, ob der Patient tatsächlich nicht über das Material disponiert oder vielmehr seine Disposition darin besteht, das medizinische Personal gewähren zu lassen, d.h. ihnen die Substanzen zu überlassen, damit sie sie den nötigen Analysen zuführen können. Damit das medizinische Personal aber die erforderlichen Analysen durchführen kann, muss es über das Material verfügen können. Man könnte insofern erwägen, dass das Überlassen des Materials lediglich das Angebot zur Besitzüberlassung und ein schuldrechtliches Nutzungsrecht enthält und nicht die Offerte zur Übereignung. Entscheidend sind hierbei die Interessen des Patienten. Regelmäßig möchte er, dass die Ärzte alle nötigen Untersuchungen an seinem Untersuchungsmaterial durchführen können und hinzu kommt der Umstand, dass die Patienten in der Regel ihre Materialen nicht zurückerhalten wollen. Dies könnte für einen Übereignungswillen sprechen.

Als weiteres Argument für einen Übereignungswillen des Patienten und gegen die Einräumung eines schuldrechtlichen Nutzungsrechts wird die Verpflichtung des Eigentümers zur umweltgerechten Entsorgung der Biomaterialien

301 *Ofner*, Gewinnung und Verwertung menschlicher Körpersubstanzen aus operativen Eingriffen in Kopetzki/Mayer, Biotechnologie und Recht, 185-197, S. 194.

302 *Freund/Weiss*, Zur Zulässigkeit der Verwendung menschlichen Körpermaterials für Forschungs- und andere Zwecke, MedR 2004, 315-319, S. 318.

303 So im Ergebnis auch *Revermann/Sauter*, Biobanken als Ressource der Humanmedizin, S. 136.

dargelegt.[304] Da er dieser Verpflichtung nicht nachkommen möchte, soll in dem Zurücklassen der Materialien beim Arzt eine konkludente Übereignungsofferte gesehen werden.[305]

Wicklein argumentiert, dass in dem Zurücklassen des Materials eine Übereignungsofferte und gerade nicht die bloße Einräumung eines schuldrechtlichen Nutzungsrechts zu sehen ist, weil der Patient im Falle der Einräumung eines schuldrechtlichen Nutzungsrechts an den Arzt mittelbarer Besitzer gemäß § 868 BGB bleiben müsste.[306] Da es jedoch an einer Besitzüberlassung „auf Zeit" fehle, weil nämlich der Patient mitnichten die ihm entnommenen Substanzen zurückhaben möchte, scheide er als mittelbarer Besitzer aus und das Zurücklassen seiner Substanzen sei rechtlich nicht als Einräumung eines schuldrechtlichen Nutzungsrechts zu qualifizieren.[307]

Unter Beachtung der Patienteninteressen ist zusammenfassend davon auszugehen, dass der Patient im Zurücklassen seiner Materialien in der entnehmenden Einrichtung das konkludente Angebot zum Eigentumsübergang abgibt. Er selbst hat regelmäßig keine eigenen Interessen mehr an dem Material, sondern möchte vielmehr im Gegenteil nicht noch für deren Entsorgung verantwortlich sein. Durch den Eigentumsübergang wird außerdem sichergestellt, dass die entnehmende Institution die notwendigen Untersuchungen des Materials veranlassen und das Material somit umfassend vor unberechtigten Eingriffen Dritter im Rahmen der eigentumsrechtlichen Vorschriften schützen kann. Sollten ausnahmsweise individuelle Gründe gegen eine Eigentumsübertragung sprechen, kann der Patient dem Ausdruck verleihen. So zum Beispiel in den Fällen eigener wirtschaftlicher Interessen des behandelnden Arztes bzw. der Klinik. Da der Patient über diese Interessen aufgeklärt werden muss[308], kann er gegenüber Arzt und Klinik verfügen, dass er sein Eigentum nicht an sie überträgt und sie die Materialien nur im Rahmen des Entnahmezwecks nutzen dürfen und danach verwerfen müssen.

Durch das Herausnehmen des Materials, dessen Verbleib in der entnehmenden Einrichtung und dessen Verwendung im Rahmen des Entnahmezwecks nimmt der Klinikträger die Übereignungsofferte an und vollzieht sich der Eigentumsübergang.

---

304 Siehe Fn. 295.

305 *Wicklein*, Biobanken, S. 45.

306 *Wicklein*, Biobanken, S. 45.

307 *Wicklein*, Biobanken, S. 45.

308 Siehe Ausführungen Kap. II. A. I., S. 79ff.

cc) Eigentumsübergang durch die konkrete Nutzung des Körpermaterials

Der behandelnde Arzt, bzw. die Einrichtung für welche er tätig ist, könnten alternativ durch Vermischung oder Verarbeitung gemäß §§ 948, 950 BGB Eigentum an den entnommenen Untersuchungsmaterialien erwerben.

Selbst vergleichbar einfache und gängige Untersuchungen wie Blut-, Urin- und Speicheluntersuchungen erfordern regelmäßig die Zugabe bestimmter Substanzen und die Anwendung weiterer Verfahren, um sie für die bevorstehenden Analysen zu präparieren. Andere Körpermaterialien, wie zum Beispiel Gewebeentnahmen erfordern einen ungleich höheren Bearbeitungsaufwand bevor sie auf ihren medizinischen Aussagewert hin untersucht werden können. Durch diese verschiedenen und von Untersuchungsmethode zu Untersuchungsmethode differierenden Bearbeitungsvorgänge könnten der Arzt, bzw. die Klinik Eigentum an den Untersuchungsmaterialien erwerben.

Werden Biomaterialien, z.B. Blut mit anderen beweglichen Sachen, z.B. Verdünnungs- und Haltbarkeitsmitteln untrennbar vermischt oder vermengt entsteht in der Regel Miteigentum gemäß §§ 948, 947 Abs. 1 BGB. Wenn jedoch eine der Sachen als Hauptsache anzusehen ist, so erwirbt ihr Eigentümer das Alleineigentum gemäß §§ 948, 947 Abs. 2 BGB. Insbesondere bei der Vermischung von Biomaterialien mit Materialien zur Haltbarmachung oder Lösung- und Analysemitteln ist davon auszugehen, dass die Biomaterialien durch die Zugabe vorbezeichneter Mittel nicht nachhaltig verändert werden und deshalb als Hauptsache zu qualifizieren sind, mit der Konsequenz, dass der Patient regelmäßig Alleineigentümer seines Materials auch nach der Vermischung bleibt.[309] Nichtsdestotrotz darf nicht ignoriert werden, dass das Alleineigentum die Ausnahme und Miteigentum den Regelfall darstellt und § 947 Abs. 2 BGB eng auszulegen ist, um einem Eigentumsverlust vorzubeugen.[310] Entsprechend sind Konstellationen denkbar in denen nicht eindeutig festgestellt werden kann, ob das Biomaterial nach der Vermischung die Hauptsache i.S.d. § 947 Abs. 2 BGB darstellt. Um dieser Unsicherheit vorzubeugen und die Verfügungsbefugnisse für die Ärzte und Klinik zweifelsfrei abzustecken, sollten diese sich nicht darauf verlassen, durch Vermischung Miteigentum, vielleicht sogar Alleineigentum zu erwerben. Vielmehr muss die Einwilligung der Patienten in eine beabsichtigte Weiterverwendung ihrer Materialien eingeholt werden.

Voraussetzung eines Eigentumserwerbs nach § 950 BGB ist die Verarbeitung oder Umbildung eines oder mehrerer Stoffe und damit die Herstellung einer neuen beweglichen Sache. Für die Verarbeitung oder Umbildung des Stoffes bedarf es einer nicht nur geringen bewussten menschlichen oder menschlich gesteuerten

309 So auch *Simon u.a.*, Biomaterialbanken – Rechtliche Rahmenbedingungen, B.1.4.2.5., S. 44.
310 MüKo/*Füller*, § 947 Rdnr. 6; Staudinger/*Wiegand*, § 947 Rdnr. 7.

Arbeitsleistung,[311] getragen vom natürlichen planvollen Handlungswillen.[312] Eine derartige Arbeitsleistung wird bei der Vorbereitung der meisten Untersuchungsmaterialien auf die bevorstehenden Analysen zu bejahen sein. Diese Vorbereitungen sind regelmäßig vom natürlichen Handlungswillen des zur Vorbereitung tätigen medizinischen Personals getragen, welches die nötigen Handlungsschritte nach Vorgabe bestimmter Richtlinien für die Verarbeitung menschlicher Körpersubstanzen ausführt. Durch die Verarbeitung des Ausgangsstoffes, hier der Körpermaterialien, muss eine neue bewegliche Sache hergestellt worden sein. Die verarbeitete Sache erfüllt die Kriterien der Neuheit, wenn sie eines Wesensänderung erfahren hat[313], sich als Ergebnis und Erfolg einer sozial sinnvollen, zweckgerichteten menschlichen Bemühung darstellt und wenn das Ergebnis dieser Bemühung von der Verkehrsanschauung gegenüber den Ausgangsstoffen als neu verstanden wird.[314] Geht man von den typischen Bearbeitungsmethoden der Pathologen aus, deren Tätigkeit u.a. die Aufbereitung und Analyse entnommenen Gewebes und anderer menschlicher Körpermaterialien umfasst, so erfolgt durch die Präparierung des Materials regelmäßig eine Veränderung der Form, der Zweckbestimmung wie auch der Brauchbarkeit des Untersuchungsmaterials. Ofner beschreibt diese „Verwandlung“ treffend wie folgt: „Vom „Abfall“ und „Diagnosegut“ zum Präparat.“[315] Während bei pathologischen Präparaten von der Entstehung einer neuen Sache ausgegangen werden kann[316], erlangt zum Beispiel der Sterilisator von Organen zur allogenen Organspende kein Eigentum an diesen gemäß § 950 BGB, da das allogene Transplantat durch diese Bearbeitung nicht zu einer neuen Sache wird.[317] Simon geht sogar soweit, dass er bei Biomaterialien, die zu Forschungszwecken erhalten werden sollen und entsprechend bearbeitet werden, die Entstehung einer neuen Sache durch Verarbeitung für ausgeschlossen hält.[318]

Letztlich kann die Frage, ob durch Verarbeitung von menschlichen Biomaterialien immer eine neue Sache entsteht, nicht pauschal beantwortet werden. Abhängig von der Art des Biomaterials und der konkreten Bearbeitungs- und

311 Palandt/*Bassenge*, § 950 Rdnr. 4; Soergel/*Henssler*, § 950 Rdnr. 5; Staudinger/*Wiegand*, § 950 Rdnr. 8; MüKo/*Füller*, § 950 Rdnr. 5; Erman/*Ebbing*, § 950 Rdnr. 5.

312 MüKo/*Füller*, § 950 Rdnr. 5; Soergel/*Henssler*, § 950 Rdnr. 5.

313 Erman/*Ebbing*, § 950 Rdnr. 4.

314 MüKo/*Füller*, § 950 Rdnr. 7; Staudinger/*Wiegand*, § 950 Rdnr. 9; Soergel/*Henssler*, § 950 Rdnr. 7.

315 *Ofner*, Gewinnung und Verwertung menschlicher Körpersubstanzen aus operativen Eingriffen in Kopetzki/Mayer, Biotechnologie und Recht, 185-197, S. 193, 194.

316 So auch *Deutscher Bundestag*, Antwort der Bundesregierung auf die Kleine Anfrage der Abgeordneten Detlef Parr, Dr. Dieter Thomae, Dr. Irmgard Schwaetzer, weiterer Abgeordneter und der Fraktion der FDP – Drucksache 14/8159 –, BT-Drs. 14/8256, S. 8.

317 *Bender*, Organtransplantation und AMG, VersR 1999, 419-424, S. 422.

318 *Simon u.a.*, Biomaterialbanken – Rechtliche Rahmenbedingungen, B.1.4.2.5., S. 44.

Verarbeitungsform muss jeweils eine Einzelfallprüfung vorgenommen und am konkreten Bearbeitungsbeispiel die Schaffung einer neuen Sache geprüft werden.

Unterstellt man, dass einzelne Szenarien denkbar sind, in denen durch die Verarbeitung der Blut- bzw. Gewebeprobe eine neue Sache im vorgenannten Sinne entsteht, so erwirbt der Hersteller nur dann Eigentum an der neuen Sache, sofern der Wert der Verarbeitung oder Umbildung nicht erheblich geringer ist als der Wert des Stoffes, § 950 Abs. 1 S. 1 2. HS. BGB.

Entsprechend ist zunächst der Verkehrswert der Ausgangsstoffe und der neuen Sache zu bestimmen, aus deren Differenz sich dann der Verarbeitungswert ergibt.[319]

Hier offenbart sich bereits die erste große Hürde, nämlich die Bestimmung des Verkehrswertes von menschlichen „Materialproben".

Der Begriff des Verkehrswertes ist im BGB nicht legaldefiniert.

Maßgeblich ist demnach der Marktwert der Materialprobe zu dem Zeitpunkt ihrer Verarbeitung.[320] Dieser Wert ist jedoch nahezu unmöglich zu bestimmen. Es sind keine Preise bekannt, die Forschungseinrichtungen oder andere Unternehmen für den Erhalt von Materialproben bezahlen. In praxi dürfte es hier große Unterschiede –je nach Materialart und Zweckbestimmung der Weiterverwendung- geben. Ein objektiver Verkehrswert für bestimmte Materialproben, wie Blut, Tumorgewebe, Sehnen o.ä. ist somit pauschal nicht bestimmbar, auch dieser muss Ergebnis einer Einzelfallprüfung sein.

Vergleichbar schwer dürfte auch die Feststellung des Verkehrswertes der neu hergestellten Sache sein. Welchen Wert sie hat dürfte von multiplen Faktoren abhängen. Hierzu gehört zum einen, die Zweckbestimmung der Probenaufbewahrung- und Weiterverwendung. Je höherrangiger das Forschungsinteresse, desto mehr wert dürfte auch die bearbeitete Materialprobe sein. Ist die Probe hierzu noch besonders selten, zum Beispiel eine seltene Tumorart und nicht beliebig reproduzierbar dürfte der Wert der Forschungsprobe eher höher zu bemessen sein. Denkbar ist jedoch auch, dass Proben zunächst präventiv in Biobanken gelagert werden, für den Fall, dass eines Tages ein berechtigtes Forschungsinteresse an ihnen besteht und sie dann für diese Forschungszwecke genutzt werden. Der Wert dieser Forschungsproben ist mithin nicht ex ante bestimmbar. Sie könnten einen hohen Forschungs- und Erkenntniswert haben, sie könnten sich jedoch auch als uninteressant herausstellen.

Die Frage, ob Kliniken und Forschungseinrichtungen allein durch die Verarbeitung der Materialproben ihrer Patienten gemäß § 950 BGB Eigentum an diesen erwerben kann letztlich nicht allgemeinverbindlich beantwortet werden. Ein

319 MüKo/*Füller*, § 950 Rdnr. 10; Soergel/*Henssler*, § 950 Rdnr. 10; Staudinger/*Wiegand*, § 950 Rdnr. 11; Erman/*Ebbing*, § 950 Rdnr. 6.

320 MüKo/*Füller*, § 950 Rdnr. 10; Soergel/*Henssler*, § 950 Rdnr. 10; Erman/*Ebbing*, § 950 Rdnr. 6.

Eigentumserwerb nach § 950 BGB ist weder konsequent zu bejahen, noch strikt auszuschließen. Erst im Zusammenspiel von Art, Quantität und Qualität der Materialprobe, der konkreten Verarbeitungsform und Zweckbestimmung kann der Verkehrswert und mit ihm der Wert der Umbildung bestimmt werden.

Ob die Klinik, der Arzt oder das Labor Eigentum durch Vermischung oder Verarbeitung erlangen bleibt Tatfrage im Einzelfall. Seitens der Materialverwender verbietet sich jedenfalls die bisher aus ihrer Sicht sichere Annahme, sie würden durch Vermischung bzw. Verarbeitung Eigentümer des Patientenmaterials. In der Mehrzahl der Fälle ist dies jedoch nicht relevant, da der Klinikträger das Eigentum nach § 929 BGB vom Patienten erwirbt.

Auch wenn der Klinikträger Eigentum an den Substanzen, sei es nach § 929 BGB oder nach § 950 BGB Eigentum erwirbt, können sich Verfügungsbeschränkungen aus dem Behandlungsvertrag oder als Ausfluss des Persönlichkeitsrechts des Patienten ergeben, welche im Folgenden erörtert werden.

2. Behandlungsvertrag

Nach einen kurzen Darstellung der Rechtsnatur des Behandlungsvertrages wird überprüft, inwiefern sich aus diesem Verfügungsbeschränkungen ergeben können.

a) Wesen des Behandlungsvertrages

Der ärztliche Behandlungsvertrag ist je nach seinem Inhalt rechtlich als Dienst- oder Werkvertrag ausgestaltet. Er liegt regelmäßig der Überlassung der entnommenen Körpersubstanzen zugrunde und ist die rechtliche Ausgestaltung der individuellen Beziehung zwischen Patient und Arzt.[321] In ihm sind die Pflichten der beiden Vertragsparteien niedergelegt. So haben der Patient bzw. dessen Krankenkasse regelmäßig die Pflicht zur Honorarübernahme, während der Arzt zur kunstgerechten, sorgfältigen Behandlung des Patienten verpflichtet ist. Hierzu gehören unter anderem die Pflicht zur gewissenhaften Untersuchung, sorgfältigen Behandlung und die Pflicht zur Dokumentation der Befunde.

Besonderes Kennzeichen des ärztlichen Behandlungsvertrages ist das ihm zugrunde liegende Macht- / Wissensgefälle und Abhängigkeits-verhältnis. Der Patient als medizinischer Laie steht hier dem speziell ausgebildeten Mediziner gegenüber und das meistens in Situationen in denen er physisch und / oder psychisch beeinträchtigt ist. Der Patient ist in aller Regel vom behandelnden Arzt insofern abhängig, als er ihm weitestgehend vertrauen muss, was die Untersu-

321 *Taupitz*, Wem gebührt der Schatz im menschlichen Körper, AcP 191 (1991), 201-246, S. 211.

chungs- und Behandlungsmethoden betrifft. Aufgrund dieses Ungleichgewichts bedarf der Patient besonderen Schutzes.

Als rechtliche Ausgestaltung der Sonderbeziehung zwischen Arzt und Patient ergeben sich aus dem Behandlungsvertrag selbst letztlich sowohl die Rechte als auch die Pflichten der ärztlichen Verwendungsbefugnisse im Hinblick auf die entnommenen Körpersubstanzen. Ist über den Verbleib der Substanzen eine Abrede mit dem Arzt getroffen worden, so ergeben sich die Befugnisse des Arztes zwanglos aus der vertraglichen Abrede. Regelmäßig werden allerdings im Rahmen der Entnahmesituation von Körpersubstanzen keine Abreden über deren Verbleib getroffen, so dass diese auch nicht zum ausdrücklichen Vertragsinhalt des Behandlungsvertrages geworden sein können.

Deshalb wird folgend skizziert, inwiefern sich den dienstvertraglichen Regelungen des Behandlungsvertrages, Aussagen über den Umgang mit entnommenen Körpersubstanzen entnehmen lassen.

b) Pflichten aus dem Behandlungsvertrag

Aus den dienstvertraglichen Regelungen der §§ 611ff. BGB lassen sich keine Pflichten des Arztes bezüglich etwaiger Aufbewahrungs- oder Herausgabepflichten der entnommenen Körpermaterialien für den Zeitpunkt entnehmen, in dem der Arzt seiner Vertragspflicht zu Diagnosestellung und Behandlung nachgekommen ist.

Bezüglich entnommener Körpermaterialien wird eine analoge Anwendung von § 667 BGB diskutiert. Zur Erfüllung des Behandlungsvertrages überlässt der Patient dem Arzt seine Körpermaterialien. Dieser ist nach Erfüllung seines Behandlungsauftrages und –vertrages verpflichtet, die ihm überlassenen Materialien dem Patienten zurückzugeben,[322] dies gilt jedenfalls dann, wenn der Patient die Herausgabe verlangt.[323] Selbstverständlich gilt dies nur für nicht verbrauchte Materialien.

Da Ärzte und Krankenhäuser als Besitzer der Körpermaterialien gemäß § 3 Abs. 6 KrW-/AbfG gelten und damit der Pflicht zur Beseitigung der Materialien unterliegen, sind sie verpflichtet, wenn der Patient seine unverbrauchten Materialien nicht zurückerhalten möchte, diese zu vernichten.[324]

322 *Simon u.a.*, Biomaterialbanken – Rechtliche Rahmenbedingungen, B.1.4.2.1.c., S. 39.

323 v. *Freier*, Getrennte Körperteile in der Forschung, MedR 2005, 321-328, S. 326.

324 *Simon u.a.*, Biomaterialbanken – Rechtliche Rahmenbedingungen, B.1.4.2.1.c., S. 39.

c) Auslegung des Behandlungsvertrages

Mangels expliziter Regelung der Befugnisse des Arztes zum weitergehenden Umgang mit entnommenen Körpermaterialien im Behandlungsvertrag bedarf es zur Feststellung der Befugnisse der entnehmenden Ärzte und Einrichtung einer Auslegung des Vertrages.

Wie bei jeder anderen vertraglichen Beziehung entsteht mit dem Abschluss des Behandlungsvertrages eine Sonderverbindung, die ein Vertrauensverhältnis zwischen den beiden Vertragsparteien schafft.[325] Nach dem Grundsatz von Treu und Glauben müssen die Art und Weise sowie das Ergebnis der Auslegung diesem besonderen Vertrauensverhältnis gerecht werden. Dies bedeutet, dass tatsächlich gewährtes und beanspruchtes sowie typischerweise entgegengebrachtes Vertrauen nicht enttäuscht werden darf und (sozial-) ethische Erwartungen und Anforderungen in die ergänzende Vertragsauslegung mit einfließen müssen.[326] Die Vertragspartner werden nicht nur als Individuen, sondern auch als in die Gesellschaft eingebundene und von dieser in die Pflicht genommene Funktionsträger erfasst.[327] Dies bedeutet, dass das Vertrauen des Patienten in die soziale Rolle des Funktionsträgers, nämlich des Arztes geschützt wird. Geschützt wird dabei insbesondere das Vertrauen des Patienten, dass der Arzt gemeinhin die Charakteristika erfülle, die andere Funktionsträger an seiner Stelle, nämlich vergleichbar qualifizierte Ärzte, erfüllen würden. Bei der ergänzenden Auslegung des Vertrages muss in den Fällen, wo keine „eigenen" Erwartungen der Rechtsordnung an das konkrete Verhältnis gestellt werden, an die soziale und wirtschaftliche Realität angeknüpft werden,[328] d.h. der anzulegende Maßstab ist der des innerhalb des fraglichen Berufskreises geltende. Indizien für das Bestehen bestimmter Rechte und Pflichten im Rahmen eines ärztlichen Behandlungsvertrages können über die §§ 157, 242 BGB die Standesrichtlinien und Berufsordnungen der Ärzte und des medizinischen Personals geben, wobei diese nicht eo ipso das Arzt-Patienten-Verhältnis regeln.[329]

Die Berufsordnung der Ärzte regelt die Pflichten der Ärzte gegenüber ihren Patienten, Kollegen und der Ärztekammer. Für den einzelnen Arzt ist die in seinem Bundesland geltende Berufsordnung verbindlich. Da die Landesberufsordnungen sich an der Musterberufsordnung der Bundesärztekammer orientieren bzw. dieser nahezu wortgleich nachgebildet sind soll im Folgenden die Musterberufsordnung Ärzte in der aktuellen Fassung vom 24.11.2006 untersucht werden.

---

325 MüKo/*Mayer-Maly*, § 157 Rdnr. 8.

326 MüKo/*Mayer-Maly*, § 157 Rdnr. 8.

327 *Schröder/Taupitz*, Menschliches Blut verwendbar nach Belieben des Arztes?, S. 56.

328 *Hopt*, Nichtvertragliche Haftung außerhalb von Schadens- und Bereicherungsausgleich, AcP 183 (1983), 608-720, S. 648.

329 *Schröder/Taupitz*, Menschliches Blut verwendbar nach Belieben des Arztes?, S. 56.

Der Musterberufsordnung sind die Gebote des Arztes zu entnehmen, zum Wohl und im Interesse seiner Patienten zu handeln, die Wissenschaft voranzutreiben und sich bei der Ausübung seines Berufes nicht von eigennützigen, auf Gewinnerzielung gerichteten Motiven leiten zu lassen.[330] Außerhalb dieser allgemeinen Handlungsanweisungen für den Arzt enthält die Musterberufsordnung keinen Hinweis auf mögliche Verfügungs- und Benutzungsrechte des Arztes an dem Patienten entnommenen Untersuchungsmaterialien.

Zwar besteht für Ärzte gemäß § 10 Musterberufsordnung Ärzte die Pflicht, über die gemachten Feststellungen und ergriffenen Maßnahmen Aufzeichnungen anzufertigen, wozu auch die Dokumentationspflicht des Verbleibs überschüssiger Körpermaterialien gehört. Jedoch lässt sich aus der Dokumentationspflicht keine Pflicht zur Aufbewahrung überschüssiger Körpermaterialien ableiten.[331] Eine Aufbewahrungspflicht besteht als Nebenpflicht des Behandlungsvertrages nur in dem zeitlichen Umfang, wie dies aus medizinischen Gründen notwendig ist. Hierzu gehört jedoch nicht die präventive Aufbewahrung der Substanzen, um sie für spätere Forschungsvorhaben einzusetzen.

Somit bleibt festzustellen, dass der Musterberufsordnung keine konkrete Verpflichtung der Ärzte zum Umgang mit entnommenen und für den Entnahmezweck nicht mehr benötigten Körpermaterialien entnommen werden kann.

Die allgemeinen Regelungen zum Arzt-Patientenverhältnis und die Pflichten des Arztes aus diesem Verhältnis können und sollten jedoch bei der Auslegung der Befugnisse des Arztes insofern mit herangezogen werden als sie den ethischen Handlungsrahmen der Ärzteschaft vorgeben.

Als Ausdruck der zwischen Arzt und Patient bestehenden Sonderbeziehung ist der ärztliche Behandlungsvertrag mithin im Lichte der Ziel- und Zwecksetzung der medizinischen Berufe, ihres Selbstverständnisses sowie anhand der an diesen Berufsstand von der Bevölkerung gestellten Erwartungen zu beurteilen.

Ein wirksamer Behandlungsvertrag setzt zunächst die übereinstimmenden Willenserklärungen von Patient und Mediziner voraus.

aa) Willenserklärung des Patienten

Indem der Patient im Rahmen der ärztlichen Behandlung dem Mediziner die Entnahme von Substanzen aus seinem Körper gestattet, handelt er in dem Bewusstsein eine rechtserhebliche Erklärung abzugeben, nämlich die, dass er in eine lege

330 § 2 Abs. 2 MBO Ärzte, § 2 Abs.2, § 7 Abs. 1 BO Schleswig-Holstein, BO Thüringen, BO Sachsen-Anhalt, BO Sachsen, BO Saarland, BO Rheinland-Pfalz, BO Westfalen-Lippe, BO Nordrhein, BO Niedersachsen, BO Mecklenburg-Vorpommern, BO Hessen, BO Hamburg, BO Bremen, BO Brandenburg, BO Berlin, BO Bayern, BO Baden-Württemberg.

331 *Simon u.a.*, Biomaterialbanken – Rechtliche Rahmenbedingungen, B.1.1.7., S. 70f.

artis Substanzentnahme durch den Arzt einwilligt. Außerdem ist der Wille des Patienten darauf gerichtet, eine bestimmte Rechtsfolge herbeizuführen, nämlich die sonstige Rechtswidrigkeit der Körperverletzung durch den Arzt entfallen zu lassen. Der innere Wille des Patienten, der auf die Substanzentnahme zu Diagnose- oder Therapiezwecken gerichtet ist, liegt in den typischen Behandlungssituationen regelmäßig vor. Seine Verwirklichung findet dieser innere Wille allerdings erst durch die Äußerung, d.h. durch die Abgabe der Willenserklärung.

Die Äußerung des Geschäftswillens ist als äußerlich erkennbares Verhalten definiert, welches den Willen zum Ausdruck bringt, eine bestimmte Rechtsfolge herbeizuführen.[332] Primär stellt sich das Verhalten des Patienten, nämlich das Dulden der Substanzentnahme durch den Arzt, als Einwilligung in den körperlichen Eingriff mit der Zielsetzung späterer Diagnose und Therapie dar. Die Erklärung des Patienten geht aber regelmäßig über die Einwilligung in den körperlichen Eingriff hinaus. Es entspricht gängiger Praxis in deutschen Behandlungseinrichtungen, dass für Diagnosezwecke entnommene Substanzen, nach Beendigung der Untersuchung nicht wieder an den Patienten zurückgeben werden. Der Patient weiß dieses und erwartet die Rückgabe unter normalen Umständen auch nicht. Der Patient ist sich regelmäßig bewusst, dass er mit der Substanzentnahme anderen Personen zumindest eine rein tatsächliche Zugriffsmöglichkeit auf diese einräumt. Für die Entnahme von Blut zu Diagnosezwecken folgern Schröder und Taupitz, dass den Umständen und Erwartungen die mit der Blutentnahme verbunden sind, zu entnehmen sei, dass in diesen Fällen die Patienten den Willen hätten, eine schuldrechtliche Befugnis zur tatsächlichen Einwirkung auf das entnommene Blut nach Maßgabe des Vertragszwecks einzuräumen.[333] Etwas anderes kann auch nicht in Bezug auf andere Substanzen gelten, die dem menschlichen Körper zu diagnostischen Zwecken entnommen werden. Auch hier ist von der Interessenlage des Patienten und den Umständen der Entnahme von einer schuldrechtlichen Befugnis zur tatsächlichen Einwirkung auf die entnommenen Substanzen auszugehen. Denn es liegt gerade im Interesse des Patienten, dass der behandelnde Arzt, respektive das an der Diagnose beteiligte medizinische Personal tatsächlich auf die entnommenen Substanzen einwirken können. Wie sonst sollten die Untersuchungen möglich sein, zu deren Zweck die Substanzen entnommen wurden. Aber auch hier gilt, vergleichbar zur Blutentnahme, dass die schuldrechtliche Befugnis zur tatsächlichen Einwirkung nur im Rahmen des vereinbarten Vertragszwecks eingeräumt ist.

Die Voraussetzungen einer wirksamen Willenserklärung liegen somit im Regelfall der Substanzentnahme zu Diagnosezwecken im Rahmen eines ärztlichen Behandlungsvertrages vor.

---

332 *Brox/Walker*, Allgemeiner Teil des Bürgerlichen Gesetzbuchs, Rdnr. 86.

333 *Schröder/Taupitz*, Menschliches Blut verwendbar nach Belieben des Arztes?, S.51.

bb) Auslegung der Willenserklärung

Fraglich bleibt allerdings der genaue Inhalt der Willenserklärung. Hierzu bedarf es einer weitergehenden Auslegung.

(1) Einfache Auslegung

Bei der natürlichen Auslegung ist auf den empirischen Parteiwillen abzustellen[334] und der wirkliche Parteiwille zu erforschen[335].

Nach dem Willen des Patienten, der dem Arzt im Rahmen eines Behandlungsvertrages die Befugnis erteilt, ihm Substanzen zu Diagnosezwecken zu entnehmen, sollen alle auf die medizinische Diagnose gerichteten Handlungen vom Zweck des Vertrages gedeckt sein.[336] Diese Befugnis ist auch nötig um den Vertragszweck, nämlich die Diagnose und Behandlung zu erreichen.

(a) Begrenzung der Diagnosezwecke

Fraglich ist, inwiefern der Arzt auf bestimmte Diagnosemöglichkeiten reduziert sein soll oder ob ihm mit der Einwilligung in die Substanzentnahme die Befugnis erteilt wird, alles Notwendige zu tun.

Generell ist davon auszugehen, dass ein Patient der zum Arzt geht, um eine Diagnose abklären zu lassen und Behandlungsmöglichkeiten aufgezeigt zu bekommen und zu diesen Zwecken in die Entnahme bestimmter Substanzen einwilligt, dem Arzt die Befugnis erteilt, alle notwendigen Diagnosemaßnahmen durchzuführen, um letztendlich die „richtige" Diagnose zu stellen und den Patienten daraufhin adäquat zu behandeln.

Hier stellt sich die Frage, was wirklich unter notwendigen Maßnahmen zu verstehen ist. In der täglichen Behandlungspraxis ist es überwiegend so, dass sich die Patienten, schon mangels spezifischer Fachkenntnisse, keinerlei Gedanken über die spezifischen Verfahren machen, denen die ihnen entnommenen Substanzen unterzogen werden. Soweit der Patient nur „allgemein" dem Arzt Substanzen mit der Zweckbestimmung der Diagnose überlässt, ist der Arzt zu allen Untersuchungen befugt, die er für die abschließende Diagnose für notwendig halten darf. Dass der Arzt im Rahmen des Diagnosezwecks zu allen notwendigen Untersuchungen berechtigt ist, wird unter anderem auch durch die Aufklärungs-

334 Palandt/*Heinrichs*, § 133 Rdnr. 1.

335 Prütting/Wegen/Weinreich/*Ahrens*, § 133 Rdnr. 16; MüKo/*Busche*, § 133, Rdnr. 8; Erman/*Palm*, § 133 Rdnr. 14

336 so auch *Schröder/Taupitz* hinsichtlich der Auslegung von Willenserklärungen bezüglich der Blutentnahme zu Diagnosezwecken, in *Schröder/Taupitz*, Menschliches Blut verwendbar nach Belieben des Arztes?, S. 53.

erfordernisse des Arztes vor der Behandlung und Substanzentnahme deutlich. So reicht beispielsweise für eine wirksame Einwilligung in eine Blutentnahme zu Diagnosezwecken der allgemeine Hinweis aus, dass verschiedene Analysen durchgeführt werden, die exakte Zielrichtung und die zu ermittelnden Parameter müssen ungefragt vom Arzt nicht dargelegt werden.[337]

Brisanz erlangte die Frage der notwendigen Untersuchungen unter dem Gesichtspunkt der Wirksamkeit der Einwilligung Mitte der achtziger Jahre, als an entnommenen Blutproben zusätzlich AIDS-Tests ohne Wissen der Patienten durchgeführt wurden. Hier stellte sich die Frage inwieweit diese Untersuchung von der Einwilligung des Patienten getragen war, respektive die Auslegung der Willenserklärung des Patienten, ob er mit der Überlassung seiner Blutprobe auch die Befugnis zur Durchführung von Aids-Tests geben hat. Vielfach wurde zu Beginn der Aids-Diskussion eine ausdrückliche Zustimmung des Patienten speziell zum Aids-Test als Voraussetzung einer wirksamen Einwilligung gefordert.[338] Begründet wurde dieses Verlangen damit, dass eine HIV-Infektion in besonderer Weise den Persönlichkeitsbereich des Patienten betreffe und dem Selbstbestimmungsrecht des Patienten nur dann umfassend Rechnung getragen werden könne, wenn eine umfassende Aufklärung der geplanten Durchführung des Aids-Tests vorausginge.[339] Diese Argumentation vermag jedoch nicht zu überzeugen, da es andere Leiden vergleichbaren Ausmaßes und vergleichbarer „Schrecklichkeit" gibt, deren Vorliegen der Arzt auch im Rahmen der Diagnostik abzuklären hat, ohne jeweils zuvor eine spezielle Einwilligung einholen zu müssen.[340] Wegen der Vergleichbarkeit der Berührung des Persönlichkeitsbereichs des Patienten bei nicht speziell eingewilligten Untersuchungsverfahren wäre eine Differenzierung zwischen Aids-Untersuchungen und anderen Untersuchungen, die in ähnlichem Umfang das Selbstbestimmungsrecht des Patienten betreffen nicht zu rechtfertigen. Objektiv betrachtet, stellt sich ein Patient der in eine Blutentnahme zu Diagnosezwecken einwilligt vor, dass er alle Untersuchungen billige, die zur Erreichung des vereinbarten Behandlungsziels erforderlich sind.[341] Folglich ergibt die Auslegung seiner konkludenten Willenserklärung, dass er auch in die Durchführung von Aids-Tests einwilligt.

Bei Fehlen anderweitiger Anhaltspunkte, dass bestimmte spezielle Untersuchungsverfahren ausgeschlossen sein sollen, ist nach konkludenter Auslegung der Willenserklärung des Patienten der Arzt zu allen notwendigen Untersuchun-

337 *Laufs*, Aids und Arztrecht, NJW 1987, 2257-2265, S. 2263.

338 *Bruns*, Aids, Alltag und Recht, MDR 1987, 353-358, S. 355; StA Mainz, NJW 1987, 2946f.

339 *Schröder/Taupitz*, Menschliches Blut verwendbar nach Belieben des Arztes?, S.28.

340 So im Ergebnis: *Laufs*, Aids und Arztrecht, NJW 1987, 2257-2265, S. 2263; *Perels/Teyssen*, Aids, Antikörpertest und Einwilligungserfordernis, MMW 129 (1987), 376-378 , S. 377.

341 *Michel*, Forum: Aids-Tests ohne Einwilligung, Körperverletzung oder Strafbarkeitslücke?, JuS 1988, 8-13, S. 10.

gen im Rahmen der Diagnosestellung befugt. Sollen dem Patienten jedoch Substanzen explizit nur für eine spezifische Untersuchung entnommen werden, dann sind anderweitige Untersuchungen nicht mehr vom Willen des Patienten gedeckt und der Arzt nur zu der vereinbarten Untersuchung befugt. Letztlich dürften in praxi keine größeren Auslegungsprobleme auftreten, da regelmäßig bereits durch die Aufklärung der Rahmen für die durchzuführenden und mithin vom Behandlungswillen des Patienten getragenen Untersuchungen gesteckt wird.

(b) Weitergehende Befugnisse des Arztes

Der Mediziner darf im Rahmen des Behandlungsvertrages all diejenigen Untersuchungen an den entnommenen Substanzen durchführen, die er zur Diagnosestellung für erforderlich halten darf, es sei denn, es liegen anderweitige Anhaltspunkte für eine Einschränkung der Analyseverfahren seitens des Patienten vor. Die Untersuchungsbefugnisse des Arztes an den entnommenen Substanzen sind folglich im Patienteninteresse eher extensiv auszulegen.

Fraglich ist, inwiefern der Arzt befugt ist, diese Substanzen für anderweitige Zwecke zu verwenden, d.h. Zwecke, die nicht mehr von der Diagnoseerstellung gedeckt sind.

Man könnte hier einen konkludenten Willen des Patienten annehmen, dass der Arzt zu jeglicher Verwendung der ihm entnommenen Substanzen befugt sei, jedenfalls nach Abschluss der Diagnoseverfahren, da der Patient letztlich davon ausgeht, dass er seine Substanzen nicht mehr zurückerhält und sie in den meisten Fällen auch nicht zurückhaben möchte. Konkludente Willenserklärungen zeichnen sich dadurch aus, dass das Gewollte nicht unmittelbar in der Erklärung seinen Ausdruck findet, der Erklärende vielmehr Handlungen vornimmt, die mittelbar auf einen bestimmten Rechtsfolgewillen schließen lassen.[342] In Bezug auf die Verwendung der ihm entnommenen Substanzen ist das Zurücklassen der Substanzen beim Arzt Ausdruck des Patientenwillens dass die notwendigen Analyseverfahren durchgeführt werden sollen. Hinsichtlich einer weitergehenden Verwendung macht er sich aber regelmäßig keinerlei Gedanken. Auf die konkludenten Willenserklärungen finden aber auch die allgemeinen Grundsätze über Willenserklärungen Anwendung[343], d.h. der Patient muss unter anderem Handlungswillen und Geschäftswillen haben, welcher darauf gerichtet ist, eine bestimmte Rechtsfolge herbeizuführen. Mangels gedanklicher Auseinandersetzung mit der Thematik was nach den Analyseverfahren mit den entnommen Substanzen passiert, kann der Patient bei Substanzabgabe auch keinen dahingehenden Geschäftswillen haben, dass diese frei weiterverwendet werden dürfen. Mangels regelmäßiger Vor-

342 *Larenz/Wolf*, § 24 Rdnr. 16.
343 Palandt/*Heinrichs*, Einf. v. § 116 Rdnr. 6.

stellung über den Verbleib der Substanzen können weitergehende Befugnisse des Arztes nicht im Rahmen der einfachen Auslegung ermittelt werden.[344]

(2) Ergänzende Auslegung

Nachdem mit Hilfe der einfachen Auslegung der Willenserklärung des Patienten beim „Zurücklassen" der ihm entnommenen Substanzen, dieser kein wirksamer Erklärungsinhalt bezüglich einer weitergehenden Verwendung der Substanzen außerhalb des Diagnosezwecks entnommen werden kann, bedarf es der ergänzenden Auslegung.

Voraussetzung einer ergänzenden Vertragsauslegung ist das Vorliegen einer Regelungslücke[345], einer „planwidrigen Unvollständigkeit"[346]. Diese Regelungslücke ist in der Regel darauf zurückzuführen, dass die Parteien an einen bestimmten regelungsbedürftigen Punkt nicht gedacht haben[347], bzw. eine Regelung nicht für erforderlich gehalten haben.[348]

Eine derartige Regelungslücke kann hier indes nicht angenommen werden. Der Patient ist im Rahmen der Eingriffsaufklärung auch über mögliche Weiterverwendungen der ihm entnommenen Materialien aufzuklären. Ist somit im Behandlungsvertrag die Berechtigung zur Weiterverwendung der entnommenen Materialien über den Entnahmezweck hinausgehend nicht getroffen worden, kommt eine ergänzende Vertragsauslegung mangels planwidriger Unvollständigkeit nicht infrage. In diesen Fällen ist jegliche Weiterverwendung zumindest durch den Behandlungsvertrag nicht legitimiert.

Grundsätzlich sind vertragliche Abmachungen über die Verwendung von Körpermaterialien zulässig, solange keine gesetzes- oder sittenwidrigen Abreden getroffen werden. Es empfiehlt sich, das übereignete Material so genau wie möglich zu bezeichnen als auch den Zweck, für welchen es zur Verfügung stehen soll.[349] Gegebenenfalls sollte die Vereinbarung in Schriftform erfolgen, um spätere Beweisprobleme zu vermeiden.

3. Persönlichkeitsrecht des Patienten

Haben der Arzt, bzw. die Klinik Eigentum an den Untersuchungsmaterialien erworben, so sind sie als Eigentümer gemäß § 903 berechtigt, mit den Materialien nach Belieben zu verfahren, sofern dem keine Rechte Dritter entgegenstehen. Ein

344 *Schröder/Taupitz*, Menschliches Blut verwendbar nach Belieben des Arztes?, S.53.
345 So ständige Rechtsprechung, BGH 40, 91 (103); 125, 7 (17); NJW 2002, 2310.
346 BGH 127, 138 (142).
347 BGH NJW-RR 91, 177.
348 BGH NJW 2002, 1260 (1262).
349 *Uhlenbruck/Laufs*, Handbuch des Arztrechts, § 39 Rdnr. 89.

solches entgegenstehendes Recht könnte sich aus dem Persönlichkeitsrecht des Patienten ergeben.

Hierbei sind auf Grundlage der verschiedenen Lehren zur rechtlichen Einordnung abgetrennter Körperteile zwei Ansätze denkbar. Mit den Vertretern der rein persönlichkeitsrechtlichen Theorie, den Vertretern des fortentwickelten sachenrechtlichen Ansatzes und der Schünemannschen Überlagerungsthese, soweit sich in deren Rahmen das Persönlichkeitsrecht an den abgetrennten Körperteilen fortsetzt, kann davon ausgegangen werden, dass sich das Persönlichkeitsrecht des Patient an den ihm entnommen Körpersubstanzen und –materialien fortsetzt und zwar unabhängig von der Frage wer daran Eigentum hat.

Selbst wenn man mit den anderen Meinungen von einer rein sachenrechtlichen Betrachtungsweise abgetrennter Körperteile ausginge, so muss sich die konkrete Nutzung der entnommenen Körpersubstanzen auf deren „Fernwirkungen“, auf die Person des ehemaligen Substanzträgers hin überprüfen lassen, somit auf eine Berührung des Persönlichkeitsrechts. [350]

Anerkannt ist, dass die Ausübung von Eigentümerbefugnissen einen Eingriff in das Persönlichkeitsrecht einer dritten Person darstellen kann.[351] Ist eine vom Verfasser nicht konsentierte Veröffentlichung seiner Briefe aufgrund der besonderen persönlichen Beziehung zu ihnen und der Eröffnung des Privatbereichs, wenn nicht sogar der Intimsphäre, bereits als Eingriff in dessen Persönlichkeitsrecht zu werten[352] so muss diese Wertung erst recht auf die Verwendung von Untersuchungsmaterialien übertragbar sein. Eine vergleichbare intensive persönliche Beziehung kann auch zwischen dem ehemaligen Substanzträger und dem ihm entnommenen Körpermaterialien bestehen. Man denke hierbei nur an die Aussagekraft genomanalytischer Untersuchungen, deren Rückschlüsse den Geheim- und Intimbereich des ehemaligen Substanzträgers nicht unerheblich berühren können.[353] Mithin ist jede Nutzung menschlicher Körpersubstanzen auf eine Verletzung des Persönlichkeitsrechts des ehemaligen Substanzträgers hin zu überprüfen. Hieraus darf allerdings nicht der Rückschluss gezogen werden, dass jegliche vom Arzt vorgenommene Verfügungen über das Untersuchungsmaterial rechtswidrig wären, sofern sie ohne ausdrückliche Zustimmung des früheren Substanzträgers vorgenommen wurden. Vielmehr ist die Feststellung spezifischer Persönlichkeitsrechtsverletzungen erforderlich, welches eine Interessen- und Güterabwägung im Einzelfall voraussetzt.[354]

---

350 *Taupitz*, Wem gebührt der Schatz im menschlichen Körper?, AcP 191 (1991), 201-246, S. 209f.

351 Siehe Ausführungen zum Persönlichkeitsrecht unter Kap. I B. IV. 2. e) aa), S. 72ff., insbesondere die Sirenenbildentscheidung, Fn. 237.

352 So beispielsweise BGHZ 13, 334 (337ff.); *Hubmann*, Das Persönlichkeitsrecht, S. 317f.

353 *Taupitz*, Wem gebührt der Schatz im menschlichen Körper?, AcP 191 (1991), 201-246, S. 210.

354 *Taupitz*, Wem gebührt der Schatz im menschlichen Körper?, AcP 191 (1991), 201-246, S. 211.

Im folgenden werden die einzelnen denkbaren Verwendungsmöglichkeiten welche nicht ausdrücklich vom Patienten konsentiert sind, daraufhin untersucht, ob sie geeignet sind, einen Eingriff in das Persönlichkeitsrecht des ehemaligen Substanzträgers darzustellen und des weiteren, ob diese Eingriff auch rechtswidrig wären. Die Prüfung der Rechtswidrigkeit eines Eingriffs in das allgemeine Persönlichkeitsrecht erfolgt hierbei anhand einer Einzelabwägung der involvierten und sich zum Teil gegenüberstehenden Interessen der Beteiligten.

Unter diesem Aspekt werden zunächst die Interessen des Patienten dargestellt, wie sie typischerweise in der Behandlungs- und Entnahmesituation vorliegen. Bemüht um eine praxisnahe Interpretation der Interessen der Patienten an den ihnen entnommenen Substanzen soll zuerst der Rahmen, bzw. die Situation der Substanzentnahme näher beleuchtet werden, um so die Motivation der Patienten zur Substanzentnahme und –abgabe zu eruieren.

Wie bereits kurz beschrieben, sieht die gängige Situation bei der Entnahme von Körpersubstanzen im Rahmen einer ärztlichen Behandlung so aus, dass sich der betreffende Patient in aller Regel nicht die mindesten Gedanken über den möglichen Verbleib seiner Substanzen macht. Im Vordergrund seiner Interessen und Überlegungen stehen die diagnostischen und therapeutischen Ziele der Entnahme, die den Gedanken an den letztendlichen Verbleib der Substanzen regelmäßig überschatten, wenn nicht sogar verdrängen. Was den Verbleib seiner Substanzen angeht, kann allenfalls geschlussfolgert werden, dass der Patient zumindest annehme, diese würden nach Abschluss der Diagnostik entsorgt. An vertraglichen Absprachen über eine Verwendung des entnommenen Materials wird es in aller Regel auch fehlen. Den Behandlungsverträgen vorausgehend, wird der Patient regelmäßig über die Art und Weise des Eingriffs und die damit verbundenen Risiken aufgeklärt. Es ist jedoch bisher unüblich, ihn über die Analysemethoden und –verfahren, denen die entnommenen Substanzen unterzogen werden zu informieren, weil regelmäßig antizipiert wird, dass die Spezifika für den Patienten regelmäßig nicht von Interesse sind. Für ihn sind lediglich das Ergebnis der Analysen und deren Aussagekraft für die weitere Behandlung maßgebend. So vermag es nicht zu verwundern, dass in aller Regel über den weiteren Verbleib der entnommenen Substanzen kein Wort verloren wird und deren weitere Verwendung nicht ausdrücklich zum Bestandteil des Behandlungsvertrages wird.

Im Hinblick auf diese gängige Behandlungs- und Entnahmesituation von Körpergeweben und –substanzen stellt sich folglich die Frage, in welchem Rahmen und Umfang der Patient, der behandelnde Mediziner, weiteres medizinisches Personal und Dritte über das entnommene Gewebe verfügen dürfen und wo die Grenzen zu ziehen sind.

Die Interessenlage des Patienten ist so zu charakterisieren, als dass der mit der Substanzentnahme aus seinem Körper verfolgte primäre Zweck darin besteht, diese den erforderlichen Untersuchungen zuzuführen, um so die Diagnose und einen Therapievorschlag zu erhalten. Sowie sich die entnommenen Substanzen im ausschließlichen Machtbereich des medizinischen Personals befinden sind aus Sicht des Patienten drei Bereiche der Missbrauchsmöglichkeiten denkbar.

In Bezug auf die Interessenlage von Blut- und Knochenmarkspendern präzisiert Hamerl diese und führt folgende drei Verwendungsmöglichkeiten an, die der Interessenlage der Spender zuwiderlaufen würden. Nämlich,

1. deren kommerzielle Verwendung ohne bzw. gegen Wissen und Willen des Spenders,
2. deren Erforschung bzw. Untersuchung, bei der Details aus dem Intimbereich des Spenders enthüllt werden,
3. deren Verwendung für Behandlungsmethoden oder für Forschungen, die ethisch oder rechtlich umstritten sind.[355]

Diese Formen der (Weiter-) Verwendung sind auch generell, d.h. für jegliche Art von Körpermaterialien und –substanzen geeignet die Interessenlage des Patienten zu berühren, der lediglich bewusst in die Substanzentnahme zu Diagnose- oder Therapiezwecken eingewilligt hat und nicht in deren weitere oder andersartige Verwendung. Die Interessenlage von Substanzspendern und Patienten, denen Gewebe zu Diagnose- oder Therapiezwecken entnommen wurde, ist insofern vergleichbar, als deren Interessen durch Verwendungsformen welche nicht von der Einwilligung des Betroffenen gedeckt sind, tangiert werden. Welche Interessen der Patienten betroffen sein könnten, deren rechtliche Einordnung und die daraus resultierenden Grenzen für eine Verwendung der entnommenen Substanzen wird nachfolgend zu erörtern sein.

Bezüglich der rechtlichen Einordnung vom Körper abgetrennter Teile und entnommener Substanzen haben alle vertretenen Ansichten eines gemeinsam, nämlich dass sie alle im Ergebnis dazu führen, dass abgetrennte Körperteile durch Verfügungen des Rechtsinhabers zum Gegenstand des rechtsgeschäftlichen Verkehrs werden können.[356] Folglich ist nach allen Ansichten die Rechtsgutinhaberschaft einer nicht mit dem ehemaligen Substanzträger identischen Person abhängig vom Willen des ehemaligen Substanzträgers.[357]

355 *Hamerl*, Rechtsschutz des Spenders von Blut und Knochenmark gegen bestimmungswidrigen Gebrauch, in Plöchl: Ware Mensch, 41-74, S. 49.

356 So auch *Schröder/Taupitz*, Menschliches Blut verwendbar nach Belieben des Arztes?, S.45.

357 So auch *Schröder/Taupitz*, Menschliches Blut verwendbar nach Belieben des Arztes?, S.45.

4. Patientenwille und –interesse bei der Überlassung entnommener Substanzen

Wie bereits dargelegt, wird es regelmäßig im Rahmen der alltäglichen Behandlungssituation an einer ausdrücklichen Erklärung des Patienten in Bezug auf die persönlichkeitsrechtlichen und / oder dinglichen Rechtsverhältnisse an den ihm entnommenen Substanzen fehlen. Mangels einer ausdrücklichen, bzw. eindeutigen Willenserklärung des Patienten in diesen Situationen stellt sich das Problem der Auslegung seines Verhaltens. Die Willenserklärung des Patienten und der Behandlungsvertrag sind folglich gemäß §§ 133, 157 BGB auszulegen. Dabei sind bestehende Regelungslücken im Wege der ergänzenden Vertragsauslegung zu schließen. Von entscheidender Bedeutung ist hierbei der hypothetische Parteiwille unter Bezugnahme auf die Regelungen und den Zweck des Vertrages, die Interessen der Parteien, Treu und Glauben sowie die Verkehrssitte.

5. Einzelne Verwendungsmöglichkeiten des Arztes

Nachdem dargelegt wurde, dass sich Schranken für die Verwendungsbefugnisse des Arztes abstrakt sowohl aus dem allgemeinen Persönlichkeitsrecht des Patienten als auch aus dem Behandlungsvertrag selbst ergeben können, soll im folgenden auf einzelne konkrete Verwendungsmöglichkeiten und ihre Vereinbarkeit mit den Patienteninteressen, bzw. dem Handlungsrahmen des Behandlungsvertrages eingegangen werden.

Die sich aus dem allgemeinen Persönlichkeitsrecht und dem ergänzend auszulegenden Behandlungsvertrag ergebenden Einschränkungen der ärztlichen Verwendungsbefugnisse können insoweit zusammen geprüft werden, als die sich aus ihnen ergebenden Schranken sehr häufig parallel verlaufen. Das allgemeine Persönlichkeitsrecht entfaltet als Recht auf Achtung der individuellen Persönlichkeit gegenüber dem Staat und dem Rechtsverkehr[358] Schutzwirkung gegenüber jedermann, folglich auch gegenüber dem Vertragspartner. Durch ergänzende Auslegung des Behandlungsvertrages können demnach bestimmte Nutzungs- und Verwendungsformen auch nicht als vertraglich erlaubt gewertet werden, wenn diese eine Verletzung des allgemeinen Persönlichkeitsrechts des Patienten darstellen. Oberste Begrenzung der Verwendungsbefugnisse des Arztes ist somit das Persönlichkeitsrecht des Patienten.[359] Immer dort, wo die konkrete Verwendung einen nicht gerechtfertigten Eingriff in das allgemeine Persönlichkeitsrecht des Patienten darstellt und somit zu einem Unterlassungsanspruch der konkreten

---

358 BGHZ 24, 72 (76); 27 (284).

359 *Taupitz*, Wem gebührt der Schatz im menschlichen Körper?, AcP 191 (1991), 201-246, S. 211.

Verwendung führt, kann die Verwendungsform auch nicht im Rahmen der ergänzenden Vertragsauslegung des Behandlungsvertrages als erlaubt ausgelegt werden. Andererseits darf aus der Feststellung, dass eine bestimmte Verwendungsform vertraglich verboten ist, nicht im Umkehrschluss gefolgert werden, dass sie mithin eine Verletzung des Persönlichkeitsrechts des Patienten darstellt.[360]

Nachfolgend soll auf Verwendungsmöglichkeiten eingegangen werden, die für grundsätzlich für alle Körpermaterialien in Betracht kommen und –unter Abwägung der Interessen der Betroffenen- erörtert werden, inwiefern es einer Aufklärung und Einwilligung in diese Maßnahmen bedarf.

Grundsätzlich sind drei große Hauptkategorien der Weiterverwendung denkbar. Zum einen die Nichtweiterverwendung, also die Entsorgung des Untersuchungsmaterials, die Weiterverwendung für Prüf- und Kontrollzwecke und letztlich der umfassende Bereich der Weiterverwendung für andere Zwecke, wie zum Beispiel Forschung, Banking[361] und die Abgabe an Dritte.

a) Vernichtung der Untersuchungsprobe

Der Verbleib des entnommenen Untersuchungsmaterials, in welcher Form auch immer, wird in den seltensten Fällen zum Regelungsgegenstand des Behandlungsvertrages. Keine der beiden Vertragsparteien wird sich regelmäßig über den Verbleib der Substanzen Gedanken machen noch explizit mit dem anderen Vertragspartner darüber reden. Trotz dessen muss nach ergänzender Auslegung des Behandlungsvertrages davon ausgegangen werden, dass die finale Vernichtung der Untersuchungssubstanz vom Willen des Patienten getragen ist, sofern keine anderweitigen Absprachen getroffen wurden oder andere berechtigte Interessen des Patienten der Vernichtung entgegenstehen. Denn schließlich hat der Patient in der Masse der Fälle keinerlei Interesse daran, seine Substanzen zurückzuerhalten und womöglich noch selbst für deren Vernichtung sorgen zu müssen, organisatorisch wie auch finanziell. Die generell anzunehmende Vernichtungsbefugnis ist hingegen in den Fällen eingeschränkt bzw. ganz ausgeschlossen, in denen medizinische Richtlinien die Aufbewahrung oder Konservierung von Teilen oder des gesamten entnommenen Materials vorschreiben.

Sind weder Vorschriften oder Richtlinien einschlägig, welche einer Vernichtung des Untersuchungsmaterials entgegenstehen, noch berechtigte Interessen des Patienten durch die Vernichtung in dem speziellen Fall gegeben, so ist von einer generellen Befugnis des Arztes zur Vernichtung der Untersuchungsmaterialien auszugehen. Dies ist eine interessengerechte Lösung, da meistens die Patienten „ihre" Substanzen nicht zurückerhalten und auch nicht für deren Vernich-

360 *Taupitz*, Wem gebührt der Schatz im menschlichen Körper?, AcP 191 (1991), 201-246, S. 211.
361 Gemeint ist die Aufbewahrung von Geweben und Zellen in so genannten Gewebebanken.

tung verantwortlich sein möchten, wohingegen die Klinik, bzw. der Arzt über das nötige Know how und Wissen verfügen, wie diese Substanzen fachgerecht zu entsorgen sind, ohne eine Gefahr für Umwelt und Menschen darzustellen.

b) Laborinterne Kontrolluntersuchungen

Werden dem Patienten Körpersubstanzen mit der Zweckbestimmung der Diagnosestellung oder der Therapiedurchführung entnommen, so stellt sich die Frage, inwieweit deren Nutzung für laborinterne Kontrolluntersuchungen vom Behandlungsvertrag gedeckt ist und ob eine derartige Praxis einen Eingriff in das Persönlichkeitsrecht des Patienten darstellen würde.

In medizinischen Laboren müssen in gewissen festgelegten Zeiträumen die Analyse- und Untersuchungsgeräte geeicht werden, um die Genauigkeit der Messwerte abzusichern. Zu diesen Eichzwecken bedient man sich alter Proben, dass heißt Untersuchungsmaterialien, welche schon einmal analytisch erfasst und bestimmt wurden und macht mit diesen einen Probedurchgang mit dem zu eichenden Messgerät, wobei man im Anschluss die neu ermittelten Werte mit den alten Messwerten vergleicht, um so den Eichfaktor zu ermitteln. Diese Verfahren dienen einzig und allein der Qualitätssicherung der Untersuchungen und sind somit aus Patientensicht positiv zu beurteilen, da diese an „richtigen" Messwerten und Ergebnissen ein offensichtliches Eigeninteresse haben. Die Verwendung der Materialien für laborinterne Kontrolluntersuchungen ist zwar nicht vom Abnahmezweck erfasst, geschieht aber auch nicht ganz unerheblich im Interesse der Patienten.

Wenn dem so ist, dass es verbreitete Praxis in Laboren ist, einige Blutproben oder andere Proben von Untersuchungsmaterialien zu Eichzwecken aufzubewahren und dann durchzuführen muss die Frage erlaubt sein, ob der Patient angesichts dieser Verwendungsform nicht vor der Probenentnahme über sie informiert werden und in sie einwilligen müsste. Da angenommen werden darf, dass die Patienten regelmäßig nicht über eine Verwendung „ihrer" Materialien zu Eichzwecken nachdenken bzw. diese in Betracht ziehen, aus dem einfachen Grunde dass sie von derartigen Praktiken keine Kenntnis haben wäre eine auf diesen Verwendungszweck gerichtete Aufklärung aus folgenden Gründen zu erwägen. Grundsätzlich gesehen steht einer Verwendung der Untersuchungssubstanzen zu Eich- und Normierungszwecken das Interesse des Patienten an der Vernichtung seiner Substanzen gegenüber. Zunächst ist also zu fragen, welche Interessen des Patienten in welchem Umfang durch die weitere Verwendung der Substanzen zu Normierungszwecken, berührt werden. Die bloße Lagerung der Substanzen bis zu ihrem Einsatz wird an sich nicht geeignet sein, Interessen des Patienten zu berühren, bzw. in diese einzugreifen. Auch durch deren Verwendung zur

Normierung von Mess- und Analysegeräten werden in der Regel die Untersuchungssubstanzen nicht verändert, verbraucht oder zerstört, an ihrer Aussagekraft ändert sich nichts. Aber selbst wenn dies der Fall wäre, würden dadurch keine schutzwürdigen Interessen des Patienten berührt. Das Hauptinteresse des Patienten bei der Überlassung seiner Substanzen zur Diagnose ist die Analyse und Auswertung der Proben, welche den Arzt in die Position versetzen sollen, eine Diagnose zu stellen und den Patienten auf deren Grundlage zu behandeln. Eine weitere Verwendung zu Eichzwecken, solange sie nach der Analyse zur Diagnose erfolgt, beeinträchtigt in keinerlei Weise das „Diagnose- und Therapieinteresse“ des Patienten.

Ein sensibler Punkt könnte sich hingegen durch die Aufbewahrung der Proben bis zu deren Einsatz zu Eichzwecken ergeben. Während durch die vom Patienten beabsichtigte, nach erfolgter Analyse vorgenommene Vernichtung der Probe das Untersuchungsmaterial vor weiteren Zugriffen geschützt wird, eröffnet deren Lagerung die theoretische Möglichkeit die Substanzen auch anderweitig zu verwenden. Anderweitige Verwendungsformen könnten jedoch die Interessen des Patienten berühren und je nach Art und Ausmaß, einen Eingriff in dessen Persönlichkeitsrecht darstellen. Allein diese theoretische Möglichkeit der anderweitigen Verwendung wird allerdings nicht geeignet sein, einen erheblichen Eingriff in die Interessen des Patienten darzustellen. Jedenfalls nicht, wenn man demgegenüber den Nutzen des Einsatzes dieser Substanzen zur Normierung der Untersuchungsgeräte stellt, welcher vor allem im Interesse der Patienten geschieht. Soweit die Aufbewahrung und Lagerung der Untersuchungssubstanzen verantwortlich erfolgt, so dass sie von anderweitigem Zugriff und Benutzung geschützt sind, kann darin kein Eingriff in das Persönlichkeitsrecht des Patienten gesehen werden.

Weiterhin wird gegen ein Einwilligungserfordernis auch das Wohl der Patienten angeführt, da diese regelmäßig in schweren Behandlungssituation mit Gefahren für ihre Gesundheit konfrontiert seien und eine einzuholende Einwilligung bezüglich dieser Form der Weiterverwendung dazu geeignet sei, dem physischen und psychischen Wohlbefinden der Patienten zu schaden.[362] Dem ist insofern zuzustimmen, als dass in der ohnehin schon stressigen und von Angst getragenen Behandlungssituation eine derart weitgehende Aufklärung generell geeignet ist, dem Wohlbefinden des Patienten auf die eine oder andere Art und Weise zu schaden. Trotz dessen ist kritisch zu hinterfragen, ob diese generelle Gefahr ausreichend ist, ein Einwilligungserfordernis zu negieren oder ob dieser Ansatz nicht bereits zu paternalistisch ist.

Anerkannt ist, dass der Arzt aus therapeutischen Gründen bzw. Rücksichten, aus humanitären Prinzipien, ausnahmsweise von der Aufklärungspflicht befreit

---

362 *Schröder/Taupitz*, Menschliches Blut verwendbar nach Belieben des Arztes?, S.61.

sein kann.[363] Kontraindiziert ist die Aufklärung in den Fällen, in denen sie den Patienten ernsthaft in der Form beeinträchtigen könnte, dass er nicht unerhebliche körperliche oder psychische Schäden davontrüge.[364] Was die Voraussetzungen des Vorliegens einer Kontraindikation zur Aufklärung betrifft, judiziert der BGH „sehr streng und engherzig“[365]. Er lässt die Aufklärungspflicht nur bei ansonsten ernstlicher Gefährdung des Lebens oder der Gesundheit des Patienten entfallen.[366] Insofern ist zu bezweifeln, dass die In Kenntnissetzung des Patienten über eine mögliche Weiterverwendung der entnommenen Substanzen zu Eichzwecken zu einer ernstlichen Gefährdung des Lebens oder der Gesundheit des Patienten führen würde. Diese Form der Weiterverwendung birgt keine direkten Gefahren für den Patienten, da die Substanz dann bereits entnommen ist; es muss nicht nochmals auf den Körper des Patienten eingewirkt werden und außerdem tangiert die Weiterverwendung in keinster Weise den Diagnose- und Therapieerfolg, zu dessen Zweck die Substanz ursprünglich entnommen werden sollte. Es ist auch durchaus fraglich, inwieweit die Mitteilung dieser möglichen weiteren Verwendung geeignet wäre, den Patienten dahingehend zu beeinflussen, eine indizierte und notwendige Substanzentnahme zu verweigern. Angesichts dessen, dass diese Verwendung keinerlei Einfluss auf die Diagnosestellung und Therapie hat, ist sie auch nicht geeignet den Patienten zu einer Verweigerung der Entnahme zu bewegen. Allerdings bestände die theoretische Gefahr, dass der Patient bei Offenlegung der weiteren Verwendungsmöglichkeit befürchtet, diese sei der eigentliche Grund für die Substanzentnahme, die ansonsten überhaupt nicht nötig wäre und verweigert aus dieser Annahme heraus eine medizinische indizierte Substanzentnahme. Dieses Risiko wird aber vergleichsweise gering sein, wenn man davon ausgehen darf, dass der zuständige Arzt dem Patienten im nötigen Umfang erklärt, weshalb die Verwendung zu Eichzwecken nötig sein kann und dass diese auch in seinem Interesse erfolge. Man darf dann davon ausgehen, dass ein durchschnittlich verständiger Mensch dadurch nicht negativ beeinflusst würde und womöglich aus diesem Grunde eine indizierte Substanzentnahme ablehnt. Andererseits hätte die Aufklärung über diese Form der Verwendung den Vorteil, dass der Patient hinterfragen wird, inwiefern die Substanzentnahme tatsächlich indiziert ist, was einen guten Kontrollmechanismus darstellen kann. Gegen eine derart weitgehende Aufklärungspflicht könnte jedoch von den behandelnden Ärzten eingewandt werden, dieser zusätzliche Aufwand sei ihnen nicht zuzu-

363 *Deutsch*, Medizinrecht, Arztrecht, Arzneimittelrecht und Medizinprodukterecht, Rdnr. 149; *Laufs/Uhlenbruck*, Handbuch des Arztrechts, § 61 Rdnr. 9, § 64, Rdnr. 19.

364 *Laufs/Uhlenbruck*, Handbuch des Arztrechts, § 61 Rdnr. 9, § 64 Rdnr. 20.

365 *Tempel*, Inhalt, Grenzen und Durchführung der ärztlichen Aufklärungspflicht unter Zugrundelegung der höchstrichterlichen Rechtssprechung, NJW 1980, 609-617, S. 614.

366 BGHZ 29, 46 (56); *Laufs/Uhlenbruck*, Handbuch des Arztrechts, § 61 Rdnr. 9, § 64 Rdnr. 20.

muten und auch nicht sachgerecht. Zwar ist korrekt, dass dies mit einem höheren zeitlichen Aufwand für das medizinische Personal verbunden wäre, die Erwähnung dieser Form der Weiterverwendung jedoch wohl kaum länger als 1-2 Minuten in Anspruch nehmen wird, der Patient dafür jedoch das Gefühl erhält, man habe ihm „alles“ gesagt und ihn somit in die Lage versetzt, die Entscheidung über die Einwilligung informiert zu treffen. Der Arzt dürfte sich demnach nicht auf sein „therapeutisches Privileg“ berufen und dem Patienten diese Form der Verwendung verschweigen, da mit deren Mitteilung jedenfalls keine Gefahr erheblicher körperlicher oder psychischer Schäden für den Patienten zu befürchten ist.

Trotz dessen muss auch die Frage erlaubt sein, worin der Nutzen in der Information des Patienten über diese Art der Verwendung zu sehen ist, bzw. ob nicht vielmehr das Aufklärungserfordernis verzichtbar sei, da diese Verwendung die Interessen des Patienten nicht in der Intensität tangiert, als dass sie einen Eingriff in dessen Persönlichkeitsrecht darstellen würden. Gegen ein Aufklärungserfordernis spricht, dass bei weitem nicht von allen Patienten die Untersuchungsmaterialien zu Eichzwecken aufbewahrt und verwendet werden, sondern im Gegenteil nur die eines verschwindend geringen Teils. Warum sollten sich alle Patienten mit der Möglichkeit der Weiterverwendung auseinandersetzen, wo es doch nur wenige von ihnen betreffen wird? Gegen eine derartige Argumentation spricht die allgemein anerkannte Aufklärungspflicht der Ärzte bezüglich der mit der Behandlung verbundenen Risiken, die sich auch nicht bei allen Patienten einstellen und dennoch muss über sie aufgeklärt werden. Jedenfalls ist über typische Risiken und abhängig von der Komplikationsrate auch über atypische Risiken aufzuklären.[367] Ausgehend von der tatsächlich geringen Häufigkeit der Aufbewahrung und Nutzung der Substanzen zu Eichzwecken könnte man diese vergleichsweise als atypisches Risiko einordnen. Wegen der erst durch diese Form der Verwendung entstehenden Gefahr des unberechtigten Zugriffs bzw. einer den Interessen des Patienten zuwiderlaufenden Verwendung der Substanzen muss ein Interesse des Patienten an der Kenntnis dieses Umstandes bejaht werden, mit der Folge dass ein Aufklärungsgebot in diesem Fall zu befürworten wäre. Der Patient wird typischerweise nichts gegen die weitere Verwendung seiner Substanzen zu Eichzwecken einzuwenden haben, das Wissen um diese Form der möglichen Weiterverwendung versetzt ihn aber zumindest in die theoretische Position beim Arzt oder der Klinik zu hinterfragen, ob denn „seine“ Substanzen noch zu diesen Zwecken aufbewahrt werden und er hätte zumindest die theoretische Möglichkeit auf eine seinen Interessen zuwiderlaufende Verwendung Einfluss zu nehmen. Dies ist dem Patienten aber nur möglich, wenn er um den Umstand der Aufbewahrung der Untersuchungssubstanzen zu diesen Zwecken weiß und nicht davon ausgehen darf und muss, dass sie der Vernichtung zugeführt wurden. Eine

---

367 *Laufs/Uhlenbruck*, Handbuch des Arztrechts, § 61 Rdnr. 9, § 64 Rdnr. 3.

dementsprechende Aufklärung wird den Arzt regelmäßig weder fachlich noch zeitlich überfordern und auch nicht dazu führen, dass Patienten der Weiterverwendung zu Eichzwecken widersprechen würden. Es ist hoch wahrscheinlich, dass auch mit vorangegangener Aufklärung noch mehr als genügend Patienten in diese Art der Weiterverwendung einwilligen werden und die Sicherung der Qualitätsstandards somit nicht gefährdet wird.

Obwohl ein Aufklärungserfordernis aus den genannten Gründen zu begrüßen wäre, so ändert dies nichts daran, dass die bloße Verwendung der entnommenen Untersuchungssubstanzen zu Eich- und Normierungszwecken keinen Eingriff in das allgemeine Persönlichkeitsrecht des Patienten darstellt und somit zulässig ist. Sofern ein derartiges Aufklärungserfordernis nicht rechtlich anerkannt ist, wird auch eine ergänzende Auslegung des Behandlungsvertrags zu keinem anderen Ergebnis führen. Jedenfalls muss solange die Eichung mittelbar auch im Patienteninteresse stattfindet und keine anderweitigen Analysen mit den Substanzen durchgeführt werden oder etwa andere Ergebnisse erhoben werden, von der Befugnis des Arztes bzw. der Klinik zu dieser Form der Verwendung ausgegangen werden.

Eine andere Einschätzung könnte sich allerdings unter Heranziehung der datenschutzrechtlichen Vorschriften ergeben. Ohne weiteres ist die Aufbewahrung der Proben zu Testzwecken zulässig. Deren weiteres Aufbewahren zu Test- und Eichzwecken erfüllt hingegen die Voraussetzungen für einen Zweckwechsel nach den §§ 14 Abs. 5, 28 Abs. 8 BDSG nicht – womit die personenbezogene Aufbewahrung zu Testzwecken unzulässig ist.[368] Sofern die Proben jedoch anonymisiert aufbewahrt werden, ist dies mit dem Datenschutz vereinbar.[369]

Arzt und Klinik sind folglich zur Verwendung der Untersuchungssubstanzen zu laborinternen Qualitätskontrollen auch ohne vorhergehende Einwilligung des ehemaligen Substanzträgers befugt, sofern die Proben anonymisiert aufbewahrt und verwendet werden.

c) Konservierung von Körpersubstanzen

Den biologischen Eigenschaften des menschlichen Körpers geschuldet, müssen dem Körper entnommene Substanzen und Stoffe häufig zwischengelagert werden, bevor sie einer späteren Nutzung zugeführt werden. Um dem zwischenzeitlich einsetzenden Zersetzungsprozess entgegenzuwirken müssen die Substanzen konserviert werden, etwa durch Tieffrierung oder Einbettung in konservierende Lösungen. Je nach Art und Methode der Konservierung können die Verfahren zu maßgeblichen Veränderungen der Substanzen führen.

368 *Breyer*, Der datenschutzrechtliche Schutz von Körpersubstanzen, MedR 2004, 660-667, S. 664.
369 *Breyer*, Der datenschutzrechtliche Schutz von Körpersubstanzen, MedR 2004, 660-667, S. 664.

Durch die Konservierung könnte im Einzelfall das Eigentum des Substanzträgers an seinen Körpersubstanzen verletzt sein. In Betracht kommt neben einem direkten Eingriff in das Eigentum durch Zerstörung der Substanzen auch die Möglichkeit des Eigentumsverlustes durch Verbindung oder Vermischung. Sofern der Eigentumsverlust nicht mit Einwilligung des Substanzträgers erfolgt, stellt dies einen Verstoß gegen die vertragliche Nebenpflicht des Behandlungsvertrages dar, im Rahmen der Vertragsabwicklung keine Rechtsgüter des anderen Vertragspartners zu verletzen. Von geringer Bedeutung ist hingegen das Persönlichkeitsrecht des Substanzträgers, denn allein die Vornahme von Konservierungshandlungen stellt keine Persönlichkeitsrechtsverletzung dar.

d) Missachtung des auf Vernichtung der Untersuchungsprobe gerichteten Patientenwillens und Weiterverwendung für andere Zwecke

Wird das Untersuchungsmaterial nach Durchführung der an ihm vorzunehmenden Analysen nicht, wie vom Patienten angenommen, sofort vernichtet sondern für weitere Tests oder Forschungsvorhaben benutzt oder anderweitig verwendet und dann erst vernichtet oder wird es für einen nicht absehbaren Zeitraum konserviert und aufgehoben kann dies einen Eingriff in das Persönlichkeitsrecht des Patienten darstellen. Außerdem könnte die „Nichtvernichtung" bzw. die „verspätete" Vernichtung des Untersuchungsmaterials nicht von den vertraglichen Vereinbarungen des Behandlungsvertrages gedeckt sein und sich auch nicht im Rahmen einer ergänzenden Auslegung ergeben.

Der Patient nimmt beim Zurücklassen seiner Substanzen beim Arzt an, dass dieser sie den notwendigen Analysen zuführt und danach vernichtet.

Die Missachtung des auf Vernichtung gerichteten Patientenwillens stellt jedenfalls keine Beeinträchtigung der Entschließungsfreiheit des Patienten dar, denn ihm ist nicht die Freiheit aufgrund selbständiger Entscheidung Entschlüsse fassen zu können genommen worden, vielmehr fand seine dahingehende Entscheidung lediglich keine Beachtung.[370]

Eine Verletzung des allgemeinen Persönlichkeitsrechts könnte dagegen vorliegen, wenn dem Patienten die alleinige Befugnis über die Weiterverwendung des Materials zu bestimmen zustände und diese vom Arzt nicht beachtet würde. Anerkannt ist insofern, dass sich das allgemeine Persönlichkeitsrecht auch an den entnommenen Körpermaterialien fortsetzt, zumindest insoweit als der Patient nicht darauf verzichtet hat. Fraglich ist nur, inwieweit dem Patienten aufgrund seines allgemeinen Persönlichkeitsrechts die alleinige Befugnis zur Bestimmung

370 *Ehrlich*, Gewinnabschöpfung des Patienten bei kommerzieller Nutzung von Körpersubstanzen durch den Arzt, S. 75.

der Verwendungsmöglichkeiten hinsichtlich der Körpersubstanzen bzw. ein entsprechendes Vetorecht zusteht.

Nicht außer Acht gelassen werden darf, dass der Arzt unter Umständen Eigentum durch Vermischung oder Verarbeitung an den Substanzen des Patienten erlangt hat[371] und somit gemäß § 903 BGB nach Belieben mit ihnen verfahren kann. Allerdings dies auch nur, insofern der Verwendung keine berechtigten Interessen Dritter entgegenstehen. Insofern bedarf es der Abwägung der bezüglich der Verwendung widerstreitenden Interessen. Abzustellen ist hierbei immer auf die konkrete Verwendungsform. Allein die bloße Feststellung, dass die Untersuchungssubstanz entgegen des Patientenwillens nicht bzw. nicht sofort nach Beendigung der notwendigen Analysen vernichtet wurde, ist für die Feststellung einer Persönlichkeitsrechtsverletzung nicht ausreichend.

Die Missachtung des „Vernichtungswillens" als solchen stellt keine Persönlichkeitsrechtsverletzung dar. Mittelbar kann die Missachtung des „Vernichtungswillens" immer dann zu einer Persönlichkeitsrechtsverletzung führen, wenn die konkrete Verwendungsform, die die Vernichtung verhindert, sich nach Abwägung der vorliegenden Interessen als Eingriff in die ideellen Interessen darstellt und zu einer Verletzung führt. Vergleichbares gilt auch für die Erörterung ob die Missachtung des „Vernichtungswillens" eine Vertragsverletzung darstellt. Auch hier darf nicht allgemein auf die Missachtung als solche abgestellt werden, da erst die konkrete Verwendungsform Aufschluss über die ihr zugrunde liegenden Interessen auf Verwenderseite bietet und damit eine Abwägung mit den Patienteninteressen ermöglicht.

Festzuhalten bleibt, dass die „bloße" Nichtvernichtung entnommener Körpermaterialien nicht per se zu einer Persönlichkeitsrechtsverletzung des ehemaligen Substanzträgers führt. Wegen der unterschiedlichen Wertigkeit einzelner Körpermaterialien, ihrer Aussagekraft und den unterschiedlichen Weiterverwertungsmöglichkeiten verbieten sich an dieser Stelle pauschale Betrachtungen, inwieweit eine unkonsentierte Weiterverwendung zulässig ist. Dies wird im folgenden Kapitel für die einzelnen Körpermaterialien in Bezug auf ihre konkreten Weiterverwendungsmöglichkeiten erörtert werden.

C. Zusammenfassung

Trotz hoher Anforderungen an Inhalt und Ausgestaltung der Aufklärungsmodalitäten im Rahmen der ärztlichen Behandlung hat das Unterlassen der Aufklärung über etwaige über die Diagnose und Therapie hinausgehende Weiterver-

371 Zu den Voraussetzungen des Eigentumserwerbs siehe Kap. II. B. II. 1. b) cc), S. 96ff.

wendungsabsichten und –möglichkeiten keinen Einfluss auf die Rechtmäßigkeit des ärztlichen Eingriffs. Es sind zwei Ebenen zu unterscheiden und in der Konsequenz unterschiedlich zu behandeln. Zum Einen die Aufklärung bezüglich der medizinischen Notwendigkeit der Substanzentnahme zur Diagnosestellung und zum anderen die darüber hinausgehende Aufklärung bezüglich weitergehender Verwendungsformen der entnommenen Substanzen. Ein Verschweigen weiterer beabsichtigter Verwendungen vor Entnahme der Substanzen führt nicht zur Rechtswidrigkeit des medizinischen Eingriffs zur Entnahme der Untersuchungsproben.

Dies bedeutet im Umkehrschluss hingegen nicht, dass das Verschweigen anderweitiger Verwendungsabsichten zu keinerlei rechtlichen Konsequenzen für den Verschweigenden und die gegebenenfalls an der Weiterverarbeitung beteiligten Personen führt. Festzuhalten bleibt, dass eine Weiterverwendung der Körpermaterialien in den Fällen unzulässig ist, in denen durch die konkrete Form der Weiterverwendung das allgemeine Persönlichkeitsrecht des ehemaligen Substanzträgers oder, soweit das Eigentum nicht auf den Klinikträger übertragen wurde, das Eigentumsrecht verletzt werden. Zur Rechtfertigung einer weitergehenden Nutzung entnommener Körperteile bedarf es folglich der vorhergehenden Aufklärung und Einwilligung des Substanzträgers. Kliniken und Forschungseinrichtungen sind gut beraten, ihre Patienten über mögliche Weitverwendungszwecke aufzuklären und deren Einwilligung nachzusuchen.

Im Weiteren soll die bestehende Rechtslage daraufhin untersucht werden, ob und in welchem Umfang Regelungen bezüglich der Weiterverwendung entnommener Körperteile und Substanzen existieren und in einem Abgleich mit den inzwischen vorgenommenen Weiterverwendungen in Forschung und Industrie festgestellt werden, inwiefern ein darüber hinausgehender Regelungsbedarf besteht.

Kap. III – Substanzen, Gewebe und Zellen und ihre besonderen Anwendungsmöglichkeiten

In diesem Kapitel werden zunächst die für die medizinische Forschung und Industrie interessanten Körpermaterialien mit den für sie typischen Einsatz- und Verwendungsmöglichkeiten aufgezeigt. Beginnend mit einer Bestandsaufnahme des rechtlichen Normengefüges soll dargestellt werden, inwiefern die Forschung an diesen Substanzen abschließend geregelt ist, welche Regelungslücken bestehen und wie diese zu schließen sind.

Die konkrete Nutzung der jeweiligen Körpersubstanzen wird daraufhin überprüft, ob sie das Persönlichkeitsrecht der früheren Träger verletzt. Dies erfolgt durch eine umfassende Interessen- und Güterabwägung im Einzelfall.

A. Blut und Blutprodukte

Goethe sollte Recht behalten mit seinem Ausspruch durch Mephisto: „Blut ist ein ganz besonderer Saft“[372]. Der Werbeslogan des DRK: „Taschentücher gibt's im Supermarkt, Blut nicht“ [373] repräsentiert sehr schön den Status und Stellenwert des Bluts in der Gesellschaft. Nämlich: Blut als besonders wertvoller Lebensstoff, der nicht beliebig reproduzierbar, nicht im Handel erhältlich und schon gar nicht käuflich ist – dafür aber Leben retten kann.

Blut zählt, als natürlicher Rohstoff betrachtet, zu den wertvollsten Flüssigkeiten der Welt. Während ein Barrel Rohöl 1998 noch etwa 13 Dollar kostete, brachte die gleiche Menge Vollblut im Rohzustand bereits etwa 20.000 Dollar.[374] Der von Starr herangezogene Vergleich von Rohöl und Blut ist nicht nur äußerst interessant, sondern angesichts der Bedeutung beider Substanzen für die Menschheit durchaus berechtigt. Sowohl Rohöl als auch Blut lassen sich in ihre Derivate bzw. Bestandteile zerlegen. Rohöl in Benzin, Diesel und andere petrochemische Produkte; Blut in rote und weiße Blutkörperchen, Blutplättchen und Blutplasma. Zwar sind beide Rohstoffe in ihrer Wertigkeit für die Menschheit sehr hoch anzusiedeln, eine darüber hinausgehende Vergleichbarkeit muss allerdings ausscheiden. Während Rohöl für viel Geld gefördert werden muss, wird Blut in der Regel

372 *Goethe*, Faust I, Vers 1388.

373 Abbildung siehe Anhang Nr. 1.

374 *Starr/Leipold*, Blut – Stoff für Leben und Kommerz, S. 10.

gespendet; als Akt der Nächstenliebe entstehen den Blutspendediensten keine bzw. sehr niedrige Kosten. Der entscheidende Unterschied besteht insbesondere in der Historie beider Substanzen. Auch wenn Rohöl eine sehr wichtige Ressource ist, so ist es im Vergleich zum Blut nicht mit selbigem „kulturellen Ballast" belegt.[375] Die Geschichte des Bluts ist, wie Starr so treffend beschreibt, „eine Geschichte der Metamorphose, die Geschichte eines flüssigen Rohstoffs, dessen Symbolgehalt sich veränderte, als die Gesellschaft allmählich lernte, wie man ihn in seine Einzelteile zerlegt und damit umgeht"[376].

Lange war der Einsatz von Blut und Blutprodukten, dessen Ansehen und gesellschaftliche wie rechtliche Reglementierungen von der mystischen, religiösen als auch patriotischen Bedeutung des Blutes überschattet und nicht unerheblich beeinflusst. Aber auch heute noch werden die Einsatzmöglichkeiten von Blut nicht völlig losgelöst von der Jahrhunderte gewachsenen „Mystik" – ausschließlich wissenschaftlich – bewertet.

Die griechischen Vorsokratiker suchten in ihren Forschungen nach einem, den menschlichen Organismus im Innern durchwaltenden Prinzip und fanden dieses im Blut – dem Sitz des Bewusstseins.[377] Die griechische Philosophie begriff das Blut nicht nur als Essenz des Denkens, sondern setzte es ferner mit der Seele gleich.[378] Aristoteles kam zu dem Schluss, dass der Mensch den Tieren deshalb überlegen sei, weil sein Blut „reiner und in größerer Fülle vorhanden sei"[379]. Die hippokratischen Ärzte glaubten, dass ein Zuviel an Blut Krankheiten verursachen könne und ein enger Zusammenhang zwischen Wahnsinn und der Beschaffenheit von Blut bestehe.[380] Aus diesen Gründen wurde der Aderlass[381] vorgeschlagen, welchem als Erbe der Antike vom Mittelalter bis zur Neuzeit größte Bedeutung zukam. Wegen der Bedeutung, die ihm vor allem von Galen beigemessen wurde, wurde der Aderlass in Mittelalter und Renaissance zu einer „Art Allheilmittel, dessen Anwendung mehr oder weniger bei jeder Gelegenheit empfohlen wurde"[382].

Die Metamorphose des Bluts vollzog sich von der Antike als magischem Stoff bis hin zum Anfang des 20. Jahrhunderts zu einem biologischen Stoff. Nachdem

375 *Starr/Leipold*, Blut – Stoff für Leben und Kommerz, S. 12.

376 *Starr/Leipold*, Blut – Stoff für Leben und Kommerz, S. 13.

377 *Conticelli*, Sanguis suavis: Das Blut zwischen Mikro- und Makrokosmus, in: Bradburne, Blut – Kunst, Macht, Politik, Pathologie, 55-65, S. 55.

378 *Conticelli*, Sanguis suavis: Das Blut zwischen Mikro- und Makrokosmus, in: Bradburne, Blut – Kunst, Macht, Politik, Pathologie, 55-65, S. 57.

379 *Conticelli*, Sanguis suavis: Das Blut zwischen Mikro- und Makrokosmus, in: Bradburne, Blut – Kunst, Macht, Politik, Pathologie, 55-65, S. 60.

380 *Duminil*, Le sang, les vaisseaux et le coeur dans la collection hippocratique. Anatomie et physiologie, S. 245.

381 Siehe Abbildung im Anhang 2.

382 *Conticelli*, Sanguis suavis: Das Blut zwischen Mikro- und Makrokosmus, in: Bradburne, Blut – Kunst, Macht, Politik, Pathologie, 55-65, S. 62.

Transfusionen im 17. Jahrhundert verdammt worden waren, blieben sie für lange Zeit lediglich Gegenstand theoretischer Überlegungen. Wegbereiter des Durchbruchs in der Transfusionsmedizin war der Forscher Karl Landsteiner, der 1900 das AB0-System der Blutgruppen entdeckte und somit den Grundstein für erfolgreiche Bluttransfusionen legte. Während sich zunächst die Forschungen am und mit Blut auf dessen Zusammensetzung und möglichen Einsatz am Menschen zu Heilungszwecken beschränkten, zog spätestens Ende 1920 eine neue Ära herauf. Blut gewann nicht nur zunehmend in der Medizin an Bedeutung sondern auch in der Rechtsprechung.[383]

Dr. Erwin J. Cohn bereitete mit der Fraktionierung von Plasma den Boden für die weitere Verarbeitung von Blut. Durch die Entdeckung der vielfältigen Nutzungsmöglichkeiten aller Blutanteile legte er den Grundstein für die Therapie mit Blutkomponenten, wie sie noch heute praktiziert wird.[384]

Zusammenfassend bleibt mit Starr festzuhalten: „Blut ist eine kostbare und gefährliche Medizin. Wir müssen sorgfältig darauf achten, wie wir damit umgehen."[385]

I. Medizinischer Hintergrund

Was ist eigentlich Blut? Blut besteht zu 49,5 % aus Wasser, zu 42,8 % aus roten Blutkörperchen, zu 4,4 % aus Eiweißen, zu 2,14 % aus Blutplättchen, zu 1,09 % aus Fett, Zucker, Kochsalz und zu 0,07 % aus weißen Blutkörperchen.

Die Erythrozyten (rote Blutkörperchen) sind für den Sauerstofftransport von der Lunge zu den Körperzellen zuständig, während die Leukozyten (weiße Blutkörperchen) in der Lage sind, sowohl körperfremde Zellen und Gewebe als auch Krankheitserreger zu erkennen und entsprechende Antikörper zur Bekämpfung zu bilden. Die Thrombozyten (Blutplättchen) sind wichtiger Bestandteil der Blutgerinnung und haben entscheidenden Anteil an der Blutstillung. Aus diesem Grund werden sie häufig für Patienten mit Blutkrebserkrankungen benötigt. Im Plasma finden sich letztlich die für die Aufrechterhaltung der Flüssigkeitsmenge notwendigen Eiweißstoffe. Plasma wird häufig bei großem Blutverlust oder Operationen transfundiert, wie auch bei Blutungskomplikationen mit einer Störung der Blutgerinnung. Aus dem Plasma werden viele wichtige Medikamente, wie z.B. Gerinnungspräparate für Bluter, Präparate für Intensivpatienten und Mittel gegen schwere Infektionen hergestellt.[386]

383 *Starr/Leipold*, Blut – Stoff für Leben und Kommerz, S. 85.
384 *Starr/Leipold*, Blut – Stoff für Leben und Kommerz, S. 228.
385 *Starr/Leipold*, Blut – Stoff für Leben und Kommerz, S. 430.
386 *BMGS*, Blut und Aufgaben des Blutes auf http://www.bmgs.bund.de.

Sowohl Blutentnahmen zu diagnostischen und therapeutischen Zwecken als auch die Blutspende sind heutzutage alltägliche Vorgänge in Deutschland. So alltäglich, dass sich bisher kaum jemand Gedanken über den Verbleib des entnommenen Bluts machte. Zunehmend beginnt man jedoch auch bei uns, sich für den Verbleib des entnommenen Blutes zu interessieren. Exemplarisch hierfür sei das Radiointerview von Eva Schindele angeführt, welchem sie folgende Fragen voranstellt: „Alltag in deutschen Kliniken: Ein Arzt entnimmt einem Patienten Blut und schickt die Probe ins Labor. Doch was geschieht damit, nachdem die Untersuchungen abgeschlossen sind? Wandert die Probe tatsächlich in den Müll oder wird sie zum Rohmaterial für die Wissenschaft und Forschung oder gar für die kommerzielle Nutzung?".[387] Die Frage nach dem Verbleib uns entnommenen Blutes stellt sich von Geburt an. So werden seit über 30 Jahren jedem Neugeborenen aus der Ferse einige Tropfen Blut entnommen, auf eine Filterkarte getropft und an ein Screeninglabor zum so genannten Guthrie-Test[388] verschickt. Während die meisten Eltern sich überhaupt keine Gedanken über den weiteren Verbleib machen bzw. davon ausgehen, das Blut bzw. das Filterpapier werde nach dem Test vernichtet, stimmt dies nicht unbedingt mit der Realität überein. Im Jahr 2003 fand der Hamburger Datenschutzbeauftragte in der Universitätsklinik Hamburg-Eppendorf stapelweise in Schränken verwahrt die Kärtchen mit Angaben von Mutter und Kind zusammen gelagert mit den restlichen Blutproben seit 1992. Einzelfall oder nur die Spitze eines Eisbergs?

II. Rechtliche Regelungen

Die Gewinnung und Verarbeitung von Blut- und Blutbestandteilen ist im Hinblick auf die unterschiedlichen Stoffe und Verwendungszwecke in verschiedenen Gesetzen und Richtlinien geregelt, welche nachfolgend dargestellt werden sollen.

1. Transfusionsgesetz

Im Wesentlichen beruht die Blutversorgung in Deutschland auf zwei Säulen: den kommunalen Blutspendediensten und den DRK-Blutspendediensten.[389] Jährlich werden in der Bundesrepublik Deutschland ca. 4 Mio. Blutspenden von bis zu 2

387 *Schindele*, Datenspende Blut – Wie Biobanken Patientenmaterial vermarkten, Deutschlandfunk, Wissenschaft im Brennpunkt, www.dradio.de/dlf/sendungen/wib/323772, S. 1.

388 Test zur Früherkennung bestimmter Stoffwechselerkrankungen, wie der Phenyketonurie, Hypotheyreose, Galktosämie und dem Adrenogenitalen Syndrom im Rahmen der Vorsorgeuntersuchung.

389 *Deutscher Bundestag*, Ausschuss für Gesundheit und Soziale Sicherung, Wortprotokoll 80. Sitzung, 20.10.2004, Protokoll-Nr. 15/80, S. 8.

Mio. Spendern und zusätzlich knapp 400.000 Liter Plasma durch Plasmaspenden entnommen. „Es spenden gesunde und freiwillige Spender, die uneigennützig einen wertvollen Dienst am Nächsten leisten.“[390]

Zweck des Transfusionsgesetzes ist gemäß § 1 TFG eine sichere Gewinnung von Blut und Blutbestandteilen, die Sorge für eine gesicherte und sichere Versorgung der Bevölkerung mit Blutprodukten und deshalb die Förderung der Selbstversorgung mit Blut und Plasma.

Erstmals wurden 1998 mit dem TFG die bis dahin bestehenden Regeln für die Gewinnung von Blut- und Blutbestandteilen sowie für das Transfusionswesen (Anwendung der Blutprodukte) auf eine gesetzliche Grundlage gestellt. Mit der Neuregelung wurde bezweckt, die Gewinnung von Blut- und Blutbestandteilen sowohl zum Schutz der spendenden Personen, als auch im Hinblick auf die Blutprodukte sicherer zu machen und einen hohen Standard an Qualitätssicherung bei der Anwendung von Blutprodukten zu erlangen, § 1 Abs. 2 TFG.

a) Anwendungs- und Regelungsbereich

Im Wesentlichen ist im Transfusionsgesetz die Spende von Blut und Blutprodukten geregelt.

Spende im Sinne dieses Gesetzes ist gemäß § 2 Nr. 1 TFG die einem Menschen entnommene Menge an Blut[391] oder Blutbestandteilen,[392] die Wirkstoff[393] oder Arzneimittel ist oder zur Herstellung von Wirkstoffen oder Arzneimitteln und anderen Produkten[394] zur Anwendung beim Menschen bestimmt ist. Mit dem Begriff der „Spende“ ist nicht der Entnahmevorgang gemeint sondern das Produkt.[395]

Die Spende muss entweder bereits Arzneimittel im Sinne des Arzneimittelgesetzes sein oder für die Herstellung von Arzneimitteln bestimmt sein. Blut z.B. zur Blutuntersuchung in der Arztpraxis oder zur Feststellung der Abstammung fällt nicht unter den Begriff „Spende“.[396]

---

390 Gesetz zur Regelung des Transfusionswesens vom 01. Juli 1998, Gesetzestext und Begründung der Bundesregierung vom 13.01.1998, BT Drcks. 13/9594, Allgemeiner Teil, S. 13.

391 Umfasst sind Vollblut, Plasma, Blutzellen und auch Eigenblut.

392 Bestandteile des Blutes sind jene, die für originäre Funktionen des Blutes bedeutsam sind, wie z. B. Blutzellen, Gerinnungsfaktoren, Albumin, Immunglobuline.

393 Wirkstoffe sind gemäß § 4 Abs. 19 AMG Stoffe, die dazu bestimmt sind, bei der Herstellung von Arzneimitteln als arzneilich wirksame Bestandteile verwendet zu werden oder bei ihrer Verwendung in der Arzneimittelherstellung zu arzneilich wirksamen Bestandteilen der Arzneimittel zu werden.

394 Erfasst sind Produkte nach dem MPG.

395 Gesetz zur Regelung des Transfusionswesens vom 01. Juli 1998, Gesetzestext und Begründung der Bundesregierung vom 13.01.1998, BT Drcks. 13/9594, S. 9.

396 Gesetz zur Regelung des Transfusionswesens vom 01. Juli 1998, Gesetzestext und Begründung der Bundesregierung vom 13.01.1998, BT Drcks. 13/9594, S. 9.

Mit anderen Worten fallen Blut und diejenigen Blutbestandteile, die zum Zeitpunkt der Entnahme nicht bereits Arzneimittel im Sinne des AMG[397] sind oder für die Herstellung eines ebensolchen bestimmt sind, nicht in den Anwendungsbereich des TFG.

b) Aufklärung und Einwilligung

Gemäß § 6 Abs. 1 TFG darf eine Spendenentnahme nur durchgeführt werden, wenn die spendende Person vorher in einer für sie verständlichen Form über Wesen, Bedeutung und Durchführung der Spendeentnahme und der Untersuchungen sachkundig aufgeklärt worden ist und in die Spendeentnahme und die Untersuchungen eingewilligt hat. Aufklärung und Einwilligung sind von der spendenden Person schriftlich zu bestätigen. Sie muss mit der Einwilligung gleichzeitig erklären, dass die Spende verwendbar ist, sofern sie nicht vom vertraulichen Selbstausschluss Gebrauch macht.

---

397 Der Arzneimittelbegriff ist in § 2 AMG legaldefiniert, wonach gemäß § 2 Abs. 1 AMG Arzneimittel Stoffe und Zubereitungen aus Stoffen sind, die dazu bestimmt sind, durch Anwendung am oder im menschlichen oder tierischen Körper

1. Krankheiten, Leiden, Körperschäden oder krankhafte Beschwerden zu heilen, zu lindern, zu verhüten oder zu erkennen,
2. die Beschaffenheit, den Zustand oder die Funktionen des Körpers oder seelische Zustände erkennen zu lassen,
3. vom menschlichen oder tierischen Körper erzeugte Wirkstoffe oder Körperflüssigkeiten zu ersetzen,
4. Krankheitserreger, Parasiten oder körperfremde Stoffe abzuwehren, zu beseitigen oder unschädlich zu machen oder
5. die Beschaffenheit, den Zustand oder die Funktionen des Körpers oder seelische Zustände zu beeinflussen.

Gemäß § 2 Abs. 2 AMG gelten als Arzneimittel

1. Gegenstände, die ein Arzneimittel nach Absatz 1 enthalten oder auf die ein Arzneimittel nach Absatz 1 aufgebracht ist und die dazu bestimmt sind, dauernd oder vorübergehend mit dem menschlichen oder tierischen Körper in Berührung gebracht zu werden,

1a. tierärztliche Instrumente, soweit sie zur einmaligen Anwendung bestimmt sind und aus der Kennzeichnung hervorgeht, dass sie einem Verfahren zur Verminderung der Keimzahl unterzogen worden sind,

2. Gegenstände, die, ohne Gegenstände nach Nummer 1 oder 1a zu sein, dazu bestimmt sind, zu den in Absatz 1 Nr. 2 oder 5 bezeichneten Zwecken in den tierischen Körper dauernd oder vorübergehend eingebracht zu werden, ausgenommen tierärztliche Instrumente,
3. Verbandstoffe und chirurgische Nahtmaterialien, soweit sie zur Anwendung am oder im tierischen Körper bestimmt und nicht Gegenstände der Nummer 1, 1a oder 2 sind,
4. Stoffe und Zubereitungen aus Stoffen, die, auch im Zusammenwirken mit anderen Stoffen oder Zubereitungen aus Stoffen, dazu bestimmt sind, ohne am oder im tierischen Körper angewendet zu werden, die Beschaffenheit, den Zustand oder die Funktion des tierischen Körpers erkennen zu lassen oder der Erkennung von Krankheitserregern bei Tieren zu dienen.

Die Begründung der Bundesregierung sieht vor, dass mit der Einwilligung gleichzeitig die Verwendbarkeit der Spende erklärt wird. Dies folge aus dem Eigentumsrecht nach Artikel 14 Abs. 1 Satz 1 des Grundgesetzes. Die Erklärung zur Verwendbarkeit der Spende gelte hingegen nicht, wenn die spendende Person vom vertraulichen Selbstausschluss Gebrauch mache.[398] Der vertrauliche Selbstausschluss wird zugelassen, um Personen, deren Spende nicht verwendet werden darf, die aber in einer Gruppe zur Entnahme kommen, vor Diskriminierung zu schützen.

Während der Spender detailliert über Wesen, Bedeutung und Durchführung der Spendenentnahme und die medizinischen Risiken für seine Person aufgeklärt wird, erfolgt nur eine Pauschalaufklärung, dass er mit der Spende gleichzeitig in die spätere Verwendung seines Blutes einwilligt. Der Spender erhält zu keinem Zeitpunkt Informationen über den weiteren Verwendungszweck seines Blutes und seiner Blutbestandteile, darüber ob das Blut für Transfusionen eingesetzt wird oder zu welchen Arzneimitteln im Sinne des § 2 AMG es verarbeitet wird.

Die Bundesregierung geht von der Annahme aus, dass der Spender Eigentum an seinem Blut nach Art. 14 Abs. 1 S. 1 GG habe und deshalb in die Verwendung einwilligen müsse. Folgt man dieser Theorie und geht nicht davon aus, dass jedenfalls mit der Abnahme des Blutes und dem Zurücklassen in der Blutspendeeinrichtung der Spender das Eigentum an die Blutspendeeinrichtung verliert, stellt sich die Frage, inwiefern eine pauschale Aufklärung, nämlich, dass das Blut weiterverwendet werde, für eine wirksame Einwilligung ausreicht. Aus dem Eigentum des Spenders an seinen Substanzen ergeben sich insofern keine Einschränkungen, er kann über seine Substanzen frei verfügen, solange dem nicht Gesetz oder Rechte Dritte entgegenstehen, § 903 S. 1 BGB. Dementsprechend kann er auch pauschal in die Verwendung einwilligen ohne vorher über den genauen Verwendungszweck informiert sein zu müssen. Eine andere rechtliche Würdigung könnte sich hingegen im Hinblick auf das allgemeine Persönlichkeitsrecht des Spenders ergeben. Hier müssen im Einzelfall die Interessen des Spenders mit dem konkreten Verwendungszweck abgewogen werden. Wird durch die Verwendung nicht in das allgemeine Persönlichkeitsrecht des Spenders eingegriffen, so bedarf es auch keiner vorhergehenden Aufklärung über den Verwendungszweck des entnommenen Blutes.

Problematisch ist, dass zum Zeitpunkt der Blutentnahme in einer Vielzahl der Fälle der konkrete Verwendungszweck noch nicht bestimmt ist, sondern sich vielmehr am jeweiligen Bedarf der einzelnen Blutprodukte orientiert und mithin zum Aufklärungs- und Entnahmezeitpunkt häufig noch keine Aussagen über den konkreten späteren Verwendungszweck getroffen werden können. Solange sich

398 Gesetz zur Regelung des Transfusionswesens vom 01. Juli 1998, Gesetzestext und Begründung der Bundesregierung vom 13.01.1998, BT-Drs. 13/9594, S. 14.

die spätere Verwendung der Blutprodukte im Rahmen des Spendezwecks gemäß § 2 Nr. 1 TFG bewegt, darf davon ausgegangen werden, dass der Spender in diese Nutzung mit seiner Spende eingewilligt hat, selbst wenn sein allgemeines Persönlichkeitsrecht durch die Nutzung betroffen sein sollte.

Anders verhält es sich in den Fällen, in denen die Spendeeinrichtung von vornherein vorhat, die Blutspende nicht für Zwecke des § 2 Nr. 1 TFG zu verwenden oder nach der Spende die Zweckrichtung ändert. In diesen Fällen verliert der Spender jedenfalls mit der Verarbeitung des Blutes durch Aufbereitung und Trennung in Blutprodukte das Eigentum gemäß § 950 Abs. 1 BGB. Allerdings ist er deswegen nicht rechtlos gestellt; sofern die tatsächlichen Einsatzzwecke einen unverhältnismäßigen Eingriff in das allgemeine Persönlichkeitsrecht des Spenders darstellen, hat er einen Anspruch gegenüber der Einrichtung auf Unterlassung der Verwendung seiner gespendeten Blutprodukte für diesen Zweck.

c) „Schicksal" nicht angewendeter Blutprodukte

Nicht angewendete Blutprodukte sind gemäß § 17 Abs. 1 TFG innerhalb der Einrichtungen der Krankenversorgung sachgerecht zu lagern, zu transportieren, abzugeben oder zu entsorgen. Transport und Abgabe von Blutprodukten aus zellulären Blutbestandteilen und Frischplasma dürfen nur nach einem im Rahmen des Qualitätssicherungssystems schriftlich festgelegten Verfahren erfolgen. Nicht angewendete Eigenblutentnahmen dürfen nicht an anderen Personen angewendet werden.

Laut Begründung der Bundesregierung soll die Regelung sicherstellen, „dass mit dem biologischen Material, das Blutprodukte darstellen, stets sorgsam umgegangen wird. Vor allem dann, wenn zunächst nicht angewendete Blutprodukte zurückgegeben und noch weiter angewendet werden können, sei auf sorgfältige Lagerung, Transport und Abgabe zu achten, um die Qualität des Produktes zu sichern und Kontaminationen oder die Anreicherung von Keimen in dem Produkt zu vermeiden. Nicht angewendete Eigenblutentnahmen dürften nicht an anderen Personen angewendet werden. Das sei heute Standard. Die spendenden Personen unterlägen nicht den Auswahlkriterien, wie fremdspendende Personen. Außerdem sei das Verwechslungsrisiko bei kontaminierten Spenden nicht zu unterschätzen. Die Verwendung z. B. zu Forschungszwecken könne im Einzelfall zweckmäßig sein und werde nicht ausgeschlossen."[399]

Bezüglich des Schicksals nicht verwendeter Blutprodukte ist lediglich allgemein formuliert worden, dass diese Produkte innerhalb der Einrichtungen der Krankenversorgung sachgerecht gelagert, transportiert, abgegeben und entsorgt

399 Gesetz zur Regelung des Transfusionswesens vom 01. Juli 1998, Gesetzestext und Begründung der Bundesregierung vom 13.01.1998, BT-Drs. 13/9594, S. 31.

werden sollen. Diese Regelung dient ausschließlich dem Schutz der Endverbraucher durch Sicherstellung des Qualitätserhalts der Produkte bis diese zu ihrem bestimmungsgemäßen Einsatz gelangen. Die Interessen des Spenders bleiben unberücksichtigt. Dies ist insofern unproblematisch als durch deren Lagerung bzw. zweckentsprechende Verwendung innerhalb der Einrichtungen der Krankenversorgung oder durch deren Entsorgung weder die Eigentumsrechte noch das allgemeine Persönlichkeitsrecht der Spender verletzt werden. Eine Eigentumsverletzung scheidet bereits unter dem Gesichtspunkt aus, dass der Spender mit der Spende und dem Zurücklassen in der Spendeeinrichtung, jedenfalls aber durch die Verarbeitung seines Blutes und seiner Blutbestandteile das Eigentum an diesen verloren hat. Eine Verletzung des allgemeinen Persönlichkeitsrechts liegt in den Fällen nicht vor, in denen das Blut und die Blutprodukte für diejenigen medizinischen Maßnahmen aufbewahrt und weitergegeben werden, für welche der Spender auch ursprünglich gespendet hat, nämlich deren Einsatz im Rahmen des § 2 Abs. 1 TFG.

Unter einem anderen Blickwinkel ist hingegen die Ansicht der Bundesregierung zu betrachten, dass die Verwendung für Forschungszwecke nicht ausgeschlossen sei, mit der Argumentation, dies könne im Einzelfall zweckmäßig sein[400].

Allein die Zweckmäßigkeit der Weiterverwendung zu Forschungszwecken, vermag diese Verwendungsform jedoch nicht per se zu legalisieren. Nur weil die Verwendung zu Forschungszwecken zweckmäßig sein kann, bedeutet dies nicht, dass deshalb die Rechte des Spenders nicht mehr berücksichtigt werden müssten. Auch und gerade für die Verwendung zu Forschungszwecken gilt, dass diese nur zulässig ist, solange die konkrete Verwendung nicht das allgemeine Persönlichkeitsrecht des Spenders verletzt.

Vier Determinanten fließen maßgeblich mit in den Abwägungsprozess der involvierten Interessen auf Seiten des Spenders ein, nämlich die Organisation, welche die Spende zu Forschungszwecken erhält, der Forschungszweck als solcher, das spätere Einsatzgebiet und die Frage der Entgeltlichkeit der Substanzüberlassung als auch die Frage welche eigenen Daten und Informationen erhoben und wie sie weiter verwendet werden. Diese Interessen sind mit dem Recht auf Forschungsfreiheit der jeweiligen Einrichtung aus Art. 5 GG abzuwägen.

Zunächst kann davon ausgegangen werden, dass jedermann ein Interesse an der Weiterentwicklung medizinischer Kenntnisse hat[401] und die Forschung entscheidend zur Verbesserung der Behandlungsbedingungen beiträgt[402].

---

400 Gesetz zur Regelung des Transfusionswesens vom 01. Juli 1998, Gesetzestext und Begründung der Bundesregierung vom 13.01.1998, BT-Drs. 13/9594, S. 24.

401 So auch *Hamerl*, Rechtsschutz des Spenders von Blut und Knochenmark gegen bestimmungswidrigen Gebrauch, in Plöchl: Ware Mensch, 41-74, S. 58.

402 So auch *Schröder/Taupitz*, Menschliches Blut verwendbar nach Belieben des Arztes?, S. 62.

Grundsätzlich widerspricht die medizinische Forschung nicht dem besonderen Vertrauensverhältnis zwischen Spender und Spendeeinrichtung im Rahmen des Blutspendevertrages. Es scheint weder dem Spendevertrag noch der Zweckbestimmung zu widersprechen, das gespendete Blut statt der Vernichtung einer anderen sinnvollen Verwendung zuzuführen. Allerdings darf hieraus nicht der pauschale Schluss gezogen werden, dass das gespendete Blut für alle Zwecke wissenschaftlicher Verwertung zur Verfügung stehe. Auch kann hier nicht das Argument greifen, der Spender müsse eine sinnvolle Verwendung per se gutheißen, wenn er sogar die Vernichtung erwarte bzw. mit ihr einverstanden sei.[403] Denn mitnichten stellt die Vernichtung einer Sache immer die stärkste Form der Verletzung eines Rechtsguts dar.[404] Zu denken sei hierbei nur an das Wegwerfen von Briefen und Geschäftsunterlagen, deren Vernichtung zwar gewollt ist, aber sicher nicht, dass andere Dritte diese an sich nehmen und für beliebige Zwecke nutzen. Aus diesem Grund bedarf es der Abwägung zwischen einer möglichen Persönlichkeitsrechtsverletzung gemäß Art. 2 Abs. 1 GG mit dem Grundrecht der Freiheit der Wissenschaft gemäß Art. 5 GG.

Persönlichkeitsrechtlich relevante Interessen sind jedenfalls betroffen bei der Verwendung des gespendeten Blutes bzw. seiner Bestandteile für ethisch bzw. rechtlich umstrittene Forschungen und Genomanalysen und bei der Erfassung personenbezogener Daten. Diese Interessen sind dann im konkreten Fall mit den Interessen aus Art. 5 GG abzuwägen. In dem Abwägungsprozess kann nicht zugunsten der Forschungsinteressen das Argument verwendet werden, die „Verwendung zu Forschungszwecken stelle ein wertungsmäßiges Minus zur Vernichtungsbefugnis“[405] dar und aus diesem Grunde müsse die Abwägung in den Fällen immer zugunsten der Forschungs- und Wissenschaftsfreiheit ausfallen, in denen der Spender zumindest konkludent die Vernichtung seiner Spende in Betracht gezogen und konsentiert hat. Wie bereits ausgeführt, stellt die Vernichtung keineswegs immer den intensivsten Eingriff in ein Rechtsgut dar.

Mangels genauer bzw. konkludenter Bestimmungen über den Umfang der Befugnisse im Hinblick auf die Verwendung gespendeten Blutes zu Forschungszwecken müssen die Willenserklärungen bei Überlassung der Spende ergänzend dahingehend ausgelegt werden, dass die Überlassung zwar die Befugnis zur wissenschaftlichen Verwendung erfasst, aber nur soweit das allgemeine Persönlichkeitsrecht des Patienten nicht berührt wird.[406]

403 So auch Hamerl in Bezug auf die Weiterverwendung zu diagnostischen Zwecken entnommenen Blutes für die Forschung in *Hamerl*, Rechtsschutz des Spenders von Blut und Knochenmark gegen bestimmungswidrigen Gebrauch, in Plöchl: Ware Mensch, 41-74, S. 58.

404 LG Ravensburg, NJW 1987, S. 3142, 3143.

405 *Schröder/Taupitz*, Menschliches Blut verwendbar nach Belieben des Arztes?, S. 69.

406 So auch Schröder/Taupitz im Hinblick auf die allgemeine Fragestellung der Verwendung von Körpersubstanzen zu Forschungszwecken ohne ausdrückliche vorhergehende Einwilligung in

Will die Spendeeinrichtung nicht angewendete Blutprodukte i.S.d. § 17 TFG für Forschungszwecke verwenden, so muss vorher geprüft werden, ob der konkrete Verwendungszweck einen unverhältnismäßigen Eingriff in das allgemeine Persönlichkeitsrecht des Spenders darstellt. Bejahendenfalls darf das Blutprodukt dann diesem Forschungszweck nicht zugeführt werden.

Diese Abwägung kann die Spendeeinrichtung allerdings nur in den Fällen vornehmen, in denen sie die Interessen des Spenders zweifelsfrei kennt. Dies wird in der Masse der Fälle nicht gegeben sein, da mit dem Fragebogen vor der Blutspende keine Informationen der Patienten z.B. darüber erhoben werden, wie sie zu bestimmten Forschungszwecken stehen oder welche ethischen oder religiösen Prinzipien sie vertreten. Jedenfalls bezüglich der ethischen Ansichten dürften die Standpunkte in der Bevölkerung stark differieren. Wegen der überragenden Bedeutung des allgemeinen Persönlichkeitsrechts muss in diesen Fällen bereits bei Zweifeln über ethisch umstrittene Forschungszwecke davon ausgegangen werden, dass diese nicht konsentiert sind und die Blutprodukte hierfür nicht verwendet werden dürfen. Hier sollte der Grundsatz gelten: Im Zweifel gegen eine Verwendung zu Forschungszwecken. Bei besonderem Forschungsinteresse bleibt es den Einrichtungen unbenommen sich die Einwilligung der Spender für die jeweiligen Forschungszwecke nachträglich zu holen.

Ein Missbrauch nicht verwendeter Blutprodukte zu beliebigen Forschungszwecken kann momentan nicht ausgeschlossen werden. Gemeinhin interessieren sich die Spender nach ihrer Spende nicht für deren Verbleib und forschen auch nicht nach, ob die Blutprodukte bei Nichtverwendung ihrer Vernichtung zugeführt wurden. Diesem Missbrauchsrisiko könnte z.B. durch Einsetzung einer Ethikkommission entgegengewirkt werden, welche die Aufgabe hätte, die Verwendung der Blutspenden zu überwachen und im Falle von Forschungsvorhaben oder nicht vom TFG gedeckten Anwendungs- und Einsatzbereichen der Blutprodukte die gegenläufigen Interessen der Beteiligten abzuwägen und eine verbindliche Entscheidung über die Zulässigkeit des avisierten Einsatzzwecks zu fällen.

Festzustellen bleibt jedoch, dass das Transfusionsgesetz hinter den verfassungsrechtlichen Vorgaben bezüglich der Verwendung von Blut und Blutprodukten zu Sekundärzwecken zurückbleibt. Wie zuvor dargestellt, wird von der herrschenden Lehre davon ausgegangen, dass es in den Fällen der Verwendung übrig gebliebener Substanzen bzw. der Verwendung zu weiteren Zwecken keiner über die ursprüngliche Einwilligung hinausgehenden Einwilligung bedarf und derartige Verwendungsmöglichkeiten zulässig sind, soweit sie nicht zu einer Verletzung des allgemeinen Persönlichkeitsrechts des ursprünglichen Substanzträgers führen. Ob ein ungerechtfertigter Eingriff in das allgemeine Persönlich-

---

Menschliches Blut in *Schröder/Taupitz*, Menschliches Blut verwendbar nach Belieben des Arztes?, S. 69.

keitsrecht vorliegt muss nach herrschender Meinung in einer Einzelfallabwägung der betroffenen Interessen und Rechte der involvierten Parteien überprüft werden. Hierbei ist maßgeblich auf den Zweck der Weiterverwendung abzustellen und je nachdem ob dieser kommerziell, für die medizinische Forschung oder Schönheitsindustrie ist, differenziert werden. Dies widerspricht der verfassungsrechtlichen Wertung, dass jegliche Weiterverwendung von der Einwilligung des Substanzträgers umfasst sein muss.

2. Hämotherapie-Richtlinien[407]

Diese Richtlinien sollen nach dem Willen der Bundesärztekammer „allen Ärzten, die mit dem Gewinnen, Herstellen, Lagern, Abgeben oder Inverkehrbringen von Blut, Blutbestandteilen oder Blutprodukten, der Durchführung von blutgruppenserologischen und anderen transfusionsrelevanten Untersuchungen sowie der Anwendung von Blutprodukten und der entsprechenden Nachsorge befasst sind, ein sicheres Fundament für ihre Tätigkeit vermitteln".

a) Geltungsbereich

Die Richtlinien gelten gemäß Punkt 1.1 der Richtlinie für alle Ärzte, die mit den vorgenannten Aufgaben befasst sind. Sie gelten nicht für forensische blutgruppenserologische Untersuchungen, die Entnahme einer geringfügigen Menge Blut zu diagnostischen Zwecken und finden keine Anwendung auf homöopathische Eigenblutprodukte, autologes Blut zur Herstellung von biotechnologisch bearbeiteten Gewebeprodukten und auf die Entnahme einer geringfügigen Menge Eigenblut zur Herstellung von Produkten für die zahnärztliche Behandlung, sofern diese Produkte in der Zahnarztpraxis auf der Grundlage des von der Bundeszahnärztekammer festgestellten und in den „Zahnärztlichen Mitteilungen" veröffentlichten Standes der medizinischen Wissenschaft und Technik hergestellt und angewendet werden.

b) Aufgaben der Richtlinien

Gemäß Punkt 1.2. sollen die Richtlinien den allgemein anerkannten Stand der medizinischen Wissenschaft und Technik zur Gewinnung von Blut und Blutbestandteilen und zur Anwendung von Blutprodukten feststellen.

---

407 Richtlinien zur Gewinnung von Blut und Blutbestandteilen und zur Anwendung von Blutprodukten (Hämotherapie), 2010.

c) Aufklärung und Einwilligung

Dem § 6 Abs. 1 TFG nachempfunden regelt Punkt 2.1.2 der Richtlinien, dass der Spendewillige über Wesen, Bedeutung und Durchführung dieses Eingriffs und dessen mögliche Nebenwirkungen sachkundig und in einer für ihn verständlichen Form aufzuklären ist. Mit der Einwilligung muss eine Erklärung verbunden sein, dass die entnehmende Einrichtung über die Spende verfügen darf.

Erst durch die Hämotherapie-Novelle 2005 wurde in Punkt 2.1.2 der Richtlinien eingefügt, dass, falls die Spende für wissenschaftliche Zwecke verwendet werden soll, eine entsprechende Zustimmung eingeholt werden muss.[408] Leider enthält die Richtlinie keine konkretisierenden Bestimmungen, denen man den Umfang und Inhalt der Aufklärung bezüglich der Verwendung für wissenschaftliche Zwecke entnehmen könnte. Zudem lässt die Richtlinie präzise Regelungen über den Zeitpunkt der Aufklärung und der Zustimmung für die Verwendung zu wissenschaftlichen Zwecken vermissen.

aa) Spenderblut

Hinsichtlich der Verwendung für wissenschaftliche Zwecke differenziert die Hämotherapierichtlinie lediglich zwischen der Verwendung von Fremdblut und der Verwendung von Eigenblut.

(1) Spenderblut, welches die Qualitätsanforderungen nicht erfüllt

Für alle Blutspenden gilt gemäß Punkt 2.4.1 der Richtlinien, dass Spenden, die nicht den Qualitätsanforderungen der Tabelle 2.4.1 entsprechen, zu entsorgen sind, sofern sie nicht für wissenschaftliche Zwecke oder und/oder für Zwecke der Qualitätskontrolle verwendet werden. Für diese Zwecke dürfen das Blut und die Blutprodukte auch an Dritte abgegeben werden, sofern es sich bei diesen um Ärzte, Naturwissenschaftler oder Apotheker handelt, die gegebenenfalls über eine Umgangsgenehmigung mit infektiösem Material verfügen.

Spenderblut, welches aus Qualitätsgründen nicht übertragen werden darf, kann folglich anstatt verworfen zu werden, für wissenschaftliche Zwecke von dem zuvor bezeichneten Personenkreis verwendet werdUnklar ist, zu welchem Zeitpunkt der Patient über die Möglichkeit der Verwendung seines Blutes zu wissenschaftlichen Zwecken aufgeklärt werden muss. Soll dies bereits vor der Blutentnahme im Rahmen der allgemeinen Spenderaufklärung geschehen oder erst im konkreten Fall, wenn das Blut sich nach den Laboruntersuchungen als nicht

408 Richtlinien zur Gewinnung von Blut und Blutbestandteilen und zur Anwendung von Blutprodukten (Hämotherapie), 2005.

übertragungsfähig herausstellt und die konkrete Absicht besteht, es für wissenschaftliche Zwecke zu nutzen? Der Begriff der „Zustimmung“ in Punkt 2.1.2 der Hämotherapierichtlinie ist insofern zu unbestimmt. Die Zustimmung kann als einseitige empfangsbedürftige Willenserklärung sowohl im Voraus in Form der Einwilligung als auch im Nachhinein in Form der Genehmigung erteilt werden. Unklar ist ferner der Inhalt der Aufklärung bezüglich einer möglichen Verwendung der Blutspende zu wissenschaftlichen Zwecken. Soll der Spender lediglich allgemein darüber aufgeklärt werden, dass in den Fällen, in denen das Blut aus Qualitätsgründen nicht übertragen werden kann, es für wissenschaftliche Zwecke allgemein weiterverwendet werden kann – so dass der Patient quasi eine Blankoeinwilligung in die Weiterverwendung zu wissenschaftlichen Zwecken erteilt?

(2) Nicht angewendetes Spenderblut

Gemäß Punkt 4.3.11 der Hämotherapierichtlinie ist die Entsorgung nicht verwendeten Spenderblutes zu dokumentieren.

Eine explizite Bestimmung, ob dieses Blut anstatt verworfen zu werden auch für wissenschaftliche Zwecke weiterverwendet werden darf, lässt die Hämotherapierichtlinie vermissen. Da eine Verwerfung des Blutes weder explizit vorgeschrieben, noch eine Verwendung zu wissenschaftlichen Zwecken ausgeschlossen ist, muss davon ausgegangen werden, dass die Verwendung gemäß Punkt 2.1.2 der Hämotherapierichtlinie bei entsprechender Zustimmung des Spenders zulässig ist.

Unklar bleibt auch bezüglich des Blutes der Inhalt und Umfang der Aufklärung des Spenders über die Möglichkeit der Nutzung zu wissenschaftlichen Zwecken als auch die Anforderungen an dessen Zustimmung.

bb) Eigenblut

In Punkt 2.8.1.7 der Richtlinien sind besondere Qualitätskontrollen für Eigenblutpräparate vorgeschrieben. Neben einer visuellen Kontrolle müssen mindestens 1 Prozent aller hergestellten Blutprodukte weitergehenden Qualitätskontrollen unterzogen werden. Explizit wird darauf hingewiesen, dass sich hierfür insbesondere nicht benötigte Blutprodukte am Ende ihrer Laufzeit eignen. Die Richtlinie erweitert mithin die Verwendungsbefugnisse bezüglich des gespendeten Blutes dahingehend, dass dieses auch für Qualitätskontrollen mit herangezogen werden kann, da so auch Aussagen über die Qualität der Lagerungsbedingungen getroffen werden können.

Gemäß Punkt 2.8.4 der Richtlinien ist der Patient darauf hinzuweisen, dass nicht benötigte Eigenblutkomponenten spätestens, falls nicht anders vereinbart, mit Ablauf der Lagerungszeit der Erythrozytenpräparate entsorgt bzw. zur Verwendung für Zwecke der Qualitätskontrolle oder der wissenschaftlichen Forschung ausgesondert werden.

Im Vergleich zum Transfusionsgesetz geht diese Regelung weiter; es ist der Einrichtung nicht nur gestattet, die Eigenblutkomponenten für wissenschaftliche Forschungszwecke zu verwenden, der Patient muss dieser Verwendung auch zustimmen.

Trotz dieses Fortschritts muss weiterhin kritisiert werden, dass auch in Bezug auf die Verwendung des Eigenblutes zu wissenschaftlichen Zwecken, sowohl Inhalt und Zeitpunkt der Aufklärung des Patienten als auch die Anforderungen an die Zustimmung ungeregelt sind.

cc) Stellungnahme

Zunächst ist positiv festzustellen, dass die Bundesärztekammer bereits im Jahr 2005 das Erfordernis der Zustimmung der Spender in die Verwendung ihrer Spende zu wissenschaftlichen Zwecken anerkannt und normiert hat.

Leider wurde jedoch versäumt – korrespondierend zu den allgemeinen Aufklärungserfordernissen – die Anforderungen an die Aufklärung zur Verwendung zu wissenschaftlichen Zwecken näher auszugestalten. Um dem Zustimmungserfordernis zu umfassender Wirkung zu verhelfen, hätten die Voraussetzungen an den Aufklärungsinhalt und –zeitpunkt wie auch die Form der Zustimmung, nämlich Einwilligung oder Genehmigung, normiert werden müssen. So wie die Regelung zum jetzigen Zeitpunkt ausgestaltet ist,[409] bleibt sie in der Praxis unbeachtet. Sowohl die Aufklärungsbögen zur Fremdblutspende als auch die zur Eigenblutspende enthalten keine Aufklärung des Spenders darüber, dass sein Blut für den Fall der Nichtanwendbarkeit für wissenschaftliche Zwecke weiterverwendet werden kann. Es darf bezweifelt werden, dass wenn sich herausstellt, dass das Blut nicht für den ursprünglichen Zweck verwendet werden kann und nunmehr für wissenschaftliche Zwecke genutzt werden soll, die Spender nachträglich informiert werden und ihre Zustimmung nachgesucht wird.

Um die Patientenrechte umzusetzen und dem Zustimmungserfordernis die notwendige Umsetzbarkeit zu verschaffen, ist die Bundesärztekammer aufgerufen, die Anforderungen an die Zustimmung zu konkretisieren, so dass die Blutspende- und Blutentnahmeeinrichtungen in der Praxis eindeutige Handlungsrichtlinien an die Hand bekommen, nach denen sie sich richten können.

Grundsätzlich sind verschiedene Optionen der Ausgestaltung denkbar. Zunächst wäre zu entscheiden, ob der Spender bereits vor der Entnahme über die Möglichkeit der Verwendung zu wissenschaftlichen Zwecken aufgeklärt werden

409 Auch nach der Hämotherapierichtliniennovelle 2007 und 2010 wurden die Anforderungen an die Zustimmung zur Verwendung des Blutes für wissenschaftliche Zwecke nicht präzisiert.

sollte oder erst zu dem Zeitpunkt, zu dem die Spende für diese verwendet werden soll. Für eine Aufklärung bereits vor der Entnahme im Rahmen der allgemeinen Entnahmeaufklärung spricht vor allem der Effizienzaspekt, nämlich dass der Spender bereits vor der Entnahme über alle Aspekte aufgeklärt wird, anstatt zu einem späteren Zeitpunkt nochmals aufgesucht werden zu müssen, um seine Einwilligung in die Verwendung zu wissenschaftlichen Zwecken einzuholen. Dies erspart sowohl der Spendeeinrichtung als auch dem Patienten Zeit. Andererseits könnte argumentiert werden, dass durch eine Aufklärung vor Spendenentnahme die Spender unnötig verunsichert werden könnten und sich ihnen der Verdacht aufdrängen könnte, dass ihr Blut eigentlich nur für die Verwendung zu wissenschaftlichen Zwecken begehrt ist. Es könnte folglich die Gefahr bestehen, dass Spender aus dieser Angst heraus, ähnlich der Angst einen Organspendeausweis bei sich zu führen[410], nicht spenden würden.

Bei einer Aufklärung vor Spendenentnahme stellt sich zusätzlich die Frage, wie konkret bereits über mögliche wissenschaftliche Zwecke, zu denen das Blut verwendet werden könnte, aufgeklärt werden kann. Um dem Selbstbestimmungsrecht des Patienten bestmöglich zu entsprechen besteht das Bedürfnis, ihn so konkret wie möglich über die Verwendung seines Blutes zu wissenschaftlichen Zwecken aufzuklären. So sollte er erfahren welche Einrichtung sein Blut für welche konkrete Forschung nutzen wird und was mit den Forschungsergebnissen geschehen soll. Je konkreter und präziser die Informationen sind, desto eher kann der Spender in die Lage versetzt werden, eine informierte Entscheidung zu treffen, ob er in die Verwendung für wissenschaftliche Zwecke einwilligt. Angesichts der mannigfaltigen Forschungsvorhaben und Möglichkeiten muss davon ausgegangen werden, dass zum Zeitpunkt der Entnahme in der Mehrzahl der Fälle noch nicht absehbar ist, für welche konkreten Forschungszwecke das Blut weiter verwendet werden soll. Dies spricht dafür, den Spender erst zu dem Zeitpunkt über die Verwendung seines Blutes zu wissenschaftlichen Zwecken zu informieren, in dem feststeht, dass das Blut zu seinem ursprünglichen Zweck nicht mehr genutzt werden kann und für ein konkretes Forschungsvorhaben nunmehr genutzt werden soll. Für eine Aufklärung erst zu diesem Zeitpunkt spricht auch die Erwägung, dass in etlichen Fällen, in denen das Blut für den Ursprungszweck nicht verwendet werden kann, dieses schlicht verworfen wird und eine Aufklärung über die mögliche Verwendung zu wissenschaftlichen Zwecken somit obsolet ist.

Komplizierend ist der Umstand zu berücksichtigen, dass zu dem Zeitpunkt, in dem ersichtlich wird, dass das Blut zu seinem Ursprungszweck nicht verwendet

410 In der Bevölkerung ist häufig das Vorurteil anzutreffen, dass Patienten, die einen Organspendeausweis haben, im Notfall nicht alle notwendige medizinische Hilfe zuteil würde, um sie so schneller als Organspender „nutzen“ zu können.

werden kann und dass womöglich aktuell keine Nachfrage für ein konkretes Forschungsvorhaben besteht, das Blut jedoch dennoch erst einmal aufbewahrt werden sollte, weil es zu einem späteren Zeitpunkt für Forschungsvorhaben benötigt werden könnte. Bisher sieht die Aufklärung nur vor, dass der Spender darüber aufgeklärt wird, dass sein Blut verworfen wird, wenn es für den Ursprungszweck nicht mehr nutzbar ist; es sei denn, es wird für wissenschaftliche Zwecke benutzt. Über die Möglichkeiten einer „Zwischenlagerung" wird der Spender nicht aufgeklärt.

In Abwägung der Interessen der Entnahmeeinrichtung, des Spenders und der Forschungsinstitutionen erscheint es am praktikabelsten, eine zweistufige Aufklärung einzuführen.

Im Rahmen der allgemeinen Spendeaufklärung sollte der Freiwillige darüber aufgeklärt werden, dass in den Fällen, in denen sein Blut zu dem Ursprungsspendezweck nicht genutzt werden kann, es entweder verworfen oder zu wissenschaftlichen Zwecken verwendet werden kann. Ferner sollte der Freiwillige darüber informiert werden, dass für den Fall, dass die Spendeeinrichtung das Blut für wissenschaftliche Zwecke nutzen oder weitergeben will, sich diese vorher mit ihm in Verbindung setzt, um seine Einwilligung für das konkrete Forschungsvorhaben einzuholen. Schließlich sollte er darüber informiert werden, dass sein Blut anstatt verworfen zu werden, zunächst gelagert wird, um es vielleicht zu einem späteren Zeitpunkt für Forschungsvorhaben zu nutzen.

Im Rahmen dieser „Erstaufklärung" und Einwilligung soll der Spender die Möglichkeit erhalten:

- die Verwendung seines Blutes für jegliche Forschungsvorhaben auszuschließen,
- die Verwendung seines Blutes für bestimmte wissenschaftliche Zwecke auszuschließen,
- in die Lagerung seines Blutes auf unbestimmte Zeit einzuwilligen, wobei er seine Zustimmung jederzeit widerrufen kann, mit der Folge, dass die Spende dann zu verwerfen ist,
- die Anonymisierung der Spende zu verlangen.

Hat der Spender in der „Ersteinwilligung" die Verwendung zu dem beabsichtigten wissenschaftlichen Zweck nicht ausgeschlossen, muss die Entnahmeeinrichtung vor Verwendung der Spende zu dem konkret bevorstehenden Zweck den Spender kontaktieren und über das Forschungsvorhaben informieren, in welchem die Spende untersucht werden soll. Der Spender ist über den Zweck des Forschungsvorhabens, seine Ziele und mögliche Konsequenzen für ihn selbst aufzuklären. Erteilt er hieraufhin seine Einwilligung darf die Spende für diesen Zweck genutzt werden. Kann der Spender nicht mehr ausfindig gemacht und kontaktiert werden, so sollte die Verwendung der Spende von dem Einverständnis einer Ethikkommission abhängig gemacht werden.

d) Übertragbarkeit auf andere Maßnahmen

Sowohl das Transfusionsgesetz als auch die Hämotherapie-Richtlinien regeln detailliert die Spende, Verarbeitung und Anwendung von Blut, wobei das Hauptaugenmerk dieser Regelungen darauf liegt, die Sicherheit der Blutprodukte für den Verwender sicherzustellen. Über diese Regelungen hinausgehend gibt es keine weiteren gesetzlichen Regelungen bzw. Richt- oder Leitlinien die den Umgang mit Blutprodukten bezüglich der konkreten Frage der Aufklärungs- und Einwilligungspflichten des „Blutgebers" und weitergehenden Verwendungsbefugnisse der Einrichtungen betreffen.

Fraglich ist mithin, ob die den vorgenannten Fragenkomplex betreffenden Regelungen allgemein auf alle Bereiche des Umgangs mit Blut angewendet werden könnten und sollten. Zu denken ist hierbei z.B. an die Fragestellung, ob Ärzte bzw. Kliniken befugt sein sollen, dem Patienten zu diagnostischen Maßnahmen entnommenes Blut nach dessen Verwendung zu kurativen Maßnahmen für andere Zwecke, wie weitergehende Forschungsinteressen einzusetzen. Nach Sinn und Zweck des Transfusionsgesetzes ist es den Ärzten erlaubt, nicht verwendete Blutprodukte zu wissenschaftlichen Zwecken im Rahmen der Forschung einzusetzen, mit der Besonderheit, dass es bezüglich der Verwendung von Eigenblutkomponenten eines Hinweises an den Spender bedarf, wonach nicht benötigte Eigenblutkomponenten für wissenschaftliche Forschungszwecke zur Verfügung gestellt werden können.

Die Situation bei der Entnahme von Blut zur Durchführung diagnostischer Maßnahmen beim Patienten ist von der Interessenlage her mit der Eigenblutspende vergleichbar. In beiden Fällen lässt sich der Patient Blut mit der Motivation entnehmen, ausschließlich sich selbst helfen zu lassen. Sowohl die Blutentnahme zur Diagnosestellung als auch die Eigenblutspende sollen im Resultat ausschließlich dem Spender zugutekommen. Aufgrund der Vergleichbarkeit der Interessenlagen sind keine Gründe ersichtlich, weshalb den Patienten, denen Blut zu Diagnosezwecken entnommen wird, nicht hinsichtlich der Verfügungsbefugnis über dieses Blut die gleichen Rechte und Pflichten treffen sollten, wie den Eigenblutspender. Auch in diesen Szenarien darf nicht davon ausgegangen werden, dass der Patient nach Diagnosestellung kein weiteres Interesse an dem ihm entnommenen Blut hat und jeglichen wissenschaftlichen Forschungsvorhaben mit seinem nicht benötigten bzw. nicht mehr benötigten Blut zustimmt. Auch für diesen Patienten muss gefordert werden, dass er über die Verwendung seines Blutes für wissenschaftliche Zwecke aufgeklärt wird und er in diese einwilligen muss. Das

Verfahren würde sich vergleichbar unkompliziert wie bei den Blutspenden gestalten. Hat der Arzt bereits vor bzw. bei Abnahme des Bluts eigene Forschungsinteressen oder Kenntnis von Forschungsinteressen Dritter, kann er den Patienten über diese aufklären und schon vor der Blutentnahme die Einwilligung für diese Drittzwecke einholen, ohne dass dies einen unvertretbaren Aufwand für den Arzt bedeuten würde. Stellt sich erst zu einem späteren Zeitpunkt ein wissenschaftliches Interesse an dem entnommenen Blut heraus, kann der Patient, dem die Blutprobe dank der Dokumentation zugeordnet werden kann, kontaktiert, über das Forschungsvorhaben aufgeklärt und seine Einwilligung eingeholt werden.

Diesem besonderen Aufklärungs- und Einwilligungsbedürfnis wird bereits von verschiedenen Einrichtungen Rechnung getragen. So erhalten Patienten im Klinikum Gießen einen Aufklärungs- und Einwilligungsbogen[411] die Freigabe von Materialien zu Forschungszwecken betreffend. Der Patient wird darüber informiert, dass die Ärzte gerne eventuell anfallende Reste von Blut- oder Gewebeproben zu Forschungszwecken verwenden würden. So heißt es:

> „Zu den Aufgaben eines Universitätsklinikums zählt auch die Erforschung von Krankheiten und die Entwicklung neuer Untersuchungs- und Behandlungsmethoden. Oft ist dafür die Benutzung von überschüssigem organischem Material (z.B. Blutreste oder Gewebereste nach Blutentnahmen, Entbindungen oder Operationen) eine wichtige Voraussetzung. Diese Materialien müssen normalerweise kostspielig entsorgt werden. Sie können uns bei unserer Forschung sehr helfen, wenn Sie solches Material zur Forschung freigeben."[412]

Der Patient wird weiterhin darüber informiert, dass die Forschungsergebnisse in medizinischen Fachzeitschriften publiziert werden, es gelegentlich aber auch zu einer kommerziellen Anwendung kommen kann und der Patient mit seiner Unterschrift das Einverständnis zu einer solchen eventuellen kommerziellen Anwendung sowie den Verzicht auf jede Art von Entgelt erklärt. Der Patient hat im Rahmen der Einverständniserklärung die Möglichkeit sich mit der Weiterverwendung einverstanden oder nicht einverstanden zu erklären, bzw. bestimmte Körpermaterialien auszunehmen.

Durch derartige Aufklärungs- und Einwilligungserfordernisse wird den Interessen des Patienten an seinen Körpermaterialien Rechnung getragen und ihm die Möglichkeit gegeben, selbstbestimmt über deren weitere Verwendung zu entscheiden. Um den möglichen Patienteninteressen vollumfänglich gerecht zu werden, wäre eine Erweiterung der Aufklärung dahingehend wünschenswert, dass die Forschungsgebiete soweit möglich bereits umrissen werden, damit sich der Patient ein Bild davon machen kann für welche Forschungszwecke seine Körper-

411 Aufklärungs- und Einwilligungsbogen der Uni-Klinik Gießen zur Freigabe von Materialien zu Forschungszwecken, Anhang 3.

412 Aufklärungs- und Einwilligungsbogen der Uni-Klinik Gießen zur Freigabe von Materialien zu Forschungszwecken, Anhang 3.

materialien Verwendung finden sollen. Korrespondierend sollte die Einverständniserklärung dem Patienten ermöglichen, nicht nur bestimmte Körpermaterialien auszuschließen sondern darüber hinaus auch bestimmte konkrete Forschungszwecke auszuschließen.

Abschließend bleibt festzustellen: Blut ist und bleibt ein „ganz besonderer Saft“. Durch die heutigen technischen Möglichkeiten kann beim späteren Einsatz zu wissenschaftlichen Zwecken nicht ausgeschlossen werden, dass personenbezogene Daten erhoben werden, was einen starken Eingriff in das allgemeine Persönlichkeitsrecht des ehemaligen Substanzträgers darstellen würde. Wegen der vielfältigen Interessen des ehemaligen Substanzinhabers und der mindestens ebenso vielfältigen Missbrauchsmöglichkeiten ist es nicht zu viel gefordert, den Patienten über den beabsichtigten Einsatz zu wissenschaftlichen Zwecken und sämtlichen darüber hinausgehenden Sekundärzwecken zu informieren und seine Einwilligung einzuholen.

3. Straf- und Bußgeldvorschriften

Im Folgenden wird untersucht, inwiefern der Substanzträger strafrechtlich vor einer Weiterverwendung seines Blutes zu Drittzwecken geschützt wird.

a) Spezialgesetzliche Regelungen

Die Blutspende wird – wie zuvor dargelegt[413] – spezialgesetzlich vom TFG und den Hämotherapierichtlinien geregelt. Weder das TFG noch die Richtlinien enthalten Straf- bzw. Bußgeldvorschriften für eine über den Spendenzweck hinausgehende und nicht vom Spender ausdrücklich konsentierte Weiterverwendung. Dies ist beim TFG auch nicht verwunderlich, geht der Gesetzgeber in seinen Ausführungen doch selbst davon aus, dass nicht verwendete Blutprodukte für Forschungszwecke verwendet werden dürfen.[414] Auch das AMG bietet keinen Schutz vor einer unkonsentierten Weiterverwendung der Blutprodukte, die durch Verarbeitung gemäß §§ 2, 4 Abs. 2 AMG bereits dem Arzneimittelgesetz unterstellt sind.

Der Blutspender wird dementsprechend spezialgesetzlich nicht vor einer über den Spendezweck hinausgehenden Weiterverwendung seines gespendeten Blutes und der hieraus gewonnen Blutprodukte geschützt. Die strafrechtliche Schutzlosigkeit ist indes für den Geschädigten unkritisch, da er mögliche Schäden aufgrund der zweckwidrigen Weiterverwendung seines Blutes zivilrechtlich geltend machen kann und somit nicht schutzlos gestellt ist.

---

413 Siehe Ausführungen unter Kap. III. A. II. 1., S. 124ff. und Kap. III. A. II. 2., S. 132ff.

414 Siehe Ausführungen Seite 128ff., Fn. 399.

b) Strafrecht

Eines spezialgesetzlichen Schutzes des Blutspenders bedarf es auch nicht, sofern ein umfassender strafrechtlicher Schutz besteht. In Betracht kommt hierbei ein Schutz vor zweckwidriger Verwendung im Rahmen der Vermögensdelikte, §§ 242ff. StGB.

Da der Spender bzw. Patient mit der Blutentnahme und Übergabe an die Spendeeinrichtung bzw. Klinik sein Eigentum an dem Blut gemäß § 929 BGB auf diese überträgt, darf sie als rechtmäßiger Eigentümer über das Blut verfügen. Entsprechend scheidet eine Strafbarkeit wegen zweckwidriger Verwendung im Rahmen der Vermögensdelikte aus, genauso wie bei Zerstörung der Blutprobe eine Strafbarkeit wegen Sachbeschädigung ausscheidet. Der Patient bzw. Blutspender ist somit strafrechtlich nicht vor einer zweckwidrigen Verwendung seines Blutes geschützt.

B. Organ- und Gewebespende

I. Medizinischer Hintergrund

Die Zahl der Organ- und Gewebespenden wächst seit der ersten Nierentransplantation im Jahre 1963 stetig an. Allein in 2009 erfolgten 4.709 Transplantationen, wobei jedoch ca. 12.000 Patienten vergeblich auf ein Organ warteten.[415] Neben der Niere werden Pankreas, Herz, Leber, Lungen und Dünndarm transplantiert.

Zu den Spendergeweben gehören Augenhornhäute, Haut, Knochen, Bindegewebe, Sehnen, Herzklappen und Blutgefäße.[416]

II. Rechtliche Regelungen

Im Folgenden soll ein kurzer Überblick über die bestehenden rechtlichen Rahmenvorgaben bezüglich der Verwendungsmöglichkeiten von zu Spendezwecken entnommenen Organen und Geweben gegeben werden.

415 www.dso.de/organtransplantation.

416 DGFG, Informationsbroschüre „Die Gewebespende – dem Leben eine Brücke bauen“, www.gewebenetzwerk.de.

1. Verfassungsrechtliche Vorgaben

Vergleichbar den verfassungsrechtlichen Vorgaben zur Blutspende, verpflichtet das allgemeine Persönlichkeitsrecht in Ergänzung zu Art. 1 Abs. 1 GG den Gesetzgeber grundsätzlich dazu, die Organentnahme von der vorherigen persönlichen Einwilligung des Betroffenen abhängig zu machen.

2. Transplantationsgesetz (TPG)

Die Voraussetzungen zur Entnahme und Übertragung von Organen und Geweben in Deutschland sind im Transplantationsgesetz geregelt.

a) Historie

Deutschland war im europäischen Vergleich eines der letzten Länder, welches spezialgesetzliche Grundlagen für die Transplantation geschaffen hat.[417]

Der Gesetzgeber hat mit dem 1997 in Kraft getretenen TPG den Zweck verfolgt, die Rechtsunsicherheit bei Organspenden auszuräumen und die dadurch bedingte Zurückhaltung der Spender zu überwinden.[418]

Kürzlich hat das Transplantationsgesetz maßgebliche Änderungen durch Gewebegesetz erfahren. Während zuvor unter die Oberbegriffe „menschliche Organe, Organteile und Gewebe“ subsumiert wurde, wird nunmehr zwischen Organen gem. § 1a Nr. 1 TPG und Gewebe gem. § 1a Nr. 4 TPG differenziert.

Grundlage des Gewebegesetzes ist die EG-Richtlinie 2004/23/EG vom 31. März 2004. Um das Vertrauen der Öffentlichkeit in die Verwendung menschlicher Gewebe und Zellen zur Verwendung im oder am menschlichen Körper zu verbessern und EU-einheitliche Rahmenbedingungen für deren Qualität und Sicherheit zu schaffen,[419] wurde die Richtlinie zur Festlegung von Qualitäts- und Sicherheitsstandards für die Spende, Beschaffung, Testung, Verarbeitung, Konservierung, Lagerung und Verteilung von menschlichen Geweben und Zellen erlassen. Die Richtlinie sollte von den Mitgliedstaaten gemäß Art. 31 Abs. 1 der Richtlinie bis zum 07. April 2006 umgesetzt werden. Der Bundestag verabschiedete das Gewebegesetz jedoch erst am 25. Mai 2007.

Die Richtlinie gilt gemäß Art. 2 Abs. 1 „für die Spende, Beschaffung, Testung, Verarbeitung, Konservierung, Lagerung und Verteilung von zur Verwendung beim

---

417 *Oduncu* in Schroth/König/Gutmann/Oduncu, TPG Kommentar, Einl. Rd. 1.

418 BT-Drs. 13/8017, S. 26.

419 *Kommission der Europäischen Gemeinschaften*, Vorschlag für eine Richtlinie des Europäischen Parlaments und des Rates zur Festlegung von Qualitäts- und Sicherheitsstandards für die Spende, Beschaffung, Testung, Verarbeitung, Konservierung, Lagerung und Verteilung von menschlichen Geweben und Zellen, 2002/0128(COD), S. 2.

Menschen bestimmten menschlichen Geweben und Zellen, sowie von auf der Basis von zur Verwendung beim Menschen bestimmten menschlichen Geweben und Zellen hergestellten Produkten". Sie gilt hingegen nicht für die forschungsbedingte Nutzung menschlicher Gewebe und Zellen, z.B. wenn diese für andere Zwecke genutzt werden als für die Verwendung im oder am menschlichen Körper.[420]

Lediglich dem Anhang der Richtlinie sind Vorschriften über die Aufklärungsinhalte der Spender zu entnehmen. So ist von den für das Spendeverfahren zuständigen Personen gemäß Punkt A. 1. und 3. der Anlage sicherzustellen, dass der Spender zumindest Informationen über Zweck und Art der Beschaffung, ihre Folgen und Risiken, analytische Tests, Aufzeichnung und Schutz von Spenderdaten, die ärztliche Schweigepflicht, den therapeutischen Zweck und potentiellen Nutzen sowie Informationen über die anwendbaren Schutzmaßnahmen, die dem Schutz des Spenders dienen, erhält.

Allerdings lässt auch diese Richtlinie Vorschriften bezüglich der Einwilligungs- und Aufklärungserfordernisse einer Weiterverwendung der vom Anwendungsbereich der Richtlinie umfassten Substanzen zu anderen Zwecken als deren Primärzweck vermissen. Die Umsetzung im nationalen Recht bietet daher keine neue Richtschnur bezüglich dieses Fragenkomplexes. Die gutachterliche Stellungnahme der Enquete-Kommission vom 03.11.2003 kritisiert daher auch genau diesen Punkt. Hinsichtlich des informed consent wird die Aufklärung über die therapeutische oder wissenschaftliche Nutzung, wirtschaftliche Verwendung, aber auch die eventuellen weiteren zukünftigen Nutzungen, die Speicherung und Dauer der Lagerung und Vernichtung gefordert.[421]

Zur Umsetzung der Richtlinie 2004/23/EG des Europäischen Parlaments und des Rates vom 31. März 2004 zur Festlegung von Qualitäts- und Sicherheitsstandards für die Spende, Beschaffung, Testung, Verarbeitung, Konservierung, Lagerung und Verteilung von menschlichen Geweben und Zellen (ABl. EU Nr. L 102 S. 48) wurde der Entwurf eines Gewebegesetzes vom 30.03.2006 heftig diskutiert und erfuhr in zahlreichen Einzelheiten Änderungen bis zur Verabschiedung am 25. Mai 2007.

Der Entwurf des Gewebegesetzes ist als Artikelgesetz gestaltet. Mit ihm sollten im Wesentlichen das geltende Transplantationsgesetz durch ein neues TPG abgelöst und das Arzneimittelgesetz, das Transfusionsgesetz und die Apothekenbetriebsverordnung sowie die Betriebsverordnung für Arzneimittelgroßhandelsbetriebe geändert und ergänzt werden.[422]

---

420 Richtlinie 2004/23/EG, Vorbemerkung 11.

421 Gutachterliche Stellungnahme der Enquete-Kommission Ethik und Recht in der modernen Medizin des Deutschen Bundestages vom 03.11.2003, S. 11.

422 BMG, Entwurf eines Gesetzes über Qualität und Sicherheit von menschlichen Geweben und Zellen (Gewebegesetz) vom 30.03.2006, S. 44; *Bundesregierung*, Gesetzentwurf der Bundesregierung Entwurf eines Gesetzes über Qualität und Sicherheit von menschlichen Geweben und Zellen (Gewebegesetz), 25.10.2006, BT-Drs. 16/3146, SS. 1, 21.

Der Anwendungsbereich des TPG wurde dahingehend erweitert, dass unter den Gewebebegriff nicht mehr lediglich Verbände von Zellen gleichartiger Differenzierung mit spezifischen Aufgaben und Funktionen im Körper fallen, sondern alle aus Zellen bestehenden Bestandteile des menschlichen Körpers, die keine Organe nach § 1a Nr. 1 TPG sind,[423] einschließlich einzelner menschlicher Zellen.

b) Entnahmevoraussetzungen

Die Entnahmevoraussetzungen für Organe und Gewebe sind in den Abschnitten 2 (Entnahme bei toten Spendern) und 3 (Entnahme bei lebenden Spendern) geregelt.

aa) Entnahme bei toten Spendern

Zunächst sollen die Voraussetzungen beim toten Spender erörtert werden, wobei ausschließlich auf die Frage der Einwilligung und deren Reichweite eingegangen wird.[424]

(1) Einwilligung

Die Entnahme von Organen oder Geweben ist gem. § 3 Abs. 1 Nr. 1 TPG nur zulässig, wenn der Spender in die Entnahme eingewilligt hat. Die Erklärung kann hierbei auf bestimmte Organe oder Gewebe beschränkt werden, § 2 Abs. 2 S. 2 TPG. Die Einwilligung bzw. der Ausschluss der Spende wird regelmäßig in dem sog. Organspendeausweis nach § 2 Abs. 5 TPG dokumentiert. Der Ausweistext enthält folgenden Inhalt:

„Für den Fall, dass **nach meinem Tod** eine **Spende von Organen/Geweben zur Transplantation** in Frage kommt, erkläre ich:

☐ JA, ich gestatte, dass nach der ärztlichen Feststellung meines Todes meinem Körper Organe und Gewebe entnommen werden.

---

423 Unter den Organbegriff i.S.d. § 1a Nr. 1 TPG fallen nunmehr, mit Ausnahme der Haut, alle aus verschiedenen Geweben bestehenden Teile des menschlichen Körpers, die in Bezug auf Struktur, Blutgefäßversorgung und Fähigkeit zum Vollzug physiologischer Funktionen eine funktionale Einheit bilden, einschließlich der Organteile und einzelnen Gewebe oder Zellen eines Organs, die zum gleichen Zweck wie das ganze Organ übertragen und dabei nicht außerhalb des Körpers verwendet werden.

424 Die weiteren Entnahmevoraussetzungen sind gem. § 3 Abs. 1 Nr. 2 und 3 TPG, die Feststellung des Todes des Organspenders und die Vornahme des Eingriffs durch einen Arzt.

oder	☐	JA, ich gestatte dies, mit Ausnahme folgender Organe/ Gewebe:_____________
oder	☐	JA, ich gestatte dies, jedoch nur für folgende Organe/ Gewebe:_____________
oder	☐	NEIN, ich widerspreche einer Entnahme von Organen oder Geweben
oder	☐	Über JA oder NEIN soll dann folgende Person entscheiden:______________“

Die Spendeeinwilligung setzt, im Gegensatz zur Einwilligung bei therapeutischen Eingriffen keine vorausgehende Aufklärung des Spendewilligen voraus.

(2) Reichweite der Einwilligung

Fraglich ist jedoch die Reichweite der Einwilligung. Diese Frage stellt sich insbesondere dann, wenn der Spendewillige die Einwilligung zur Spende bestimmter Organe erteilt hat, sich nach der Organentnahme jedoch herausstellt, dass das Organ als Ganzes intransplantabel ist, jedoch Teile von ihm transplantiert werden können.

(a) Herz – Herzklappe

Prominentestes Beispiel ist hierbei das Herz. Während sich dieses als intransplantabel herausstellen kann, sind häufig dennoch die Herzklappen verwendbar und können auf andere Patienten übertragen werden. Die DSO-G schätzte, dass allein in Deutschland 800 Herzklappen benötigt werden.[425] Ein schönes Beispiel dafür, dass auch Organempfänger zu Gewebespendern werden können, berichtete Prof. Dr. Haverich von der Medizinischen Hochschule Hannover anlässlich des Forums Bioethik des Nationalen Ethikrates am 22. September 2004.[426] So erklärte er, dass in Deutschland ein großer Bedarf an Transplantationen von Herzklappen bestehe und fast die Hälfte der transplantierten Herzklappen von Organempfängern gewonnen würden. Während diese ein Herz transplantiert bekämen, weil zum Beispiel ihr Herzmuskel schwer geschädigt sei, seien die Herzklappen noch gut intakt und könnten ihrerseits als Transplantate gewonnen werden.[427]

---

425 DSO-G, Jahresbericht 2004, S. 15.

426 *Nationaler Ethikrat*, Wortprotokoll, Niederschrift über das Forum Bioethik: Zwischen altruistischer Spende und Produkt – Ethische Aspekte der Gewebetransplantation, 22. September 2004, S. 4f.

427 Ibid, S. 5.

Hieran schließt sich jedoch die Frage an, inwieweit die Spendeeinwilligung zur Organspende auch die Einwilligung zur Spende von Teilen des Organs umfasst, wenn dieses selbst nicht mehr transplantabel ist.

Gemäß § 1a Nr. 1 TPG sind Organe, mit Ausnahme der Haut, alle aus verschiedenen Geweben bestehenden Teile des menschlichen Körpers, die in Bezug auf Struktur, Blutgefäßversorgung und Fähigkeit zum Vollzug physiologischer Funktionen eine funktionale Einheit bilden, einschließlich der Organteile und einzelnen Gewebe eines Organs, die zum gleichen Zweck wie das ganze Organ im menschlichen Körper verwendet werden können, mit Ausnahme solcher Gewebe, die zur Herstellung von Arzneimitteln für neuartige Therapien im Sinne des § 4 Abs. 9 des AMG bestimmt sind.

Hat der Spender nur in die Organspende eingewilligt und Gewebe ausgenommen, so folgt hieraus, dass die Verwendung der Herzklappe bei fehlender Transplantabilität des ganzen Herzens von der Einwilligung nicht umfasst und mithin nicht zulässig ist.[428] Bei ihr handelt es sich nämlich nicht um ein Organteil bzw. Gewebe, welches zum gleichen Zweck wie das ganze Organ im menschlichen Körper verwendet werden könnte. Die Herzklappe fällt, als aus Zellen bestehender Bestandteil des menschlichen Körpers, der kein Organ nach § 1a Nr. 1 ist, unter den Gewebebegriff des § 1a Nr. 4 TPG. Hat der Spender jedoch auch in die Gewebespende eingewilligt und Herzklappen nicht explizit ausgeschlossen, können diese im Falle der Intransplantabilität des Herzens[429] verwendet werden.

(b) Insel- und Leberzellen

Dieselbe Frage stellt sich auch bezüglich der Verwendung von Leber- und Inselzellen.

Um Diabetikern zu helfen gibt es in jüngster Zeit Bestrebungen, anstatt einer Transplantation des Pankreas, welche wegen der Produktion großer Mengen aggressiver Verdauungssekrete sehr risikobehaftet ist, nur die insulinproduzierenden Inselzellen zu transplantieren.[430] Ebenfalls stellen aus Leberzellen hergestellte Präparate neue Therapieoptionen für bestimmte lebensbedrohliche Lebererkrankungen dar.[431] So wird beispielsweise in der Berliner Charité ein Le-

---

428 Nach Ansicht der Bundesärztekammer ist aufgrund der definitorischen Vorgaben von § 1a Nrn. 1 und 4 TPG, die Zustimmung für die Entnahme von Organen und Geweben jeweils gesondert einzuholen. BÄK, Regelungen an der Schnittstelle Gewebemedizin – Organtransplantation, Problemanalyse und Lösungsvorschläge, 26.9.2008.

429 Da die Gewebeentnahme gegenüber der Organentnahme nachrangig ist, § 9 Abs. 2 TPG ist die Verwendung der Herzklappe auch nur dann zulässig, wenn nicht das Herz als Ganzes transplantiert werden kann.

430 *Nationaler Ethikrat*, Die Zahl der Organspenden erhöhen, S. 12.

431 http://cytonet.de/geschaeftsbereiche/leberzelltherapie.

berunterstützungssystem extrakorporal durch so genannte Bioreaktoren bei Patienten mit akutem Leberversagen eingesetzt, wobei aus fast 100 gewonnenen Leberspenden von Organspendern, deren Leber für eine Transplantation nicht geeignet war, Leberzellpräparate hergestellt wurden, die in der Klinik mit solchen Unterstützungssystemen Einsatz finden.[432]

Auch in diesen Szenarien stellt sich die Frage, ob bei Intransplantabilität der Pankreas bzw. der Leber anstatt der Organe die Zellen Verwendung finden dürfen.

Vor der TPG-Novelle wurden Insel- und Leberzellen als vermittlungspflichtige Organe i.S.d. TPG behandelt, da sie als Gewebe zum gleichen Zweck wie das ganze Organ im menschlichen Körper verwendet werden können. Entsprechend war ihre Verwendung durch die „bloße“ Einwilligung in die Organspende gedeckt.[433]

Allerdings knüpft, anders als das TPG die Verordnung über Arzneimittel für neuartige Therapien Nr. 1394/2007 nicht an den Übertragungszweck, sondern an die Art der Bearbeitung der Zellen und Gewebe an. Gemäß Art. 2 Nr. 1 a dieser Verordnung sind „biotechnologisch bearbeitete Gewebeprodukte“ wie Insel- und Leberzellen Arzneimittel und unterliegen demnach dem Arzneimittelrecht. Entsprechend ist die Begriffsdefinition des § 1a Nr. 1 TPG dahingehend ergänzt worden, dass solche Gewebe, die zur Herstellung von Arzneimitteln für neuartige Therapien im Sinne des § 4 Abs. 9 AMG bestimmt sind, nicht unter den Organbegriff des TPG fallen. Dies sind gem. § 4 Abs. 9 AMG u.a. biotechnologisch bearbeitete Gewebeprodukte nach Artikel 2 Abs. 1 Buchstabe a der Verordnung (EG) Nr. 1394/2007 des Europäischen Parlaments und des Rates vom 13. November 2007 über Arzneimittel für neuartige Therapien.

Die Verwendung von Insel- und Leberzellen ist folglich nicht durch die „bloße“ Einwilligung in die Organspende legitimiert. Fraglich ist, ob sie durch eine Einwilligung in die Gewebespende gedeckt würde. Das TPG gilt gem. § 1 Abs. 1 für die Spende und Entnahme von menschlichen Organen oder Geweben zum Zwecke der Übertragung sowie für die Übertragung der Organe oder Gewebe einschließlich der Vorbereitung dieser Maßnahmen. Hier werden die Insel- und Leberzellen jedoch gerade nicht zum Zwecke der Übertragung auf einen anderen Menschen entnommen. Vielmehr erfolgt die Entnahme zur Herstellung eines Arzneimittels, welches dann wiederum bei einem Menschen angewendet werden soll. Diese Form der Verwendung ist indes von der Spendeeinwilligung nach TPG nicht um-

432 *Haverich*, Nationaler Ethikrat, Wortprotokoll, Niederschrift über das Forum Bioethik, 22. September 2004, Zwischen altruistischer Spende und Produkt – Ethische Aspekte der Gewebetransplantation, S. 4.

433 *Pühler/Middel/Hübner*, Pankreasinseln, MedR 2010 28:23-27, S.23; *Hübner/Pühler/Middel*, Praxisleitfaden Gewebegesetz, S. 66.

fasst. Entsprechend ist auch die Leitlinie der DSO zur Dokumentation von Ablauf, Inhalt und Ergebnis der Beteiligung der Angehörigen oder Gleichgestellter zur Frage der Organspende bei fehlender schriftlicher Einwilligung des Verstorbenen (§ 4 Abs. 4 TPG) ausgestaltet. Unter „Punkt II Inhalt" ist die Aufklärung der Angehörigen darüber niedergelegt, dass bei dem Verstorbenen eine Entnahme von Organen und Geweben zur Übertragung auf einen kranken Patienten in Frage kommt. Unter „Punkt III Ergebnis" wird dann die Entscheidung der Angehörigen über die Entnahme von Organen und Geweben festgehalten. Abschließend gibt es den „Punkt IV Zustimmung zu anderer Verwendung", der wie folgt lautet:

> „Der Verwendung einer nicht transplantierbaren Leber zur Gewinnung von Leberzelltransplantaten oder sonstigen therapeutischen Anwendung bei Patienten wurde nach entsprechender Unterrichtung zugestimmt".[434]

(c) Verwendung zu Forschungszwecken

Schließlich stellt sich die Frage, ob Organe und Gewebe, für die eine Spendeeinwilligung vorliegt, anstatt zur Übertragung auf den Menschen auch für Forschungszwecke genutzt werden dürfen, wenn sich das Organ/Gewebe als intransplantabel herausstellt.

Herrig fragt provokativ, ob nicht derjenige, der durch eine Organspende seine Bereitschaft signalisiert, anderen Menschen durch eine Transplantation zu helfen, dann auch der spezifisch auf Transplantationen bezogenen Forschung zugetan sein müsste.[435] Zu Recht verneint sie dies mit der Begründung, dass die Verwendung zu Forschungszwecken ein aliud zur Transplantation darstelle und aus diesem Grund nicht von der Transplantationseinwilligung umfasst ist.[436] Dies gilt umso mehr für die Verwendung zu anderweitigen Forschungszwecken, die in keinem Zusammenhang zur Transplantation stehen.

Die Verwendung zu Forschungszwecken bedarf immer einer gesonderten Einwilligung und Aufklärung und ist nicht von der Spendeeinwilligung umfasst.

bb) Entnahme bei lebenden Spendern

Wie bei der Besprechung der Entnahmevoraussetzungen beim toten Spender soll auch hier nur auf das Erfordernis der Aufklärung, Einwilligung und deren Reichweite eingegangen werden.

434 DSO, Leitlinie zur Dokumentation von Ablauf, Inhalt und Ergebnis der Beteiligung der Angehörigen oder Gleichgestellter zur Frage der Organspende bei fehlender schriftlicher Einwilligung des Verstorbenen (§ 4 Abs. 4 TPG), www.dso.de/fachinformationen/arbeitsmittel/pdf/Dokumentation.pdf.

435 *Herrig*, Die Gewebetransplantation nach dem Transplantationsgesetz – Entnahme – Lagerung – Verwendung unter besonderer Berücksichtigung der Hornhauttransplantation, S. 197f.

436 Ibid, S. 198.

Gemäß § 8 Abs. 1 Nr. 1 b) TPG muss der Spender nach Absatz 2 Satz 1 und 2 aufgeklärt worden sein und in die Entnahme eingewilligt haben.

Der Spender ist gemäß § 8 Abs. 2 TPG durch einen Arzt in verständlicher Form aufzuklären. Dies umfasst den Zweck und die Art des Eingriffs, die Untersuchungen sowie das Recht, über die Ergebnisse der Untersuchungen unterrichtet zu werden, die Maßnahmen, die dem Schutz des Spenders dienen, sowie der Umfang und mögliche, auch mittelbare Folgen und Spätfolgen der beabsichtigten Organ- oder Gewebeentnahme für die Gesundheit des Spenders, die ärztliche Schweigepflicht, die zu erwartende Erfolgsaussicht der Organ- oder Gewebeübertragung und sonstige Umstände, denen der Spender erkennbar eine Bedeutung für die Spende beimisst, sowie die Erhebung und Verwendung personenbezogener Daten.

Enumerativ werden in § 8 Abs. 2 TPG die wichtigsten Inhalte aufgezählt, über die der Spender aufzuklären ist. Das sind insbesondere Wesen, Bedeutung und Durchführung der Organ- oder Gewebeentnahme.[437] In Fortführung der bisherigen Regelungsinhalte des TPG wurde auch hier versäumt, die Voraussetzungen für eine Weiterverwendung der zu Spendenzwecken entnommenen Gewebe zu normieren, die sich später als nicht übertragbar herausstellen.

Was mit den entnommenen Geweben zu geschehen hat, bzw. für welche weiteren Zwecke sie verwendet werden dürfen, wenn sie einer Übertragung nicht zugeführt werden können, bleibt dem Gesetzeswortlaut nach ungewiss. Dies vermag jedoch nicht zu verwundern, da die dem Gewebegesetz zugrunde liegende Richtlinie diese Materie ebenfalls nicht regelt. Zu Recht wird von der Bundesärztekammer bereits die Nichtregelung der „bislang ungeklärten und viel diskutierten Fragen der Verfügungs-, Nutzungs- sowie Eigentumsrechte an entnommenen Organen und Geweben"[438] scharf kritisiert. Der Gesetzgeber hat an dieser Stelle eine weitere gute Chance zur Regelung dieser Materie verpasst.

Bezüglich der Reichweite der Einwilligung gelten die zuvor dargelegten Ausführungen bei der Organentnahme von toten Spendern, allerdings mit der Besonderheit, dass hier der Spender immer noch nachträglich befragt werden kann. Stellt sich also heraus, dass ein gespendetes Organ/Gewebe wider Erwarten intransplantabel ist und soll es bzw. Teile von ihm für Forschungszwecke genutzt werden, kann und muss die weiterverwendende Einrichtung die hierauf gerichtete Einwilligung des Spenders einholen.

---

437 *Deutscher Bundesrat*, Stellungnahme zum Gewebegesetzentwurf, Drs. 543/06, 63, *Bundesregierung*, Gesetzentwurf der Bundesregierung Entwurf eines Gesetzes über Qualität und Sicherheit von menschlichen Geweben und Zellen (Gewebegesetz), 25.10.2006, BT-Drs. 16/3146, 10, 28.

438 *Bundesärztekammer*, Stellungnahme zum Entwurf eines Gewebegesetzes, 04.05.2006, S. 17.

C. Operations- und Sektionsreste

Im Folgenden soll der Umgang mit Operations- und Sektionsresten und deren rechtliche Einordnung dargestellt werden.

I. Überblick

Bei den Operations- und Sektionsresten handelt es sich um so genanntes Überschussmaterial, wie zum Beispiel unterschiedliche, in Biopsien entnommene Gewebe, Amputate oder Organe im Zusammenhang mit Transplantationen. Regelmäßig werden aus diagnostischen bzw. therapeutischen Gründen große Gewebepräparate entnommen, wovon lediglich Teile für weitere ärztlich-histologische Untersuchungen benötigt werden[439] und der Rest verworfen wird. Aufgrund seiner Bedeutung als Materialquelle für Forschungsvorhaben werden diese Reste mit zunehmender Häufigkeit bereits seit Jahren „hausintern" für Forschungsvorhaben zur Verfügung gestellt, anstatt sie zu verwerfen. Während diese Praxis im Hinblick auf das Selbstbestimmungsrecht des Patienten in der Vergangenheit weitgehend unreflektiert durchgeführt und toleriert wurde, mehren sich in den letzten Jahren die Stimmen, die zumindest kritisch hinterfragen, ob diese Form der Weiterverwendung von der Entnahmeeinwilligung des Patienten gedeckt sei, oder ob sie nicht vielmehr einer gesonderten Einwilligung des Patienten bedürfe.[440] Im Wesentlichen besteht bis heute unter Medizinern und Forschern Unsicherheit darüber, wann sie welche Gewebe zu Forschungszwecken verwenden dürfen.[441]

II. Rechtliche Regelungen

Die Unsicherheit der Forscher darf nicht verwundern – ist sie doch Folge des Nichtvorhandenseins spezieller gesetzlicher Regelungen zur Verwendung der vom Gesamtorganismus getrennten menschlichen Körpermaterialien zur Forschung.[442]

439 *ZEK BÄK*, Stellungnahme zur (Weiter-) Verwendung von menschlichen Körpermaterialien für Zwecke medizinischer Forschung (2003), S. 3.

440 Ibid, S. 4ff.; *Thasler, Weiß u.a.*, Die Verwendung menschlichen Gewebes in der Forschung, 1397-1400, S. 1398.

441 *Haverich* in: Nationaler Ethikrat, Wortprotokoll, Niederschrift über das Forum Bioethik Zwischen altruistischer Spende und Produkt – Ethische Aspekte der Gewebetransplantation, 22. September 2004, S. 6; *Tschulik,* Der neue Stellenwert von Tumor- und Gewebebanken im Lichte der Genom- und Proteomforschung, 310-315, S. 314.

442 *ZEK BÄK*, Stellungnahme zur (Weiter-)Verwendung von menschlichen Körpermaterialien für Zwecke medizinischer Forschung (20.02.2003), S. 4.

1. Verfassungsrecht

Hinsichtlich der Weiterverwendung der nach einer Operation bzw. Sektion zu verwerfenden Gewebe für Forschungszwecke finden die verfassungsrechtlichen Ausführungen zum Allgemeinen Persönlichkeitsrecht Anwendung.[443]

2. Einfachgesetzliche Bestimmungen

Wie bereits dargelegt, fehlt es auf bundesrechtlicher Ebene an speziellen Bestimmungen, die den Umgang mit Operationsmaterialien regeln würden. Es gelten somit auch hier die allgemeinen zivil- und strafrechtlichen Vorschriften.

a) Zivilrecht

In zivilrechtlicher Hinsicht sollen das Schrifttum und die einzelnen Stellungnahmen bezüglich der Anforderungen an die Weiterverwendung von Geweben sowie einzelne Beispiele aus der Praxis dargestellt und besprochen werden.

aa) Stellungnahme der Zentralen Ethikkommission

Bei der Bundesärztekammer wurde 1994 eine unabhängige und multidisziplinär zusammengesetzte „Zentrale Kommission zur Wahrung ethischer Grundsätze in der Medizin und ihren Grenzgebieten (Zentrale Ethikkommission)" errichtet. Eine der zentralen Aufgaben der Ethikkommission ist gemäß § 2 des Statuts die Erarbeitung von Stellungnahmen zu ethischen Fragen, die durch den Fortschritt und die technologische Entwicklung in der Medizin und ihren Grenzgebieten aufgeworfen werden und die eine gemeinsame Antwort für die Bundesrepublik Deutschland erfordern. Aufgrund der bereits geschilderten Unsicherheit der Mediziner und Forscher, wann Gewebe zu Forschungszwecken verwendet werden dürfen, hat sich die Ethikkommission dieser Thematik angenommen und im Februar 2003 ihre Stellungnahme zur „(Weiter-) Verwendung von menschlichen Körpermaterialien für Zwecke der medizinischen Forschung" vorgelegt.

Grundlage ihres Tätigwerdens war die Annahme, dass die Frage der Weiterverwendung menschlicher Körpermaterialien zunehmend als drängendes Problem empfunden würde und dass, während biologisches Material eine immer wichtiger werdenden Ressource für die Forschung darstelle, auch die Sensibilität für das Selbstbestimmungsrecht der ursprünglichen „Körpermaterialinhaber"

443 Siehe die Ausführungen in Kap. I. B. III. 1. b), S. 39ff.

steige.[444] Ziel der Ethikkommission war es, einen angemessenen Ausgleich zwischen den legitimen Interessen der Forschung und den Persönlichkeitsrechten der ehemaligen Körpermaterialinhaber zu schaffen.[445]

Die Ethikkommission geht in ihrer rechtlichen Bewertung davon aus, dass Patienten mit dem Zurücklassen ihrer Körpermaterialien in der Klinik regelmäßig das Eigentum an ihnen verlieren und lediglich persönlichkeitsrechtliche Beziehungen zu den Materialien fortbestehen.[446] Zur Prüfung, ob die konkrete Verwendung des Materials eine Persönlichkeitsrechtsverletzung des Betroffenen darstelle, müsse eine umfassende Güter- und Interessenabwägung vorgenommen werden.[447] In die Abwägung seien insbesondere folgende Sachverhalte einzubeziehen:

- Bedeutung (emotional, symbolisch, kulturell) und Tragweite der Maßnahme für den Betroffenen,
- Ziele und Qualität der in Frage stehenden Forschung,
- weiterer Nutzen des Materials für den Betroffenen,
- Menge des zu nutzenden Körpermaterials,
- Art und Zweck der Verwendung,
- Dauer der Verwendung,
- Ort der Verwendung,
- Art und Ausmaß der Anonymisierung,
- absehbare Bedeutung der gewonnenen Erkenntnisse für den Betroffenen oder seine Familie.[448]

Aus dem hohen Rang des allgemeinen Persönlichkeitsrechts folgert die Ethikkommission, dass auch die Aufbewahrung und sonstige Verwendung entnommener Körpermaterialien grundsätzlich nicht ohne Einwilligung des Betroffenen erfolgen dürfe.[449] Spiegelbildlich zum Einwilligungsbedürfnis müsse die Aufklärung umfassend erfolgen und Angaben bezüglich der vorgenannten Sachverhalte enthalten, die bei der Interessenabwägung mit einzustellen seien.[450]

Während die Ethikkommission grundsätzlich von der Notwendigkeit einer Einwilligung ausgeht, legt sie im weiteren Verlauf der Stellungnahme Szenarien dar, die keiner Einwilligung bedürfen. Eine Einwilligung sei dann nicht erforderlich, wenn kumulativ folgende Voraussetzungen vorlägen:

---

444 *ZEK BÄK*, Stellungnahme zur (Weiter-)Verwendung von menschlichen Körpermaterialien für Zwecke medizinischer Forschung (20.02.2003), S 2.

445 Ibid, S. 2f.

446 Ibid, S. 5f.

447 Ibid, S. 6.

448 Ibid, S. 6.

449 Ibid, S. 7.

450 Ibid, S. 8.

- Das Material wird nicht mehr im Interesse des Betroffenen benötigt,
- Die weitere Verwendung erfolgt anonymisiert,
- Es werden keine individualisierenden Genuntersuchungen vorgenommen,
- Voraussichtlich werden keine Forschungsergebnisse erarbeitet, die für den Betroffenen oder Familienangehörige von individuellem Belang sein werden,
- Es werden keine ethisch umstrittenen Forschungsziele verfolgt,
- Es bestehen keine Anhaltspunkte, dass der Betroffene die Forschung ablehnt und
- Die Einwilligung kann nicht oder nur unter unverhältnismäßig hohem Aufwand eingeholt werden.[451]

Problematisch erscheint insofern bereits die Bedingung, dass keine Anhaltspunkte dafür bestehen dürfen, dass der Betroffene die Forschung ablehnt. Wie soll der Arzt in der Praxis allerdings zu dieser Annahme gelangen, wenn der Patient nicht über mögliche weitere Verwendungsmöglichkeiten seiner Materialien aufgeklärt wird. Im klassischen Arzt-Patienten-Gespräch werden in der Regel die Möglichkeiten einer Weiterverwendung des entnommenen Materials nicht einmal gestreift. Faktisch dürfte der behandelnde Arzt somit nicht in der Lage sein, festzustellen, ob der Betroffene bestimmte Formen der Forschung ablehnt. Der Patient selbst wird sich regelmäßig keine Gedanken darüber machen können, welche Forschungsvorhaben er unter Verwendung seiner Materialien ablehnen würde, da er bereits nicht erwartet, dass diese überhaupt weiterverwendet werden. Mangels tatsächlicher Vorstellung über potentielle Verwendungsmöglichkeiten kann der Betroffene nicht reflektieren, ob und wenn ja welche Verwendungsmöglichkeiten er ablehnen würde, so dass schwer ersichtlich ist, wie er im Außenverhältnis zum Arzt Anhaltspunkte über seine „Einstellung" kommunizieren sollte.

Ebenfalls führt die Ethikkommission nicht weiter aus, wann von einem unverhältnismäßig hohen Aufwand bei der Einholung der Einwilligung auszugehen ist. Im Zusammenhang mit der Aufklärung über den diagnostischen bzw. therapeutischen Eingriff könnte problemlos gleichzeitig die Aufklärung über potentielle Weiterverwendungsmöglichkeiten der Materialien erfolgen, in die der Betroffene bereits vor der Entnahme einwilligen könnte. Regelmäßig dürfte diese Bedingung also nicht erfüllt sein, mit der Folge, dass die Weiterverwendung der Einwilligung des Betroffenen bedarf. Lediglich in den Fällen, in denen erst zu einem späteren Zeitpunkt neue Forschungsmethoden und –ziele möglich werden, kann aufgrund der Anonymisierung des Materials das Problem auftreten, dass die Einwilligung nur unter unverhältnismäßig großem Aufwand einzuholen wäre. Auch diesem Problem könnte im Vorhinein begegnet werden, indem die Einwilligung des Betroffenen in Form einer Generaleinwilligung erfolgt. Die Abgabe einer

451 Ibid, S. 9f.

Generaleinwilligung ist unter Beachtung, folgend darzustellender Voraussetzungen, rechtlich zulässig.[452]

Grundsätzlich muss der Betroffene vor der Einwilligung über Zwecke, Wesen, Bedeutung und Tragweite der Nutzung angemessen aufgeklärt worden sein.[453] Der Betroffene ist über das konkrete Forschungsvorhaben zu informieren, weshalb Simitis Blankoeinwilligungen und pauschal gehaltene Erklärungen stets für unzulässig erachtet.[454] Zu Recht wird jedoch eingewandt, dass der Zweck der Aufbewahrung von Körpermaterialien zu Forschungszwecken konterkariert würde, wenn der Betroffene zwingend über jede einzelne Verwendungsmöglichkeit aufgeklärt werden müsste.[455] Angesichts der sich rasant weiterentwickelnden medizinischen Möglichkeiten können zum Zeitpunkt der Aufklärung und Einwilligungseinholung viele Untersuchungsmöglichkeiten noch nicht antizipiert werden, so dass das Material für diese nicht eingesetzt werden könnte, bzw. die Einwilligung nur unter großem Aufwand erlangt werden könnte. Dem Betroffenen ist es jedoch auch möglich, eine Entscheidung in die Unsicherheit hinein zu treffen, solange er vorher darüber informiert wurde, dass es diese Unsicherheiten gibt.[456] Wichtig ist insofern, dass dem Betroffenen die Tragweite seiner Entscheidung bewusst ist und ihm verdeutlicht wurde, auf welche Kategorie von Informationen er verzichtet.[457] Ihm muss folglich mitgeteilt werden, dass er grundsätzlich über den konkreten Verwendungszweck aufgeklärt werden muss und dass über zukünftige Verwendungszwecke im Zeitpunkt der Einwilligung keine Gewissheit besteht.[458] Sind diese Voraussetzungen erfüllt, ist auch eine Generaleinwilligung in sämtliche zukünftige und noch unbekannte Forschungsprojekte wirksam.[459]

bb) Literatur

Die Frage der Zulässigkeit der Weiterverwendung von zu anderen Zwecken entnommenen Körpermaterialien für Forschungsvorhaben hat in der juristischen Literatur kaum Beachtung und Bearbeitung gefunden.

---

452 *Spranger*, Die Rechte des Patienten bei der Entnahme und Nutzung von Körpersubstanzen, NJW 2005, 1084-1090, S. 1087.

453 Nationaler Ethikrat, Biobanken für die Forschung, Stellungnahme, S. 58.

454 *Simitis*, BDSG-Kommentar, § 4a, Rn. 74.

455 Nationaler Ethikrat, Biobanken für die Forschung, Stellungnahme, S. 59; *Spranger*, Forschung an Körpersubstanzen, NJW 2005, 1084-1090, S. 1087.

456 *Antonow*, Der rechtliche Rahmen der Zulässigkeit für Biobanken zu Forschungszwecken, S. 139 m.w.N.

457 Ibid, S. 141; Nationaler Ethikrat, Biobanken, S. 59.

458 *Antonow*, Der rechtliche Rahmen der Zulässigkeit für Biobanken zu Forschungszwecken, S. 141f.

459 So im Ergebnis auch *Antonow*, Der rechtliche Rahmen der Zulässigkeit für Biobanken zu Forschungszwecken, S. 142.

(1) Übersicht

Bezüglich der Grundthese, dass Forschung an entnommenen Körpersubstanzen nur dann ohne Einwilligung des Betroffenen zulässig ist, wenn diese nicht sein Persönlichkeitsrecht verletzt, besteht Einigkeit zwischen den Autoren.[460] Die Unterschiede liegen –wie so oft – im Detail.

Nach Auffassung der Autoren bestehe zwar grundsätzlich ein Interesse des Einzelnen an der Weiterentwicklung der medizinischen Kenntnisse, dies bedeute hingegen nicht, dass der Schutz des Einzelnen für jeden „noch so winzigen" medizinischen Fortschritt zurückstehen müsse.[461] Vor allem könne allein aus dem Umstand, dass der Patient sich über den Verbleib seines Materials keine Gedanken mache und sogar dessen Vernichtung zulässig sei, nicht geschlossen werden, dass dann eine „sinnvolle" Nutzung zur Forschung erst recht zulässig sein müsse.[462] Maßgeblich für die Eruierung, ob eine Einwilligung erforderlich ist, ist eine umfassende Interessenabwägung.[463] Mithin ist jede Nutzung menschlicher Körpersubstanzen auf mögliche Verletzungen des Persönlichkeitsrechts des ehemaligen Trägers zu überprüfen.[464]

Persönlichkeitsrechtlich relevante Interessen sind nach Ansicht von Schröder und Taupitz jedenfalls dann betroffen, wenn Genomanalysen durchgeführt werden oder mit den Geweben ethisch und rechtlich umstrittene Forschungsvorhaben realisiert werden sollen.[465] Sofern personenbezogene Daten mit der Forschung erhoben bzw. verarbeitet werden, ist das allgemeine Persönlichkeitsrecht des Be-

460 *Hamerl,* Rechtsschutz des Spenders von Blut und Knochenmark gegen bestimmungswidrigen Gebrauch, in Plöchl: Ware Mensch, 41-74, S. 58; *Nitz/Dierks*, Nochmals: Forschung an und mit Körpersubstanzen – wann ist die Einwilligung des ehemaligen Trägers erforderlich?, MedR 2002, 400-403, S. 400, *Lippert*, Forschung an und mit Körpersubstanzen – wann ist die Einwilligung des ehemaligen Trägers erforderlich?, MedR 2001, 406-410, S. 406f., *Taupitz*, Forschung mit menschlichen Zellen in Österreich: Profit auf Kosten des Patienten?, JBl 2000, 152-161, S. 154.

461 *Hamerl,* Rechtsschutz des Spenders von Blut und Knochenmark gegen bestimmungswidrigen Gebrauch, in Plöchl: Ware Mensch, 41-74, S. 58; *Nitz/Dierks*, Nochmals: Forschung an und mit Körpersubstanzen – wann ist die Einwilligung des ehemaligen Trägers erforderlich?, MedR 2002, 400-403, S. 58.

462 *Schröder/Taupitz*, Menschliches Blut verwendbar nach Belieben des Arztes?, S. 61.

463 *Hamerl,* Rechtsschutz des Spenders von Blut und Knochenmark gegen bestimmungswidrigen Gebrauch, in Plöchl: Ware Mensch, 41-74, S. 58; *Nitz/Dierks*, Nochmals: Forschung an und mit Körpersubstanzen – wann ist die Einwilligung des ehemaligen Trägers erforderlich?, MedR 2002, 400-403, S. 58.

464 *Taupitz*, Forschung mit menschlichen Zellen in Österreich: Profit auf Kosten des Patienten?, JBl 2000, 152-161, S. 154; *Lippert,* Forschung an und mit Körpersubstanzen – wann ist die Einwilligung des ehemaligen Trägers erforderlich?, MedR 2001, 406-410, S. 406; *Nitz/Dierks*, Nochmals: Forschung an und mit Körpersubstanzen – wann ist die Einwilligung des ehemaligen Trägers erforderlich?, MedR 2002, 400-403, S. 400.

465 *Schröder/Taupitz*, Menschliches Blut verwendbar nach Belieben des Arztes?, S. 62.

troffenen berührt[466] und es bedarf seiner expliziten Einwilligung in das konkrete Forschungsvorhaben. Zusammengefasst bedeute dies, dass die Überlassung der Untersuchungsmaterialien zwar auch die Befugnis zur wissenschaftlichen Verwendung umfasst, allerdings nur so weit, als das allgemeine Persönlichkeitsrecht des Patienten nicht berührt wird.[467]

Lippert beleuchtet in seinem Aufsatz die Voraussetzungen an eine wirksame Einwilligung, vor allem in die Entnahme von Körpermaterialien, aber auch in deren spätere Verwendung näher. Hierbei gelangt er zu dem Ergebnis, dass eine ausdrückliche Einwilligung des Betroffenen hinsichtlich der Untersuchung des Körpermaterials auf eigene genetische Dispositionen oder die seiner Verwandten erforderlich ist.[468] Er führt weiterhin aus, dass Untersuchungen im Ausnahmefall auch ohne Einwilligung zulässig seien, wie z.B. bei der Leichenschau nach § 87 Abs. 2 StPO. Der Gutachtenauftrag der Staatsanwaltschaft würde hingegen nicht die Verwendung des asservierten Materials zu Forschungszwecken gestatten, sofern ein persönlichkeitsrechtlicher Bezug zwischen Material und ehemaligem Träger hergestellt werden könne.[469] Lediglich bei völlig anonymisiertem Material könne nach Meinung Lipperts die Forschung zulässig sein. Diese Prinzipien sind verallgemeinerungsfähig und auf die Weiterverwendung von Körpermaterialien zu Forschungszwecken auch außerhalb der Leichenschau übertragbar. Dementsprechend ist lediglich die Forschung mit anonymisiertem Material ohne vorherige Einwilligung zulässig. Sofern genetische Dispositionen untersucht werden, bedarf es der Einwilligung des Betroffenen.[470]

Taupitz gibt für die Interessen- und Güterabwägung erste Hinweise, indem er sich der Problematik mittels Verwendung von „Extrempositionen" nähert. Auf der einen Seite – sozusagen als oberstes Interesse und Hürde – sei klar, dass das Klonen des Menschen eine Persönlichkeitsrechtsverletzung darstelle und daher unabhängig von anderen rechtlichen Verboten schon deshalb unzulässig sei.[471] Auf der anderen Seite, wenn man an die Kultivierung von Zellen denkt, dann würde zumindest die Extraktion einer einzelnen genetischen Information, wie sie auch bei anderen Menschen vorkommt und deren Einfügen in Empfängerzellen, die personale Individualität nicht mehr betreffen und bedürfe folglich nicht der Einwilligung des ehemaligen Substanzträgers.[472] Demnach ist – sozusagen auf

466 Ibid, S. 69.

467 Ibid, S. 69.

468 *Lippert*, Forschung an und mit Körpersubstanzen – wann ist die Einwilligung des ehemaligen Trägers erforderlich?, MedR 2001, 406-410, S. 409f.

469 Ibid, S. 409.

470 Ibid, S. 410.

471 *Taupitz*, Forschung mit menschlichen Zellen in Österreich: Profit auf Kosten des Patienten?, JBl 2000, 152-161, S. 155.

472 Ibid, S. 155.

niedrigster Eingriffsstufe – die Forschung mit Körpersubstanzen zulässig, sofern diese bzw. Teile von diesen verwendet werden, die die gleichen genetischen Informationen wie bei anderen Menschen enthalten und deshalb die Individualität des ehemaligen Substanzträgers nicht betreffen.

Während die herrschende Meinung vom Grundsatz der Einwilligungsbedürftigkeit in die Weiterverwendung der Körpermaterialien zu Forschungszwecken ausgeht, gehen Nitz und Diercks von der umgekehrten Annahme aus, wonach die Forschung an und mit Körpersubstanzen grundsätzlich nicht der Einwilligung bedürfe, solange nicht rechtlich geschützte Interessen des ehemaligen Trägers dies erfordern.[473] Die beiden Autoren postulieren, dass es einer Einwilligung nur für diejenigen Verwendungszwecke bedürfe, die in die Persönlichkeitsrechte des ehemaligen Substanzträgers eingreifen. Das Einwilligungserfordernis könne sowohl Ausfluss aus der Individualität des ehemaligen Substanzträgers als auch aus seinem Selbstbestimmungsrecht sein.[474] Eine Einwilligung wäre folglich in den Fällen notwendig, in denen durch die Forschung die Individualität des ehemaligen Substanzträgers berührt würde, wie z.B. wenn genetische Informationen entschlüsselt und Rückschlüsse auf den Betroffenen gezogen werden könnten. Forschungsvorhaben, die sich nicht auf die Individualität des Betroffenen beziehen wären demnach ohne dessen Einwilligung zulässig.[475] Bezüglich des Selbstbestimmungsrechts des Betroffenen sei zu fragen, inwiefern die entnommenen Materialien noch unmittelbar der Bestimmungsbefugnis des Betroffenen zugeordnet werden können.[476] Für die Beantwortung dieser Frage bedürfe es einer einzelfallbezogenen Interessen- und Güterabwägung, der folgende Kriterien zugrunde zu legen seien: der objektive Bezug zur Individualität des Patienten, seine faktischen Einwirkungsmöglichkeiten, die seit der Abtrennung vom Körper verstrichene Zeit und der erkennbare Wille zur fortdauernden Bestimmung über den entnommenen Bestandteil.[477] Die Verfasser kommen somit konsequenterweise zu dem Schluss, dass es im „Normalfall“ keiner Einwilligung des Betroffenen in die Forschung mit seinen Körpersubstanzen bedürfe – es sei denn, durch die Forschungen würde ein Bezug zur Individualität des Betroffenen hergestellt.

Am patientenfreundlichsten ist der Ansatz von Freund und Weiss, die nicht nur aus dem allgemeinen Persönlichkeitsrecht sondern darüber hinaus aus dem Eigentumsrecht des Patienten von einem grundsätzlichen Einwilligungserforder-

473 *Nitz/Dierks*, Nochmals: Forschung an und mit Körpersubstanzen – wann ist die Einwilligung des ehemaligen Trägers erforderlich?, MedR 2002, 400-403, S. 400.

474 Ibid, S. 401.

475 Ibid, S. 401.

476 Ibid, S. 401.

477 *Nitz/Dierks*, Nochmals: Forschung an und mit Körpersubstanzen – wann ist die Einwilligung des ehemaligen Trägers erforderlich?, MedR 2002, 400-403, S. 402.

nis ausgehen.[478] Mit dem plakativen Ausspruch „Wer nicht rechtzeitig fragt, geht von Rechts wegen leer aus!“[479] resümieren die Verfasser, dass aus Art. 2 Abs. 2, Art. 2 Abs. 1 i.V.m. Art. 1 Abs. 1 GG zwingend folge, dass die Dispositionsrechte des Einzelnen über seinen Körper, nur ihm selbst zustehen und sich auch nach der Trennung noch an den Materialien fortsetzen.[480] Im Gegensatz zur überwiegenden Meinung in der Literatur,[481] verneinen Freund und Weiss sowohl, dass in dem kommentarlosen Zurücklassen der Materialien in der Klinik eine mutmaßliche Einwilligung in deren weitere Verwendung zu Forschungszwecken gesehen werden könne[482] als auch dass der Patient im Zurücklassen sein Material wenn nicht derelinquiert, so doch zumindest das konkludente Übereignungsangebot an die Klinik abgibt, welches diese regelmäßig annimmt. An einer mutmaßlichen Einwilligung fehle es bereits deshalb, weil diese nur angenommen werden könne, wenn spezielle Anhaltspunkte für einen entsprechenden tatsächlichen Willen des Betroffenen im Hinblick auf die konkreten Umstände angenommen werden könnten.[483] Von einer Zustimmung könne insbesondere deshalb nicht ausgegangen werden, weil der Rechtsgutinhaber statt Vorteile hier lediglich Beeinträchtigungen seiner Rechtsgüter zu erwarten habe und deshalb dem Forschenden regelmäßig nichts über die Einstellung des Betroffenen bekannt sei[484] – er mithin keine Anhaltspunkte habe, um den mutmaßlichen Willen des Betroffenen zu eruieren. Dementsprechend sei eine mutmaßliche Einwilligung in allen Fällen auszuschließen, in denen der dispositionsbefugte Rechtsinhaber rechtzeitig hätte gefragt werden können.[485]

Ähnlich wie Freund und Weiss vertritt Halász die These, dass jede Weiterverwendung menschlicher Substanzen ohne Zustimmung des Substanzträgers einen Eingriff in den Schutzbereich des Rechts auf bio-materielle Selbstbestimmung[486] darstellt.[487] Aufgrund einer verfassungsrechtlichen Betrachtung kommt Halász zu dem Schluss, dass von Verfassungsseite keinem der Rechtsgüter, nämlich dem allgemeinen Persönlichkeitsrecht auf der einen und dem Recht auf Forschungs-

478 *Freund/Weiss*, Zur Zulässigkeit der Verwendung menschlichen Körpermaterials für Forschungs- und andere Zwecke, MedR 2004, 315-319, S. 316.

479 Ibid, S. 319.

480 Ibid, S. 315.

481 Vgl. Ausführungen in Kap. II. B. II. 1. b) aa) und bb), S. 90ff.

482 *Freund/Weiss*, Zur Zulässigkeit der Verwendung menschlichen Körpermaterials für Forschungs- und andere Zwecke, MedR 2004, 315-319, S. 317f.

483 Ibid, S. 318.

484 Ibid, S. 318.

485 *Freund/Weiss*, Zur Zulässigkeit der Verwendung menschlichen Körpermaterials für Forschungs- und andere Zwecke, MedR 2004, 315-319, S. 318.

486 Das Recht auf bio-materielle Selbstbestimmung ist nach Auffassung Halászs eine besondere Fallgruppe des allgemeinen Persönlichkeitsrechts, welches jegliche Fälle der Verwendung biologischen Materials umfasst. *Halász*, Das Recht auf bio-materielle Selbstbestimmung, S. 82ff.

487 *Halász*, Das Recht auf bio-materielle Selbstbestimmung, S. 192.

freiheit auf der anderen Seite ein Vorrang gegenüber dem jeweils anderen einzuräumen ist und deshalb im Wege der praktischen Konkordanz ein Ausgleich zwischen diesen Grundrechten erzielt werden müsse.[488] Dieses verfassungsrechtliche Ergebnis müsse sich auch in der privatrechtlichen Güter- und Interessenabwägung widerspiegeln, welches folgende zwei Konsequenzen habe: Erstens müsse ein vom Betroffenen gegen die Weiterverwendung seiner Körpersubstanzen eingelegtes Veto Beachtung finden[489] und zweitens sei es den Forschern grundsätzlich zumutbar, vor Weiterverwendung der Körpermaterialien, die Einwilligung des Substanzträgers einzuholen.[490] Wie die anderen Autoren, erörtert Halász die Frage, ob es Szenarien gibt, in denen eine Einwilligung ausnahmsweise nicht erforderlich ist. Er nimmt dies für zwei Sachverhalte an. Zum einen sei eine Einwilligung in den Fällen verzichtbar, in denen die Einholung der Einwilligung unzumutbar ist.[491] Wann ein Fall der Unzumutbarkeit vorliegt solle vom zeitlichen, finanziellen und verwaltungstechnischen Aufwand im Einzelfall abhängig sein, wobei ein pauschaler Bezug auf vorgenannte Gründe nicht ausreichen dürfe.[492] Zum anderen solle in Ausnahmefällen die Weiterverwendung bei deutlich überwiegenden Forschungsinteressen ohne Einwilligung zulässig sein.[493] Zu Recht weist Halász darauf hin, dass diese Ausnahme restriktiv zu handhaben sei, da sie ansonsten sehr leicht als „Blankoermächtigung" missbraucht werden könnte.[494] Auch der Nationale Ethikrat lässt ein Überwiegen der Forschungsinteressen ausreichen, wenn zusätzlich der Zweck der Forschung auf andere Weise nicht oder nur mit unverhältnismäßigem Aufwand erreicht werden kann.[495] Darüber hinaus differenziert Halász zwischen anonymisierten codierenden und nicht-codierenden Materialien.[496] Im Fall der anonymisierten nicht-codierenden Materialien hält Halász eine Weiterverwendung ohne Einwilligung für zulässig, da zu diesen eine schwächere persönlichkeitsrechtliche Beziehung bestehe, wohingegen bei anonymisierten codierenden Substanzen aufgrund der Sensibilität der enthaltenen Informationen das Einwilligungserfordernis fortbestehe.[497]

488 Ibid, S. 194.

489 Dieser Ansicht auch: Nationaler Ethikrat, Biobanken für die Forschung, Stellungnahme, S. 13.

490 *Halász*, Das Recht auf bio-materielle Selbstbestimmung, S. 195f.

491 Ibid, S. 197.

492 Ibid, S. 198.

493 Ibid, S. 199.

494 Ibid, S. 199.

495 Nationaler Ethikrat, Biobanken für die Forschung, Stellungnahme, S. 13.

496 Codierende Materialien erlauben Rückschlüsse auf bestimmte Persönlichkeitsmerkmale des Substanzträgers, wohingegen nicht codierende Materialien nur der Individualisierung des Substanzträgers dienen und dabei u.a. Rückschlüsse auf Geschlecht und einzelne Dispositionen zulassen, (für nähere Ausführungen siehe *Halász*, Das Recht auf bio-materielle Selbstbestimmung, S. 201).

497 *Halász*, Das Recht auf bio-materielle Selbstbestimmung, S. 203.

Auch der Nationale Ethikrat, der sich im Rahmen seiner Stellungnahme zu den Biobanken mit der Frage des Einwilligungserfordernisses bezüglich der Weiterverwendung entnommener Körpersubstanzen beschäftigte, kam zu dem Ergebnis, dass grundsätzlich auch hier das Einwilligungserfordernis gelte.[498] Für die medizinische Forschung könne von dem Erfordernis der Einwilligung hingegen abgesehen werden, wenn die Proben und Daten vollständig anonymisiert bzw. zumindest pseudonymisiert würden und der Forscher keinen Zugang zum Code hätte.[499] Im Gegensatz zu Halász wird hier nicht zwischen codierenden und nicht-codierenden Materialien differenziert. Vielmehr wird allgemein statuiert, dass persönlichkeitsrechtliche Belange des ehemaligen Trägers der Körpersubstanz nicht betroffen seien, wenn es durch die Anonymisierung an einem individualisierenden Bezug zu der Person des früheren Trägers fehlt.[500]

Vorgenannten Argumentationssträngen ist gemeinsam, dass sie bezüglich des die Weiterverwendung der entnommenen Materialien betreffenden Einwilligungserfordernisses die datenschutzrechtlichen Aspekte zur Betrachtung mit heranziehen. So wird vertreten, dass die Einwilligungserfordernisse in die Verwendung des Materials nicht hinter denen in die Verwendung der gewonnenen Daten zurückstehen dürfen.[501] Zunächst ist hierbei zu bedenken, dass nicht näher bezeichnete Materialien sich nicht mehr ihrem ursprünglichen Träger zuordnen lassen und deshalb nicht in den Anwendungsbereich der Datenschutzgesetze fallen, der gemäß § 3 Abs. 1 BDSG auf bestimmte bzw. bestimmbare Personen begrenzt ist.[502] Allerdings, so Breyer, müssen Körpersubstanzen in der Praxis zu Identifizierungszwecken mit persönlichen Daten des ehemaligen Trägers bzw. einer Pseudonymziffer beschriftet sein, welche dann doch Aufschluss über den ehemaligen Träger geben können, womit es sich wiederum um ein besonderes personenbezogenes Merkmal i.S. des § 3 Abs. 9 BDSG handeln dürfte.[503] Sind dementsprechend die datenschutzrechtlichen Bestimmungen anzuwenden, bedarf die Weiterverwendung der entnommenen Materialien einer gesonderten Einwilligung, da die sich auf die Entnahme beziehende Einwilligung nicht auf die Weiterverwendung erstreckt werden kann. Denn auch hier ist der Zweckbindungsgrundsatz, §§ 14 Abs. 1, 28 Abs. 2 BDSG, zu beachten.[504] Jedoch ist eine Durchbrechung des Zweckbindungsgrundsatzes im Hinblick auf konkrete Forschungsvorhaben zulässig, wenn das Forschungsvorhaben personenbezogene

498 Nationaler Ethikrat, Biobanken für die Forschung, Stellungnahme, S. 12.

499 Ibid, S. 12f.

500 Ibid, S. 52.

501 v. *Freier*, Getrennte Körperteile in der Forschung, MedR 2005, 321-328, S. 322f.; *Breyer*, Der datenschutzrechtliche Schutz von Körpersubstanzen, MedR 2004, 660-667, S. 661.

502 *Breyer*, Der datenschutzrechtliche Schutz von Körpersubstanzen, MedR 2004, 660-667, S. 660.

503 *Breyer*, Der datenschutzrechtliche Schutz von Körpersubstanzen, MedR 2004, 660-667, S. 660.

504 Ibid, S. 661.

Daten erfordert und diese zulässigerweise zu Behandlungszwecken erhoben wurden und aufbewahrt werden.[505] Dementsprechend wäre die Weiterverwendung von Körpermaterialien zu Forschungszwecken ohne entsprechende Einwilligung des ehemaligen Substanzträgers in weitem Umfang zulässig.

Die Frage, ob das Einwilligungserfordernis in den Fällen entfällt, in denen die Materialien anonymisiert sind, wird durchaus kontrovers diskutiert. Während Breyer, der Nationale Ethikrat, Nitz und Dierks von einem Einwilligungserfordernis in diesen Fällen absehen und Halász zumindest in den Fällen anonymisierter nicht-codierender Materialien dies für entbehrlich erachtet, halten Freund und Weiss, Spranger und v. Freier auch in diesen Fällen an dem Einwilligungserfordernis fest. Spranger lehnt eine Ausnahme vom Einwilligungserfordernis mit der Begründung ab, dass andernfalls die Gefahr bestehe, dass durch die Wahl des einfacheren Weges, der – zudem meist reversiblen – Anonymisierung eine Rechtsverkürzung einträte.[506] Konsequent folgern Freund und Weiss, dass auch die Anonymisierung des Körpermaterials nichts an dem generellen Einwilligungserfordernis ändere, da die Rechtsverletzung bereits in der Missachtung der ausschließlichen Dispositionsbefugnis des Betroffenen bzw. in der Verletzung des Eigentumsrechts zu sehen sei.[507] V. Freier resümiert, dass das Recht am eigenen Körper ein wesentliches Persönlichkeitsrecht sei und die Selbstverfügung im Hinblick auf den ganzen Körper abwägungsfrei gegenüber den Grundrechten auf Berufs- und Forschungsfreiheit geschützt sei.[508] Provokativ fragt v. Freier, ob dieses Recht sich allein durch die Trennung der Materialien ändern solle mit dem Ergebnis, dass nunmehr der umfassende Schutz auf einen Schutz vor Individualisierung reduziert und der Raum für eine Interessenabwägung frei werde.[509] Seiner Meinung nach werde das Recht zur Selbstdefinition bei Abhängigmachung der Fortdauer der Verbindung zum abgetrennten Körpermaterial von einem erkennbaren Willen zur fortdauernden Bestimmung über das getrennte Material, ausgehöhlt.[510] Es bliebe mithin dabei, dass unabhängig von Anonymisierung oder Pseudonymisierung, die Weiterverwendung entnommener Körpersubstanzen von der Einwilligung des ehemaligen Substanzträgers gedeckt sein müsse.[511]

505 Ibid, S. 664.

506 *Spranger*, Die Rechte des Patienten bei der Entnahme und Nutzung von Körpersubstanzen, NJW 2005, 1084-1090, S. 1087.

507 *Freund/Weiss*, Zur Zulässigkeit der Verwendung menschlichen Körpermaterials für Forschungs- und andere Zwecke, MedR 2004, 315-319, S. 319.

508 *V. Freier*, Getrennte Körperteile in der Forschung, MedR 2005, 321-328, S. 324.

509 Ibid, S. 325.

510 Ibid, S. 326.

511 Ibid, S. 328.

(2) Stellungnahme

Der Forderung, dass die Weiterverwendung entnommener Körpermaterialien für Forschungsvorhaben grundsätzlich der Einwilligung des ehemaligen Substanzträgers bedürfe, ist zuzustimmen. Wie dargestellt, setzen sich an den entnommenen Körpermaterialien die Eigentums- und Persönlichkeitsrechte des ehemaligen Substanzträgers fort, aus welchen sich die generelle Dispositionsbefugnis des Substanzträgers ableiten lässt. Der Umkehrung dieses Grundsatzes durch Nitz und Dierks[512] ist insoweit nicht zu folgen, da dem Stellenwert der Rechte der Substanzträger nur dadurch gebührend Rechnung getragen werden kann, dass von einem grundsätzlichen Einwilligungserfordernis ausgegangen wird.

Unabhängig davon, ob man das Eigentumsrecht an den abgetrennten Materialien bei ihrem Zurücklassen in der Klinik fortbestehen lässt, folgt zumindest aus dem an den Materialien fortbestehendem allgemeinen Persönlichkeitsrecht, dass in den Fällen, in denen der ehemalige Substanzträger einer bestimmten Form der Weiterverwendung oder generell der über die Entnahmezwecke hinausgehenden Weiterverwendung widerspricht, dem Rechnung zu tragen ist. Jedes Veto des Patienten bezüglich einer weitergehenden Verwendung seiner Körpermaterialien ist von der Klinik und den Forschern zu beachten.

Aufgrund des hohen Stellenwertes des allgemeinen Persönlichkeitsrechts muss gefordert werden, dass Forscher vor der Weiterverwendung entnommener Körpermaterialien die Einwilligung des Patienten einholen. Insofern muss dem allgemeinen Persönlichkeitsrecht gegenüber den Forschungsinteressen der Vorrang eingeräumt werden, als zum einen das Einholen der Einwilligung mit geringem Aufwand für die Einrichtung verbunden ist und zum anderen Kliniken nach Maßgabe der geltenden Landesdatenschutz- und Krankenhausgesetze bereits jetzt verpflichtet sind, zum Schutz des Rechts auf informationelle Selbstbestimmung des Patienten, dessen Einwilligung einzuholen bevor sie sich auf die Forschungsklauseln berufen.[513] Insofern muss das Sprichwort „Wer nicht wagt, der nicht gewinnt“ adaptiert werden in „Wer nicht fragt, der nicht gewinnt.“

Besonders schwierig ist die Frage zu beantworten, ob es Ausnahmen zu dem grundsätzlichen Einwilligungserfordernis geben soll. Abzulehnen ist zunächst die von Halász diskutierte Ausnahme, der Unzumutbarkeit der Einholung der Zustimmung.[514] Halász gelingt es bereits nicht, den Begriff der Unzumutbarkeit zweifelsfrei zu definieren. Zeit und Kosten des Forschers seien in die Abwägung

512 Siehe Ausführungen unter Kap. III. C. II. 2. a) bb), S. 154ff.; insbesondere *Nitz/Dierks*, Fn. 473, S. 195.

513 So auch *Halász*, Das Recht auf bio-materielle Selbstbestimmung, S. 196.

514 Siehe Ausführungen S. 198.

mit einzubeziehen, allerdings dürfe dies nicht zu einer „pauschalen Ausredemöglichkeit“ der Forscher führen – jedenfalls solle Unzumutbarkeit vorliegen, wenn das Einholen der Zustimmung tatsächlich unmöglich ist.[515] Tatsächlich unmöglich sei das Einholen der Zustimmung beispielsweise dann, wenn keine Adressangaben des Substanzträgers bzw. sonstiger Zustimmungsberechtigter vorlägen und eine Kontaktaufnahme mit den üblichen Kommunikationsmitteln nicht möglich sei.[516] Allein dieses Beispiel zeigt, dass bei normalem Geschehensverlauf es eigentlich nie zu Fällen kommen dürfte, in denen die Einholung der Einwilligung unzumutbar wäre. Die Kliniken verfügen immer über die Kontaktdaten der Patienten. Denkbar wäre nur, dass die Materialien lange aufbewahrt werden bevor sie Forschungszwecken zugeführt werden sollen und der ehemalige Substanzträger zum Beispiel durch Umzug unter seinen Kontaktdaten nicht mehr erreicht werden kann. Für diesen Fall kann zu einem früheren Zeitpunkt vorgebeugt werden, indem beim Patienten schon vor Abnahme der Materialien die Generaleinwilligung in die Weiterverwendung zu Forschungszwecken nachgesucht wird. Die Ausnahme der Unzumutbarkeit der Einholung der Zustimmung ist mithin nicht nur unpräzise und deshalb in der Praxis schwer greifbar, sondern darüber hinaus auch überflüssig, da dem Problem der schwierigen Kontaktierbarkeit der Patienten wirksam vorgebeugt werden kann.

Auch die zweite, sowohl von Halász[517] als auch dem Nationalen Ethikrat[518] vertretene Ausnahme der deutlich überwiegenden Forschungsinteressen vermag nicht zu überzeugen. Halász führt selbst das stärkste Gegenargument an, nämlich die Gefahr diesen Ausnahmetatbestand als „Blankoermächtigung“ auszunutzen.[519] Der Nationale Ethikrat schränkt diese Ausnahme dahingehend weiter ein, dass zusätzlich der Zweck der Forschung auf andere Weise nicht oder nur mit unverhältnismäßigem Aufwand erreichbar sein dürfe um dann im Folgesatz zu appellieren, dass auch dann die Einwilligung der Spender eingeholt werden solle, wenn dies mit zumutbaren Aufwand möglich sei.[520] Richtig folgert der Nationale Ethikrat, dass diese Ausnahme an praktischer Bedeutung in den Fällen verliert, in denen bereits bei der Entnahme die Einwilligung eingeholt werden kann.[521] Dies muss auch so gewollt sein. Der Schutz des Patienten erfordert es, dass in Zukunft Forscher vor der Entnahme bereits die Einwilligung in eine Weiterverwendung der Körpermaterialien einholen und sich zu einem späteren Zeitpunkt das Problem der fehlenden Einwilligung nicht mehr stellen kann.

---

515 *Halász*, Das Recht auf bio-materielle Selbstbestimmung, S. 198.

516 Ibid, S. 198.

517 Ibid, S. 199.

518 Nationaler Ethikrat, Biobanken für die Forschung, Stellungnahme, S. 13.

519 *Halász*, Das Recht auf bio-materielle Selbstbestimmung, S. 199.

520 Nationaler Ethikrat, Biobanken für die Forschung, Stellungnahme, S. 13.

521 Ibid, S. 13.

Klärungsbedürftig bleibt demnach nur die Frage, ob auch für die Forschung mit anonymisierten Materialien die Einwilligung des Substanzträgers einzuholen ist. Auf den ersten Blick erscheint es überzeugend, für anonymisiertes Material von einem Einwilligungsgebot abzusehen, da bei Forschung an diesen Materialien keine Rückschlüsse auf den ehemaligen Substanzträger gezogen werden können und in Abwägung seiner Interessen mit denen der Forschungsfreiheit, letztere überwiegen. Da aber auch das kleinste Stückchen Körpermaterial genetische Informationen des ehemaligen Substanzträgers enthält, können bei einem Abgleich mit neuen von diesem entnommenen Geweben Rückschlüsse auf den ursprünglichen Substanzträger gezogen werden. Zuzugeben ist allerdings, dass infolge der Vielzahl potentieller „Substanzquellen" die Gefahr einer Zuordnung zu dem ehemaligen Substanzträger sehr gering sein dürfte. Diese Gefahr kann sich hingegen angesichts der bereits stattfindenden medizinischen und elektronischen Entwicklung noch stark vergrößern.[522] Halász ist folglich zuzustimmen, dass bei codierendem Material aufgrund der Sensibilität der enthaltenen Informationen die Anonymisierung nicht ausreicht, um das Einwilligungserfordernis entfallen zu lassen. Allerdings erscheint die Unterscheidung von Halász in codierendes und nicht-codierendes Material nicht praxistauglich. Mit großer Wahrscheinlichkeit enthält jede Materialprobe codierende und nicht-codierende Bestandteile und Forschungsvorhaben sind regelmäßig nicht darauf ausgelegt ausschließlich mit codierenden oder nicht-codierenden Bestandteilen zu forschen. Um Regelungen für die tägliche Forschungspraxis handhabbar zu gestalten, sollte auf eine Differenzierung zwischen codierendem und nicht-codierendem Material verzichtet werden. Für ein generelles Einwilligungserfordernis sprechen vor allem die Sensibilität der im Material enthaltenen Informationen und das Risiko der persönlichen Zuordnung trotz Anonymisierung. Da sich das Verfügungsrecht des Patienten an den ihm entnommenen Materialien fortsetzt und nicht befriedigend erklärt werden konnte, weshalb nach der Trennung vom Körper das allgemeine Persönlichkeitsrecht lediglich auf den Schutz vor Individualisierung beschränkt werden sollte – ist auch für anonymisierte Materialien die Einwilligung des Patienten in deren Weiterverwendung zu fordern. Angesichts der Sensitivität der in den Materialien enthaltenen Informationen ist es den Forschern regelmäßig zumutbar, vor Entnahme der Substanzen die Einwilligung in deren Weiterverwendung einzuholen.

Abschließend bleibt festzuhalten, dass die über den Entnahmezweck hinausgehende Forschung an Körpermaterialien – unabhängig von deren Anonymisierung – der Einwilligung des Patienten bedarf.

522 So im Ergebnis auch *Halász*, Das Recht auf bio-materielle Selbstbestimmung, S. 200.

cc) Praxis

Im Folgenden soll der Praxistest gemacht und ein kurzer Blick auf die bestehende medizinische Handhabung geworfen werden, inwieweit die Einwilligung der Patienten bereits eingeholt wird und welche Bestrebungen bestehen, auch für die Weiterverwendung der Materialien bereits bei deren Entnahme eine entsprechende Einwilligung nachzusuchen.

Es darf davon ausgegangen werden, dass in der Vergangenheit mehr oder weniger unbefangen Proben für die medizinische Forschung archiviert und außerhalb des Behandlungszwecks verwendet wurden.[523] Dieser unbefangene Umgang hat sich indes in den letzten Jahren gewandelt, was nicht zuletzt aus der Tätigkeit der Zentralen Ethikkommission der Bundesärztekammer[524] zu ersehen ist. Die Sensibilität für die Patientenrechte, insbesondere deren Selbstbestimmungsrechte, hat in letzter Zeit stark zugenommen.

Positiv fällt hier insbesondere die Stiftung Human Tissue and Cell Research (HTCR) auf. Gegründet wurde die Stiftung im Dezember 2002 am Klinikum Regensburg auf Initiative des Zentrums für Leberzellenforschung am Klinikum der Universität Regensburg, in welchem Verfahren zur Optimierung und Entwicklung von In-vitro Techniken zur Kultivierung menschlicher Leberzellen entwickelt werden. Die für die Zellgewinnung verwendeten Gewebe werden bei therapeutisch notwendigen Eingriffen wie der radikalen Tumorentfernung entnommen.[525] Anstatt das Gewebe nach der Untersuchung zu verwerfen können nunmehr die Zellen für das Anlegen von Kulturen und spätere Therapien gewonnen werden. Um dem Missbrauch vorzubeugen und eine transparente Handhabung und Aufklärung im Umgang mit Patientenmaterial zu sichern wurde die Notwendigkeit der vorherigen Einwilligung des Patienten anerkannt und die Stiftung zur Umsetzung dieser Kriterien gegründet.[526] Um kein Misstrauen auf Seiten der Patienten aufkommen zu lassen, beauftragt die Stiftung zur Aufklärung und Einholung der Einwilligung Ärzte, die weder in die Behandlung des Patienten noch in die mögliche Nutzung des Gewebes involviert sind.[527] Die Patienten werden darüber aufgeklärt, dass anstatt die Gewebe nach der Operation zu verwerfen, diese aufbereitet, in Zellkulturen angelegt und zu Forschungszwecken verwendet werden sollen.[528]

---

523 *V. Freier*, Getrennte Körperteile in der Forschung, MedR 2005, 321-328, S. 321.

524 *ZEK BÄK*, Stellungnahme zur (Weiter-)Verwendung von menschlichen Körpermaterialien für Zwecke medizinischer Forschung (20.02.2003), S. 2.

525 *Thasler, Weiß et al.*, Heilung in der Kulturschale?, S. 6.

526 Ibid, S. 6.

527 *Thasler, Weiß et. al.*, Die Verwendung menschlichen Gewebes in der Forschung, 1397-1400, S. 1398.

528 *Thasler, Weiß et. al.*, Die Verwendung menschlichen Gewebes in der Forschung, 1397-1400, S. S. 1400; eine Abschrift des Wortlauts der Patienteninformation befindet sich im Anhang 5.

Auch an der Orthopädischen Klinik und Poliklinik der Heinrich-Heine-Universität Düsseldorf werden die Patienten um eine Spende ihres Operationsmaterials, beispielsweise bei Exostosengeweben,[529] gebeten. Die Patienten werden darüber aufgeklärt, dass das Gewebe zur Grundlagenforschung genutzt wird, sie im Falle ihrer Einwilligung ihre eigenen Ansprüche auf diese Gewebeprobe aufgeben und eine persönliche Mitteilung über die Verwendung und die eventuell resultierenden Ergebnisse nicht vorgesehen ist.[530]

Das Universitätsklinikum Gießen hat ebenfalls einen entsprechenden Aufklärungs- und Einwilligungsbogen, anhand dessen die Patienten um ihre Einwilligung zur Nutzung von bei Operationen anfallenden Geweberesten für Forschungszwecke gebeten werden.[531]

Ebenso erbittet das Klinikum rechts der Isar von seinen Patienten die Einwilligung zur Aufbewahrung und Analyse entnommener Blut- und Gewebeproben zum Zweck der Diagnostik, der Wissenschaft und der Lehre.[532]

Diese vier Beispiele bestätigen die Annahme, dass es den Forschern ohne weiteres zumutbar und technisch möglich ist, die Einwilligung der Patienten für eine etwaige Weiterverwendung der ihnen entnommen Gewebe einzuholen und zeigen, dass Patienten auch nach entsprechender Aufklärung in aller Regel bereit sind, ihre Operationsmaterialien zu Forschungszwecken frei zu geben. Auch unterschwellige Ängste, es würden nicht mehr ausreichend Materialien zu Forschungszwecken zur Verfügung gestellt, wenn die Patienten über deren Nutzung aufgeklärt würden, sind damit zu widerlegen.

b) Gewebegesetz

Auch in naher Zukunft sind keine spezialgesetzlichen Regelungen zur Frage eines Einwilligungserfordernisses für die Weiterverwendung von Geweben zu erwarten. Der Gesetzgeber hätte mit dem neuen Gewebegesetz eine weitere Chance gehabt, den sensiblen Bereich der Weiterverwendung zu Operationszwecken entnommener Gewebe zu regeln. Aber auch diese hat er verstreichen lassen.

Es ist allerdings positiv zu beurteilen, dass nunmehr durch die Implementierung des neuen § 8b TPG zumindest eine mögliche Form der Weiterverwendung, nämlich jene zu Zwecken der Übertragung auf Dritte, von einer entsprechenden Einwilligung des Substanzträgers abhängig gemacht wird.[533] Spezialgesetzlich

529 Hierbei handelt es sich um abgegrenzte Zubildungen von kompakter Knochensubstanz mit Wachstum nach außen.

530 Einwilligungsbogen der Orthopädischen Klinik und Poliklinik, Institut für Humangenetik und Anthropologie der Heinrich-Heine-Universität, siehe Anhang 6.

531 Universität Gießen, Einverständniserklärung, siehe Anhang 3.

532 Klinikum rechts der Isar, Einverständniserklärung, siehe Anhang 7.

533 Nähere Ausführungen, siehe Kap. III. B. II. 2. bb), S. 148.

ungeregelt bleibt hingegen weiterhin die Frage der Zulässigkeit der Weiterverwendung im Rahmen von Operationen entnommener Gewebe zu Forschungszwecken ohne dahingehende Aufklärung und Einwilligung des ehemaligen Substanzträgers.

c) Auswertung

Zusammenfassend lässt sich feststellen, dass in den letzten Jahren zwar verstärkt die Patienteninteressen und –rechte ins Blickfeld der Mediziner und Forscher gerückt sind und sowohl die eigenen medizinischen Standesorganisationen[534] als auch verschiedene Kliniken[535] begonnen haben ihre Tätigkeit mit diesen Interessen in Einklang zu bringen, der Gesetzgeber hingegen von spezialgesetzlichen Regelungen abgesehen hat.

Es ist jedenfalls begrüßenswert, dass sich zumindest Forscher und Mediziner mit der Problematik der Weiterverwendung zu anderen Zwecken entnommener Substanzen beschäftigen und vereinzelt den Patientenrechten insoweit Wirkung verleihen, als die Zulässigkeit der Weiterverwendung von der Einwilligung des Patienten abhängig gemacht wird. Nichtsdestotrotz herrscht unter Medizinern weiterhin Unsicherheit für welche Art der Weiterverwendung es der Einwilligung des Patienten bedarf und ob es Konstellationen gibt, in denen von einer Einwilligung abgesehen werden darf. Diese Unsicherheit vermag nicht zu verwundern, besteht doch nicht einmal unter den Juristen Einigkeit.[536] Insbesondere ist weiterhin unklar, ob durch eine Anonymisierung der Körpermaterialien das grundsätzlich bestehende Einwilligungserfordernis für eine an diesen vorzunehmende Forschung entfällt.

Ein Blick auf Art. 22 Biomedizinkonvention vermag hier weiterzuhelfen, auch wenn der genaue Regelungsinhalt unklar ist. Zwar dürfen gemäß Art. 22 Biomedizinkonvention Teile des menschlichen Körpers, die im Verlauf eines Eingriffs entnommen werden, nur dann zu einem anderen Zweck als jenem, der bei der Entnahme vorgesehen war, aufbewahrt und verwendet werden, wenn dies in Übereinstimmung mit angemessenen Aufklärungs- und Einwilligungsverfahren geschieht. In den Erläuterungen zur Konvention wird diese Forderung hingegen wieder aufgeweicht.[537] Laut der Erläuterungen geht Art. 22 Biomedizinkonven-

534 Zentrale Ethikkommission der Bundesärztekammer, siehe hierzu die Ausführungen auf S. 241f.; Auch in den Empfehlungen der Bundesärztekammer zum Umgang mit Präparaten aus menschlichem Gewebe in Sammlungen, Museen und öffentlichen Räumen wird die Einwilligung des ehemaligen Substanzträgers zu diesen Verwendungsformen gefordert (Pkt. B.2. der Empfehlungen).

535 Siehe hierzu die Ausführungen unter Kap. III. C. II. 2. a) cc), S. 165.

536 Siehe hierzu die Ausführungen unter Kap. III. C. II. 2. a) bb), S. 154ff.

537 Siehe hierzu die Ausführungen unter Kap. I. B. I., S. 27ff.

tion nämlich gerade nicht von einem grundsätzlichen expliziten Einwilligungserfordernis des Patienten aus.[538] Dafür stützen die Erläuterungen die These, dass das Einwilligungserfordernis nicht von einer Anonymisierung des Materials abhängig gemacht werden darf. Das Einwilligungserfordernis soll unabhängig von einer Anonymisierung des Materials bestehen.[539] Ein Absehen von dem Einwilligungserfordernis komme hingegen dann in Betracht, wenn der ehemalige Substanzträger nicht mehr erreichbar sei.[540] Wie bereits dargelegt, kann dieses Szenario vermieden werden, indem bereits vor der Abnahme des Körpermaterials die Einwilligung für dessen Weiterverwendung eingeholt wird und somit das Problem, den ehemaligen Substanzträger zu einem späteren Zeitpunkt nicht erreichen zu können, von vornherein ausgeräumt werden kann. Die Biomedizinkonvention untermauert mithin die Forderung, dass jegliche Form der Weiterverwendung entnommenen Körpermaterials der Einwilligung des ehemaligen Trägers bedarf – unabhängig davon, ob das Material anonymisiert wird oder nicht.

Gegen ein derart weitgehendes Einwilligungserfordernis könnte auf den ersten Blick der Entwurf des Zusatzprotokolls „Archivierte menschliche biologische Materialien in der bio-medizinischen Forschung" sprechen. Zwar wird auch hier von einem grundsätzlichen Einwilligungserfordernis für die Weiterverwendung entnommener Körpermaterialien ausgegangen, Art. 14 des Zusatzprotokolls. Jedoch sind die Regelungen des Zusatzprotokolls nicht auf unverknüpfte anonymisierte Materialien anzuwenden, Art. 3 des Zusatzprotokolls. Das Zusatzprotokoll regelt indessen lediglich den Umgang mit bereits archivierten Materialien und hat mithin keine Aussagekraft auf die hier gegenständliche Frage, ob der Patient bereits zur Archivierung als Voraussetzung für eine spätere Weiterverwendung seine Einwilligung erteilen muss. Somit mag für die Forschung an bereits archivierten unverknüpften anonymisierten Materialien keine Einwilligung des Patienten notwendig sein, für neu zu entnehmende Materialien und deren Weiterverwendung ist allerdings weiterhin die Einwilligung des Patienten unabhängig von einer Anonymisierung zu fordern.

Die Ratskommission des Europarates hat in ihren im März 2006 verabschiedeten Empfehlungen zur Forschung an biologischen Materialien menschlicher Herkunft[541] dargelegt, dass biologische Materialien, die zu anderen Zwecken als der Aufbewahrung zu Forschungszwecken entnommen wurden, nur dann zu Forschungszwecken zur Verfügung gestellt werden dürfen, wenn eine entsprechende Einwilligung des Betroffenen vorliegt oder die Voraussetzungen des

538 Siehe hierzu die Ausführungen unter Kap. I. B. I., S. 28.

539 Siehe hierzu die Ausführungen unter Kap. I. B. I., S. 28f.

540 Siehe hierzu die Ausführungen unter Kap. I. B. I., S. 29.

541 Council of Europe, Committee of Ministers, Recommendation on research on biological materials of human origin, Rec (2006) 4, Art. 12 section 1.

Art. 22 Abs. 1 ii. erfüllt sind, Art. 12 Abs. 1 der Empfehlungen. Gemäß Art. 23 Abs. 1 der Empfehlungen soll die Forschung an unverknüpften anonymisierten Körpermaterialien auch ohne Einwilligung des Betroffenen zulässig sein, sofern damit keine vom Betroffenen geäußerten Verwendungseinschränkungen missachtet werden. Im Fall identifizierbarer Körpermaterialien soll gemäß Art. 22 Abs. 1 i der Empfehlungen jeder vernünftige Versuch unternommen werden, die Einwilligung des Betroffenen einzuholen. Für den Fall, dass der Betroffene im Rahmen der Zumutbarkeit nicht erreicht werden kann, soll die Verwendung der Materialien zu Forschungszwecken auch ohne Einwilligung zulässig sein. Dies jedoch nur unter der Voraussetzung, dass es sich um wichtige Forschungsinteressen handelt, die Forschungsziele nicht zumutbar unter Nutzung von Materialien für die die Einwilligung eingeholt wurde bzw. eingeholt werden kann, erreicht werden können und keine Anhaltspunkte dafür bestehen, dass der Betroffene dieser Form der Forschung widersprochen hätte, Art. 22 Abs. 1 ii der Empfehlungen. Auch hier muss zum Schutz der Patienteninteressen gelten, dass bei Entnahme der Körpersubstanzen stets die Einwilligung für eine Verwendung zu Forschungszwecken eingeholt werden muss und deshalb in Zukunft die Ausnahme vom Einwilligungserfordernis faktisch nicht mehr greifen kann. Das Absehen vom Einwilligungserfordernis bei anonymisierten Materialien steht im Widerspruch zu Art. 22 Biomedizinkonvention, der eine derartige Differenzierung nicht zulässt. Da es sich bei den Empfehlungen der Ratskommission um keine für Deutschland verbindlichen Regelungen handelt, können in Deutschland strengere Regelungen bezüglich des Einwilligungserfordernisses angewendet werden.

Um der Sensibilität der in den Körpermaterialien enthaltenen Informationen gerecht zu werden und damit den Patienten den ihnen und ihren Körpermaterialien gebührenden Schutz vor Missbrauch angedeihen zu lassen, muss als Voraussetzung für eine zulässige Forschung an diesen Materialien grundsätzlich und ausnahmslos die Einwilligung des Betroffenen gefordert werden.[542] Wie aufgezeigt, würde eine derartige Regelung auch nicht im Widerspruch zu geltendem europäischen Recht stehen.

D. Tumorgewebe

Bei Tumorgewebe handelt es sich mitnichten – wie so häufig angenommen – lediglich um ein bloßes Abfallprodukt. Vielmehr ist in den letzten Jahren ein verstärktes Interesse an Tumorgeweben für die Forschung zu verzeichnen. Insbesondere für die Krebsforschung stellt Tumorgewebe eine nicht nur wichtige sondern

542 Siehe hierzu die Argumentation unter Kap. III. C. II. 2. a) bb) (2), S. 162ff.

auch knappe Ressource dar, die nicht auf den Müll sondern in die Forschung gehört.[543] Das erkrankte Gewebe enthält alle Informationen über genetische Veränderungen sowie die Krankheit selbst und ist für die Entwicklung neuer Diagnose- und Therapiemethoden ein unverzichtbarer Rohstoff.[544] Zu Forschungszwecken wird dieses Gewebe entweder direkt an Forschungseinrichtungen weitergegeben oder in so genannten Tumorbanken zunächst eingelagert, bis es von Forschungsinstitutionen abgerufen wird. Beispielhaft ist ein Projekt von Krebspatientinnen, die eine eigene Tumorgewebebank – PATH[545] – ins Leben gerufen haben. Hier können an Brustkrebs erkrankte Frauen ihr Tumorgewebe aufbewahren lassen, um jederzeit darauf zurückgreifen zu können, z.B. wenn an dem Gewebe neuartige Diagnostik- und Therapieverfahren durchgeführt werden sollen.[546] Während die Hälfte des Gewebes zu vorgenannten Zwecken aufbewahrt wird, wird die andere Hälfte für die Krebsforschung eingesetzt.[547] Für die Betreiber und Organisatoren selbstverständlich wird die Aufbewahrung und Freigabe zur Forschung ausschließlich nur bei Einwilligung der Frauen vorgenommen.

Auch wenn es sich auf den ersten Blick nur um Abfallmaterial handelt, ist für dessen Verwendung zu Forschungszwecken, wie bei allen anderen Geweben, die Einwilligung des Betroffenen zu fordern.[548] Zwar fehlt es auch im Rahmen der Weiterverwendung von Tumorgeweben an spezialgesetzlichen Regelungen, jedoch greifen hier die gleichen Überlegungen und Argumente wie bei der Weiterverwendung von anderen, bei Operationen entnommenen Geweben.[549] Bei der Weiterverwendung von Tumorgeweben ist die Sensitivität der in den Geweben enthaltenen Daten noch größer als bei anderen Geweben, da sie Aussagen über die Krebserkrankung des Betroffenen zulassen. Bedarf es nach dem Vorgesagten bereits der Einwilligung des Betroffenen für die Weiterverwendung ihm entnommenen, „gesunden“ Gewebes, muss dies erst recht für die Weiterverwendung von Tumorgeweben gelten.

543 *Bördlein*, Tumorbanken – gute Investition für Krebspatienten, Einblick 3/03, 6-9, S. 6.

544 Ibid, S. 6.

545 Der Name PATH steht für: Patienteneigene Tumorbank der Hoffnung.

546 PATH Die weltweit einzige Tumorbank von Patienten für Patienten, http://www.stiftungpath.org/.

547 PATH Die weltweit einzige Tumorbank von Patienten für Patienten, http://www.stiftungpath.org/.

548 So auch *Tschulik/Zatloukal*, Der neue Stellenwert von Tumor- und Gewebebanken, Pathologe 2001, 310-315, S. 310.

549 Siehe Kap. III. C. II. 2. a) bb), S. 154ff.

E. Knochenmark

In diesem Kapitel soll der Umgang mit Knochenmark und der hierfür existierende Rechtsrahmen dargestellt und diskutiert werden.

I. Medizinischer Hintergrund

Interessanterweise ist die Geschichte der klinischen Knochenmarktransplantation nicht viel älter als knapp vier Jahrzehnte.[550] Nach abenteuerlichen Versuchen um die Jahrhundertwende wie der oralen Gabe von Knochenmark, wurde die ernsthafte Basis der Knochenmarktransplantation Anfang der 50er Jahre gelegt. Es wurden u.a. Transplantationen u.a. bei Patienten eingesetzt die bei einem Reaktorunfall strahlenbedingte Blutbildungsstörungen erlitten hatten.[551]

Jährlich erkranken in Deutschland mehrere tausend Menschen an bösartigen Blutkrankheiten, deren prominentestes Beispiel die Leukämie ist. Es handelt sich vor allem um Erkrankungen der weißen Blutzellen, die in vielen Fällen zum Tode führen. Für diese Erkrankungen gibt es bisher nur zwei Behandlungsmethoden: zum einen die Chemotherapie und zum anderen die Transplantation von blutbildenden Stammzellen in Form der Knochenmarktransplantation oder Blutstammzelltransplantation, wobei die Transplantation häufig die einzige Heilungsmöglichkeit darstellt.[552] Ziel der Transplantation ist die Ersetzung der krankhaft veränderten Blutbildung des Patienten durch die gesunde eines Spenders.[553] Unter den weltweit registrierten Spendern, mittlerweile 9.967.976,[554] können infolge der hohen Anforderungen an die Gewebeverträglichkeit nur für ca. 70 % der suchenden Patienten geeignete Spender gefunden werden.[555]

Das Knochenmark ist ein weiches fetthaltiges Gewebe von rotgelber Farbe.[556] Die Blutstammzellen aus denen in mehreren Schritten sowohl die weißen und

550 *Schaefer*, Knochenmarktransplantation – Prinzipien, Forschungsschwerpunkte und Perspektiven, in Essener Unikate 10/1998, 85-91, S. 85.

551 Ibid, S. 85.

552 Universitätsklinikum Essen, Informationen über die freiwillige Knochenmarkspende und periphere Blutstammzellspende, S. 1, www.uni-essen.de/sze.

553 *Schäfer*, Knochenmarktransplantation – Prinzipien, Forschungsschwerpunkte und Perspektiven, in Essener Unikate 10/1998, 85-91, S. 86.

554 Zentrales Knochenmark-Spendenregister Deutschland, Stand 27.09.2005, www.zkrd.de/spenderzahlen.html.

555 Universitätsklinikum Essen, Informationen über die freiwillige Knochenmarkspende und periphere Blutstammzellspende, S. 1, www.uni-essen.de/sze.

556 *Schaefer*, Knochenmarktransplantation – Prinzipien, Forschungsschwerpunkte und Perspektiven, in Essener Unikate 10/1998, 85-91, S. 86.

roten Blutkörperchen, als auch die Blutplättchen entstehen, werden im Knochenmark gebildet, welches sich in den Hohlräumen bestimmter Knochen, wie z.B. dem Beckenkamm, den Rippen und dem Brustbein bildet.[557] Die Knochenmarkentnahme erfolgt unter Vollnarkose, wobei dem Spender unter Vollnarkose je nach Gewicht zwischen 0,5 und 1,5 Liter Knochenmarkblut durch eine Punktionsnadel vorzugsweise aus dem Beckenkamm entnommen werden.[558] Die Verpflanzung des Knochenmarks erfolgt dann durch Injektion in die Blutbahn des Empfängers und bei erfolgreicher Transplantation normalisiert sich die Blutbildung innerhalb von ein bis zwei Monaten nach der Transplantation.[559]

II. Rechtliche Regelungen

Anschließend an die Darstellung der medizinischen Verwendungsmöglichkeiten von Knochenmark soll nunmehr folgend der Rechtsrahmen beleuchtet werden.

1. Transplantationsgesetz

Durch das Gewebegesetz[560] hat das Transplantationsgesetz bezüglich der Regelung der Knochenmarkspende im Jahr 2007 signifikante Änderungen erfahren.

In dem bis dahin geltenden Transplantationsgesetz hatte der Gesetzgeber von einer Aufnahme der Knochenmarkspende in das TPG abgesehen, weshalb es im Bereich der Knochenmarkspende an einer spezialgesetzlichen Regelung fehlte. Gemäß § 1 Abs. 2 Nr. 2 TPG-Alt war Knochenmark vom Anwendungsbereich des TPG explizit ausgenommen. Stattdessen verwies die amtliche Begründung zum TPG auf Richtlinien der Bundesärztekammer, welche die allgemein arztrechtlichen Regeln konkretisieren.[561] König vermutet, dass Hintergrund der Nichtaufnahme von Knochenmarkspenden in das TPG sein dürfte, dass die Knochenmarktransplantation anderen Regeln folgt als die der Lebendorganspende

557 Universitätsklinikum Essen, Informationen über die freiwillige Knochenmarkspende und periphere Blutstammzellspende, S. 1, www.uni-essen.de/sze.

558 Universitätsklinikum Essen, Informationen über die freiwillige Knochenmarkspende und periphere Blutstammzellspende, S. 1, www.uni-essen.de/sze; Deutsches Medizinnetz, Was man über die Knochenmarkspende wissen sollte!, S. 3; Knochenmark-Spenderzentrale Essen SZE, Spenden rettet Leben – Im Kampf gegen Leukämie zählt jeder einzelne Spender, S. 1.

559 *Schaefer*, Knochenmarktransplantation – Prinzipien, Forschungsschwerpunkte und Perspektiven, in Essener Unikate 10/1998, 85-91, S. 86.

560 Gesetz über Qualität und Sicherheit von menschlichen Geweben und Zellen vom 20.07.2007.

561 Höfling/*Rixen*, TPG-Kommentar, § 1 Rdnr. 38, Richtlinie der Bundesärztekammer zur allogenen Knochenmarktransplantation mit nichtverwandten Spendern, DÄBl. 91, (1994), B 578f.

sonstiger Organe und deshalb ein Teil der Zulässigkeitsvoraussetzungen des § 8 TPG nicht passen würde.[562] Darüber hinaus vermutet König, dass der Knochenmarkspende durch minderjährige Spender nicht der Boden entzogen werden sollte.[563]

Durch das Gewebegesetz wurde die Knochenmarkspende nunmehr in den Regelungsbereich des TPG aufgenommen[564] und somit an den Anwendungsbereich der Richtlinie 2004/23/EG angepasst. Die Voraussetzungen für Einwilligung und Aufklärung zur Knochenmarkspende volljähriger Spender sind, wie für alle anderen Organe und Gewebe, in § 8 TPG geregelt, so dass insofern auf die Ausführungen zur Organ- und Gewebespende verwiesen werden kann.[565]

Um die Möglichkeit einer Knochenmarkspende durch Minderjährige aufrecht zu erhalten, wurde § 8a TPG in das TPG eingefügt, welcher die Voraussetzungen der Knochenmarkspende Minderjähriger und nicht einwilligungsfähiger Volljähriger regelt. Die Darstellung der Voraussetzungen ist verzichtbar, da der Gesetzgeber auch hier keine Regelungen bezüglich der Weiterverwendung nicht übertragbaren Knochenmarks getroffen hat.

Es bleibt dabei, dass die allgemeinen zivil- und strafrechtlichen Regelungen bezüglich der Weiterverwendung nicht übertragenen Knochenmarks Anwendung finden.

2. Richtlinien für die allogene Knochenmarktransplantation mit nichtverwandten Spendern[566]

Aufgrund der rückläufigen Geburtenraten und des ständig wachsenden Bedarfs an Spendern und den damit verbundenen Problemen der allogenen Knochenmarktransplantation hat die Bundesärztekammer diese Richtlinien verabschiedet.

Die Richtlinien gelten gemäß Punkt 1.3 für alle Ärzte, die Knochenmarkspender werben, informieren, untersuchen und/oder betreuen, die bei der allogenen Knochenmarktransplantation selbst und bei der Indikationsstellung hierzu mitwirken, die Knochenmark für die allogene Knochenmarktransplantation

562 *König* in Schroth/König/Gutmann/Oduncu, TPG Kommentar, § 1, Rdnr. 20.

563 *König* in Schroth/König/Gutmann/Oduncu, TPG Kommentar, § 1, Rdnr. 20.

564 Die Ausnahmeregelung des § 1 Abs. 2 Nr. 2 TPG bezüglich der Materialien, die vom Anwendungsbereich des TPG nicht umfasst sind wurde dahingehend geändert, dass das Knochenmark hier herausgenommen wurde und das TPG somit nur noch keine Anwendung für Blut und Blutprodukte findet.

565 Siehe Ausführungen zu den Einwilligungs- und Aufklärungsvoraussetzungen bzgl. der Weiterverwendung gespendeten Gewebes für Drittzwecke, Kap. III, B. II. 2. b) bb), S. 148.

566 Richtlinien der Bundesärztekammer von 1994, DÄBl. 91, Heft 11, A 761-766.

beim Spender entnehmen und für den Transport zum Empfänger verantwortlich sind.

Nichtverwandte Knochenmarkspender müssen gemäß Punkt 2.2 der Richtlinien über Zweck, Vorgehen bei und potentielle Gefahren der Knochenmarkspende umfassend informiert werden. Der Knochenmarkspender unterzeichnet eine Einverständniserklärung, in der er erklärt, nach umfassender Information über Zweck, Vorgehen und potentielle Gefahren der Knochenmarkspende zur freiwilligen, anonymen, unbezahlten Knochenmarkspende bereit zu sein. Gemäß Punkt 3.4 der Richtlinien ist der Spender zum Zeitpunkt der Untersuchung nach Punkt 3.3 nochmals über die Einzelheiten und das Vorgehen bei der Knochenmarkspende, sowie über die erforderliche Narkose und Narkoserisiken aufzuklären. Bei seiner Einverständniserklärung kann der Spender um seine Bereitschaft gebeten werden, im Rahmen der patientenbezogenen Knochenmarkspende auch eine Knochenmarkprobe für begleitende Forschung zur Verfügung zu stellen. Eine Knochenmarkentnahme allein zu Forschungszwecken ist unzulässig. Regelungen bezüglich der Weiterverwendung entnommenen Knochenmarks in den Fällen, in denen es nicht transplantiert werden konnte, bzw. in denen nicht das gesamte entnommene Knochenmark transplantiert wurde, sind den Richtlinien der Bundesärztekammer nicht zu entnehmen. Allerdings muss davon ausgegangen werden, dass diese Fälle nicht bzw. nur sehr selten vorkommen, denn bevor dem Spender das Knochenmark entnommen wird, wird sichergestellt, dass die Gewebeverträglichkeit mit dem Empfänger gegeben ist und das Knochenmark dann auch transplantiert wird. Es darf auch nicht mehr Knochenmark entnommen werden als für die Transplantation notwendig, so dass das Übrigbleiben von Knochenmark eher ein theoretisches Problem darstellt. Dafür besteht aber die Möglichkeit der Einwilligung des Patienten in die zusätzliche Entnahme einer Knochenmarkprobe für die begleitende Forschung im Rahmen der Entnahme zu Spendezwecken. Hieraus ist allerdings noch nicht der Umkehrschluss zu ziehen, dass nur die zusätzliche Knochenmarkprobe zu Forschungszwecken verwendet werden darf, das für Spendezwecke entnommene, aber schließlich nicht verwendete Knochenmark hingegen nicht. Für diese Szenarien gelten mithin die allgemeinen zivil- und strafrechtlichen Regelungen.

3. Straf- und Bußgeldvorschriften

Wenig verwunderlich ist, dass auch für die Knochenmarkspende keine spezialgesetzlichen Regelungen existieren, die eine Verwendung des entnommenen Knochenmarks zu anderen Zwecken als dem der Transplantation ausschließen. Wenn auch hier das entnommene Knochenmark fast immer auf den Empfänger übertragen wird, so werden bei jeder Übertragung kleine Reste zurückbleiben, die für Forschungszwecke Verwendung finden könnten und somit in dem Knochenmark enthaltene sensitive Daten Dritten zugänglich gemacht werden könnten. Vor einer Nutzung des „Spenderknochenmarks" für Forschungszwecke ist der Spender auch durch das geltende Strafrecht nicht geschützt.

F. Nabelschnurblut

Im Folgenden werden die Einsatzmöglichkeiten von Nabelschnurblut, dessen Bedeutung beständig zunimmt, dargestellt und die Einwilligungs- und Verfügungsbefugnisse der Beteiligten erörtert.

I. Medizinischer Hintergrund

Durch die Entwicklung von kontinuierlichen Zellseparatoren[567] können seit den 70er Jahren im peripheren Blut zirkulierende, funktionell unterschiedliche Zellen, wie Thrombozyten, Leukozyten und periphere Stammzellen gesammelt werden.[568] Aufgrund der Besonderheiten der sich sehr früh figurierenden fetalen bzw. neonatalen Stammzellen ist das Plazenta- und Nabelschnur-Restblut in den vergangenen Jahren in die Aufmerksamkeit der Wissenschaft gerückt.[569] Seit den 90er Jahren ist es nunmehr möglich, insbesondere für die Therapie von Kindern zum Wiederaufbau des blutbildenden Systems auf Stammzellen aus dem Nabelschnurblut zurückzugreifen.[570] Nabelschnurblut kann in der heutigen Therapie eine Alternative zur Behandlung von Patienten mit Blut- oder Immunsystemerkrankungen darstellen.[571] Aktuell werden Stammzellen aus Nabelschnurblut für die Therapie von Leukämien, Lymphomen, Aplastischer Anämie und Erbkrankheiten eingesetzt.[572]

---

567 Zellseparatoren sind „Geräte (Zentrifugen) zur kontinuierlichen Trennung einzelner Zellfraktionen aus dem Blut des beidarmig angeschlossenen Spenders" (Roche Lexikon Medizin: http://gripsdb.dimdi.de/rochelexikon/ro40000/r42354.html).

568 Bundesärztekammer, Richtlinien zur Transplantation peripherer Blutstammzellen, DÄBl. 94, Heft 23, A-1584.

569 Bundesärztekammer, Richtlinien zur Transplantation peripherer Blutstammzellen, DÄBl. 94, Heft 23, A-1585.

570 *Manzei*, Stammzellen aus Nabelschnurblut, Ethische und gesellschaftliche Aspekte, S. 8.

571 European Group on Ethics and New Technologies (EGE), Opinion on the Ethical Aspects of Umbilical Cord Blood Banking, opinion number 19, 2004, S. 5.

572 Ibid, S. 5.

Die Zahl der kommerziellen und nicht-kommerziellen Einrichtungen, die die Aufbereitung und Einlagerung von Nabelschnurblut anbieten, hat sich in den letzten Jahren drastisch erhöht. Werdende Eltern werden mit einer Vielfalt von Informationsbroschüren geradezu bombardiert, die sie darauf aufmerksam machen, dass es schlichtweg verantwortungslos sei das Nabelschnurblut ungenutzt zu lassen. So heißt es: „Liebe werdende Eltern, Sie freuen sich auf Ihr neues Familienmitglied und wünschen ihm alles erdenklich Gute und beste Gesundheit. Sicherlich haben Sie sich bereits Gedanken darüber gemacht, wie Sie eine optimale Vorsorge für Ihr Kind treffen können und was Ihrem Kind im Falle einer Erkrankung entscheidend helfen könnte. Mit Hilfe des „tiefen Einfrierens" (Kryokonservierung) von Stammzellen aus dem Nabelschnurblut sorgen Sie schon heute für die Gesundheit Ihres Kindes vor."[573] Mit der Angst der Eltern wird seitens der kommerziellen Nabelschnurblutbanken ein großes Geschäft gemacht.[574] Die Zahl der Einlagerungen steigt stetig an.

Neben den nachfolgend zu erörternden rechtlichen Aspekten dürfen auch die ethischen Aspekte der autologen Einlagerung des Nabelschnurbluts nicht außer Acht gelassen werden, die an dieser Stelle der Vollständigkeit halber zumindest skizziert werden sollen. Das Geschäft mit den autologen Nabelschnurbluteinlagerungen steigt immens. Es muss jedoch kritisch hinterfragt werden, ob hier nicht nur mit einem „Schreckgespenst" Geld auf Kosten besorgter Eltern verdient werden soll. Denn die vorgenannten Therapiemöglichkeiten,[575] die durch die Nutzung aus dem Nabelschnurblut gewonnener Stammzellen vorgestellt wurden, beziehen sich ausschließlich auf die allogene Therapie.[576] Es können also nur Stammzellen Dritter verwendet werden und nicht die eigenen. Die Wahrscheinlichkeit innerhalb der ersten 20 Jahre nach der Geburt eine Transplantation mit den aus dem eigenen Nabelschnurblut gewonnenen Stammzellen zu benötigen ist 1 zu 20.000.[577] Das Geschäft wird momentan auf die Hoffnung der Eltern gestützt, dass die Forschung innerhalb der nächsten Jahre und Jahrzehnte solche Fortschritte macht, dass die Stammzellen auch zur autologen Therapie Verwendung finden können. Bisher ist man über dieses Hoffnungsstadium jedoch noch

573 BasiCell GmbH, www.basiscell.de/index_flash.htm.

574 Die Kosten, die Eltern für die Aufbereitung des Nabelschnurbluts und dessen Einlagerung tragen, sind nicht zu unterschätzen. Bei BasicCell kostet die Einlagerung 2.155 €, bei Eticur 2.400 €, bei Stellacure 2.300 €. (Nabelschnurblutbanken im Vergleich: http://www.nabelschnurblutbanken.de/vergleich.htm)

575 Siehe Ausführungen Fn. 572, S. 175.

576 EGE, Opinion on the Ethical Aspects of Umbilical Cord Blood Banking, opinion number 19, 2004, S. 6.

577 EGE, Opinion on the Ethical Aspects of Umbilical Cord Blood Banking, opinion number 19, 2004, S. 7.

nicht hinausgekommen,[578] so dass der Einsatz eigener Stammzellen weiterhin hypothetisch bleibt.[579]

Trotz der großen Hoffnungen, die in die Stammzellforschung und -verwendung gesetzt werden, beschränkt sich die klinische Anwendung bisher auf AS-Zellen[580] und neonatale Stammzellen, die innerhalb ihrer Gewebespezifität verwendet werden.[581] Neonatale Stammzellen finden ihre Anwendung hauptsächlich in der Rekonstitution des Immunsystems anstelle einer Knochenmarktransplantation bei Kindern, zur Regeneration des blutbildenden Systems nach einer Chemo- oder Strahlentherapie sowie zur Transplantation bei Knorpel- und Knochenkrankheiten.[582] Aufgrund ihrer Eigenschaften sind neonatale und hämatopoetische Stammzellen gleichermaßen einsetzbar.

II. Rechtliche Regelungen

Im Kontrast zu den zuvor besprochenen Geweben und Zellen stellt sich bei der Verwendung von Nabelschnurblut bereits auf erster Stufe die Problematik, wem welche Rechte an dem Nabelschnurblut gebühren und die Frage der Verfügungsberechtigung.

1. Originäre Rechte am Nabelschnurblut

Im Gegensatz zu anderen Geweben und Körperteilen kommen im Bezug auf die originären Rechte am Nabelschnurblut mehr als eine Person in Frage – Mutter und Kind.

Medizinisch-biologisch betrachtet verbindet die Nabelschnur Mutter und Kind und ist der Transportweg zwischen mütterlichem und kindlichem Organismus, wobei täglich rund 350 Liter Flüssigkeit durch die Nabelschnur hindurchflie-

578 Einen sehr guten Überblick über die aktuelle Diskussion der ethischen Aspekte der Nabelschnurbluteinlagerung und –verwendung bieten: *Manzei*, Stammzellen aus Nabelschnurblut, IMEW Expertise 4 und *Dickenson*, Property in the Body, chapter 4 Umbilical Cord Blood Banks: Seizing Surplus Value, S. 83-107.

579 EGE, Opinion on the Ethical Aspects of Umbilical Cord Blood Banking, opinion number 19, 2004, S. 7; Comité Consultatif National d`Ethique (CCNE), Umbilical Cord Blood Banks for Autologous Use or Research, opinion number 74, 2002, S. 3.

580 Abkürzung für adulte Stammzellen.

581 Deutscher Bundestag, Zweiter Zwischenbericht der Enquete-Kommission Recht und Ethik in der modernen Medizin, Teilbericht Stammzellforschung, Drucksache 14/7546, Punkt 1.1.2.1, S. 24.

582 Institut für Psychologie, Albert-Ludwigs-Universität Freiburg, Grundlagen der Biomedizin, S. 6.

ßen.[583] Da die Nabelschnur als Verbindungsorgan zwischen Mutter und Kind fungiert, ist es auf den ersten Blick schwer zu beurteilen, wem die originären Rechte an der Nabelschnur zustehen. In Frage kommt eine Rechtsgutinhaberschaft von Mutter oder Kind oder beiden gemeinschaftlich. Eine Minderansicht, nach der die Eltern bzw. die Entbindungskliniken bzw. Blutbanken als Eigentümer zu betrachten sind, weil diese die Finanzierung für die Lagerung bestreiten würden,[584] darf unberücksichtigt bleiben, da hiermit das Abstraktionsprinzip ausgehebelt würde. Keineswegs führt die Übernahme der Finanzierung zu einer Übereignung des Nabelschnurblutes an den Finanzier.[585]

Zur Beantwortung der Frage, welche Person Rechtsgutinhaber des Nabelschnurblutes ist – Mutter oder Kind – bedarf es einer eingehenden Erörterung der medizinisch – biologischen Voraussetzungen über die Entstehung der Nabelschnur und des darin enthaltenen Nabelschnurblutes. Zum Teil wird die Ansicht vertreten, dass die Beantwortung der Frage nach der Rechtsgutinhaberschaft der Nabelschnur deshalb so große Probleme aufwerfe, weil die Plazenta ein Doppelorgan[586] ist.[587] Dieser Ansatz mag hingegen nicht zu überzeugen, weil die Eigenschaft der Plazenta als Doppelorgan keine Auswirkungen auf die Bildung der Nabelschnur und damit auf die eigentumsrechtliche Einordnung hat. Im Gegensatz zur Plazenta wird die Nabelschnur nämlich ausschließlich vom Kind gebildet.[588]

Für eine Rechtsgutinhaberschaft der Mutter werden im Wesentlichen zwei Argumentationsstränge angeführt. Zum einen soll sich diese aus rein technischen, zeitlich-räumlichen Erwägungen ergeben. Da das Blut nach der Abnabelung dem an der Plazenta verbliebenen Teil der Nabelschnur entnommen wird, soll das Blut konsequenterweise der Mutter zugeordnet werden.[589] Hierfür spreche, dass nach der Abnabelung keine Einheit von Kind und Nabelschnur mehr bestehe und eine

583 Nabelschnur, http://9monate.qualimedic.de/Nabelschnur.html.

584 *Gordijn*, Ethische Fragen zur Stammzellentransplantation aus Nabelschnurblut, Ethik Med (2000) 12, 16-29, S. 23.

585 So auch *Dohmen*, Die Gewinnung, Verarbeitung und Anwendung neonataler Stammzellen, S. 95.

586 Die Plazenta wird sowohl von der Mutter als auch vom Kind ausgebildet. Aus der Basalplatte entsteht der mütterliche Teil der Plazenta, wobei die von ihr gebildeten Plazentasepten in den fetalen Teil der Plazenta eindringen. (*Schumacher/Christ*, Embryonale Entwicklung und Fehlbildungen des Menschen, Anatomie und Klinik, S. 129).

587 *Dohmen*, Die Gewinnung, Verarbeitung und Anwendung neonataler Stammzellen, S. 99.

588 Die Nabelschnur entsteht aus dem Haftstiel, der sich durch die Abfaltung des Embryos an dessen Bauchseite verlagert hat (*Schumacher/Christ*, Embryonale Entwicklung und Fehlbildungen des Menschen, Anatomie und Klinik, S. 135).

589 *Freund*, Nabelschnurblut und Zustimmungserfordernis, MedR 2005, 453-458, S. 454; *Egger*, Ökonomische Perspektiven: Stammzellen aus Nabelschnurblut eine Alternative zu embryonalen Stammzellen in Christine Hauskeller (Hrsg.) 2002 – Humane Stammzellen, S. 142.

Zuordnung zum Kind somit entfallen müsse.[590] Auf den ersten Blick mag dieses zeitlich-chronologische Argument etwas für sich haben, vermag schließlich aber doch nicht zu überzeugen, da diese Einordnung maßgeblich von dem Zufall abhängt, ob erst das Kind abgenabelt wird oder ob die Plazenta sich gleichzeitig mit der Geburt ablöst.[591] In diesem Fall wäre sie nämlich nicht mehr mit der Mutter sondern nur noch mit dem Kind verbunden. In konsequenter Anwendung vorgenannten Ansatzes müsste die Nabelschnur aufgrund der losgelösten Verbindung zur Mutter, aber weiter bestehender Verbindung zum Kind zum Entnahmezeitpunkt des Nabelschnurblutes als Eigentum des Kindes eingestuft werden. Die eigentumsrechtliche Zuordnung der Nabelschnur und des Nabelschnurblutes würde folglich vom Zufall bestimmt sein, weshalb diese Lösung nicht zuletzt aus Gründen der Rechtssicherheit vollständig abzulehnen ist.

Als weiteres Argument für eine Rechtsgutinhaberschaft der Mutter wird der Umstand angeführt, dass das Kind samt Nabelschnur und Nabelschnurblut im Körper der Mutter heranwächst und deshalb das Nabelschnurblut der Mutter zuzurechnen sei.[592] Nur weil Kind und Nabelschnur sich bis zur Geburt im Körper der Mutter befinden bedeutet dies nicht, dass der Mutter etwaige Eigentumsrechte per se an Kind, Nabelschnur und Nabelschnurblut zustehen würden. Wie bereits dargelegt, kann der Mensch kein Eigentum an seinem Körper haben, bzw. wird dieses durch das allgemeine Persönlichkeitsrecht überdeckt. Erst mit der Trennung vom Körper kann die Person Eigentum erlangen. Bereits während der Schwangerschaft handelt es sich bei dem ungeborenen Kind um ein eigenständiges Rechtssubjekt,[593] das bereits deliktsrechtlichen Schutz gegen Schädigungen genießt.[594] Da das Nabelschnurblut vom kindlichen Organismus gebildet wird, ist eine rechtliche Zuordnung zum Kind wesentlich nahe liegender als zur Mutter.

Da das Nabelschnurblut nach Trennung vom Körper Sachqualität besitzt und mithin eigentumsfähig ist, wird vertreten, dass das Kind mit der Trennung von der Nabelschnur und mithin von seinem Nabelschnurblut hieran Eigentum gemäß §953 BGB analog erlangt.[595] Für eine Rechtsinhaberschaft des Kindes spricht weiterhin eine persönlichkeitsrechtliche Betrachtung. Da das Nabelschnurblut eine biologische und genetische Identität mit dem Kind aufweist, hat dieses das größte

590 *Dohmen*, Die Gewinnung, Verarbeitung und Anwendung neonataler Stammzellen, S. 100.

591 *Dohmen*, Die Gewinnung, Verarbeitung und Anwendung neonataler Stammzellen, S. 100f.

592 *Freund*, Nabelschnurblut und Zustimmungserfordernis, MedR 2005, 453-458, S. 454; so im Ergebnis auch *Dickenson*, Property in the Body, chapter 4 Umbilical Cord Blood Banks: Seizing Surplus Value, 83-107, S. 100f.

593 *Freund*, Nabelschnurblut und Zustimmungserfordernis, MedR 2005, 453-458, S. 454.

594 Der deliktsrechtliche Schutz wird allerdings nur unter der Voraussetzung der Vollendung der Geburt gewährt.

595 *Hasskarl/Hasskarl/Ostertag*, Gewinnung und Anwendung hämatopoetischer Stammzellen aus Nabelschnurblut, Pharmarecht 2002, 81-91, S. 86.

Interesse daran, dass die aus dem Blut ableitbaren sensiblen medizinischen und genetischen Daten für Unbefugte unzugänglich sind. Zwar lassen sich aus dem Blut auch Rückschlüsse auf die Eltern ziehen. Die genetische Aussagekraft des Nabelschnurblutes ist im Vergleich zu der des Kindes jedoch deutlich geringer, so dass bei einer Abwägung der Eltern- und Kindesinteressen einer Rechtsinhaberschaft des Kindes der Vorzug zu gewähren ist.

2. Sekundäre Rechte am Nabelschnurblut

Stehen somit dem Kind die originären Rechte am Nabelschnurblut zu, ist in einem zweiten Schritt zu klären, unter welchen Voraussetzungen diese Rechte auf Dritte übertragen werden können.

Von der Gewinnung bis hin zur Verarbeitung des Nabelschnurblutes kommen sowohl Eingriffe in die körperliche Integrität, als auch in das allgemeine Persönlichkeitsrecht in Betracht. Im Folgenden ist mithin zu klären, wessen Einwilligung es im Verlauf der einzelnen Gewinnungs-, Herstellungs- und Lagerungsschritte bedarf um mögliche Handlungs- und Entscheidungsgrenzen abzustecken.

Im Gegensatz zu anderen körperlichen Eingriffen, wie zum Beispiel der Blutentnahme, ist die Entnahme von Nabelschnurblut mit keinem Eingriff in die körperliche Unversehrtheit des Kindes oder der Mutter verbunden. Das Kind ist zum Zeitpunkt der Blutentnahme bereits abgenabelt und auch in den Fällen in denen die Mutter die Plazenta noch nicht abgestoßen hat stellt die Blutentnahme keinen Eingriff in ihre körperliche Unversehrtheit dar, da das Blut der kindlichen Nabelschnur bzw. dem kindlichen Teil der Plazenta entnommen wird.

a) Nabelschnurblutgewinnung

Von Interesse ist zunächst der Zeitpunkt, in dem spätestens eine Entscheidung über die weitere Verwendung des Nabelschnurblutes getroffen werden muss. Auf Grund seiner biologischen Eigenschaften würde das Nabelschnurblut ohne Zugabe von Antikoagulantia sofort gerinnen,[596] was eine Weiterverwendung unmöglich machen würde. Dementsprechend muss die Entscheidung, ob das Nabelschnurblut aufbewahrt werden soll, bereits vor der Entbindung gefällt werden, damit bei der Entbindung sichergestellt ist, dass alle Substanzen zur Haltbarmachung und Lagerung vorhanden sind.

---

596 Dem frisch entnommenen Nabelschnurblut wird ein Zitrat zugegeben, um die Gerinnung zu verhindern. (*Ordemann* u.a., Dresdner Nabelschnurblutbank, Erfahrungen der Nabelschnurblutbank in Dresden, unterstützt durch die Deutsche Knochenmarkspenderdatei, DMW (2000) 125, 1424-1428, S. 1425).

Um festzustellen, welche Personen in die Blutabnahme einwilligen müssen, wird in einem ersten Schritt dargelegt, in welche Rechte der Beteiligten eingegriffen wird.

aa) Rechte der Mutter

Zwar wird durch die Nabelschnurblutabnahme die körperliche Integrität der Mutter nicht direkt verletzt. Zum Zwecke der Qualitätskontrolle der Gewebemerkmale und Infektionsmarker wird ihr aber innerhalb von 48 Stunden vor oder nach der Geburt eine Blutprobe entnommen.[597] In diese zusätzliche Blutentnahme muss sie nach den allgemeinen Grundsätzen des informed consent einwilligen.

Ob es darüber hinaus einer Einwilligung der Mutter in die Nabelschnurblutentnahme bedarf, hängt maßgeblich davon ab, ob durch die Entnahme Rechte der Mutter tangiert werden. Infrage käme hier eine Verletzung des allgemeinen Persönlichkeitsrechts der Mutter.

Das allgemeine Persönlichkeitsrecht könnte dabei in seiner Ausprägung als Recht auf informationelle Selbstbestimmung tangiert sein. Es handelt sich um ein Selbstbestimmungsrecht über personenbezogene Informationen und umfasst die Befugnis des Einzelnen, grundsätzlich selbst zu entscheiden, wann und innerhalb welcher Grenzen persönliche Lebenssachverhalte offenbart werden.[598]

Auf den ersten Blick könnte man zwar meinen, das Nabelschnurblut – welches ausschließlich vom kindlichen Organismus gebildet wird – enthielte lediglich biologische und genetische Marker des Kindes und hätte mithin keine die Mutter betreffende Aussagekraft, so dass deren allgemeines Persönlichkeitsrecht nicht berührt sein könne. Diese These geht jedoch fehl, da das Nabelschnurblut nicht isoliert zu betrachten ist, weil für die Entnahmeentscheidung nicht nur der Wille der Eltern maßgeblich ist, sondern auch deren Krankheitsanamnese. Nach Punkt 4.1.2 der Cord Blood-Richtlinien darf Nabelschnurblut nicht entnommen werden, wenn anamnestische Hinweise für genetische Erkrankungen in der Familie der Mutter oder des biologischen Vaters des Neugeborenen bestehen, die das lympho-hämopoetische System beeinflussen können. Gleiches gilt für erworbene akute oder chronische Erkrankungen der Schwangeren, die das lympho-hämopoetische System beeinflussen können oder Infektionskrankheiten der Schwangeren, die zu einer perinatalen Infektion des Neugeborenen führen können. Darüber hinaus gelten die gleichen Ausschlusskriterien wie bei Blutspenden.[599] Diese sind sehr

597 Pkt. 4.1.3 der CB-Richtlinien der Bundesärztekammer.

598 Vgl. Kap. I, B. III. 2. b), S. 42ff.

599 Pkt. 4.1.3. der CB-Richtlinien der Bundesärztekammer i.V.m. Pkt. 2.2.1. der Richtlinien zur Gewinnung von Blut und Blutbestandteilen und zur Anwendung von Blutprodukten (Hämotherapie).

umfangreich. So umfasst die Spenderbefragung unter anderem Fragen bezüglich des Vorliegens von HIV-1 und HIV-2 Infektionen, Syphilis, TSE[600] und auch Alkoholismus sowie Drogen- und Medikamentenmissbrauch.[601] Darin zeigt sich, dass sehr persönliche und sensible Daten erhoben werden, deren Erhebung zwingend die Einwilligung der Mutter voraussetzt.

Die Mutter muss nicht nur in die Erhebung vorgenannter Anamnesedaten einwilligen, sondern darüber hinaus auch in die Untersuchung der Blutprobe. Dies erfordert – wie zuvor beschrieben – für einen umfassenden „informed consent" einerseits, die Aufklärung über den Eingriff und die Risiken der Blutentnahme und andererseits eine solche über die Qualität der Untersuchungen an dem entnommenen Blut. Sie muss folglich, um wirksam einwilligen zu können, darüber aufgeklärt werden welche Daten erhoben werden sollen, wie zum Beispiel welche Infektionsmarker geprüft und welche Tests durchgeführt werden.

bb) Rechte des Vaters

Wie bei der Mutter wird auch beim Vater eine Familienanamnese durchgeführt und seine Krankengeschichte erhoben, um mögliche Ausschlussfaktoren der Nabelschnurblutspende abzuklären. In die Erhebung dieses sensiblen Datenmaterials muss der Vater genauso einwilligen wie die Mutter bezüglich ihrer Daten. Andernfalls besteht die Gefahr einer Verletzung des Rechts auf informationelle Selbstbestimmung des Vaters.

cc) Rechte des Kindes

Vergleichbar der Situation seiner Eltern kann durch die Nabelschnurblutspende das Recht auf informationelle Selbstbestimmung des Kindes tangiert und verletzt werden.

Bevor die Entscheidung zur Aufbereitung und Lagerung des Nabelschnurblutes getroffen wird, wird von diesem eine kleine Probe entnommen, um sie auf schwere hämatologische, immunologische oder infektiologische Erkrankungen des Neugeborenen zu untersuchen.[602] Erneut werden Daten bezüglich des bestehenden Gesundheitszustandes des Kindes und, soweit möglich, auch prognostische Daten bezüglich des späteren Gesundheitszustandes des Kindes erhoben. Zur Datenerhebung und -speicherung bedarf es daher der Einwilligung, wobei sich hier die zusätzliche Frage der Einwilligungsberechtigung stellt.

600 Transmissible Spongiforme Enzephalopathien (übertragbare schwammartige Erkrankungen des Gehirns).

601 Pkt. 2.2.1. der Richtlinien zur Gewinnung von Blut und Blutbestandteilen und zur Anwendung von Blutprodukten.

602 Pkt. 4.1.2. der CB-Richtlinien der Bundesärztekammer.

Mit der Geburt ist das Kind selbst Grundrechtsträger, kann seine Rechte jedoch noch nicht selbst wahrnehmen. Im Folgenden soll deshalb dargestellt werden, wer anstatt seiner einwilligungsberechtigt ist.

(1) Einwilligungsberechtigte

Die Vertretung der Interessen des Kindes obliegt grundsätzlich den Eltern. Von der elterlichen Sorge gemäß § 1626 Abs. 1 Satz 1 BGB sind die Personen- und Vermögensfürsorge umfasst. Allerdings besteht das elterliche Sorgerecht in dem Zeitpunkt,[603] in dem die Einwilligung zur Nabelschnurblutspende erfolgt, noch nicht. Es entsteht erst mit der Geburt des Kindes und dessen Rechtsfähigkeit.[604] In Betracht kommt jedoch eine Anwendung des § 1626 BGB über § 1912 Abs. 2 BGB. Hiernach steht den Eltern die Fürsorge insoweit zu, als ihnen die elterliche Sorge zustünde, wenn das Kind bereits geboren wäre.

Voraussetzung für die Vorwirkung der elterlichen Sorge nach § 1912 Abs. 2 BGB ist, dass die durch die Nabelschnurblutspende tangierten Rechte des Kindes vom Schutzbereich umfasst sind. Das Recht auf informationelle Selbstbestimmung des Kindes ist ein von § 1912 Abs. 2 geschütztes zukünftiges Recht. Exemplarisch für von § 1912 Abs. 2 umfasste zukünftige Rechte werden Ansprüche aus unerlaubter Handlung, aus Vertrag zugunsten Dritter als auch aus Erbschaft angeführt.[605] Darüber hinaus sollen die persönlichen Angelegenheiten des Ungeborenen[606] und mithin auch sein informationelles Selbstbestimmungsrecht geschützt werden. Es handelt sich um ein künftiges Recht, das erst durch die Lebendgeburt zum Tragen kommt. Schließlich ist die Leibesfrucht hinsichtlich der Wahrung ihres künftigen Rechts auch fürsorgebedürftig.[607] In der Erhaltung des Blutes für den späteren Einsatz infolge Krankheit beim Kind ist eine in dessen Interesse liegende Verfügung zu sehen. Folglich bleibt festzuhalten, dass über § 1912 Abs. 2 BGB die Vorschriften der elterlichen Fürsorge nach den §§1926ff. BGB Anwendung finden.

Grundsätzlich sind die Eltern gemeinsam sorgeberechtigt und -verpflichtet, §1629 Abs. 1 S. 2 HS 1 BGB, um so eine treuwidrige Ausübung der Vertretungs-

---

603 Auf Grund des Erfordernisses der schnellen Weiterverarbeitung des Nabelschnurblutes nach der Entnahme wird die Einwilligung in die Abnahme und Weiterverwendung regelmäßig bereits vor der Geburt erteilt. Siehe hierzu die Ausführungen unter Kap. III, F. II. 2. a), S. 180f.

604 Palandt/*Diederichsen*, § 1626 Rdnr. 26, MüKo/*Huber*, § 1626 Rdnr. 19; Erman/*Michalski,* § 1626 Rdnr. 5; Prütting/Wegen/Weinreich/*Ziegler,* § 1626, Rdnr. 7; Soergel/*Strätz,* § 1626 Rdnr. 10; Staudinger/*Peschel-Gutzeit,* § 1626, Rdnr. 35.

605 MüKo/*Schwab*, § 1912 Rdnr. 8; Staudinger/*Bienwald*, § 1912 Rdnr. 5.

606 Staudinger/*Bienwald*, § 1912 Rdnr. 5, Soergel/*Zimmermann*, § 1912 Rdnr. 5.

607 So im Ergebnis auch *Wahle*, Zivilrechtliche Probleme bei der Gewinnung, Konservierung und Anwendung von Stammzellen aus Nabelschnurblut, S. 69.

macht durch gegenseitige Kontrolle der Elternteile zu verhindern.[608] Folge des Gesamtvertretungserfordernisses ist, dass beide Elternteile nur zusammen befugt sind, Rechtsgeschäfte im Namen des Kindes vorzunehmen.[609] Dabei ist jedoch kein gemeinsames und gleichzeitiges Tätigwerden erforderlich, vielmehr können die Elternteile sich auch gegenseitig autorisieren.[610] Fraglich ist insofern, ob sich der Arzt auf die Ermächtigung des einwilligenden Elternteils durch seinen Ehegatten verlassen darf und die Einwilligung nur eines Elternteils ausreichend ist. Der BGH hat diesbezüglich für die Heileingriffe bei Minderjährigen folgendes Drei-Stufen-Prinzip entwickelt[611]:

In Routinefällen, also wenn es um die Behandlung leichterer Erkrankungen oder Verletzungen geht, darf sich der Arzt im Allgemeinen ungefragt auf die Ermächtigung des erschienenen Elternteils zum Handeln für den anderen Elternteil verlassen.[612] Bei Eingriffen schwerer Art mit nicht unbedeutenden Risiken muss sich der Arzt vergewissern, dass der erschienene Elternteil die Ermächtigung des anderen Elternteils besitzt und muss auch den Umfang der Ermächtigung abklären, wobei er auf die wahrheitsgemäße Auskunft des Elternteils vertrauen darf.[613] Anders ist dies jedoch bei schwierigen und weitreichenden Behandlungsentscheidungen, die mit erheblichen Risiken für das Kind verbunden sind. In diesen Fällen muss sich der Arzt Gewissheit verschaffen, dass der nicht präsente Elternteil auch mit der Behandlung des Kindes einverstanden ist.[614]

(2) Umsetzung der Einwilligungserfordernisse in der Praxis

Im Hinblick auf die klinische Praxis ist festzustellen, dass sämtliche abnehmenden und einlagernden Einrichtungen von Nabelschnurblut, seien sie nun kommerziell oder gemeinnützig, die Einwilligung der Mutter ausreichen lassen.

(a) Kommerzielle Nabelschnurblutbanken

Eticur), eine kommerzielle Nabelschnurblutbank, unterscheidet im Vertrag zwischen Einwilligungs- und Mitwirkungserfordernissen der Mutter und der gesetzlichen Vertreter. Die gesetzlichen Vertreter gemäß § 3 Nr. 3 der Vertragsbedingungen haben danach die folgenden Mitwirkungsverpflichtungen:

608 *Dohmen*, Die Gewinnung, Verarbeitung und Anwendung neonataler Stammzellen, S. 123.
609 Staudinger/*Peschel-Gutzeit*, § 1629 Rdnr. 31; Palandt/*Diederichsen*, § 1912, Rdnr. 10.
610 MüKo/*Huber*, § 1629 Rdnr. 33; Staudinger/*Peschel-Gutzeit*, § 1629 Rdnr. 41.
611 BGH, Urteil v. 28.06.1988, Az.: VI ZR 288/87, BGHZ 105, S. 45ff.
612 BGH, Urteil v. 28.06.1988, Az.: VI ZR 288/87, BGHZ 105, S. 45ff. (49).
613 BGH, Urteil v. 28.06.1988, Az.: VI ZR 288/87, BGHZ 105, S. 45ff. (50).
614 BGH, Urteil v. 28.06.1988, Az.: VI ZR 288/87, BGHZ 105, S. 45ff. (50).

„a) den/die die Mutter vor der Geburt betreuenden Gynäkologen/ Hebamme zu beauftragen, den Befund- und Beratungsdokumentationsbogen auszufüllen und an eticur zu übersenden;
b) den die Geburt leitenden Arzt rechtzeitig zu beauftragen, gemäß den in der Entnahmebox enthaltenen Anweisungen das Nabelschnurblut zu entnehmen, korrekt zu kennzeichnen und fachgerecht zu lagern. Ferner ihn zu beauftragen, das dort beiliegende Entnahmeprotokoll auszufüllen, der Mutter zum Zeitpunkt der Geburt die für die Untersuchungen notwendige Menge Blut abzunehmen und beides dem Nabelschnurblut beizufügen, sowie eticur) unverzüglich über den auf der Box genannten Kontakt über die Entnahme zu informieren;
c) eticur) unverzüglich eine Kopie der Geburtsurkunde des Kindes (bei Mehrlingsgeburten der Kinder) zu übersenden;
d) eticur) unverzüglich über eine Adressen- oder Namensänderung schriftlich zu unterrichten. Eine entsprechende Verpflichtung geht mit Volljährigkeit auf das Kind über;
e) eine Änderung in den Vertretungsverhältnissen eticur) unverzüglich schriftlich mitzuteilen."

Die Mutter trifft hingegen gemäß § 3 Nr. 1 a) der Vertragsbedingungen lediglich die Pflicht:

„a) die von eticur) zur Verfügung gestellten Formulare sorgfältig und wahrheitsgemäß auszufüllen:

- Anamnesefragebogen,
- Aufklärungs- und Einverständniserklärung und
- Freistellungserklärung gegenüber der das Nabelschnurblut entnehmenden Person."

Es ist mithin wieder ausschließlich die Mutter, deren Einwilligung gefordert wird.

(b) Gemeinnützige *Nabelschnurblutbanken*

Nicht anders sieht die Situation bei gemeinnützigen Stammzellbanken aus. In einem Bericht über die in Deutschland größte Stammzellbank, die José Carreras Stammzellbank Düsseldorf, heißt es: „Die Gewinnung des Nabelschnurbluts erfolgt in den mit der Düsseldorfer Stammzellbank kooperierenden 35 Kliniken nach Aufklärung der Mutter vor der Geburt über die freiwillige Spende, Berücksichtigung aller Ausschlusskriterien sowie dem schriftlichen

Einverständnis der Mutter."[615] Von dem Erfordernis der Einwilligung des Vaters keine Spur.

Die auf Grund dieser Verträge erteilte Einwilligung der Mutter ist nur dann wirksam, wenn im Rahmen dieses Geschehens vom Grundsatz der Gesamtvertretung abgewichen werden darf.

Die Fälle, in denen eine Alleinvertretungsbefugnis eines Elternteils besteht, sind in § 1926 Abs. 1 Satz 3 und 4 BGB normiert.

Gemäß § 1629 Abs. 1 S. 3 BGB ist ein Elternteil dann zur alleinigen Vertretung berechtigt, wenn er die elterliche Sorge allein ausübt oder ihm die Entscheidung der betreffenden Frage nach § 1628 BGB vom Familiengericht übertragen worden ist.

Im Hinblick auf die elterliche Sorge ist zunächst bezüglich des Personenstandes des Paares zu differenzieren. Während bei verheirateten Eltern der Grundsatz der gemeinsamen elterlichen Sorge, § 1926 Abs. 1 BGB greift, ist bei unverheirateten Eltern nochmals zu unterscheiden. Sie sind dann gemeinsam zur elterlichen Sorge befugt und verpflichtet, wenn sie gemäß § 1626 a Abs. 1 Nr. 1 BGB erklärt haben, dass sie die Sorge gemeinsam übernehmen wollen. Vergleichbar mit dem elterlichen Sorgerecht, welches über § 1912 Abs. 2 BGB auch auf den Zeitpunkt vor der Geburt vorverlagert wird, besteht auch bei Unverheirateten die Möglichkeit, bereits vor der Geburt die Sorgeerklärung gemäß § 1626 b Abs. 2 BGB abzugeben. Haben die unverheirateten Eltern eine entsprechende Sorgeerklärung vor der Geburt abgegeben, sind sie wie Verheiratete zu behandeln, so dass auch hier die Einwilligung der Mutter und des Vaters in die Nabelschnurblutentnahme und Verwendung des Nabelschnurblutes zu fordern ist. Nur in den Fällen, in denen die Eltern unverheiratet sind und keine gemeinsame Sorgeerklärung vorliegt, ist die Mutter gemäß §1626 aAbs. 2 BGB allein sorgeberechtigt. Zu erwägen wäre allerdings auch in diesen Fällen die Einwilligung des männlichen Erzeugers in die Nabelschnurblutentnahme und Weiterverwendung im Hinblick auf sein Recht auf informationelle Selbstbestimmung zu fordern.[616] Dies ist jedoch aus zwei Gründen abzulehnen. Zum einen wurde unter anderem das Erfordernis der Einwilligung des Erzeugers deshalb aufgestellt, weil für die Blutentnahme und –verwertung auch seine Familienanamnese erhoben wird und daher sensible persönliche medizinische Daten preisgegeben werden, die die Einwilligung des Erzeugers voraussetzen.[617] Hat der Erzeuger jedoch keine gemeinsame Sorgerechtserklärung abgegeben und beabsichtigt die Mutter das Kind ohne den Erzeuger aufzuziehen, steht zu vermuten, dass sie mangels Kenntnis im

---

615 *Kögler* et.al., Die José Carreras Stammzellbank Düsseldorf im NETCORD/EUROCORD-Verbund, Entwicklung, klinische Ergebnisse, Perspektiven und Aufklärung werdender Eltern, Gynäkologe 2005 Heft 38, 835–846, S. 836.

616 Siehe Ausführungen unter Kap. III. F. II. 2. a) bb), S. 182.

617 Siehe Ausführungen unter Kap. III. F. II. 2. a) aa) und bb), S. 181f.

Hinblick auf die Familienanamnese des Mannes keine ausreichenden Informationen angeben kann, die sein Recht auf informationelle Selbstbestimmung verletzen könnten. Werden die Rechte des Mannes nicht gefährdet, besteht auch keine Notwendigkeit seine Einwilligung zu fordern, zumal zweitens auch das Problem der tatsächlichen Einholbarkeit der Einwilligung des Erzeugers bestehen dürfte.

Ferner kann die elterliche Sorge durch das Familiengericht in einzelnen Angelegenheiten oder in einer bestimmten Art von Angelegenheiten, deren Regelung für das Kind von erheblicher Bedeutung ist, auf einen Elternteil übertragen werden, wenn sich die Eltern nicht einigen können, § 1628 BGB. Von Interesse ist hierbei inwiefern diese Regelung auch auf das Szenario streitender Eltern bezüglich der Verwendung des Nabelschnurblutes ihres Kindes anwendbar ist.

Grundsätzlich soll die gemeinsame Sorge der Eltern nur in den Fällen angetastet werden, in denen die Eltern keine gemeinsame Meinung bilden können und es sich um eine Angelegenheit handelt, welche im Interesse des Kindes nicht unentschieden bleiben darf.[618]

Voraussetzung für die Übertragung des Entscheidungsrechts auf einen Elternteil ist, dass es sich bei dem elterlichen Konflikt um Angelegenheiten der elterlichen Sorge, also der Personen- und Vermögenssorge handelt.[619] Eine mögliche Beeinträchtigung des Rechts auf informationelle Selbstbestimmung des Kindes durch allogene oder autologe Spende bzw. Einlagerung seines Nabelschnurbluts ist vom Bereich der elterlichen Personensorge umfasst.[620]

Klärungsbedürftig ist darüber hinaus, inwiefern die Nabelschnurblutspende eine Angelegenheit von erheblicher Bedeutung für das Kind ist.

Der Terminus der „erheblichen Bedeutung“ ist gesetzlich unbestimmt und bedarf zu seiner Ausgestaltung weiterer Präzisierung.[621] Als Begrifflichkeiten stehen sich dabei auf der einen Seite die Angelegenheiten von erheblicher Bedeutung und auf der anderen Seite die Angelegenheiten des täglichen Lebens gegenüber. Welche Angelegenheiten welchem Begriffspaar zuzuordnen sind, bestimmt sich maßgeblich an der Bedeutung der elterlichen Uneinigkeit hinsichtlich des „Wohls des Kindes, der Wichtigkeit für seine Sozialisation und der Gestaltung seines dafür nötigen Umfeldes“.[622]

Als Angelegenheiten von erheblicher Bedeutung wurden zum Beispiel sowohl der Streit um den Vornamen des Kindes,[623] um seine Aufenthaltsbestimmung,[624]

618 MüKo/*Huber*, § 1628 Rdnr. 1; Soergel/*Strätz,* § 1628 Rdnr. 7.

619 MüKo/*Huber*, § 1628 Rdnr. 8, Staudinger/*Peschel-Gutzeit*, § 1628, Rdnr. 17; Soergel/*Strätz,* § 1628 Rdnr. 4.

620 Siehe die Ausführungen unter Kap. III, F. II. 2. a) cc) (1), S. 182ff.

621 Staudinger/*Peschel-Gutzeit*, § 1628, Rdnr. 28.

622 Staudinger/*Peschel-Gutzeit*, § 1628, Rdnr. 28.

623 OLG Frankfurt/M, FamRZ 1957, S. 55; *Bosch*, FamRZ 1980, 739, S. 748.

624 LG Stuttgart NJW 1961, S. 273; OLG Stuttgart, FamRZ 1999, S. 39.

Berufsausbildung,[625] Wahl der Schulart[626] und ärztliche Behandlung[627] angesehen, als auch diejenigen Konfliktbereiche welche im Rahmen des § 1666 BGB Bedeutung erlangen. Gemäß § 1666 Abs. 1 BGB hat das Familiengericht in den Fällen, in denen die Eltern nicht gewillt oder nicht in der Lage sind die Gefahr für das körperliche Wohl des Kindes abzuwenden, die erforderlichen Maßnahmen zu treffen. Eine Kindswohlgefährdung wird dann angenommen, wenn eine „gegenwärtige oder zumindest unmittelbar bevorstehende Gefahr für die Kindesentwicklung abzusehen ist, die bei ihrer Fortdauer eine erhebliche Schädigung des körperlichen, geistigen oder seelischen Wohls des Kindes mit ziemlicher Sicherheit voraussehen lässt".[628] Die Gefährdung muss darüber hinaus nachhaltig und schwerwiegend sein. Im Fall der Nabelschnurblutentnahme und Einlagerung mangelt es bereits an einer gegenwärtigen oder unmittelbar bevorstehenden Gefahr für das Kind. Wie dargelegt, ist bereits höchst zweifelhaft, inwiefern das Kind jemals von seinen eigenen eingelagerten Stammzellen profitieren kann. Im Hinblick auf die Fallgruppen zu den Angelegenheiten von besonderer Bedeutung muss deshalb geschlossen werden, dass es sich bei der Frage, ob Nabelschnurblut entnommen, aufbereitet und eingelagert wird, nicht um eine Angelegenheit von besonderer Bedeutung handelt, mit dem Resultat, dass bei Meinungsverschiedenheiten der Eltern das Familiengericht nach § 1628 keinem Elternteil die Alleinvertretungsmacht einräumen kann. Die einzig denkbare Konstellation, in der eine Entscheidung des Familiengerichts in Frage käme, wäre die an ein Geschwisterkind gerichtete Spende, wobei auch hier die Anrufung des Familiengerichts vermutlich eher unter dem Aspekt des Wohls des Geschwisterkindes erfolgen würde.[629]

Somit bleibt festzuhalten, dass die Ausnahmen des § 1629 Abs. 1 S. 3 BGB vom Grundsatz der Gesamtvertretung regelmäßig nicht einschlägig sein werden. Auch ein Rückgriff auf das sog. Notvertretungsrecht, § 1629 Abs. 1 S. 4 BGB wird in den meisten Fällen verwehrt bleiben. Hiernach wäre jeder Elternteil bei Gefahr in Verzug dazu berechtigt, alle Rechtshandlungen vorzunehmen, die zum Wohl des Kindes notwendig sind. Theoretisch denkbar wäre dies in den Situationen, in denen im Vorfeld zur Geburt des Kindes noch keine Entscheidung über eine mögliche Einlagerung des Nabelschnurblutes getroffen wurde und auf Grund der schnellen Verderblichkeit des Blutes eine kurzfristige Entscheidung erforderlich ist. Hier ist zu entgegnen, dass die Mutter neun Monate lang Zeit

625 OLG Hamm MDR 1966, S. 507; OLG Celle FamRZ 1955, S. 213.

626 LG Berlin FamRZ 1982, S. 839; AG Hamburg MDR 1969, S. 924.

627 *Gernhuber/Coester-Waltjen*, § 58 II 4.

628 MüKo/*Olzen*, § 1666 Rdnr. 49.

629 So auch *Dohmen*, Die Gewinnung, Verarbeitung und Anwendung neonataler Stammzellen, S. 129.

hatte, sich mit dem Vater über die Möglichkeiten einer Nabelschnurblutspende zu einigen. Somit scheidet auch ein Rückgriff auf das Notvertretungsrecht aus. Es bleibt daher dabei, dass in der überwiegenden Zahl der Fälle die Eltern gemeinschaftlich vertretungsberechtigt und – verpflichtet sind.

Hieraus ergibt sich die Notwendigkeit für die Nabelschnurblutbanken und die entnehmenden Einrichtungen ihre Verträge und AGB dahingehend zu überarbeiten, dass dem gemeinschaftlichen Sorgerecht der Eltern Rechnung getragen wird.[630] Die Klauseln müssen dahingehend angepasst werden, dass in den Fällen, in denen die Eltern verheiratet sind, beide Elternteile in die Nabelschnurblutentnahme und Einlagerung einwilligen müssen. Gleiches gilt für die Fälle in denen die Eltern zwar unverheiratet sind, jedoch eine gemeinsame Sorgerechtserklärung nach § 1626 a Abs. 1 BGB abgegeben haben.

Auch wenn beide Elternteile gemeinsam zur Einwilligung in die Nabelschnurblutentnahme und weitere Verwendung befugt und verpflichtet sind, heißt dies nicht, dass auch bei verpflichtet wären, die Aufklärungs- und Einwilligungserklärungen zu unterzeichnen. In Anwendung des Drei-Stufen-Prinzips des BGH[631] handelt es sich hier am ehesten um die zweite Stufe. Der Eingriff in das informationelle Selbstbestimmungsrecht des Kindes ist unter Berücksichtigung der Sensibilität der Daten einem mittelschweren ärztlichen Eingriff gleichzusetzen. Entsprechend hat der Arzt die einwilligende Mutter zu befragen, ob auch die Einwilligung des Ehemanns vorliegt. Um dem Arzt genau diese Verpflichtung jedoch auch bewusst zu machen, sollten die Aufklärungsbögen anstatt der Einwilligung der Mutter die Einwilligung der Eltern fordern, um klarzustellen, dass die alleinige Einwilligung der Mutter ohne Ermächtigung durch ihren Ehemann nicht ausreicht.

In einem nächsten Schritt wird zu untersuchen sein, inwiefern die bestehenden gesetzlichen Regelungen dem gemeinschaftlichen Einwilligungserfordernis der Eltern Rechnung tragen.

dd) Spezifische Regelungen

Nachfolgend wird überprüft, von welchen spezifischen rechtlichen Regelungen der Umgang mit Nabelschnurblut umfasst ist.

630 So auch *Thasler, Weiß u.a.*, Die Verwendung menschlichen Gewebes in der Forschung, 1397-1400, S. 1398.

631 Siehe Ausführungen S. 184, Fn. 611.

(1) Stammzellgesetz

Das Stammzellgesetz ist auf die aus dem Nabelschnurblut zu gewinnenden Stammzellen nicht anwendbar, da es ausschließlich die Einfuhr und Verwendung embryonaler Stammzellen regelt.

(2) Transfusionsgesetz

Für das Nabelschnurblut existieren keine spezifischen gesetzlichen Regelungen, die sich mit der Gewinnung und Verwendung des Nabelschnurblutes befassen. Es bleibt bei der Anwendbarkeit des TFG, das bezüglich des gemeinschaftlichen Einwilligungserfordernisses der sorgeberechtigten Eltern keine Aussagen trifft.

(3) Hämotherapierichtlinien

In den Hämotherapierichtlinien ist unter Pkt. 2.7 bestimmt, dass bei der Herstellung von allogenen Stammzellen aus Nabelschnur-/ Plazentarestblut für die Schwangeren/Mütter die Kriterien unter 2.2 zum Ausschluss von der Blutspende und darüber hinaus die Anforderungen der Richtlinien zur Transplantation von Nabelschnurblut gelten. Bezüglich der Einwilligungserfordernisse müssen mithin die Richtlinien der Bundesärztekammer zur Transplantation von Stammzellen aus Nabelschnurblut zu Rate gezogen werden.

(4) Richtlinien zur Transplantation von Stammzellen aus Nabelschnurblut (CB= Cord Blood)

Die Richtlinien bezwecken gemäß Pkt. 1.1 die notwendigen Grundlagen zu schaffen, um die Entnahme, Aufbereitung, Lagerung und Transplantation von blutbildenden Zellen aus Nabelschnurblut unter medizinisch-technischen und regulatorischen Aspekten so sicher wie möglich zu gestalten. Sie richten sich unter anderem an Ärzte, die in folgenden Bereichen tätig sind: Behandlung von Patienten mit Stammzellen aus Nabelschnurblut und den bei der Gewinnung, Aufbereitung, Lagerung und Übertragung von aus Nabelschnurblut gewonnenen blutbildenden Zellen,

Von besonderem Interesse ist Punkt 4.1.3 der Richtlinien in welchem die Aufklärungs- und Einwilligungserfordernisse geregelt sind. Dort heißt es:

> „Wünschenswert ist eine Aufklärung mit schriftlichem Einverständnis der Schwangeren bereits in der Schwangerenvorsorge. Vor Weitergabe des CB an das Verarbeitungszentrum muss das schriftliche Einverständnis der Schwangeren vorliegen. Das Einverständnis des biologischen Vaters ist wünschenswert.“[632]

---

632 Punkt 4.1.3 CB-Richtlinie.

Nach Maßgabe der Richtlinien ist mithin, vergleichbar den vertraglichen Regelungen der Nabelschnurblutbanken, lediglich das Einverständnis der Mutter gefordert. Zwar werden die Rechte des Vaters insofern anerkannt, als es zumindest wünschenswert ist, dass auch seine Einwilligung eingeholt wird. Erforderlich ist dies hingegen nicht. Dem zivilrechtlichen Erfordernis des gemeinschaftlichen Einverständnisses der Eltern wird auch in den Richtlinien nicht Rechnung getragen. Zwar kommt den Einwilligungsregelungen außerhalb des Berufsrechts keine direkte Bedeutung für den Arzt zu, da sich die Regelungskompetenz der Bundesärztekammer in der Festlegung des „allgemein anerkannten Stands der medizinischen Wissenschaft und Technik" erschöpft. Bei einem Verstoß gegen die Richtlinie muss der Arzt lediglich berufsrechtliche Konsequenzen fürchten. Dennoch bilden die Richtlinien die Richtschnur für das tägliche Handeln des Arztes, weshalb eine Änderung der Richtlinien erforderlich ist. Die bestehende Regelung könnte wie folgt angepasst werden:

4.1.3 Aufklärung und Einverständniserklärung im Entnahmezentrum

1. Die Entnahme des kindlichen Nabelschnurblutes setzt
   a) bei verheirateten Elternteilen,
   b) bei unverheirateten Elternteilen, die eine gemeinschaftliche Sorgeerklärung abgegeben haben,

   die Aufklärung und Einwilligung beider Elternteile und in allen übrigen Fällen die Aufklärung und Einwilligung der Mutter voraus.
2. Die Einverständniserklärung beinhaltet folgende Punkte: (...).

Durch die Neuregelung der Aufklärungs- und Einwilligungspflichten in der CB-Richtlinie wird nicht nur den Rechten und berechtigten Interessen beider Elternteile Rechnung getragen, sondern darüber hinaus auch die diesbezüglichen Anforderungen an die kommerziellen und gemeinnützigen Nabelschnurblutbanken verstärkt, da diese sich im Rahmen ihrer Tätigkeit und bei der Abfassung ihrer allgemeinen Geschäftsbedingungen ebenfalls an den CB-Richtlinien der Bundesärztekammer orientieren.

ee) Umfang der Einwilligungsberechtigung

Die Entscheidung über eine mögliche Verwendung des Nabelschnurblutes berührt verschiedene Aspekte, je nach Wahl der Einlagerungs- bzw. Verwendungsart. In Betracht kommen sowohl eine autologe Einlagerung [633] als auch eine allogene Einlagerung[634] zum Zwecke der gerichteten[635]oder ungerichteten Spende[636],

633 Erklärung und nähere Ausführungen unter Kap. III. F. II. 2. a) ee) (1), S. 192f.

634 Erklärung und nähere Ausführungen unter Kap. III. F. II. 2. a) ee) (2), S. 193.

635 Erklärung und nähere Ausführungen unter Kap. III. F. II. 2. a) ee) (2), (a), S. 193.

636 Erklärung und nähere Ausführungen unter Kap. III. F. II. 2. a) ee) (2), (b), S. 194ff.

wodurch sowohl persönlichkeitsrechtliche als auch vermögensrechtliche Interessen des Kindes berührt werden

Fraglich ist, ob die Einwilligungsberechtigten in alle Arten der Lagerung und Verwendung des Nabelschnurblutes unbeschränkt einwilligen können oder ob hierfür Grenzen bestehen.

(1) Autologe Einlagerung

Bei der autologen Einlagerung des Nabelschnurblutes wird das Blut für das Kind selbst gewonnen und eingelagert. Durch diese Form der Verwendung soll eine Art „Gesundheitsfürsorge"[637] für das Kind betrieben werden, um im Ernstfall dem Kind durch seine eigenen Stammzellen gesundheitlich helfen zu können. Die Gesundheitsfürsorge ist dem Bereich der Personensorge der Eltern zuzuordnen. Durch die Einlagerung wird darüber hinaus das allgemeine Persönlichkeitsrecht in seiner Ausprägung als Recht auf informationelle Selbstbestimmung des Kindes berührt. In der Literatur unstreitig sind die Eltern für diese Art der Verwendung uneingeschränkt einwilligungsbefugt.[638]

Freund geht bereits einen Schritt weiter und stellt die These zur Diskussion, ob die Eltern heute nicht bereits schon verpflichtet seien, im Hinblick auf die medizinischen Möglichkeiten und den medizinischen Fortschritt das Blut vorsorglich für ihr Kind einlagern zu lassen.[639] Eine derartige Pflicht wird angesichts der zurzeit bestehenden medizinischen Möglichkeiten und des erwarteten Nutzens des Nabelschnurblutes von anderen Autoren abgelehnt. Stellvertretend für die Mehrheit der Stellungnahmen soll die Publikation der Deutschen Knochenmarkspenderdatei zur Kryokonservierung und Langzeitlagerung von Nabelschnurstammzellen bei Neugeborenen zur späteren Eigennutzung zitiert werden: „Zum heutigen Zeitpunkt ist daher eine flächendeckende vorbeugende Kryokonservierung von autologen Nabelschnurstammzellen aus ökonomischen, logistischen und medizinischen Gesichts-

---

637 An dieser Stelle ist allerdings zu berücksichtigen, dass bis dato der Nutzen der autologen Einlagerung von der Mehrzahl der Mediziner stark angezweifelt wird (PD Walter Klockenbusch, Uniklinikum Münster, Geschäftemacherei mit der Angst:http://klinik.uni-muenster.de/organisation/pulsschlag/ausgaben/2005/07_05/geschaeftemachereimitderangst.php; Bundesärztekammer CB-Richtlinie, Einleitung). So wird in der eigenen Informationsbroschüre der Medizinischen Hochschule Hannover (MMH) darauf hingewiesen, dass zur Zeit kein etabliertes Therapieverfahren existiert, das ausschließlich auf die Verwendung autologer Nabelschnurblut-Stammzellen zurückgreift (MHH Gemeinsame Stellungnahme zum Thema Fetale Stammzellen / Nabelschnurblut: http://www.mh-hannover.de/fileadmin/kliniken/zentrum_frauenheilkunde/ download /Nabelschnurblut.pdf).

638 *Dohmen*, Die Gewinnung, Verarbeitung und Anwendung neonataler Stammzellen, S. 121; *Freund*, Nabelschnurblut und Zustimmungserfordernis, MedR 2005, 453-458, S. 456.

639 *Freund*, Nabelschnurblut und Zustimmungserfordernis, MedR 2005, 453-458, S. 456.

punkten nicht sinnvoll und zur Versorgung von Kindern und Erwachsenen in fast allen Fällen unnötig".[640]

(2) Allogene Einlagerung

Bei der allogenen Einlagerung wird das entnommene Nabelschnurblut nicht für das eigene Kind, sondern im Interesse Dritter gewonnen und eingelagert. Bezüglich des Umfangs der Einwilligungsbefugnisse ist hier zwischen der gerichteten und der ungerichteten Spende zu unterscheiden.

(a) Gerichtete Spende

Gemäß Punkt 2.1 der CB-Richtlinie handelt es sich um eine gerichtete Spende wenn das Nabelschnurblut gezielt für einen erkrankten Familienangehörigen gewonnen wird. Die Abnahme von Nabelschnurblut setzt voraus, dass die Schwangere und das kranke Familienmitglied bzw. dessen Erziehungsberechtigte vom behandelnden Arzt vor der Geburt über die freiwillige Spende des Nabelschnurblutes aufgeklärt wurden, die Sinnhaftigkeit dieses Vorgehens von dem verantwortlichen Arzt, der diese Transplantation beabsichtigt, bestätigt wurde und die Schwangere der Entnahme und den Untersuchungen auf Infektionsmarker zugestimmt hat.

Da in den CB-Richtlinien keine spezifischen Bestimmungen bezüglich der Einwilligungsvoraussetzungen für die gerichtete Spende geregelt sind, empfiehlt sich ein Blick in das TFG. Das TFG enthält u.a. Regelungen die Blutspende betreffend. Bei der Nabelschnurblutspende handelt es sich um einen Spezialfall der Blutspende, daher sollte erwogen werden, die entsprechenden Regelungen des TFG auch in diesem Bereich anzuwenden. Im Gegensatz zur Blutspende bedarf es bei der Nabelschnurblutspende nicht einmal eines körperlichen Eingriffs beim Kind zur Gewinnung des Blutes. Alle übrigen Rechte und Interessen sind beim kindlichen Nabelschnurblut mit denen einer normalen Blutspende vergleichbar. Gemäß § 6 Abs. 1 TFG darf eine Spendeentnahme nur durchgeführt werden, wenn die spendende Person vorher in einer für sie verständlichen Form über Wesen, Bedeutung und Durchführung der Spendeentnahme und der Untersuchungen sachkundig aufgeklärt worden ist und in die Spendeentnahme und die Untersuchungen eingewilligt hat. Die §§ 1626ff. und 1901ff. BGB bleiben unberührt, sofern die Spendeentnahme bei Minderjährigen erfolgt. Dementsprechend ist auch bei gerichteten Nabelschnurblutspenden von einer umfassenden Einwilligungsbefugnis der Eltern unter den Voraussetzungen der §§ 1626ff. BGB auszugehen.

640 *DKMS*, Kryokonservierung und Langzeitlagerung von Nabelschnurstammzellen bei Neugeborenen zur späteren Eigennutzung, http://www.dkms.de.

(b) Ungerichtete Spende

Im Gegensatz zur gerichteten Spende wird das Nabelschnurblut bei der ungerichteten Spende in einer gemeinnützigen Bank eingelagert und der betroffenen Person zur Verfügung gestellt, für die es kompatibel ist und eine entsprechende Indikation zur Therapie besteht. Zum Zeitpunkt der Entnahme des Spenderblutes ist der Empfänger noch unbekannt.[641] Für die Transplantation des Nabelschnurbluts gelten die gleichen Indikationen wie für allogene verwandte oder unverwandte Transplantationen mit Stammzellen aus Knochenmark oder peripherem Blut.[642]

Mangels anderweitiger Kompensation der Nachteile hat die ungerichtete Spende für das Kind keinerlei Vorteile. Während bei der autologen Spende die Risiken einer Beeinträchtigung des Rechts auf informationelle Selbstbestimmung des Kindes durch die Chancen einer Heilbehandlung im Krankheitsfalle ausgeglichen werden und selbst bei der gerichteten Spende etwas für das geistige Wohl des Kindes getan wird, indem es nahen Verwandten mit seiner Spende geholfen hat, überwiegen bei der ungerichteten Spende auf den ersten Blick die Nachteile für das spendende Kind. Mangels angemessener Kompensation geht Freund so weit zu fordern, dass Eltern sich auf ein derartiges totales Verlustgeschäft für ihre Kinder nicht einlassen dürfen.[643] Wenn aber, wie es in der Vielzahl der Fälle auch heute noch geschieht, das Nabelschnurblut verworfen wird, so muss die Frage erlaubt sein, ob biologisch wertvolles Material welches ohne weiteres verworfen werden darf, nicht genauso gut fremdnützig gespendet werden könnte. Im Gegensatz zur Verwerfung würde hierbei noch ein gutes Werk getan. Auch wenn diese Argumentation auf den ersten Blick überzeugend erscheint, ist entscheidend, dass trotz Fremdnützigkeit gerade erst durch die Spende des Nabelschnurblutes Möglichkeiten für eine Verletzung der Kindesinteressen eröffnet werden, wie zum Beispiel die Gefahr von Persönlichkeitsrechtsbeeinträchtigungen in Form von Verletzungen des Rechts auf informationelle Selbstbestimmung. Gerade diese Gefahr besteht bei der Verwerfung des Blutes nicht. Der Gefahr einer potentiellen Beeinträchtigung des kindlichen Rechts auf informationelle Selbstbestimmung kann hingegen durch Anonymisierung der Daten entgegengewirkt werden. Punkt 4.1.3 der CB-Richtlinien sieht vor, dass die unter Punkt 4.1.4 aufgeführten Daten, zu denen sowohl die anamnestischen Daten der Mutter und des Kindes als auch die Daten des biologischen Vaters gehören und die unter Punkt 4.2.1.2 beschriebenen Laboruntersuchungen des CB-Präparates unter Beachtung des Datenschutzes anonymisiert erhoben und verwendet werden. Insofern handelt es sich bei der ungerichteten Spende mitnichten um ein Negativsaldo für das

641 Pkt. 2.2 CB-Richtlinien.

642 Pkt. 3 CB-Richtlinien.

643 *Freund*, Nabelschnurblut und Zustimmungserfordernis, MedR 2005, 453-458, S. 457.

Kind, sondern eher um ein neutrales Geschäft. Außer dem Aspekt fremdnützig gespendet zu haben und vielleicht einem anderen Menschen mit dem eigenen Nabelschnurblut helfen zu können, gewinnt das Kind nichts. Auf der anderen Seite muss bei anonymisierter Spende auch keine Gefährdung der Rechte befürchtet werden.

Eine Schranke der elterlichen Vertretungsmacht könnte sich hingegen aus § 1641 S. 1 BGB ergeben, wonach die Eltern keine Schenkungen in Vertretung ihres Kindes machen dürfen.

Voraussetzung wäre zunächst, dass es sich bei der ungerichteten Spende um eine Schenkung handelt. Gemäß § 516 Abs. 1 BGB versteht man unter einer Schenkung eine Zuwendung, durch die jemand aus seinem Vermögen einen anderen bereichert und sich beide Teile darüber einig sind, dass die Zuwendung unentgeltlich erfolgt. Bei dem Nabelschnurblut müsste es sich mithin um einen Teil des kindlichen Vermögens und nicht um einen ideellen Schenkungsgegenstand handeln. Dem Nabelschnurblut müsste Vermögenswert[644] zukommen. Die Beantwortung muss divergierende beziehungsweise verschiedene Aspekte berücksichtigen. Der Umstand, dass das Nabelschnurblut bisher und auch heute noch häufig verworfen wird, spricht gegen die Annahme eines Vermögenswertes. Auf der anderen Seite könnte den gewonnenen Stammzellen und somit auch dem Nabelschnurblut ein Vermögenswert zukommen, da ihnen im Rahmen einer Transplantation ein gewisser wirtschaftlicher Wert nicht abzusprechen ist.

Im Zentrum des Interesses steht die Frage, ob Körperteilen bzw. Körpersubstanzen und damit auch dem Nabelschnurblut Vermögenswert zukommt. Dies lässt sich nicht pauschal beantworten. Während Haare abgeschnitten und verkauft werden können, ist es gemäß § 17 Abs. 1 TPG verboten, mit Organen Handel zu treiben, die einer Heilbehandlung zu dienen bestimmt sind. Auch die Blutspende erfolgt unentgeltlich. Gemäß § 10 TFG und Punkt 2.1.1 der Hämotherapie-Richtlinien erbringen die Blutspender freiwillig und unentgeltlich eine wichtige Leistung für die Gemeinschaft. Die Bundesregierung führt zum Unentgeltlichkeitsgebot aus, dass sich der menschliche Körper und seine Bestandteile, dem ethischen Grundsatz des Europarates und der Europäischen Union entsprechend nicht als Handelsobjekte eignen.[645] Allerdings darf aus den Bestimmungen, dass mit Organen kein Handel getrieben werden darf und die Blutspende unentgeltlich erfolgt nicht gefolgert werden, dass die zugrunde liegenden Organe und Substanzen keinen Vermögenswert hätten. Vielmehr sind diese Regelungen

---

644 Erman/*Seiler*, § 516 Rdnr. 4; Prütting/Wegen/Weinreich/*Frensch*, § 516 Rdnr. 5; *Jauernig*, § 516 Rdnr. 5; Erman/*Herrmann*, § 516 Rdnr. 4,5; Staudinger/*Wimmer-Leonhardt*, § 516 Rdnr. 17; Soergel/*Mühl/Teichmann*, § 516, Rdnr. 5.

645 *Bundesregierung*, Gesetzentwurf der Bundesregierung Entwurf eines Gesetzes zur Regelung des Transfusionswesens (Transfusionsgesetz -TFG), 13.01.1998, BT-Drs. 13/9594, S. 19.

unter ethischen Gesichtspunkten entstanden: Wegen der besonderen Stellung des menschlichen Körpers und seiner Teile, soll dieser nicht zu einer bloßen Ware degradiert und kommerzialisiert werden.[646]

Auch den einschlägigen Gesetzen und Richtlinien betreffend die Spende anderer Körpermaterialien können nicht unmittelbar Argumente für oder gegen einen Vermögenswert von Nabelschnurblut bzw. für die Zulässigkeit der allogenen Spende von Nabelschnurblut entnommen werden. In Punkt 2.4 der Richtlinien für die allogene Knochenmarktransplantation mit nichtverwandten Spendern ist geregelt, dass als nichtverwandte Spender nur Freiwillige im Alter von 18-55 Jahren in Frage kommen. Ebenso ist in Punkt 2.1.4.2 der Hämotherapierichtlinien das Alter eines tauglichen Spenders mit dem Zeitraum zwischen 18 und 68 Jahren angegeben. Eine andere Regelung findet sich im § 8 Abs. 1 Nr. 1 a TPG, welcher regelt, dass die Entnahme von Organen einer lebenden Person nur zulässig ist, wenn sie volljährig ist. Zwar könnte man vermuten, dass vorgenannte Regelungen die Volljährigkeit des Spenders deshalb voraussetzen, weil den Körperteilen und –substanzen Vermögenswert zukommt und deshalb die Schranke des § 1641 S.1 BGB eingriffe und den Eltern mithin keine Vertretungsbefugnis für diese Art der Schenkung zukäme. Derartige Überlegungen konnten hingegen weder den Gesetzesmotiven noch den Hintergrundmaterialien der vorgenannten Richtlinien entnommen werden. Im Zentrum der Argumentation, weshalb diese Körpersubstanzen von Minderjährigen für Dritte nicht gespendet werden sollen, steht das Argument, dass den Eltern zwar gemäß §§ 1626, 1627 BGB die Personensorge obliegt und sie mithin in Heileingriffe bei ihrem Kindes einwilligen dürfen. Bei den Spenden von Körperteilen handelt es sich hingegen nicht um Heilmaßnahmen beim Kind, sondern vielmehr um einen körperlichen Eingriff, der nicht gerechtfertigt ist.

Unter Vermögen wird im Zivilrecht die Gesamtheit der Aktiva verstanden, die einer Person zustehen. Dies sind alle Rechte, Forderungen und Rechtsverhältnisse, die entweder auf Geld gehen oder einen geldwerten, d.h. in Geld schätzbaren Inhalt haben.[647] Nach Wieacker kann ein Gegenstand im Sinne des § 90 BGB nur dann rechtlich relevant sein, wenn es sich um ein individualisierbares, vermögenswertes Objekt der natürlichen Welt handelt.[648] Bestandteile des Körpers werden nach ihrer Trennung vom Körper als Sachen i.S.d. § 90 BGB eingeordnet. Im Hinblick auf Wieackers Ansatz müsste folglich auch den Körperteilen Vermögenswert zukommen.

Für die Klärung der Frage, ob die Eltern das Nabelschnurblut ihres Kindes an eine gemeinnützige Nabelschnurblutbank verschenken dürfen oder das Schen-

646 So *Sasse*, Zivil- und strafrechtliche Aspekte der Veräußerung von Organen Verstorbener und Lebender, S. 73 m.w.N.

647 *Creifelds*, Rechtswörterbuch, S. 1493.

648 *Wieacker*, Sachbegriff, Sacheinheit, Sachzuordnung, AcP 148 (1943), 57-104, S. 65.

kungsverbot des § 1641 BGB greift, kann letztlich offen bleiben, ob dem Nabelschnurblut Vermögenswert zukommt. Denn eine rechtswirksame Schenkung setzt voraus, dass durch die Zuwendung aus dem Vermögen des Schenkers der Beschenkte in seinem Vermögen bereichert wird. Ob eine objektive Vermögensmehrung vorliegt, ist auf Grund einer wirtschaftlichen Betrachtungsweise festzustellen.[649] Im Fall der Überlassung des Nabelschnurblutes setzt hingegen keine Vermögensvermehrung auf Seiten der Nabelschnurblutbank ein. Die Einlagerung ist für die Eltern kostenlos und der einlagernden Einrichtung entstehen die Kosten für die Verarbeitung des Nabelschnurblutes, die Gewinnung der Stammzellen und deren Lagerung. Da es sich um gemeinnützige Einrichtungen handelt, geben diese die Stammzellen im Bedarfsfalle an die Spendenempfänger ab, ohne einen Gewinn zu generieren. Folglich kommt es durch die Spende des Nabelschnurblutes zu keiner Vermögensmehrung auf Seiten der gemeinnützigen Nabelschnurblutbanken.

Die Eltern können daher sowohl in die autologe als auch in die gerichtete und ungerichtete allogene Aufbewahrung sowie Spende des Nabelschnurblutes ihrer Kinder einwilligen.

b) Weiterverwendung des Nabelschnurblutes zu Drittzwecken

Die einschlägigen rechtlichen Regelungen (TPG, AMG und Cordblood-Richtlinie) zur Entnahme und Verwendung des Nabelschnurblutes und der aus ihm gewonnenen Stammzellen enthalten ebenfalls keine Regelungen bezüglich einer anderweitigen Verwendung als der des Spendenzwecks. Es fehlt mithin an spezifischen gesetzlichen Regelungen für eine anderweitige Verwendung des Nabelschnurblutes, als für den eigentlichen Spendenzweck. Insofern finden die allgemeinen zivil- und strafrechtlichen Regelungen Anwendung.

Bei dem Nabelschnurrestblut ist eine mögliche anderweitige Verwendung nur in zwei Konstellationen denkbar. Zum einen, dass das gewonnene Blut aus bestimmten Gründen nicht eingelagert werden kann und deshalb anderweitige Verwendungsmöglichkeiten ins Auge fallen und zum anderen dass der Vertrag ausläuft oder gekündigt wird und daher zu entscheiden ist, was mit dem eingelagerten Nabelschnurblut geschehen soll.

Bei den kommerziellen Nabelschnurblutbanken ist Vertragszweck und –inhalt die Aufbereitung und Lagerung des Nabelschnurblutes für das eigene Kind. Kann dieser Vertragszweck nicht erreicht werden, weil das Nabelschnurblut nicht in der benötigten Menge gewonnen werden konnte oder qualitative Defizite aufweist, so muss das Nabelschnurblut verworfen werden. Die Eltern haben lediglich ihre Einwilligung zur Lagerung für das eigene Kind erteilt. Dementsprechend

649 MüKo/*Kollhosser*, § 516 Rdnr. 8, m.w.N. in Fn. 29.

sind die Verträge der kommerziellen Nabelschnurblutbanken auch gestaltet. Für die Fälle der Nichteinlagerungsfähigkeit des Nabelschnurblutes soll dieses verworfen werden.[650] Allerdings ist diese Regelung nicht in allen Verträgen kommerzieller Nabelschnurblutbanken enthalten. Bei Eticur ist zwar unter § 2 Punkt 2 des Vertrages geregelt, dass die Eltern für den Fall der Nichteinlagerungsfähigkeit des Nabelschnurblutes über diesen Umstand informiert werden. Jedoch ist keine Regelung darin enthalten, was mit dem Blut in diesem Fall geschieht.

Desweiteren weisen die Verträge der kommerziellen Nabelschnurblutbanken Regelungen bezüglich des Verbleibs des Nabelschnurblutes für die Fälle auf, in denen die Vertragslaufzeit abläuft oder der Vertrag gekündigt wird.

In diesen Fällen werden die Eltern informiert und das Blut verworfen, sofern die Eltern keine andere Regelung wünschen.[651]

Somit ist in der Mehrzahl der Verträge der kommerziellen Nabelschnurblutbanken vorbildlich geregelt, was mit dem Nabelschnurblut geschehen soll für den Fall, dass es nicht oder nicht mehr eingelagert werden kann oder soll.

Von Interesse sind auch die Regelungen der gemeinnützigen Nabelschnurblutbanken. Im Unterschied zu den bisher besprochenen Körperteilen und Körpersubstanzen ist positiv festzustellen, dass die Betreiber der gemeinnützigen Nabelschnurblutbank des Klinikums Düsseldorf mögliche Spender auch darüber aufklärt, dass das gespendete Nabelschnurblut nicht in allen Fällen eingelagert wird, sondern auch für bestimmte Drittzwecke verwendet werden kann. So wird der Spender darüber aufgeklärt, dass sich nicht alle Nabelschnurrestblutentnahmen zur klinischen Anwendung eignen, weil sie zum Beispiel nicht das erforderliche Mindestvolumen von etwa 60 ml haben oder weil eine nicht ausreichende Anzahl von Zellen vorhanden ist. Diese Spenden würden dann „an erster Stelle für die Qualitätssicherung und –verbesserung genutzt und ferner für Forschungszwecke".[652] Des weiteren wird beschrieben von wem und für welche Forschungszwecke das Blut in diesem Fall verwendet wird, und zwar vom Institut für Transplantationsdiagnostik und Zelltherapeutika für Forschungsprojekte mit dem Ziel, die Stammzellen aus dem Nabelschnurblut zu vermehren, um die Möglichkeiten

650 So die Regelung in § 2 Abs. II Vita 34 Vertrag: „Ergibt die Untersuchung gemäß §2Abs.1Nr.5, dass die Präparation des Nabelschnurblutes nicht möglich oder nicht vertretbar ist, wird Vita 34 die gesetzlichen Vertreter hierüber schriftlich informieren und das Nabelschnurblut vernichten."

651 Gemäß § 6 Abs. 5 des Vita 34-Vertrages wird Vita 34 das Nabelschnurblut vernichten, sofern das Kind trotz Aufforderung nicht innerhalb einer Frist von 4 Wochen über das Nabelschnurblut verfügt hat. Eticur ist gemäß § 7 Nr. 3 des Einlagerungsvertrages verpflichtet, im Fall der Beendigung des Vertrages das Nabelschnurblut bzw. das Stammzellkonzentrat aus Nabelschnurblut zu verwerfen, sofern das Kind trotz schriftlicher Aufforderung nicht innerhalb einer Frist von zwei Wochen schriftlich über die Herausgabe verfügt hat.

652 Nabelschnurblutbank Klinikum Düsseldorf: http://www.nabelschnurblutbank.de/frag/index.

ihrer Anwendung auch bei erwachsenen Patienten zu verbessern.[653] Die Spender wissen somit welchen möglichen Verwendungsformen das Nabelschnurblut dienen kann und haben so die Möglichkeit eine umfassend informierte Entscheidung zu treffen, ob sie das Nabelschnurblut spenden. Darüber hinaus können sie aufgrund ihres Informationsstandes bestimmte Verwendungsmöglichkeiten, mit denen sie nicht einverstanden sind, ausschließen. Die Interessen der Beteiligten werden umfassend gewahrt.

Trotz des Fehlens verbindlicher rechtlicher Regelungen bezüglich der Weiterverwendung des gespendeten bzw. eingelagerten Nabelschnurblutes sorgen die bestehenden vertraglichen Regelungen sowohl der kommerziellen als auch der gemeinnützigen Nabelschnurblutbanken für einen umfassenden Ausgleich der Interessen der Beteiligten. Die Spender haben die Möglichkeit über die mögliche Nutzung des Nabelschnurblutes eine informierte Entscheidung zu treffen.

3. Straf- und Bußgeldvorschriften

Mangels spezialgesetzlicher Vorschriften unterliegt die von den Eltern nicht konsentierte Verwendung des Nabelschnurblutes zu Forschungszwecken den allgemeinen strafrechtlichen Regelungen. Das Missbrauchsrisiko sowohl in kommerziellen als auch in den gemeinnützigen Nabelschnurblutbanken ist als relativ gering einzuschätzen. Denn die meisten Einlagerungs- und Aufbewahrungsverträge enthalten entsprechende Klauseln für den Fall der Nichteinlagerungsmöglichkeit, oder die Eltern können bereits bei Einlagerung auch in Forschungsvorhaben mit dem Nabelschnurblut einwilligen.

Das Problem der Weiterverwendung von Nabelschnurblut ohne Einwilligung zu Forschungszwecken stellt sich vielmehr in den Fällen, in denen die Eltern das Blut nicht einlagern lassen, sondern die Nabelschnur nach der Geburt unkommentiert in der Klinik zurücklassen. Das Strafrecht bietet in diesen Konstellationen keinen ausreichenden Schutz vor der Verwendung zu Forschungszwecken. Die Ausführungen zur strafrechtlichen Sanktionierbarkeit zweckwidriger Verwendung von Blutspenden sind auf die Weiterverwendung von Nabelschnurblut übertragbar und gelten auch hier.[654]

653 Nabelschnurblutbank Klinikum Düsseldorf: http://www.nabelschnurblutbank.de/frag/index.
654 Siehe die Ausführungen in Kap. III. A. II. 3. b), S. 141.

G. Plazenta

Während die Plazenta noch vor wenigen Jahrzehnten lediglich als Abfallprodukt betrachtet wurde, haben sich ihre möglichen Einsatzbereiche in Medizin und Industrie stetig fortentwickelt und so zu einer neuen Wertschätzung, auch nach der Geburt noch, beigetragen.

Die Verwendungsmöglichkeiten der Plazenta sind vielfältig und reichen von „kulinarischen Köstlichkeiten"[655] bis hin zu Rohstoffen für die kosmetische Industrie.

I. Medizinischer Hintergrund

Die Plazenta wurde in Europa bis zum Ende des 18. Jahrhunderts als die andere Hälfte des Kindes betrachtet – was man ihr antat, musste sich auch auf das Kind auswirken.[656] Die Hebammen überließen diese dem Kindsvater aus Angst als Kindermörderinnen angeklagt zu werden, wenn sie die Plazenta weiterverwendeten oder selbst vergruben.[657] Vielerorts wurde und wird die Plazenta begraben, vorzugsweise unter einem Obstbaum -entsprechend dem Geschlecht unter einem Apfelbaum für ein Mädchen und, unter einem Birnenbaum für einen Jungen.[658] Um dem Kind besonderen Schutz zu gewähren, wird auch heute noch in vielen Regionen der Welt ein Stück der Nabelschnur oder Eihaut getrocknet in goldene Ketten gefasst, im Rocksaum vernäht oder in der Schultasche versteckt.[659] Noch im Deutschland des 18. Jahrhunderts wurde dem vertrockneten Nabelschnurrest, in welchen ein Knoten gemacht wurde, besondere Bedeutung beigemessen. Lehrerinnen in Baden-Württemberg beurteilten die Intelligenz von Kindern im Alter von 5 bis 7 Jahren danach, wie schnell sie den Knoten in ihrer Nabelschnur lösen konnten.[660]

Heute besteht die Möglichkeit, die Plazenta zu homöopathischen Kügelchen für das Kind zu verarbeiten. Ein Stück der Plazenta wird eingeschickt, mit Alkohol verdünnt und hieraus sogenannte Nosoden[661] hergestellt. Als mögliche An-

655 Im Internet stößt man auf eine große Anzahl von Webseiten mit einer Vielzahl von Tipps, wie man die Plazenta essen kann (www.brightdarkness.de).

656 *Enning*, Heilmittel aus der Plazenta, S. 3.

657 *Enning*, Heilmittel aus der Plazenta, S. 3.

658 *Enning*, Heilmittel aus der Plazenta, S. 7.

659 *Bohnenberger*, Volkstümliche Überlieferungen in Württemberg, S. 9.

660 *Enning*, Heilmittel aus der Plazenta, S. 13.

661 Aus krankhaften Körperprodukten der zu behandelnden Krankheit hergestellte u. homöopathisch aufgearbeitete (potenzierte) Arznei. (Urban & Fischer, Roche Lexikon Medizin).

wendungsgebiete werden die Zufütterung zur Muttermilch, der Einsatz bei Erkältungskrankheiten, zum Stressabbau für Mutter und Kind und die Anwendung im Rahmen der Schmerztherapie empfohlen.[662] Die frische Plazenta wird auch als Wundverband eingesetzt, vor allem zur Heilung von eingerissenen Brustwarzen, wo sie die Wundheilung fördert.[663]

Biologisch betrachtet handelt es sich bei der Plazenta um den Mutterkuchen, ein „auf Zeit" angelegtes fetales Ernährungs-, Stoffwechsel- und Ausscheidungsorgan sowie einen Produzenten von Sexualhormonen.[664] Sie besteht aus einem fetalen und einem mütterlichen Anteil, wobei sie im Wesentlichen ein kindliches Produkt ist, dessen Entwicklung und Funktion vom Feten über humorale Rückkoppelung[665] gesteuert wird.[666]

II. Rechtliche Regelungen

Nachfolgend werden die originären und sekundären Rechte an der Plazenta dargestellt.

1. Originäre Rechte

Vergleichbar zum Nabelschnurblut stellt sich auch bei diesem Organ die Frage, wer die originären Rechte an der Plazenta hat. Auf Grund ihrer physiologischen Besonderheit als Doppelorgan[667] (von Kind und Mutter gebildet) kommen sowohl originäre Rechte der Mutter, des Kindes aber auch beider in Betracht.

Es stellt sich die Frage, wie der Eigentumserwerb durch das Durchtrennen der Nabelschnur und die Ausstoßung der Plazenta gemäß § 953 BGB erfolgt.

Voraussetzung eines Eigentumserwerbs nach § 953 BGB ist, dass der Eigentümer der Hauptsache bereits vor der Trennung Eigentümer des Bestandteils war.[668] Dies bedeutet auf den Anwendungsbereich der Körperteile übertragen, dass der abgetrennte Körperteil vorher ein Bestandteil des „Gesamtkörpers" war. Kör-

662 Stadtapotheke: http://www.plazentanosoden.de/potenzierung-und-anwendung.html.

663 *Enning*, Heilmittel aus der Plazenta, S. 46.

664 *Schumacher/Christ*, Embryonale Entwicklung und Fehlbildungen des Menschen, Anatomie und Klinik, S. 124.

665 Über Körperflüssigkeit (Nabelschnurblut) erfolgende Steuerung (Roche Lexikon Medizin).

666 *Schumacher/Christ*, Embryonale Entwicklung und Fehlbildungen des Menschen, Anatomie und Klinik, S. 124.

667 *Schumacher/Christ*, Embryonale Entwicklung und Fehlbildungen des Menschen, Anatomie und Klinik, S. 124.

668 MüKo/*Oechsler*, § 953 Rdnr. 4.

per im Rechtssinne ist die Summe aller Organe und Funktionen des Organismus einer Person. Körperteil ist jedes einzelne Organ und jede Körpersubstanz, die Funktionen im Organismus erfüllt.[669]

Als entscheidendes Kriterium für den Eigentumserwerb entsprechend § 953 BGB wird mitunter der Zeitpunkt der Trennung diskutiert.[670] Mit der Abtrennung der Nabelschnur wachse die Plazenta, welche sich zu diesem Zeitpunkt noch im Uterus der Mutter befindet, dieser zu und würde ganz zu ihrem Eigentum. Zwar stellt dies den regelmäßigen zeitlichen Ablauf bei der Geburt dar, es gibt allerdings auch einen nicht unbeträchtlichen Anteil an Geburten, bei denen die Plazenta gleichzeitig mit dem Kind ausgestoßen wird und erst danach die Abnabelung erfolgt. In diesem Fall wachse die Plazenta dem Kind und nicht der Mutter zu. Eine Abstellung auf den Zeitpunkt der Trennung für die Anwachsung des Eigentums würde – den natürlichen Ereignissen geschuldet – zu konträren Eigentumsverhältnissen führen, je nachdem ob die Abnabelung vor oder nach Ausstoßung der Plazenta geschieht. Es bestünde mithin eine beträchtliche Rechtsunsicherheit wer letztlich zufälliger Eigentümer der Plazenta wird. Ein grundlegendes Prinzip des Sachenrechts ist der Bestimmtheitsgrundsatz. Nach dem Spezialitätsprinzip sollen dingliche Rechte nur an einzelnen Sachen möglich sein, sich folglich auf sie beziehen müssen.[671] Dieser Grundsatz gilt auch für die Rechtsträgerschaft,[672] d.h. es muss eindeutig bestimmbar sein, wer Eigentümer einer Sache ist. An einer eindeutigen Bestimmbarkeit mangelt es hingegen, wenn die Entscheidung der Eigentümerstellung vom Zufall abhängt, in welcher Reihenfolge der Geburtsvorgang verläuft.

Kann es mithin nicht auf den Zeitpunkt der Trennung der Nabelschnur für die Eigentümerstellung an der Plazenta ankommen, muss davon ausgegangen werden, dass die Plazenta als Erzeugnis im Sinne des § 953 BGB sowohl in das Eigentum der Mutter als auch des Kindes fällt. Zwei Eigentumsmodelle sind denkbar. Zum einen können Mutter und Kind Miteigentümer an der Plazenta werden oder jeder könnte Alleineigentümer „seines" Teils der Plazenta werden.

In Betracht käme eine Miteigentümerschaft analog § 947 Abs. 1 BGB. Gemäß §947 Abs. 1 BGB werden die bisherigen Eigentümer ihrer beweglichen Sachen Miteigentümer an der einheitlichen Sache, wenn die Einzelteile miteinander dergestalt verbunden werden, dass sie wesentliche Bestandteile einer einheitlichen Sache werden.

---

669 *Gropp*, Wem gehört die Plazenta? in Arnold et. al., Grenzüberschreitungen, 299-315, S. 307 m.w.N. in Fn. 9 und 10.

670 *Gropp*, Wem gehört die Plazenta? in Arnold et. al., Grenzüberschreitungen, 299-315, S. 307, *Dohmen*, Die Gewinnung, Verarbeitung und Anwendung neonataler Stammzellen, S. 100f.

671 *Baur/Stürner*, Sachenrecht, § 4 III Rdnr. 17.

672 *Baur/Stürner*, Sachenrecht, § 4 III Rdnr. 17.

Voraussetzung ist, dass der kindliche und mütterliche Teil der Plazenta wesentliche Bestandteile im Sinne des § 93 BGB sind. Dies sind Bestandteile einer Sache, die voneinander nicht getrennt werden können, ohne dass der eine oder der andere zerstört oder in seinem Wesen verändert wird. Zweifelsohne sind der kindliche und der mütterliche Teil wesentliche Bestandteile der Plazenta. Erst durch ihr Zusammenwirken kann die Plazenta ihrer Aufgabe als Stoffwechselorgan gerecht werden. Allerdings besteht der Zweck des § 93 BGB darin, die als „wesentlich" bezeichneten Bestandteile einer Sache dadurch gegen einen Wertverlust zu schützen, „dass sie nicht Gegenstand besonderer Rechte sein können; damit teilen sie stets das gleiche rechtliche Schicksal der Sache, zu der sie gehören."[673] Erfasst werden diejenigen Bestandteile, bei denen die Auflösung ihres Verbundes regelmäßig einen Wertverlust zur Folge hat. Wegen dieses Regelungszwecks folgert Gropp, dass die Plazenta nicht im Miteigentum von Mutter und Kind stehen sollte, da nach Abstoßung der Plazenta diese ihren spezifischen Wert verlöre, da sie nicht mehr länger als Stoffwechselorgan benötigt werde.[674] Deshalb sollte die Mutter Eigentümerin der Decidua, das Kind Eigentümer des Chorions villosum sowie der Eihäute werden.[675]

Diese Argumentation vermag in ihren Ergebnissen nicht zu überzeugen. Sinn und Zweck der §§ 93, 947 BGB ist die Erhaltung des wirtschaftlichen Wertes der Gesamtsache. Richtig ist zwar, dass mit der Geburt die Plazenta ihren immanenten biologischen Wert als Stoffwechsel- und Versorgungsorgan des Kindes verliert, mitnichten aber ihren wirtschaftlichen Wert, der sich erst nach der Geburt zum Teil realisieren lässt. Die Plazenta kann nach der Geburt einer Reihe unterschiedlicher Verwendungsmöglichkeiten zugeführt werden, in denen sich ihr wirtschaftlicher Wert als Gesamtorgan realisiert. Aus diesem Grund erscheint es sinnvoll eine Miteigentümerstellung von Mutter und Kind gemäß § 947 BGB anzunehmen, um die Interessen beider bezüglich möglicher Weiterverwendungen umfassend schützen zu können.

2. Sekundäre Rechte

Auf Grund der Miteigentümerschaft von Mutter und Kind stellen sich besondere Anforderungen an die Übertragung der Rechte an der Plazenta auf Dritte.

Soweit die Plazenta einen wirtschaftlichen Wert hat, zählt sie zu dem der Vermögenssorge des Kindes unterfallenden Vermögen. Die Vermögenssorge obliegt

673 MüKo/*Holch*, § 93, Rdnr. 9.

674 *Gropp*, Wem gehört die Plazenta? in Arnold et. al., Grenzüberschreitungen, 299-315, S. 310.

675 *Gropp*, Wem gehört die Plazenta? in Arnold et. al., Grenzüberschreitungen, 299-315, S. 310.

beiden Eltern gemeinschaftlich gemäß § 1626 Abs. 1 BGB.[676] Demnach müssen beide Elternteile gemeinschaftlich über die weitere Verwendung der Plazenta entscheiden. Demzufolge ist die gängige Praxis in deutschen Geburtskliniken, lediglich die Frau um ihre Einwilligung zur Weiterverwendung der Plazenta zu ersuchen, rechtswidrig. Es ist die Einwilligung beider Elternteile einzuholen.

3. Spezifische gesetzliche Regelungen

Im Gegensatz zum Nabelschnurblut und zu anderen Körpersubstanzen gibt es keine spezialgesetzlichen Regelungen bezüglich einer möglichen Weiterverwendung der Plazenta und den damit einhergehenden Aufklärungs- und Einwilligungsvoraussetzungen. Die Verwendungsmöglichkeiten der Plazenta fallen auch nicht in den Anwendungs- und Regelungsbereich des Transplantationsgesetzes. Dies ist darin begründet, dass das TPG die Entnahme und Übertragung von Organen regelt und der Entnahmebegriff das aktive Ablösen des Organs[677] vom Körper voraussetzt, weshalb die nach der Geburt abgestoßene Plazenta nicht in den Regelungsbereich des Transplantationsgesetzes fällt[678]. Ursache für das Fehlen spezialgesetzlicher Regelungen könnte die weithin verbreitete Ansicht sein, dass es sich bei der Plazenta um ein bloßes Abfallprodukt handelt, dem keine weitere wissenschaftliche und wirtschaftliche Bedeutung zukommt. Das dem nicht so ist, wurde bereits im vorangegangenen Abschnitt über die möglichen Einsatzgebiete der Plazenta eingehend erörtert.

Mangels spezialgesetzlicher Regelungen sind die allgemeinen zivilrechtlichen Regelungen anzuwenden, mit der Folge, dass vor jeglicher Weiterverwendung der Plazenta, die nicht in der Verwerfung derselben besteht, die Einwilligung beider Elternteile nach entsprechender Aufklärung über den jeweiligen Verwendungszweck und die damit für Kind und Mutter einhergehenden Risiken (wenn auch nicht körperlicher Art so doch u.a. Datenschutzrisiken) vorab eingeholt werden muss.

H. Fetale Zellen und Gewebe

Seit Beginn der 90er Jahre wird vermehrt grundlagen- und anwendungsorientierte Forschung mit fetalen Geweben betrieben. Fetale Zellen und Gewebe rückten im Jahr 1998 wieder besonders in das Blickfeld der medizinischen Wissenschaft,

676 Siehe hierzu die Ausführungen beim Nabelschnurblut, Kap. III. F. II. 2. a) cc) (1), S. 183f.

677 Organ umfasst als Oberbegriff i.S.d. TPG alle Organe, Organteile und Gewebe.

678 *König* in Schroth/König/Gutmann/Oduncu, TPG Kommentar, § 1, Rdnr. 12.

als es zwei amerikanischen Forschern gelang, undifferenzierte embryonale Stammzellen zu gewinnen.[679] Mit Blick auf weltweit jährlich über 30 Millionen abgetriebene Feten und Embryonen[680] vermag es nicht zu verwundern, dass immer neue Anwendungsgebiete und Verwendungsmöglichkeiten für diesen wertvollen „Rohstoff“ gesucht und gefunden werden.

I. Medizinischer Hintergrund

Besondere Hoffnung wird in die Übertragung von embryonalen Hirnzellen auf Parkinson- und Alzheimerpatienten gesetzt. Nach diversen Tierversuchen wurde bereits 1995 der Antrag bei der Ethikkommission der Medizinischen Hochschule Hannover eingereicht, die Genehmigung zu erteilen, menschliches embryonales Gewebe in das Gehirn von Parkinson-Patienten transplantieren zu dürfen. Mangels Bedenken wurde der Antrag auch genehmigt.[681] Die Zentrale Ethikkommission der Bundesärztekammer hat jedoch 1998 -wenige Jahre später- ihre ethischen und rechtlichen Bedenken an der Transplantation fetaler Zellen für Parkinsonkranke in einer Bekanntmachung geäußert.[682] Zur Begründung führte die Zentrale Ethikkommission aus, dass für die Gewebeübertragung Zellen von Embryonen bzw. Feten aus legalen Schwangerschaftsabbrüchen nach Zustimmung der Schwangeren verwendet würden. „Nach Angaben der an der Übertragung forschenden Wissenschaftler sei der günstigste Zeitpunkt zur Verwendung der Mittelhirnzellen die sechste bis neunte Schwangerschaftswoche – der Übergang von der embryonalen zur fetalen Periode. Da Gewebe von bis zu 10 Feten notwendig sei, um eine ausreichende therapeutische Wirkung durch die Übertragung der Zellen zu erzielen, bedeute dies, dass Zeitpunkt, Ort und Art der Schwangerschaftsabbrüche mit der vorgesehenen Implantationsoperation sorgfältig abgestimmt werden müssen, wodurch Auswirkungen auf den Schwangerschaftsabbruch nicht auszuschließen seien.“[683]

Neben der Verwendung von fetalen Hirnzellen wird auch die Verwendung fetaler Bauchspeicheldrüsen zur Insulinproduktion bei Diabetes oder die Verwendung von Leberzellen zur Behandlung von immunologischen Erkrankungen bzw. Stoffwechselkrankheiten diskutiert. Die Möglichkeiten des Einsatzes fetalen Ge-

679 *Berg*, Fetales Gewebe, S. 4.

680 *Kimbrell*, Ersatzteillager Mensch, S. 57.

681 *Mai*, Die rechtliche Zulässigkeit der embryonalen Gewebe- und Zellentnahme zum Zwecke der Entwicklung einer neuartigen Therapiestrategie gegen die Parkinsonsche Krankheit, S. 13.

682 *ZEK BÄK*, Übertragung von Nervenzellen in das Gehirn von Menschen (Stellungnahme), Deutsches Ärzteblatt 95, Heft 30, 24. Juli 1998 (61), A- 1869-1871.

683 *ZEK BÄK*, Übertragung von Nervenzellen in das Gehirn von Menschen (Stellungnahme), Deutsches Ärzteblatt 95, Heft 30, 24. Juli 1998 (61), A- 1869-1871, S. A-1869.

webes scheinen unbegrenzt – man kann diesen Zustand und das wissenschaftliche Wunschdenken geradezu als Fetopia[684] bezeichnen. Die Erwartungen reichen bis hin zum Einsatz in der kosmetischen oder pharmazeutischen Industrie, dem Einsatz von fetalem Haut- und Knorpelgewebe durch die kosmetische oder rekonstruktive Chirurgie bzw. die Transplantation von Organteilen, wie Herzmuskelzellen, Augenzellen, Lebergewebe.[685] Anwendung findet das fetale Gewebe bereits in der biomedizinischen Forschung zur Testung von Medikamenten oder der Umweltverträglichkeit von Stoffen.[686]

Gesondert ist zudem die Kosmetikindustrie zu nennen, die auf der Annahme agiert, junges Gewebe werde Altes regenerieren. Die Werbung mit der „regenerierenden Kraft der Embryonen" verspricht Abnutzungserscheinungen, Faltenbildung und Hautproblemen wirkungsvoll vorzubeugen.[687]

II. Rechtliche Regelungen

Grundsätzlich ist die Verwendung fetalen bzw. embryonalen Gewebes in verschiedenen Konstellationen denkbar. Je nachdem welcher Quelle die Gewebe und Zellen entnommen werden, sind unterschiedliche rechtliche Regelungen einschlägig. In Bezug auf die Herkunft der Gewebe ist zu differenzieren zwischen abgetriebenen Embryonen, überzähligen Embryonen[688], nicht transferierbaren Embryonen und Vorkernen.

1. Abgetriebene Embryonen

Auch wenn die Schwangerschaftsabbrüche in den vergangen Jahren leicht rückläufig waren, so wurden dennoch im Jahr 2009 noch 110.700 Schwangerschaftsabbrüche vorgenommen[689]. Somit stellt sich die Frage, ob und wenn ja unter welchen Voraussetzungen die so gewonnen Embryonen weitergehenden Zwecken,

684 Wortschöpfung aus Fetus und Utopia

685 *Fine*, Human fetal tissue research: Practice, Prospects and Policy, in: Cell Transplantation. 3 (2): 113-145, S. 124; *Schneider*, Föten: Der neue medizinische Rohstoff, S. 169.

686 *Profamilia e.V.*, Expertise Fetales Gewebe, S. 5.

687 *Hingst*, Zeitbombe Kosmetik (1985), S. 80.

688 Überzählige Embryonen sind Embryonen, die im Rahmen der Maßnahmen der Künstlichen Befruchtung hergestellt wurden, dann aber nicht transplantiert werden konnten, z.B. wegen schwerer Krankheit oder Todes der Mutter.

689 Statistisches Bundesamt Deutschland, http://www.destatis.de/jetspeed/portal/cms/Sites/destatis/Internet/DE/Content/Statistiken/Gesundheit/Schwangerschaftsabbrueche/Aktuell,templateId=renderPrint.psml.

wie der Transplantation, der klinischen Forschung oder in der Pharma- und Kosmetikindustrie verwendet werden dürfen. Hierzu sollen zunächst die einfachgesetzlichen Regelungen, gefolgt von den verfassungsrechtlichen Vorgaben untersucht werden.

a) Embryonenschutzgesetz

Im Embryonenschutzgesetz selbst sind keine Regelungen bezüglich der Verwendungsmöglichkeiten abgetriebener Embryonen getroffen worden.

b) Transplantationsgesetz

Seit Inkrafttreten des Gewebegesetzes sind nunmehr embryonale und fetale Gewebe sowie die damit in engem Sachzusammenhang stehenden Organe von Embryonen und Feten vom Anwendungsbereich des Transplantationsgesetzes umfasst. Bis dato wurde die Entnahme nur in den Richtlinien zur Verwendung fetaler Zellen und fetaler Gewebe der Bundesärztekammer geregelt.

Nach dem nunmehr erweiterten Anwendungsbereich des TPG ist die Entnahme von Organen oder Geweben bei einem toten Fetus oder Embryo gemäß § 4a Abs. 1 TPG nur zulässig, wenn:

1. der Tod des Embryonen oder Fötus nach Regeln, die dem Stand der Erkenntnisse der medizinischen Wissenschaft entsprechen, festgestellt ist,
2. die Frau, die mit dem Fötus oder Embryo schwanger war, durch eine ärztliche Person über eine in Frage kommende Organ- oder Gewebeentnahme und die vorgesehene Verwendung der Organe oder Gewebe aufgeklärt worden ist und in die Entnahme und in die Verwendung der Organe oder Gewebe schriftlich eingewilligt hat und
3. der Eingriff durch einen Arzt vorgenommen wird.

Die Aufklärung und Einwilligung dürfen gemäß § 4a Abs. 1 S. 3 TPG erst nach Feststellung des Todes erfolgen.

Die Regelung über die Aufklärungs- und Einwilligungserfordernisse des § 4a Abs. 1 Nr. 2 TPG entspricht inhaltlich vollumfänglich der Regelung des Punktes 4.5 der Richtlinie der Bundesärztekammer zur Verwendung fetaler Zellen und fetaler Gewebe[690] und setzt sich folglich den gleichen Kritikpunkten aus[691].

690 Die Regelungen des § 4a TPG zur Entnahme fötaler und embryonaler Organe und Gewebe beruhen umfassend auf den Richtlinien der Bundesärztekammer zur Verwendung fetaler Zellen und fetaler Gewebe vom 28. November 1991 (Entwurf eines Gesetzes über Qualität und Sicherheit von menschlichen Geweben und Zellen (Gewebegesetz), BT Drs. 16/3146 vom 25.10.2006, Punkt B. zu Art. 1 Nr. 4, S. 24).

691 Siehe hierzu die Ausführungen unter Kap. III. H. II. 1. d) bb) (2), S. 211f.

So ist für eine wirksame Einwilligung nicht „nur“ die Aufklärung und Einwilligung der Mutter ausreichend. Wie bereits in den Abhandlungen über die Verfügungsbefugnisse des Nabelschnurblutes dargelegt, sind die allgemeinen zivilrechtlichen Vorschriften des Personensorgerechts auf die Frage anzuwenden, wem die Verfügungsbefugnis an den fetalen Zellen und Geweben zusteht.[692] Indem in § 4a Abs. 1 Nr. 2 TPG pauschal auf ein alleiniges Verfügungsrecht der Schwangeren abgestellt wird, werden die allgemeinen zivilrechtlichen Regelungen zur Personensorge ausgehebelt und dem Kindsvater zustehende (Mit-) Entscheidungsbefugnisse entzogen.

Auch die Regelung des § 4a Abs. 3 TPG, wonach die Frau, die mit dem Fetus oder Embryo schwanger war, für die Zwecke der Dokumentation, der Rückverfolgung und des Datenschutzes als Spenderin gilt, vermag ein ausschließliches Einwilligungserfordernis der Mutter nicht zu stützen. Vielmehr ist dieser Regelung zu entnehmen, dass die Mutter nur für die benannten Zwecke der Dokumentation, der Rückverfolgung und des Datenschutzes als Spenderin anzusehen ist, nicht aber darüber hinaus. Für die Eruierung des richtigen Aufklärungs- und Einwilligungsadressaten in die Entnahme und Verwendung des fetalen Gewebes werden jedoch keine Aussagen getroffen.

§ 4a Abs. 1 Nr. 2 TPG sollte, um den Personensorgeregelungen des BGB zu entsprechen, wie folgt neu gefasst werden:

> 2. die Frau, die mit dem Fötus oder Embryo schwanger war und deren verheirateter Mann oder der Mann, mit welchem sie eine gemeinschaftliche Sorgeerklärung abgegeben hat durch eine ärztliche Person über eine in Frage kommende Organ- oder Gewebeentnahme und die vorgesehene Verwendung der Organe oder Gewebe aufgeklärt worden sind und in die Entnahme und in die Verwendung der Organe oder Gewebe schriftlich eingewilligt haben und (...).

Soll eine wirksame Einwilligung jedoch nur vorliegen, wenn beide Elternteile eingewilligt haben[693], so muss konsequenterweise auch die Möglichkeit der Einsichtnahme in die Dokumentation und die Möglichkeit des Einwilligungswiderrufs entsprechend angepasst werden.

Bisher sieht § 4a Abs. 2 S. 2-4 TPG vor:

> „Die Frau, die mit dem Embryo oder Fötus schwanger war, hat das Recht auf Einsichtnahme. Sie kann eine Person ihres Vertrauens hinzuziehen. Die Einwilligung kann schriftlich oder mündlich widerrufen werden.“

Die Regelung sollte wie folgt geändert werden:

692 Siehe Ausführungen zu den Einwilligungsberechtigten im Rahmen der Nabelschnurblutentnahme, Kap. III. F. II., 2. a) cc) (1), S. 183f.

693 Die Einwilligung beider Elternteile ist dann erforderlich, wenn sie verheiratet sind bzw. eine gemeinsame Sorgeerklärung abgegeben haben. Andernfalls ist die Einwilligung der Mutter ausreichend.

§ 4a Abs. 2 TPG:
[...]„Die Frau, die mit dem Fötus oder Embryo schwanger war und deren verheirateter Mann oder der Mann, mit welchem sie eine gemeinschaftliche Sorgeerklärung abgegeben hat, haben ein Recht auf Einsichtnahme. Sie können jeweils eine Person ihres Vertrauens hinzuziehen. Die Einwilligung kann schriftlich oder mündlich widerrufen werden.

Es ist zwar begrüßenswert, dass der Umgang mit fetalen Geweben nunmehr nicht nur in den Richtlinien der Bundesärztekammer Regelung erfährt, sondern auch Eingang in das Transplantationsgesetz gefunden hat. Nicht verkannt werden darf jedoch, dass im Rahmen des Transplantationsgesetzes nur die Entnahme fetalen Gewebes geregelt wurde. Regelungen bezüglich der Verwendung oder gar Weiterverwendung entnommenen fetalen Gewebes wurden nicht getroffen, so dass für diesen Komplex, wie bei den bisher betrachteten Organen und Geweben auch, keine spezifische gesetzliche Regelung besteht.

Zu begrüßen ist jedoch, dass das Verbot des Organhandels in § 17 Abs. 1 TPG um ein Verbot des Handels mit Geweben ergänzt wurde. Der mögliche Strafrahmen erfüllt durchaus seine Abschreckungswirkung, da gemäß § 18 Abs. 1 TPG derjenige, der entgegen § 17 Abs. 1 TPG mit einem Organ oder Gewebe Handel treibt oder entgegen § 17 Abs. 2 TPG ein Organ oder Gewebe entnimmt, überträgt oder sich übertragen lässt, mit Freiheitsstrafe bis zu fünf Jahren oder mit Geldstrafe bestraft werden kann.

c) Zivilrechtliche Einordnung

Gemäß § 1 BGB beginnt die Rechtsfähigkeit des Menschen mit seiner Geburt. Zwar hat der Gesetzgeber dem Nasciturus mit dieser Regelung nicht die volle Rechtsfähigkeit zuerkannt, ihm im Falle der späteren Lebendgeburt jedoch in zahlreichen Einzelregelungen spezifische Rechte zuerkannt. Der Embryo kann bereits Erbe, § 1923 Abs. 2 BGB, Nacherbe, § 2108 BGB oder Vermächtnisnehmer, § 2178 BGB sein und erhält darüber hinaus im Rahmen des § 823 Abs. 1 S. 2 BGB einen Anspruch auf Schadensersatz bei körperlichen Verletzungen. Da diese Rechte den Embryo nur äußerst lückenhaft schützen[694] und er in Ansehung des § 1 BGB weder Rechtssubjekt ist noch Sache sein kann[695] ist im Folgenden zu bestimmen, welche Rechtsnatur er hat. Das Spektrum der rechtlichen Einordnung ist groß und reicht von einer partiellen Rechtsfähigkeit, über eine Teilrechtsfähigkeit, eine relative Rechtsfähigkeit, halbe Rechtsfähigkeit, besondere Rechtsfähigkeit, geminderte Rechtsfähigkeit bis hin zur beschränkten Rechtsfähigkeit.[696]

694 MüKo/*Säcker*, § 1 BGB, Rdnr. 29.

695 *Lanz-Zumstein*, Die Rechtsstellung des unbefruchteten und befruchteten menschlichen Keimguts, S. 172.

696 *Lanz-Zumstein*, ibid, S. 175 mit Verweis auf Fabricius, S. 2.; Die herrschende Lehre geht insofern von einer beschränkten Rechtsfähigkeit des Nasciturus aus. Palandt/*Heinrichs*, § 1 BGB, Rdnr. 7; Staudinger/*Habermann*/*Weick*, § 1 BGB, Rdnr. 15, MüKo/*Säcker*, § 1 BGB, Rdnr. 31.

Ein näheres Eingehen auf die Unterschiede der einzelnen Interpretationen zur Rechtsfähigkeit des Embryonen erübrigt sich jedoch, da nach allen Auffassungen dem Nasciturus jedenfalls ein personal bestimmter Status zukommt.[697] Die Beziehung zwischen dem Nasciturus und seinen Eltern ist durch das elterliche Fürsorgerecht gemäß § 1626 BGB analog geregelt. Die elterliche Sorge beginnt mit der Verschmelzung des Keimguts und ist von den genetischen Eltern wahrzunehmen.[698]

Zu einem etwas anderen Ergebnis gelangt Halász, der dem Embryo vor seiner Geburt keine Persönlichkeitsrechte zuspricht, sondern das Persönlichkeitsrecht der Eltern an ihren Gameten auch nach deren Verschmelzung fortwirken lässt.[699] Ein eigenes Persönlichkeitsrecht des Embryonen entstehe erst mit dessen Geburt, verdränge dann die Persönlichkeitsrechte seiner Eltern und wirke mit der Geburt auf den Zeitraum vor der Geburt zurück.[700] Im Ergebnis ist aber auch bei dieser These das Schicksal des Embryonen von der elterlichen Fürsorgepflicht bestimm

Aufgrund der elterlichen Fürsorgepflicht ist folglich deren Aufklärung und Einwilligung in therapeutische Maßnahmen wie auch in andere Verwendungsformen des Embryonen, zum Beispiel die Freigabe zu Forschungszwecken, zwingend erforderlich. Auf die Einzelheiten wird im Folgenden eingegangen.

d) Richtlinien der Bundesärztekammer

Nach den Richtlinien der Bundesärztekammer zur Verwendung fetaler Zellen und Gewebe ist zwischen der Verwendung von Zellen und Geweben lebender und toter Feten zu unterscheiden.

aa) Zellen und Gewebe lebender Feten

Gemäß Punkt 4.1. der RL dürfen fetale Zellen und Gewebe lebenden Feten nur zum unmittelbaren Nutzen des Feten – oder gegebenenfalls der Mutter – entnommen werden. Hiermit existiert ein generelles Forschungs- und Verwertungsverbot für lebenden Feten entnommene Zellen und Gewebe, es sei denn, diese werden zum unmittelbaren Nutzen des Feten bzw. der Mutter entnommen.

---

697 *Lanz-Zumstein*, Die Rechtsstellung des unbefruchteten und befruchteten menschlichen Keimguts, S. 180.

698 *Lanz-Zumstein*, Die Rechtsstellung des unbefruchteten und befruchteten menschlichen Keimguts, S. 324.

699 *Halász*, Das Recht auf bio-materielle Selbstbestimmung, S. 51.

700 *Halász*, Das Recht auf bio-materielle Selbstbestimmung, S. 51f.

bb) Zellen und Gewebe toter Feten

(1) Nutzungszwecke

Toten Feten dürfen Zellen und Gewebe hingegen auch für experimentelle und therapeutische Zwecke entnommen werden, die nicht dem unmittelbaren Nutzen des Feten oder der Mutter dienen, Punkt 4.2 der BÄK-Richtlinie. Die Verwendung fetaler Zellen und Gewebe von toten Feten setzt gemäß Punkt 2.2 der Richtlinie eine Abwägung des medizinischen Nutzens für Lebende gegen die Schutzgüter des über den Tod hinauswirkenden allgemeinen Achtungsanspruchs des Ungeborenen und des Pietätsgefühls seiner Angehörigen und der Allgemeinheit voraus. Demnach kämen nur solche Verwendungszwecke in Frage, die theoretische oder praktische Erkenntnisse der Medizin auf prophylaktischem, diagnostischem oder therapeutischem Gebiet zum Ziele haben. Danach ist die Entnahme und Weitergabe fetaler Zellen und Gewebe an die Kosmetikindustrie unzulässig.

(2) Verfügungsbefugte

Gemäß Punkt 4.5 der Richtlinie hat die Schwangere ihre Einwilligung in die Verwendung fetaler Zellen und Gewebe gegenüber dem behandelnden Arzt nach erfolgter Aufklärung schriftlich zu erteilen. Verfügungsbefugt ist mithin wiederum nur die Mutter und nicht beide Elternteile gemeinschaftlich. Im Widerspruch hierzu steht, dass gemäß Punkt 2.2 der Erläuterungen zur Richtlinie die Verwendung fetaler Zellen und Gewebe an das Verfügungsrecht der Eltern, insbesondere der Schwangeren gebunden sein soll. Hiernach soll die Verwendungsbefugnis an das Verfügungsrecht der Eltern und nicht nur das der Mutter gebunden sein, womit die Regelung im Einklang mit den personensorgerechtlichen Normen des BGB's steht. Ein besonderes Augenmerk ist hingegen auf den ergänzenden Passus des Punktes 2.2 der Richtlinie zu richten, wonach die Verwendung zwar an das Verfügungsrecht der Eltern, aber insbesondere an das der Schwangeren gebunden ist. Hierdurch könnte der falsche Eindruck erweckt werden, dass im Konfliktfalle bei unterschiedlichen Ansichten der Eltern über eine mögliche Verwendung der fetalen Zellen und Gewebe, dem Standpunkt der Mutter der Vorzug gegeben werden müsse. Der Regelungsinhalt des Punktes 4.5 der Richtlinie widerspricht folglich den Erläuterungen zu den Verfügungsberechtigten. Für den Arzt sind die Regelungen der Richtlinie verbindlich, so dass nicht erwartet werden darf, dass er in die Erklärungen schaut und beiden Eltern gemeinschaftlich die Verfügungsbefugnis einräumt. Zumal auch die Erläuterungen noch den Anschein erwecken, dass der Entscheidung der Mutter größere Bedeutung beizumessen sei. Die Regelung des Punktes 4.5 der Richtlinie widerspricht nicht nur dem eigenen, den Erläuterungen zu entnehmenden Ansatz der Bundesärztekammer, sondern auch der bestehenden Rechtslage. Wie bereits in den Abhandlungen über die Verfügungsbefugnisse des Nabelschnurblutes dargelegt, sind die allgemeinen zivilrechtlichen Vorschriften des Personensorgerechts auf die Frage anzuwenden, wem die Verfügungsbefugnis an den fetalen Zellen und Geweben zusteht.[701] Der Punkt sollte mithin wie folgt geändert werden:

> 4.5. Die Verwendung fetaler Zellen und Gewebe setzt
> a) bei verheirateten Elternteilen,
> b) bei unverheirateten Elternteilen, die eine gemeinschaftliche Sorgeerklärung abgegeben haben
> die Aufklärung und Einwilligung beider Elternteile und in allen übrigen Fällen die Aufklärung und Einwilligung der Mutter voraus. Die Einwilligung ist dem behandelnden Arzt gegenüber schriftlich zu erteilen. (...)

(3) „Schutzmechanismen"

Die Bundesärztekammer war sich der Gefahren bestehender Drittinteressen bei der Entscheidung des Schwangerschaftsabbruchs zum Zwecke der Zell- bzw. Gewebespende bewusst und hat entsprechende Vorkehrungen in den Richtlinien geschaffen. Gerade weil so große Hoffnungen in die Entwicklung neuer medizinischer Verfahren und Heilmethoden unter Verwendung fetalen Gewebes bestehen, ist nicht auszuschließen, dass Schwangeren seitens der forschenden Industrie und Kliniken finanzielle Anreize für die Spende des fetalen Gewebes geboten werden. Das amerikanische International Institute for the Advancement of Medicine (IIAM) sammelt jährlich über 8.000 fetale Körperteile allein aus Abtreibungskliniken in der Region Exton, Pennsylvania ein und verwendet diese für Forschungs- und Therapiezwecke.[702] Das IIAM hat Verträge mit 18 Abtreibungskliniken und zahlt je nach Beschaffenheit des Gewebes eine Dienstleistungsgebühr zwischen 50 und 100 Dollar.[703] Denkbar ist, dass Frauen willentlich schwanger werden, um den Fetus dann abzutreiben und dessen Gewebe z.B. für die Therapie eines kranken Verwandten zu spenden. Dieser Gefahr, dass Feten instrumentalisiert, wenn nicht sogar kommerzialisiert werden, muss vorgebeugt werden. Aus diesem Grunde hat die Bundesärztekammer in Punkt 2.3 der Erklärungen zur Richtlinie normiert, dass finanzielle oder humanitäre Gründe für den Schwangerschaftsabbruch und die folgende Gewebespende ausgeschlossen werden müssen. Deshalb wurden die nachfolgenden drei Schutzhürden in die Richtlinien aufgenommen: es darf für die Spende fetalen Gewebes weder ein Entgelt angeboten noch gewährt werden, die Spende fetalen Gewebes zugunsten bestimmter Empfänger ist

---

701 Siehe Ausführungen zu den Einwilligungsberechtigten im Rahmen der Nabelschnurblutentnahme, Kap. III. F. II 2. a) cc) (1), S. 183f.

702 *Kimbrell*, Ersatzteillager Mensch, S. 50.

703 *Kimbrell*, Ersatzteillager Mensch, S. 50.

verboten und die Einholung der mütterlichen Zustimmung zur Nutzung des fetalen Gewebes darf nicht erfolgen, bevor der Entschluss zum Schwangerschaftsabbruch endgültig ist. Um weiterem Missbrauch vorzubeugen ist gemäß Punkt 4.3 der Richtlinie und Punkt 2.4 der Erklärungen der Richtlinie die Unabhängigkeit zwischen freigebender und nutzender Seite sicherzustellen.

(4) Umfang der Verfügungsbefugnisse

Um der Verwirklichung von Eigen- oder Drittinteressen möglichst vorzubeugen, kann die Schwangere gemäß Punkt 4.5 der Richtlinie Verfügungen hinsichtlich des Umfangs der Zell- und Gewebeentnahme sowie hinsichtlich der generellen Art der Verwendung treffen, auf die Person des Empfängers jedoch keinen Einfluss nehmen.

Abgesehen davon, dass die Verfügungsbefugnis nicht automatisch bei der Schwangeren liegt, sondern sich vielmehr nach den allgemeinen zivilrechtlichen Regelungen richtet, ist der Einflussrahmen der Verfügungsberechtigten bezüglich der Verwendung der Gewebe vorbildlich geregelt. Es kann sowohl eine Entscheidung über die Qualität und Quantität des zu spendenden Gewebes als auch eine Entscheidung über den generellen Verwendungszweck getroffen werden. Den Interessen der Verfügungsberechtigten wird mithin weitgehend Rechnung getragen. Allerdings sollte den Verfügungsberechtigten darüber hinaus noch die Möglichkeit eingeräumt werden, ihre Einwilligung jederzeit zurückzuziehen, sofern die Gewebe noch nicht verwendet wurden. Punkt 4.5 der Richtlinie sollte folglich – auch um im Einklang mit § 4a Abs. 2 TPG zu stehen – um den Passus

> „Die Einwilligung ist jederzeit frei widerruflich, sofern das Material noch nicht verwendet wurde."

ergänzt werden.

e) Verfassungsrecht

Im Folgenden soll die Frage in den Blickpunkt der Betrachtung gerückt werden, inwiefern das Verfassungsrecht verbindliche Vorgaben für die Gewinnung und Verwendung von embryonalen und fetalen Geweben und Zellen trifft und ob diese Vorgaben in den zuvor genannten Gesetzen und Richtlinien ihren Eingang gefunden haben, beziehungsweise, ob aufgrund bestehender Praktiken weiterer Regelungsbedarf besteht.

Durch die Freigabe bzw. Verwendung embryonaler und fetaler Zellen und Gewebe zu Forschungs- oder Transplantationszwecken können das Grundrecht auf Leben, Art. 2 Abs. 2, Satz 1, 1. Alt. GG, das Grundrecht auf körperliche Unversehrtheit, Art. 2 Abs. 1, Satz 1, 2. Alt. GG und nicht zuletzt das Grundrecht auf Menschenwürde, Art. 1 Abs. 1 GG tangiert sein.

Im Folgenden soll skizziert werden, inwiefern der Embryo Grundrechtsträger sein kann und der Gewährleistungsinhalt der jeweiligen Grundrechte dargestellt werden. Die Analyse wird mit dem Grundrecht auf Leben, Art. 2 Abs. 2, Satz 1 Alt. 1 GG beginnen und sich erst danach mit der Menschenwürdegarantie des Art.1 Abs. 1 GG beschäftigen, da zunächst klärungsbedürftig ist, inwiefern es sich bei dem Embryo um individualisiertes menschliches Leben im Sinne des Grundgesetzes handelt, bevor die Frage der Würdefähigkeit Erörterung finden kann.

aa) Leben, Art. 2 Abs. 2 Satz 1 1. Alt. GG

Gemäß Art. 2 Abs. 2 Satz 1 1. Alt. GG hat jeder das Recht auf Leben. Dies wirft zunächst die Frage auf, ob auch der Embryo als „jeder" in diesem Sinne einzustufen ist und folgend welches Ausmaß der Schutzgehalt des Grundrechts auf Leben hat.

(1) Grundrechtsträgerschaft

Der Embryo hat ein Recht auf Leben, wenn er unter das Tatbestandsmerkmal „Jeder" des Art. 2 Abs. 2 Satz 1, 1. Alt. GG subsumierbar ist.

Maßgeblicher Ausgangspunkt ist insoweit die Frage nach dem Zeitpunkt des Beginns menschlichen Lebens und der inhärenten Frage, ab wann dieses zu schützen ist. Die Frage der Grundrechtsträgerschaft des Embryonen wird an dieser Stelle gleichsam für den Embryo in-vivo wie für den Embryo in-vitro erörtert, da die Argumentationsansätze dieselben sind. Sofern in einzelnen Details Differenzierungen erforderlich sind, wird auf diese gesondert im Rahmen der verfassungsrechtlichen Betrachtungen des Embryonen in-vitro eingegangen.

Für die Beantwortung der Frage des personellen Schutzbereichs des Grundrechts auf Leben werden die unterschiedlichsten zeitlichen Modelle gewählt. Die Anknüpfungspunkte für den Eintritt der Schutzwirkung des Lebensgrundrechts reichen vom völligen Ausschluss aller pränatalen Lebensformen[704] über die Geburt[705], die Lebensfähigkeit außerhalb des Körpers, die Herausbildung bestimm-

704 *Höfling*, Bestimmungsmacht über die körperliche Integrität? Verfassungsfragen am Anfang und Ende menschlichen Lebens mit weiteren Nachweisen in Fn. 38; *Ehmke*, Stellungnahme, in: Arndt/Erhardt/Funke (Hrsg.), Der § 218 StGB vor dem Bundesverfassungsgericht, S. 180f.; pointiert auch *Hoerster*, Forum: Ein Lebensrecht für die menschliche Leibesfrucht?, JuS 1989, 172-178, S. 172f.

705 *Hoerster*, Ein „verringertes" Lebensrecht zur Legitimation der Fristenregelung?, NJW 1997, 773-775, S. 773.

ter Organe, die Nidation[706] und Verschmelzung der Kerne von Ei- und Samenzelle[707] bis hin zur Einbeziehung der noch nicht befruchteten Eizelle.[708]

Angesichts der Vielzahl und in ihren Konsequenzen sehr unterschiedlichen Thesen zum Beginn der Grundrechtsträgerschaft des Embryonen ist zu prüfen, welche Aussagen diesbezüglich der Verfassung entnommen werden können.

(a) Auslegung nach dem Wortlaut

Der Wortlaut der Norm hilft hier nicht weiter, denn „Jeder" steht für jeder Mensch und der Begriff des Menschen ist weder in Art. 2 GG noch Art. 1 GG oder an anderer Stelle der Verfassung legaldefiniert; der Wortlaut ist mithin offen[709]. Unter „Jeder" könnte sowohl der geborene Mensch[710] als auch jeder lebende Mensch[711] zu verstehen sein. Zieht man die einfachgesetzlichen Normen zur Hilfe so wird ersichtlich, dass mit dem Begriff „Mensch" der geborene Mensch gemeint ist, wie sich zum Beispiel aus § 1 BGB ergibt. Im Kontrast hierzu wird in den einfachgesetzlichen Normen, in denen der Embryo als Rechtssubjekt beschrieben wird, dieser als „Embryo" (Embryonenschutzgesetz) oder als Leibesfrucht (§ 1615o Abs. 1 Satz 2 BGB) bezeichnet, also mit einem eigenem spezifischen Terminus. Zwar kann aus dem Sprachgebrauch einfachgesetzlicher Normen nicht der zwingende Rückschluss gezogen werden, dass der Terminus „Jeder" nicht das ungeborene Leben umfasst.[712] Diese indizieren aber dennoch, dass dem Verfassungswortlaut ebenfalls nicht entnehmbar ist, dass der Embryo Grundrechtsträger ist. Nach dem Wortlaut der Verfassung sprechen ebenso gute Gründe dafür wie dagegen, den Embryo als Rechtssubjekt zu erfassen.

706 Einnistung des befruchteten Eis in der Schleimhaut des Uterus (Pschyrembel).

707 *Keller*, in: Günther/Keller, Fortpflanzungsmedizin und Humangenetik, strafrechtliche Schranken? 1991, S. 115.

708 *Höfling*, Verfassungsrechtliche Aspekte der Verfügung über menschliche Embryonen und „humanbiologisches Material", Gutachten, S. 39; *Starck*, Die künstliche Befruchtung beim Menschen – Zulässigkeit und zivilrechtliche Folgen. 1. Teilgutachten. Verfassungsrechtliche Probleme, in: 56. DJT 1986, A 17.

709 *Dreier*, Stufungen des vorgeburtlichen Lebensschutzes, ZRP 2002 Heft 9, 377-383, S. 382.

710 *Stern*, Staatsrecht, Bd. I, S. 123; *Paul*, Möglichkeiten und Grenzen der Forschung an embryonalen Stammzellen und des therapeutischen Klonens, S. 58.

711 *Paul*, ibid, S. 58 mit Verweis auf BVerfGE 39, 1 (37), wobei sich die Aussage des Bundesverfassungsgerichts unmittelbar nur auf den Embryo ab dem 14. Tag bezieht.

712 *Klopfer*, Verfassungsrechtliche Probleme der Forschung an humanen pluripotenten embryonalen Stammzellen und ihre Würdigung im Stammzellgesetz, S. 61; *Merkel*, Forschungsprojekt Embryo, S. 27.

(b) Systematische Auslegung

Auch die systematische Auslegung ist hinsichtlich der Frage der Grundrechtsträgerschaft des Embryonen nicht zielführend. Bei der systematischen Auslegung ist zu eruieren, inwiefern von der Stellung der Vorschrift im Gesetz und der des Gesetzes innerhalb der Rechtsordnung Schlüsse auf die gegenständlich interessierende Frage gezogen werden können.[713] Die systematische Auslegung muss hier bereits deshalb ergebnislos bleiben, weil mit Blick auf den Kontext der anderen Grundrechte, diese den bisher für den Embryo ungeklärten Status als Grundrechtsträger voraussetzen und daher ihre Anwendung auf den Embryo nicht in Betracht kommt.[714]

Im Folgenden sollen deshalb die zwei verfassungsrechtlichen Argumentationsstrategien näher beleuchtet werden, die bei der Beantwortung der Frage nach dem Beginn der Grundrechtsträgerschaft am aussichtsreichsten sein können, nämlich die der historischen und der teleologischen Auslegung.

(c) Historische Auslegung

Die hier interessierende Fragestellung war bereits 1948 im zuständigen Ausschuss des Parlamentarischen Rates Gegenstand der Auseinandersetzung. Die grundsätzliche Frage einer Einbeziehung vorgeburtlichen Lebens in Art.2Abs.2GG spielte in der 42. Sitzung des Hauptausschusses des Parlamentarischen Rates am 18. Januar 1949 eine maßgebliche Rolle.[715] Der Abgeordnete Dr. Seebohm stellte für die DP-Fraktion den Antrag, die damals vorliegende Fassung von Art. 2 GG um den Zusatz „Das keimende Leben wird geschützt“ zu ergänzen, da diese Interpretation der vorliegenden Fassung des Art.2 GG so nicht zweifelsfrei zu entnehmen sei. Nachdem zwei Abgeordnete daraufhin ihre Auffassung kundtaten, dass „keimendes Leben“ in der bisherigen Fassung bereits enthalten sei, zog Seebohm seinen Antrag zunächst zurück. Daraufhin verwehrten sich Dr. Greve (SPD) und eine Reihe seiner Fraktionskollegen gegen diese Ansicht und trugen vor, dass nach ihrer Ansicht, keimendes Leben mitnichten umfasst sei. Infolgedessen nahm Dr. Seebohm seinen Antrag wieder auf, welcher ohne weitere Diskussion mit 11 zu 7 Stimmen zurückgewiesen wurde.[716]

Die Interpretationsmöglichkeiten dieser historischen Ereignisse weisen die gesamte mögliche Bandbreite auf. Zum einen wird vertreten, dass „Jeder“ das Un-

713 *Creifelds*, Stichwort „Auslegung“, S. 132.

714 *Merkel*, Forschungsprojekt Embryo, S. 27f.

715 Parlamentarischer Rat (Hrsg.), Verhandlungen des Hauptausschusses. Stenographische Berichte, 1948/49, S. 529f.

716 Parlamentarischer Rat (Hrsg.), Verhandlungen des Hauptausschusses. Stenographische Berichte, 1948/49, S. 530.

geborene umfassen würde, weil der Antrag von Dr. Seebohm nur deshalb abgelehnt worden sei, weil Art. 2 GG ohnehin bereits das keimende Leben schütze.[717] Die Vertreter der Gegenmeinung argumentieren genau entgegengesetzt, indem sie sagen, dass durch die Ablehnung des Antrages deutlich wurde, dass das keimende Leben gerade nicht von Art. 2 GG geschützt sei.[718] Aus den verschiedenen Deutungsmöglichkeiten wird eines ersichtlich: keine Meinung kann mit überzeugender Argumentation ihren Standpunkt untermauern, es ist vielmehr anzunehmen, dass der Ablehnung des Antrages verschiedenste Motive zugrunde lagen.[719] Aus der Historie der Entstehung des Art. 2 GG kann mithin entnommen werden, dass die Frage der Grundrechtsfähigkeit des ungeborenen Lebens schon damals umstritten war und eine eindeutige Antwort auf die Frage der Einbeziehung keimenden Lebens in Art.2GG noch aussteht.

(d) Teleologische Auslegung

Art. 2 Abs. 2, S. 1 GG dient der Sicherung der physischen Existenz eines Lebewesens als Voraussetzung für seine geistige Existenz und sonstige Verhaltensweisen[720], mit anderen Worten dem Schutz der biologisch-natürlichen Wertvoraussetzungen für die im Grundrechtskatalog genannten Wertverwirklichungsmöglichkeiten[721]. Dementsprechend, so folgert Paul, verlangen Sinn und Zweck das ungeborene Leben so früh wie möglich von Art. 2 Abs. 2 GG zu erfassen.[722]

Im Rahmen der teleologischen Auslegung begegnet man vor allem dem Effektivitätsargument, wonach es dem Sinn und Zweck einer Grundrechtsnorm am ehesten entspreche, bei mehreren Auslegungsmöglichkeiten diejenige zu wählen, welche die juristische Wirkkraft des Grundrechts am stärksten entfalte.[723] Bei konsequenter Anwendung des Effektivitätsgrundsatzes hätte dies zur Folge, dass Embryonen von Anfang an, d.h. von der Befruchtung an Grundrechtsträger im

717 BVerfGE 39, 1 (40); *Roth-Stielow*, Stufungen des vorgeburtlichen Lebensschutzes, ZRP 2002, S. 530.

718 *Wernicke* in GG, Bonner Kommentar, Art. 2 II, Erl. II.2.b).; *Merkel*, Forschungsprojekt Embryo, S. 30.

719 *Hartleb*, Auf der Suche nach einem neuen Grundrechtsträger – Der extrakorporale Embryo im deutschen Grundgesetz, 46. Assistententagung Öffentliches Recht, Wien 2006, 123-145, S. 127.

720 Dreier/*Schulze-Fielitz,* Art. 2 II Rn 10; *Starck* in v. Mangoldt/Klein/Starck, Art. 2 Abs. 2, Rdnr. 192.

721 *Dürig* in Maunz/Dürig, Art. 2 II Rn 1.

722 *Paul*, Möglichkeiten und Grenzen der Forschung an embryonalen Stammzellen und des therapeutischen Klonens, S. 61.

723 BVerfGE 6, 55 (72); 32, 54 (71); 39, 1 (38).

Sinne des Art. 2 Abs. 2 GG wären.[724] Bei näherer Betrachtung des Effektivitätsgedankens wird ersichtlich, dass dieser hier keine Anwendung finden kann. Der Effektivitätsgrundsatz resultiert aus dem urliberal-klassischen Verständnis der Grundrechte als Abwehrrechte gegen den Staat, wonach im Zweifelsfalle die Freiheitssphäre des Bürgers zu Lasten des grundrechtseinschränkenden Staates auszudehnen ist.[725] Bei der Frage möglicher Grundrechte von Embryonen geht es jedoch nicht um die Abwehr- als vielmehr um die positive Schutzgewährperspektive der Grundrechte.[726] Die für die Abwehrkonstellation charakteristische Zweiseitigkeit des Rechtsverhältnisses erweitert sich in der Frage des Grundrechtsschutzes von Embryonen zu einer Dreieckskonstellation, da die staatliche Schutzgewährung für den Embryo zugleich immer auch einen Eingriff in ein anderes Grundrecht, wie zum Beispiel die Forschungsfreiheit, bedeutet. Die extensive Grundrechtsinterpretation zugunsten einer grundrechtlich geschützten Rechtsposition des Embryonen im Verhältnis zum Staat führt automatisch zu einer Verminderung der juristischen Wirkkraft im Verhältnis zur Forschungseinrichtung; dem „in dubio pro embryone" steht spiegelbildlich ein „in dubio contra scientiam" gegenüber.[727] Wie die anderen Auslegungstheorien vermag die teleologische Auslegung nicht weiterzuhelfen. Aus diesem Grund werden folgend die Argumentationsansätze der Rechtsprechung näher beleuchtet.

(e) Judikatur

Im Zentrum der verfassungsrechtlichen Statusdebatte des Embryonen stehen die Entscheidungen des Bundesverfassungsgerichts zur Abtreibung[728].

So hat das Bundesverfassungsgericht entschieden, dass sich der Lebensschutz des Art. 2 Abs. 2 Satz 1 GG nicht nur auf den geborenen Menschen oder auf den selbständig lebensfähigen Nasciturus beschränkt, sondern auch das ungeborene menschliche Leben erfasst.[729] Als Eckpunkt hat das Bundesverfassungsgericht

724 So im Ergebnis *Paul*, die auf dieser Argumentationsgrundlage, die Eigenschaft als Rechtssubjekt von der Befruchtung an bejaht in: Möglichkeiten und Grenzen der Forschung an embryonalen Stammzellen und des therapeutischen Klonens, S. 61f.

725 *Hartleb*, Auf der Suche nach einem neuen Grundrechtsträger – Der extrakorporale Embryo im deutschen Grundgesetz, 46. Assistententagung Öffentliches Recht, Wien 2006, 123-145 m.w.N. in Fn. 19.

726 *Starck*, Praxis der Verfassungsauslegung, S. 46f.

727 *Sacksofsky*, Der verfassungsrechtliche Status des Embryos in-vitro, Gutachten für die Enquete-Kommission des Deutschen Bundestages „Recht und Ethik in der modernen Medizin", 2001, S. 10f.; *Hartleb*, Auf der Suche nach einem neuen Grundrechtsträger – Der extrakorporale Embryo im deutschen Grundgesetz, 46. Assistententagung Öffentliches Recht, Wien 2006, 123-145, S. 128.

728 BVerfGE vom 25.02.1975 – BVerfGE 39, S. 1 und BVerfGE vom 28.05.1993 – BVerfGE 88, 203.

729 BVerfGE 39, 1 (36ff.); 88, 203 (251f.).

bereits in seinem ersten Abtreibungsurteil 1975 den Zeitpunkt der Nidation festgelegt. Nach Auffassung des Gerichts bestehe „Leben im Sinne der geschichtlichen Existenz eines menschlichen Individuums nach gesicherter biologisch-physiologischer Erkenntnis jedenfalls vom 14. Tage nach der Empfängnis an“[730]. Das Gericht hat sein Ergebnis vor allem auch teleologisch im Sinne einer „Effekturierung des Grundrechtsschutzes“[731] damit begründet, dass die Ausdehnung des Lebensschutzes auf das sich entwickelnde Leben notwendig gewesen sei, da ansonsten „die Sicherung der menschlichen Existenz gegenüber staatlichen Übergriffen unvollständig wäre, wenn sie nicht auch die Vorstufe des „fertigen Lebens“, das ungeborene Leben umfasste“[732].

Trotz dieser klaren Positionierung, dass Embryonen, jedenfalls ab der Nidation, in den Schutzbereich des Art. 2 Abs. 2 GG einzubeziehen sind, hat das Bundesverfassungsgericht die Frage, ob der Nasciturus aus dem Grundrecht des Art. 2 Abs. 2 Satz 1 Alt. 1 GG auch subjektiv berechtigt ist ausdrücklich offen gelassen: „Hingegen braucht die im vorliegenden Verfahren wie auch in der Rechtsprechung und im wissenschaftlichen Schrifttum umstrittene Frage nicht entschieden zu werden, ob der Nasciturus selbst Grundrechtsträger ist oder aber wegen mangelnder Rechts- und Grundrechtsfähigkeit „nur“ von den objektiven Normen der Verfassung in seinem Recht auf Leben geschützt wird“[733].

Aus den Urteilen des Bundesverfassungsgerichts zum Schwangerschaftsabbruch sind mithin keine unmittelbaren rechtlichen Schlussfolgerungen für eine Grundrechtsträgerschaft des Embryonen abzuleiten. Vertreter des Grundrechtsträgerkonzeptes argumentieren, dass nach dem Duktus des Urteils auch pränidatives Leben von Anbeginn unter dem Schutz der Verfassung stehe[734]. Da somit neben den verfassungsrechtlichen Auslegungsmethoden auch die judikativen Argumentationsstrategien zu keinem eindeutigen Resultat bezüglich der Frage der Grundrechtsfähigkeit des Nasciturus führen, sind in einem letzten Schritt die ethikorientierten Argumentationsstrategien heranzuziehen.

(f) Ethikorientierte Argumentationsstrategien

Die ethisch-philosophische Debatte um den Status des Nasciturus hat sich im Laufe der Zeit auf drei Argumente zugespitzt: das Kontinuitäts-, das Identitäts- und das Potentialitätsargument[735].

730 BVerfGE 39, 1 (36).

731 *Höfling*, Verfassungsrechtliche Aspekte der Verfügung über menschliche Embryonen und „humanbiologisches Material“, Gutachten, S. 45.

732 BVerfGE 39, 1 (37).

733 BVerfGE 39, 1 (41) und BVerfGE 45, 376 (386).

734 *Böckenförde-Wunderlich*, Präimplantationsdiagnostik als Rechtsproblem, S. 183.

735 *Hartleb*, Auf der Suche nach einem neuen Grundrechtsträger – Der extrakorporale Embryo im deutschen Grundgesetz, 46. Assistententagung Öffentliches Recht, Wien 2006, 123-145, S. 133.

Basis des Kontinuitätsarguments ist die Annahme, dass biologisches Leben auch zugleich personales menschliches Leben ist[736] – der menschliche Entwicklungsprozess vom Embryo bis hin zum geborenen Menschen ein kontinuierlich verlaufender Vorgang ist, der klare Zäsuren vermissen lässt[737] und deshalb der Embryo von Anbeginn der Kernverschmelzung an schutzwürdig und Rechtssubjekt im Sinne des Art. 2 Abs. 2 Satz 1 Alt. 1 GG ist.[738] Allerdings wird das Kontinuitätsargument in der Literatur u.a. mit dem Argument „der Gesetzgeber hätte dann bereits das Vorkernstadium schützten müssen“[739], als nicht überzeugend kritisiert und abgelehnt.[740]

Das Identitäts- oder auch Speziesargument besagt, dass der Grundrechtsschutz des Embryonen deshalb geboten sei, weil er zur Spezies Mensch gehöre und ohne diesen Schutz die Gesellschaft nicht existieren würde, weil alle geborenen Menschen einmal Embryonen waren.[741] Jedoch kann auch aus der genetischen Identität noch keine normative Pflicht begründet werden, Embryonen in den Schutzbereich der Grundrechte einzubeziehen,[742] denn Embryo und aus ihm hervorgegangener Mensch müssen zwangsläufig weder quantitativ noch qualitativ identisch sein.[743]

---

736 *Klopfer*, Verfassungsrechtliche Probleme der Forschung an humanen pluripotenten embryonalen Stammzellen und ihre Würdigung im Stammzellgesetz, S. 66.

737 *Hartleb*, Auf der Suche nach einem neuen Grundrechtsträger – Der extrakorporale Embryo im deutschen Grundgesetz, 46. Assistententagung Öffentliches Recht, Wien 2006, 123-145, S. 134, BVerfGE 39, 1 (37); BVerfGE 88, 203 (252); *Starck* in Mangoldt/Klein/Starck, Art. 1 Abs. 1 Rdnr. 18.

738 *Bodden-Heidrich*, Beginn und Entwicklung des Menschen: Biologisch-medizinische Grundlagen und ärztlich-klinische Aspekte, in: Rager: Beginn, Personalität und Würde des Menschen, S. 93.

739 *Hartleb*, Auf der Suche nach einem neuen Grundrechtsträger – Der extrakorporale Embryo im deutschen Grundgesetz, 46. Assistententagung Öffentliches Recht, Wien 2006, 123-145, S. 134;

740 Bezüglich der Darstellung der umfassenden Kritikpunkte, siehe hierzu die Ausführungen bei: *Hassmann*, Embryonenschutz im Spannungsfeld internationaler Menschenrechte, staatlicher Grundrechte und nationaler Regelungsmodelle zur Embryonenforschung, S. 99 mit Verweis auf *Kaminsky*, Embryonen, Ethik und Verantwortung, S. 88ff.; *Klopfer*, Verfassungsrechtliche Probleme der Forschung an humanen pluripotenten embryonalen Stammzellen und ihre Würdigung im Stammzellgesetz, S. 66.

741 *Klopfer*, Verfassungsrechtliche Probleme der Forschung an humanen pluripotenten embryonalen Stammzellen und ihre Würdigung im Stammzellgesetz, S. 72; *Beckmann/Löhr*, Der Status des Embryos, S. 189f.

742 *Klopfer*, Verfassungsrechtliche Probleme der Forschung an humanen pluripotenten embryonalen Stammzellen und ihre Würdigung im Stammzellgesetz, S. 72.

743 Siehe hierzu die Ausführungen bei: *Hartleb*, Auf der Suche nach einem neuen Grundrechtsträger – Der extrakorporale Embryo im deutschen Grundgesetz, 46. Assistententagung Öffentliches Recht, Wien 2006, 123-145, S. 135, *Hassmann*, Embryonenschutz im Spannungsfeld internationaler Menschenrechte, staatlicher Grundrechte und nationaler Regelungsmodelle

Kernaussage des Potentialitätsarguments ist, dass unabhängig davon, welche Attribute einem Menschen immanent sein müssen um Grundrechtsträger zu sein, diese bereits von vornherein in dem durch die Befruchtung entstandenen Genom enthalten sind.[744] Diese Potentialität, später Fähigkeiten des geborenen Menschen auszubilden, wird als ausreichend erachtet, dem extrakorporalen Embryo denselben grundrechtlichen Status zuzubilligen wie dem geborenen Menschen.[745]

So überzeugend diese Argumentation auf den ersten Blick sein mag, so sieht auch sie sich doch einer vehementen Kritik,[746] angefangen bei dem Vorwurf, auch Ei und Samenzelle besäßen bereits das Potential, sich zum Menschen zu entwickeln[747] bis hin zu der Feststellung, dass nur sehr wenigen Präimplantationsembryonen überhaupt ein Entwicklungspotential innewohne[748], ausgesetzt.

Letztlich muss festgestellt werden, dass auch die ethikorientierten Erklärungsansätze keine triftigen Argumente für die Notwendigkeit einer Grundrechtsträgereigenschaft des Embryonen rechtfertigen[749] – sie vermögen das Postulat der Existenz eines individuellen Menschen zum Zeitpunkt der Befruchtung nicht widerspruchsfrei und befriedigend zu begründen[750].

Vor allem auf Grund der Entscheidungen des Bundesverfassungsgerichts[751] herrscht weitgehend Einigkeit darüber, dass vorgeburtliches Leben jedenfalls ab dem Zeitpunkt der Nidation vom Schutzbereich der Grundrechte – sei es als Grundrechtsträger oder auch nicht – umfasst ist. Was die Frage der Grundrechtsträgerschaft des Präimplantationsembryonen betrifft, so besteht trotz der

---

zur Embryonenforschung, S. 101; *Höfling*, Fn. 282, dort S. 55; *Starck*, Verfassungsrechtliche Grenzen der Biowissenschaft und Fortpflanzungsmedizin, JZ 2002, 1065-1072, S. 1069; *Paul*, Möglichkeiten und Grenzen der Forschung an embryonalen Stammzellen und des therapeutischen Klonens, S. 57; *Wendtland*, Die Forschung mit menschlichen embryonalen Stammzellen als Gegenstand der Rechtsetzung, S. 118.

744 *Hassmann*, Embryonenschutz im Spannungsfeld internationaler Menschenrechte, staatlicher Grundrechte und nationaler Regelungsmodelle zur Embryonenforschung, S. 99f.

745 *Hartleb*, Auf der Suche nach einem neuen Grundrechtsträger – Der extrakorporale Embryo im deutschen Grundgesetz, 46. Assistententagung Öffentliches Recht, Wien 2006, 123-145, S. 135.

746 *Schroth*, Forschung mit embryonalen Stammzellen und Präimplantationsdiagnostik im Lichte des Rechts, JZ 2002, 170-179, S. 176; *Wendtland*, Die Forschung mit menschlichen embryonalen Stammzellen als Gegenstand der Rechtsetzung, S. 118 m.w.N.

747 *Hassmann*, Embryonenschutz im Spannungsfeld internationaler Menschenrechte, staatlicher Grundrechte und nationaler Regelungsmodelle zur Embryonenforschung, S. 100.

748 Sachs/*Murswiek*, Art. 2, Rdnr. 145 a.

749 *Hartleb*, Auf der Suche nach einem neuen Grundrechtsträger – Der extrakorporale Embryo im deutschen Grundgesetz, 46. Assistententagung Öffentliches Recht, Wien 2006, 123-145, S. 137, *Wendtland*, Die Forschung mit menschlichen embryonalen Stammzellen als Gegenstand der Rechtsetzung, S. 123.

750 *Hasskarl/Hasskarl/Ostertag*, Gewinnung und Anwendung hämatopoetischer Stammzellen aus Nabelschnurblut, Pharmarecht 2002, 81-91, S. 91.

751 BVerfGE vom 25.02.1975 – BVerfGE 39, 1 und BVerfGE vom 28.05.1993 – BVerfGE 88, 203.

zuvor aufgezeigten Vielzahl an Positionen, die sämtlich bei kritischer Würdigung Schwächen aufweisen, in der Literatur weitgehend Einigkeit darüber, dass dem ungeborenen menschlichen Leben das Grundrecht auf Leben ab dem Zeitpunkt der Befruchtung zuzuerkennen ist.[752]

Die Frage nach der Grundrechtsträgerschaft des Präimplantationsembryonen kann an dieser Stelle hingegen offen gelassen werden, da die Fragestellung der Zulässigkeit von Gewebeentnahmen und des Verbrauchs von Embryonen zu Forschungszwecken bei abgetriebenen Feten voraussetzt, dass diese bereits implantiert waren – es sich folglich um Postimplantationsembryos handelt.

Festzuhalten bleibt daher im Ergebnis, dass nach Rechtsprechung und herrschender Literaturmeinung dem ungeborenen menschlichen Leben jedenfalls ab dem Zeitpunkt der Nidation das Recht auf Leben zukommt und abgetriebene Feten und Embryonen dem personellen Schutzbereich des Art. 2 Abs. 2, S. 1, 1. Alt. GG unterfallen.

(g) Gewährleistungsgehalt

Nachdem geklärt ist, dass abgetriebene Feten und Embryonen in den Schutzbereich des Rechts auf Leben fallen, ist in einem zweiten Schritt der Umfang des Schutzes des Rechts auf Leben zu erörtern.

(2) Schutzbereich

Von Art. 2 Abs. 2, Satz 1, 1. Alt. GG wird das körperliche Dasein des Menschen im Sinne seiner lebenden biologisch-physischen Existenz geschützt.[753] Das menschliche Leben soll geschützt und vor allen Eingriffen bewahrt werden, die eine Lebensgefährdung bewirken könnten.

(3) Einschränkbarkeit

Trotz des hohen Ranges in der verfassungsrechtlichen Ordnung[754] ist das Leben nicht absolut geschützt, sondern steht gemäß Art. 2 Abs. 2, Satz 3 GG unter einem Gesetzesvorbehalt.

---

752 Sachs/*Murswiek*, Art. 2 Rdnr. 143; *Starck* in Mangoldt/Klein/Starck, Art. 2 Abs. 2 Rdnr. 176 m.w.N.; Dreier/*Schulze-Fielitz*, Art. 2 II, Rdnr. 16; *Jarass* in Jarass/Pieroth, Art. 2, Rdnr. 55; *Lorenz*, Recht auf Leben und körperliche Unversehrtheit, in: Isensee/Kirchhof (Hrsg.), Handbuch des Staatsrechts, Bd. VI, § 128 Rdnr. 9f.

753 Dreier/*Schulze-Fielitz*, Art. 2 II, Rdnr. 15; *Starck* in: Mangoldt/Klein/Starck, Art. 2 Rdnr. 176; *Dürig* in Maunz/Dürig, Art. 2 II Rdnr. 8f.

754 So das Bundesverfassungsgericht in BVerfGE 39, 1 (42); 49, 24 (53), wonach das Leben innerhalb der grundgesetzlichen Ordnung einen „Höchstwert“ darstellt, weil es die „vitale Basis“ für die Ausgestaltung und Ausübung der anderen Grundrechte sei.

Gesetzliche Grundlage für die Einschränkung des Lebensrechts muss ein förmliches Parlamentsgesetz sein, wobei die Beschränkung des Lebens nur dann zulässig ist, wenn sie zum „Schutz hinreichend gewichtiger Rechtsgüter erfolgt, geeignet, erforderlich und angemessen ist“.[755]

Zwar ist das Grundrecht auf Leben vor allem bei Embryonen in-vitro[756] relevant. Darüber hinaus einschlägig ist dies aber auch in den vereinzelten Fällen von Spätabtreibungen, in denen aufgrund der Wahl der Abtreibungsmethode ein zumindest kurze Zeit lebensfähiger Embryo vorhanden ist und sich die anschließende Frage stellt, inwiefern diesem Embryo Zellen und Gewebe für andere Zwecke als die der Erhaltung des Embryonen entnommen werden dürfen. Hier bedarf es einer präzisen Abwägung zwischen dem Lebensrecht des Embryonen und den durch die Zweckbestimmung der Verwendung embryonaler Zellen und Gewebe betroffenen anderweitigen Rechtsgütern. Im Vordergrund der anderweitigen Rechtsgüter steht das verfassungsrechtlich garantierte Grundrecht auf Forschungsfreiheit aus Art. 5 Abs. 3 Satz 1 GG. Gewährleistet wird die Freiheit der wissenschaftlichen Forschung[757] im umfassenden Sinne, d.h. jeder ernsthafte Versuch zur Ermittlung wissenschaftlicher Wahrheit[758]. Der Begriff der Forschung wird umschrieben als eine außerrechtliche, empirisch erfassbare Tätigkeit[759], die vornehmlich durch „rechtsexogene Gegebenheiten“[760] bestimmt wird. Dementsprechend unterfallen auch Forschung und Experimente am Menschen dem Schutzbereich des Art. 5 Abs. 3 S. 1 GG.[761] Im Gegensatz zu dem Grundrecht auf Leben wird das Grundrecht auf Forschungsfreiheit in Art. 5 Abs. 3 S. 1 GG vorbehaltlos, also ohne ausdrückliche Normierung von Grundrechtsschranken gewährleistet. Dementsprechend kann die Forschungsfreiheit nur durch kollidierende Grundrechte Dritter und andere mit Verfassungsrang ausgestattete Rechtswerte begrenzt werden[762], hier also durch das Lebensrecht des Embryonen. Im Wege der praktischen Konkordanz sind die widerstreitenden Grundrechte miteinander abzuwägen.

Unter der Prämisse, dass der Embryo außerhalb des Uterus nicht überleben kann und kurze Zeit nach dem Abort versterben wird, ist im Hinblick auf mög-

755 *Sacksofsky*, Der verfassungsrechtliche Status des Embryos in-vitro, Gutachten für die Enquete-Kommission des Deutschen Bundestages „Recht und Ethik in der modernen Medizin“, 2001, S. 21.

756 Siehe hierzu die Ausführungen unter Kap. III. H. II. 2. d) aa), S. 239ff.

757 *Scholz* in Maunz/Dürig, Art. 5 Abs. III, Rdnr. 91.

758 *Smend*, VVDStRL 4 (1928),S. 67.

759 *Stern*, Staatsrecht, Bd. III/2, § 95, S. 1719ff.; *Scholz* in Maunz/Dürig, Art. 5 Abs. III, Rdnr. 87.

760 *Rupp*, VVDStL 27, 113, S. 119.

761 *Scholz*, Bitburger Gespräche 1986/1, 59, S. 72.

762 BVerfGE 28, 243, 261; BVerfGE 47, 327 (369); *Starck* in Mangoldt/Klein/Starck, Art. 5, Rdnr. 374; *Scholz* in Maunz/Dürig, Art. 5 Abs. III, Rdnr. 185.

liche Forschungsinteressen und Art. 5 GG, als auch im Hinblick auf Gesundheits- und Lebensinteressen möglicher Empfänger embryonaler Zellen und Gewebe davon auszugehen, dass derartige Eingriffe gerechtfertigt sein können, sofern die Verfügungsberechtigten des Embryonen über Art und Umfang der Forschung, deren Ziele und Erfolgsaussichten aufgeklärt wurden und ihre Einwilligung in die konkrete Forschungsmaßnahme erteilt haben. Solange weder die Forschung als solche, deren Durchführung oder deren Ziele sittenwidrig sind, können die Eltern in eine Verwendung des abortierten Feten zu Forschungszwecken einwilligen.

bb) Körperliche Unversehrtheit, Art. 2 Abs. 2, S. 1 (2. Alt.) GG

Jeder hat das Recht auf körperliche Unversehrtheit gemäß Art. 2 Abs. 2, S. 1 (2. Alt.) GG.

Sofern der Embryo bzw. Fetus nach der Abtreibung noch lebt, genießt er den Grundrechtsschutz auf körperliche Unversehrtheit.

Werden dem Embryo bzw. Fetus Zellen und Gewebe entnommen, ohne dass dies zu seinem Versterben führen würde, unterläge dieser Eingriff den allgemeinen Zustimmungsvoraussetzungen bei einem ärztlichen Heileingriff. Mangels eigener Einwilligungsfähigkeit müsste hier die Einwilligung der Eltern eingeholt werden. Diese dürfen ihre Einwilligung hingegen nur dann erteilen, wenn der Eingriff im Interesse ihres Kindes stattfindet, was bei derartigen Eingriffen regelmäßig zu verneinen sein dürfte.

In allen anderen Fällen, in denen die Zellentnahme zum Tod des Embryonen führt, würde das Grundrecht auf körperliche Unversehrtheit vom Grundrecht auf Leben konsumiert.

cc) Menschenwürde, Art. 1 Abs. 1 GG

Die Würde des Menschen ist gemäß Art. 1 Abs. 1 GG unantastbar. Sie zu achten und zu schützen ist Verpflichtung aller staatlichen Gewalt.

(1) Gewährleistungsgehalt

Den Gewährleistungsgehalt des Art. 1 Abs. 1 GG zu bestimmen ist vielschichtig, komplex und streitbehaftet. Der Begriff der Menschenwürde ist seit über zweieinhalbtausend Jahren Gegenstand der philosophischen Diskussion.[763] Im We-

763 *Sacksofsky*, Der verfassungsrechtliche Status des Embryos in-vitro, Gutachten für die Enquete-Kommission des Deutschen Bundestages „Recht und Ethik in der modernen Medizin“, 2001, S. 41.

sentlichen werden drei Thesen vertreten: die „Mitgifttheorie“[764], die „Leistungstheorie“[765] und die „kommunikationstheoretische Darstellung“[766], auf welche allerdings im Hinblick auf die heute dominierend angewandte „Objektformel“ nicht weiter eingegangen werden soll. Durch die Anwendung der Objektformel wird der Begriff der Menschenwürde aus der Verletzungsperspektive betrachtet und mit Inhalt gefüllt.[767] Nach der Objektformel darf der konkrete Mensch nicht zum Objekt, zu einem bloßen Mittel, zu einer vertretbaren Größe herabgewürdigt werden.[768] Hauptproblem dieser Formel ist, dass sie sehr vage ist und deshalb auch öfter als Leerformel bezeichnet wird.[769]

Auf Grund des Generalklauselcharakters des Art. 1 Abs. 1 GG ist eine präzise Bestimmung des Gewährleistungsgehalts schwierig. Das Bundesverfassungsgericht führt hierzu aus, dass die Feststellung unter welchen Voraussetzungen die Menschenwürde verletzt sein kann sich nicht generell beurteilen lässt sondern vielmehr nur in Ansehung des konkreten Falles geschehen könne.[770]

(2) Embryo als Grundrechtsträger

Klärungsbedürftig ist, inwieweit der Fetus vom Schutz der Menschenwürde umfasst ist und ob dieser Schutz über seinen Tod hinaus wirkt.

In letzter Zeit findet auch die philosophische Nicht-Äquivalenz-Theorie zunehmend Eingang in die Grundrechtsdiskussion des Embryonenstatus. Hiernach

---

764 Nach der Mitgiftthese ist Würde eine den Menschen bezeichnende Qualität, unabhängig von seinen geistigen, moralischen oder sonstigen Bindungen. (*Sacksofsky*, Der verfassungsrechtliche Status des Embryos in-vitro, Gutachten für die Enquete-Kommission des Deutschen Bundestages „Recht und Ethik in der modernen Medizin“, 2001, S. 41f.; *Herdegen* in Maunz/Dürig, GG-Kommentar, Art. 1 Abs. 1 Rdnr. 31; Dreier/*Dreier*, Art. 1 I Rdnr. 55.)

765 Annahme der Leistungstheorie ist es, dass der Mensch seine Würde erst herstellen müsse durch Aufbau eigener Identität und selbstbestimmten Persönlichkeitsprofil. (*Sacksofsky*, Der verfassungsrechtliche Status des Embryos in-vitro, Gutachten für die Enquete-Kommission des Deutschen Bundestages „Recht und Ethik in der modernen Medizin“, 2001, S. 42; *Luhmann*, Grundrechte als Institutionen, S. 60ff.; Dreier/*Dreier*, Art. 1 I Rdnr. 56).

766 In Abgrenzung zu den zuvor genannten Theorien wird Würde nicht als Substanz- oder Leistungsbegriff, sondern vielmehr als Kommunikationsbegriff verstanden, d.h. nach dieser Theorie ist Würde durch gegenseitige Achtung des Menschen in seinen kommunikativen Beziehungen geprägt. Schutzgut ist demnach die mitmenschliche Solidarität (*Hofmann*, Die versprochene Menschenwürde, AöR 118 (1993), 353-377, S. 64ff.; Dreier/*Dreier*, Art. 1 I Rdnr. 57; *Sacksofsky*, Der verfassungsrechtliche Status des Embryos in-vitro, Gutachten für die Enquete-Kommission des Deutschen Bundestages „Recht und Ethik in der modernen Medizin“, 2001, S. 42).

767 *Herdegen* in Maunz/Dürig, Art. 1 Abs. 1 Rdnr. 33.

768 *Dürig*, Der Grundsatz von der Menschenwürde, AöR 81 (1956), 117, S. 127; Dreier/*Dreier*, Art. 1 I Rdnr. 55 m.w.N.

769 *Hoerster*, Forum: Ein Lebensrecht für die menschliche Leibesfrucht?, JuS 1989, 172-178, S. 94.

770 BVerfGE 30, 1, S. 25f.

ist begrifflich und normativ zwischen Person und Mensch zu trennen.[771] Nach dieser Theorie ist die Achtung der Menschenwürde dort angebracht, wo die Voraussetzungen erfüllt sind, dass ein menschliches Wesen entwürdigt wird, ihm seine Selbstachtung genommen werden kann. Deshalb ließe sich das Kriterium der Menschenwürde nicht auf Embryonen ausweiten, da es ihnen an Selbstachtung und mithin an Entwürdigungspotential fehle.[772]

Die Vertreter dieser Position sehen sich einer großen Mehrheit von Befürwortern eines pränatalen Lebensschutzes entgegen.[773]

Auch das Bundesverfassungsgericht hat klargestellt, dass jeder Mensch die Menschenwürde besitzt, „ohne Rücksicht auf seine Eigenschaften, seine Leistungen und seinen sozialen Status“[774]. „Wo menschliches Leben existiert, kommt ihm Menschenwürde zu; es ist nicht entscheidend, ob der Träger sich dieser Würde bewusst ist und sie selbst zu wahren weiß“.[775] Da menschliches Leben und damit der Schutz nach Art. 2 Abs. 2, S. 1, 1. Alt. GG nach Auffassung des Bundesverfassungsgerichts jedenfalls mit der Nidation beginnt,[776] kommt dem Embryo zumindest ab diesem Zeitpunkt auch Menschenwürde zu, so dass er dem Schutzbereich des Art. 1 Abs. 1 GG untersteht.

Der Schutz der Menschenwürde des Fetus wirkt über seinen Tod hinaus.[777] Der postmortale Würdeschutz soll sicherstellen, dass der Leichnam nicht wie tote Materie behandelt wird und zum Objekt industrieller Verwertung verkommt.[778] Ohne vorherige Einwilligung des Betreffenden oder der Zustimmung seiner Angehörigen darf daher niemand zum Objekt der medizinischen Forschung oder zur Quelle von Organspenden gemacht werden.[779]

---

771 *Rager*, Embryo-Mensch-Person, S. 254ff.

772 *Rager*, Embryo-Mensch-Person, S. 255.

773 *Starck* in Mangoldt/Klein/Starck, Art. 1 Abs. 1 Rdnr. 18; Dreier/*Dreier*, Art. 1 I, Rdnr. 66 m.w.N.

774 BVerfGE 87, 209, S. 228.

775 BVerfGE 39, 1, S. 41.

776 BVerfGE 39, 1, S. 36.

777 *Starck* in Mangoldt/Klein/Starck, Art. 1 Abs. 1 Rdnr. 18; Dreier/*Dreier*, Art. 1 I, Rdnr. 72; *Herdegen* in Maunz/Dürig, Art. 1 Abs. 1 Rdnr. 53.

778 Dreier/*Dreier*, Art. 1 I Rdnr. 73; *Herdegen* in Maunz/Dürig, Art. 1 Abs. 1, Rdnr. 53.

779 *Forkel*, Verfügungen über Teile des menschlichen Körpers, JZ 1974, 593-599, S. 597f.; *Höfling*, Um Leben und Tod: Transplantationsgesetzgebung und Grundrecht auf Leben, JZ 1995, 26-33, S. 26f.; *Heun*, Der Hirntod als Kriterium des Todes des Menschen – Verfassungsrechtliche Grundlagen und Konsequenzen, JZ 1996, 213-219, S. 217; *Maurer*, Die medizinische Organtransplantation in verfassungsrechtlicher Sicht, DÖV 1980, 7-15, S. 9f.

(3) Einschränkbarkeit

Bei der Unantastbarkeit der Menschenwürde handelt es sich um eine absolute Garantie.[780] Aufgrund dessen liegt bereits in jedem Eingriff ein Antasten der Menschenwürde und damit ein Verfassungsverstoß vor.[781] Nach der Rechtsprechung des Bundesverfassungsgerichts ist die Menschenwürde auch mit keinem Einzelgrundrecht oder sonstigem Verfassungswert abwägungsfähig.[782] Daher können mögliche Praktiken zur Weiterverwendung abgetriebener Feten und Embryonen, sofern sie deren Menschenwürde verletzen, nicht mittels Verweis auf andere Grundrechte, etwa dem Grundrecht auf Forschungsfreiheit, gerechtfertigt werden. Wann die Menschenwürde des Embryonen durch Forschungsvorhaben verletzt sein kann, ist jedoch eine Frage des Einzelfalls.

Da der abgetriebene Fetus nicht einwilligungsfähig ist, bedarf es jedenfalls der Einwilligung seiner Eltern in mögliche weitere Verwendungsformen der fetalen Gewebe und Organe. Liegt diese nicht vor oder ist sie unwirksam, stellt die Weiterverwendung einen ungerechtfertigten Eingriff in die Menschenwürde des Embryonen dar.

dd) Zwischenergebnis

Bei der Frage der verfassungsrechtlichen Zulässigkeit der Forschung an Geweben und Zellen abgetriebener Embryonen und Feten ist das Grundrecht auf Unantastbarkeit der Menschenwürde, Art. 1 Abs. 1 GG maßgeblich. Der postmortale Persönlichkeitsschutz des Embryonen erfordert eine wirksame Einwilligung in jegliche Verwendungsformen desselben. Ohne vorherige Einwilligung verstößt seine Verwendung zu Forschungszwecken oder anderen Weiterverwendungszwecken gegen seine Menschenwürde. Kliniken und andere Forschungseinrichtungen können sich hierbei auch nicht durch den Verweis auf überragende Forschungsinteressen und Heilungschancen Dritter berufen, da das Grundrecht auf Unantastbarkeit der Menschenwürde nicht abwägungsfähig ist.

Die Grundrechte auf Leben und körperliche Unversehrtheit spielen eine untergeordnete, wenn nicht in den meisten Fällen gar keine Rolle, bei der Frage der Zulässigkeit der Eingriffe und Verwendungsformen, da in der Mehrzahl der Fälle die Embryonen bereits tot sind, bevor sie weiterverwendet werden.

Festzuhalten bleibt, dass die Verwendung von Embryonen bzw. die Entnahme einzelner Zellen und Gewebe zu Zwecken, wie der Forschung, der Therapie und des Einsatzes z.B. als Rohstoff in Kosmetika, im konkreten Einzelfall mit der

780 Dreier/*Dreier*, Art. 1 I Rdnr. 44.

781 *Geyer*, Biopolitik, Die Positionen, S. 232.

782 BVerfG JZ 2003, 622 (623).

Menschenwürde des Embryonen abzuwägen ist. Von Verfassungswegen wird somit weder ein Freibrief für jegliche Verwendung abgetriebener Feten ausgestellt, noch ist von einem generellen Forschungs- und Verwendungsverbot auszugehen. Als eine Art Richtschnur soll, nach Darstellung der Rechtslage bezüglich der Embryonen in-vitro, der Versuch unternommen werden, für beide Embryonen – in-vitro und abgetriebene Embryonen – einen Anforderungskatalog zu entwickeln, nach welchem die Verwendung zu Drittzwecken als zulässig erachtet werden könnte.[783]

f) Strafrecht

Nachdem dargelegt wurde, dass es an spezialgesetzlichen Regelungen zum Umgang mit abgetriebenen Feten – mit Ausnahme der neu durch das Gewebegesetz eingeführten Regelungen im Transplantationsgesetz[784] – fehlt und von verfassungsrechtlicher Seite als Vorgabe für den Umgang mit abgetriebenen Feten die Forderung gestellt wird, ihrem postmortalen Würdeschutz gerecht zu werden, soll im Folgenden erörtert werden, inwiefern die Verwendung abgetriebener Feten strafrechtlichen Schutz erfährt. Hierbei sollen aus historischen Gründen zunächst die in Frage kommenden Normen des StGB, sodann die neuen Regelungen des TPG erörtert werden, um zu demonstrieren inwiefern alte Regelungslücken auch nach der Ergänzung des TPG fortbestehen und an welchen Stellen keine Gefahr strafrechtlicher Sanktionen für die Entnahme und Verwendung embryonalen Gewebes zu Forschungszwecken besteht.

aa) Schwangerschaftsabbruch, § 218a StGB

Für die Transplantation fetaler Gewebe und Zellen werden zum überwiegenden Teil Gewebe und Zellen aus Aborten nach dem sog. Beratungsschutzkonzept verwendet.[785]

Der Schwangerschaftsabbruch als solcher ist gemäß § 218a StGB straflos, wenn die Schwangere an einer Schwangerschaftskonfliktberatung teilgenommen hat, der Schwangerschaftsabbruch von einem Arzt vorgenommen wird und seit der Empfängnis nicht mehr als 12 Wochen vergangen sind. Ohne Bedeutung für die Straflosigkeit des Schwangerschaftsabbruchs ist es, wenn die Frau in ihrer Entscheidung zum Schwangerschaftsabbruch von Drittmotiven, wie z.B. der Möglichkeit der Verwendung des Gewebes oder der Zellen des Fetus` beeinflusst

783 Siehe Ausführungen zu Kap. III. H. II. 2. d) cc), S. 247ff.

784 § 4a TPG, nähere Ausführungen unter Kap. III. H. II. 1. b), S. 264f.; die Strafvorschriften des TPG werden unter Kap. III. H. II. 1. f) ff), S. 235 näher erläutert.

785 *Schmeissner*, (Straf-)Rechtliche Aspekte der Transplantation fetaler Zellen und Gewebe, S. 30.

wurde.[786] Dies gilt sowohl für Feten, die auf natürlichem Weg gezeugt wurden als auch für transplantierte In-Vitro-Embryonen. Während die In-Vitro-Embryonen vor ihrer Transplantation durch das Verbot missbräuchlicher Verwendung menschlicher Embryonen gemäß § 2 Abs. 1 ESchG geschützt sind, greift diese Regelung nach der Implantation, zum Zeitpunkt des Aborts nicht mehr.

bb) Störung der Totenruhe, § 168 StGB

Kommt dem Fetus zwar kein strafrechtlicher Schutz im Rahmen des Schwangerschaftsabbruchs zugute, so könnte die unbefugte Wegnahme eines Fetus aus dem Gewahrsam des Berechtigten gemäß § 168 Abs. 1 Satz 1, 1. Alt. StGB oder die Verübung beschimpfenden Unfugs gemäß § 168 Abs. 1 S. 1 2. Alt. StGB wegen Störung der Totenruhe strafbar sein.

(1) Tatobjekt „tote Leibesfrucht"

Der Strafrechtsschutz der Leibesfrucht beginnt nach herrschender Meinung mit der Nidation[787], wobei zuvor eine Schwangerschaft im Sinne eines „symbiotischen Verhältnisses von Embryo und werdender Mutter" bestanden haben muss.[788]

(2) Tathandlung

Als mögliche Tathandlung kommen die unbefugte Wegnahme der toten Leibesfrucht bzw. von Teilen von ihr und die Verübung beschimpfenden Unfugs an der Leibesfrucht in Betracht.

(a) Tathandlung gem. § 168 Abs. 1 S. 1 1. Alt StGB

Die Tathandlung besteht in der unbefugten Wegnahme der toten Leibesfrucht oder von Teilen dieser.

---

786 So im Ergebnis auch *Schmeissner*, (Straf-)Rechtliche Aspekte der Transplantation fetaler Zellen und Gewebe, S. 38.

787 BT-Drs. 10/3758 S. 4; 10/6568 S. 4; LK-*Dippel*, § 168 Rdnr. 27; MüKo/*Hörnle*, § 168 Rdnr. 10; *Fischer*, § 168 Rdnr.6; *Lackner/Kühl*, § 168 Rdnr. 2; Schönke/Schröder/*Lenckner*, § 168 Rdnr. 3.

788 Schönke/Schröder/*Lenckner*, § 168 Rdnr. 3.

(aa) Wegnahme

Ausreichend für die Wegnahme ist der Bruch bestehenden Gewahrsams, ohne dass es auf die Begründung neuen Gewahrsams ankommt.[789]

(bb) Berechtigter

Grundsätzlich gilt als Berechtigter derjenige, dem das Totenfürsorgerecht zusteht.[790] Zur Totenfürsorge berechtigt ist derjenige, der vom Verstorbenen hierzu ausdrücklich beauftragt wurde, bzw. bei Fehlen einer solchen Anordnung, die nächsten Angehörigen oder eine andere Person, die dem Verstorbenen nahe stand.[791] Bei der toten Leibesfrucht ist nach Ansicht Lenckners zu differenzieren zwischen bestattungsfähigen und nicht bestattungsfähigen Leibesfrüchten.[792] Bei der toten Leibesfrucht, die zu bestatten ist, seien in Anwendung des Totenfürsorgerechts die Angehörigen, in erster Linie die Eltern, Berechtigte.[793] Die Regelungen zur Bestattungspflicht sind den Bestattungsgesetzen der Länder zu entnehmen. Bisher ist in keinem dieser Gesetze eine Bestattungspflicht für die tote Leibesfrucht vorgesehen.[794] Der Anknüpfungspunkt für die Differenzierung zwischen Tod- und Fehlgeburten und damit über die Bestattungspflicht findet sich im Personenstandsrecht. Gemäß § 29 Abs. 1, 2 der Verordnung zur Ausführung des Personenstandsgesetzes (PStV) handelt es sich um eine Totgeburt, wenn sich nach der Scheidung vom Mutterleib keine Lebenszeichen – Herzschlag, Pulsieren der Nabelschnur, natürliche Lungenatmung – gezeigt haben, das Gewicht der Leibesfrucht jedoch mindestens 500 Gramm beträgt. Nach § 29 Abs. 3 PStV ist die Frucht eine Fehlgeburt, wenn sich keines der Merkmale des Lebens gezeigt hat und das Gewicht der Leibesfrucht weniger als 500 Gramm beträgt. Dort wo sich die landesrechtlichen Bestattungsgesetzte mit dieser Differenzierung beschäftigt haben, wurde diese so übernommen.[795] Im Gegensatz zu Fehlgeborenen unterliegen Totgeborene stets der Bestattungspflicht.[796] Anderenfalls sind Fehlgeburten, soweit und solange sie nicht medizinischen oder wissenschaftlichen Zwecken die-

789 LK-*Dippel*, § 168 Rdnr. 29; MüKo/*Hörnle*, § 168 Rdnr. 12; *Fischer*, § 168, Rdnr.8; *Lackner/Kühl*, § 168 Rdnr. 3; Schönke/Schröder/*Lenckner*; § 168, Rdnr. 4.

790 LK-*Dippel*, § 168 Rdnr. 36; MüKo/*Hörnle*, § 168 Rdnr. 12; *Fischer*, § 168, Rdnr. 9; Schönke/Schröder/*Lenckner*, § 168 Rdnr. 5.

791 MüKo/*Hörnle*, § 168 Rdnr. 12; Schönke/Schröder/*Lenckner*, § 168 Rdnr. 5.

792 Schönke/Schröder/*Lenckner*, § 168 Rdnr. 5.

793 Schönke/Schröder/*Lenckner*, § 168 Rdnr. 5.

794 *Schmeissner*, (Straf-)Rechtliche Aspekte der Transplantation fetaler Zellen und Gewebe, S. 45f.

795 Vgl. Art. 6 I BayBestattungsG; § 9 I des sächsischen Gesetzes über das Friedhofs-, Leichen- und Bestattungswesen (SächsBestattungsG).

796 *Spranger*, Der Mensch als Sondermüll – Zum Umgang mit Fehlgeburten, NVwZ1999 Heft8, 856-858, S. 857.

nen oder als Beweismittel von Bedeutung sind, unverzüglich hygienisch einwandfrei und dem sittlichen Empfinden entsprechend zu beseitigen.[797] Von wem die tote Leibesfrucht zu entsorgen ist, d.h. wer Berechtigter ist, ist umstritten.

Vielfach wird argumentiert, dass die Klinik, in der der Abort – wie in der Mehrzahl der Fälle – vorgenommen wird, Berechtigte sein soll.[798] Sofern der Fruchtabgang in einer Klinik geschieht, wird in der Regel der Leiter des Krankenhauses Berechtigter sein. Die Vertreter der gegenläufigen Ansicht argumentieren, dass die Erzeuger in diesem Falle fürsorgeberechtigt sind.[799] Etwas differenziert wird dies von Rixen[800] und Stentenbach[801] gesehen, die zwar auch davon ausgehen, dass grundsätzlich die Klinik Berechtigte ist; für den Fall, dass die Eltern jedoch eine Bestattung wünschten, würde dieser Bestattungsanspruch die Beseitigungspflicht des Krankenhauses verdrängen. Dieser Streit bedarf hier jedoch noch keiner Entscheidung, da der Tatbestand der Störung der Totenruhe nur dann verwirklicht ist, wenn die Leibesfrucht aus dem Gewahrsam des Berechtigten weggenommen wird. Aus diesem Grunde ist zunächst zu klären, wer nach dem Abort Gewahrsam an der Leibesfrucht hat.

cc) Gewahrsam

Unter Gewahrsam ist nicht die tatsächliche Herrschaftsbeziehung als solche zu verstehen, sondern vielmehr die Obhut über die Leiche im Sinne eines Aufsichts- oder Bewachungsverhältnisses.[802] Unklar und im höchsten Maße streitig ist hingegen die Ausgestaltung dieses Aufsichts- oder Bewachungsverhältnisses. Zum einen wird vertreten, dass der Begriff als normatives Merkmal im Sinne eines Obhutsrechts, das tatsächlich auch von anderen ausgeübt werden kann, zu verstehen ist.[803] Zum anderen wird die Auffassung vertreten, dass zum Gewahrsamsbegriff

797 § 30 II BadWürttBestattungsG; Art. 6 III BayBestattungsG; § 10 II 1 des hamburgischen Gesetzes über das Leichen-, Bestattungs- und Friedhofswesen (HbgBestattungsG).

798 LK-*Dippel*, § 168 Rdnr. 37; Schönke/Schröder/*Lenckner*, § 168 Rdnr. 5.

799 MüKo/*Hörnle*, § 168 Rdnr. 12; *Spranger*, Die ungenehmigte Verfügung der Krankenhäuser über Fehlgeborene, MedR 1999, 210-213, S. 211f.; *Harks*, Der Schutz der Menschenwürde bei der Entnahme fötalen Gewebes – Zur Bedeutung des Zusammenfallens von pränatalem und postmortalem Grundrechtsschutz, NJW 2002, 716-722, S. 718f.

800 *Rixen*, Die Bestattung fehlgeborener Kinder als Rechtsproblem, FamRZ 1994, 417-425, S. 421.

801 *Stentenbach*, Der strafrechtliche Schutz der Leiche, S. 75.

802 LK-*Dippel*, § 168 Rdnr. 30; Schönke/Schröder/*Lenckner*, § 168 Rdnr. 6; MüKo/*Hörnle*, § 168 Rdnr. 13. Das KG Berlin führt diesbezüglich aus, dass der Angehörige jedenfalls dann Mitgewahrsam habe, wenn der Arzt ihm mitteilt, dass die Tätigkeit der Klinik abgeschlossen ist. KG Berlin, Urt. v. 20.11.1989, Az.: 4 Ws 80/89, 1 AR 573/88.

803 *Kopp*, Die Strafbarkeit der Entnahme von Leichenteilen, dargestellt am Beispiel von Gehörknöchelchen (Ossicula) und Augenhornhäuten (Corneae), MedR 97, 544-548, S. 547; *Stellpflug*, Der strafrechtliche Schutz des menschlichen Leichnams, S. 17; *Sternberg-Lieben*, Strafrechtli-

stets ein Moment der Faktizität im Sinne eines tatsächlichen Obhutsverhältnisses gehöre.[804] Gewichtige Argumente sprechen für die Ansicht, dass der Berechtigte tatsächlich Gewahrsam gehabt haben muss. An allererster Stelle ist hier das Wortlautargument anzuführen. Dieses lässt eine Auslegung de lege lata, dass das Obhutsrecht ausreiche, nicht zu.[805] Die Gegenmeinung argumentiert vor allem mit den Strafbarkeitslücken, die sich ergeben würden, wenn allein auf das tatsächliche Obhutsverhältnis abgestellt würde.[806] Strafbarkeitslücken ergäben sich insofern, als der rechtsgutverletzende Umgang des Zufallsgewahrsamsinhabers nicht erfasst würde, solange dieser berechtigt ist.[807] Außerdem stelle der Gewahrsam des Berechtigten eine begriffliche Einheit zur Kennzeichnung des geschützten Obhutsverhältnisses zum Leichnam dar.[808] In Abwägung dieser Argumente ist jedenfalls diesem Ansatz zu folgen, seit der Gesetzgeber im Zusammenhang mit dem 24. Strafrechtsänderungsgesetz die Tatobjekte des § 168 Abs. 1, 1. Alt. StGB um die tote Leibesfrucht erweitert und in der Gesetzesbegründung ausdrücklich die Meinung vertreten hat, dass der Leiter des Krankenhauses, in dem sich der Leichnam befindet, an diesem berechtigten Gewahrsam hat[809].

Somit bleibt festzuhalten, dass sich der Gewahrsam nach den jeweiligen Gegebenheiten bestimmt. Ist der Tote daheim verstorben, sind Gewahrsamsinhaber die Angehörigen, in deren Haus er verstorben ist sofern der Leichnam dort oder in der Leichenhalle aufbewahrt wird.[810] Befindet sich der Leichnam hingegen im Krankenhaus, so hat der Krankenhausleiter den ausschließlichen Gewahrsam hieran.[811] Dies hat zur Folge, dass die von ihm autorisierte Wegnahme der Leiche bzw. von Teilen von ihr nicht tatbestandsmäßig ist. Dementsprechend ist die von den Eltern nicht konsentierte Verwertung der im Krankenhaus abortierten Leibesfrucht z.B. zu Forschungszwecken nicht tatbestandsmäßig, solange der Krankenhausleiter diese autorisiert hat.

---

cher Schutz der toten Leibesfrucht (§ 168 StGB n. F.), NJW 1987, 2062-2063, S. 2062.

804 Schönke/Schröder/*Lenckner*, § 168 Rdnr. 6; MüKo/*Hörnle*, § 168 Rdnr. 13.

805 MüKo/*Hörnle*, § 168 Rdnr. 14; *LK-Dippel*, § 168 Rdnr. 31.

806 *Geilen*, Probleme der Organtransplantation, JZ 1971, 41-48, S. 44; *Stellpflug*, Der strafrechtliche Schutz des menschlichen Leichnams, S. 152ff.; *Tröndle/Fischer*, § 168 StGB, Rdnr. 10.

807 Schönke/Schröder/*Lenckner*, § 168 StGB, Rdnr. 6; *Tröndle/Fischer*, § 168 StGB, Rdnr. 10.

808 *Geilen*, Probleme der Organtransplantation, JZ 1971, 41-48, S. 44.

809 BT-Drs. 10/3758, S. 4; BT-Drs. 10/6586, S. 3.

810 Schönke/Schröder/*Lenckner*, § 168 StGB, Rdnr. 6; *Stentenbach*, Der strafrechtliche Schutz der Leiche, S. 65; *Martens*, Beschlussbesprechung OLG Frankfurt, Beschl. v. 29.11.1974 – 2 Ws 239/74, NJW 1975, 1668-1669, S. 1669; LK-*Dippel*, § 168 Rdnr. 34.

811 LK-*Dippel*, § 168 Rdnr. 34.

(dd) Ergebnis

Die Verwendung von Feten aus Schwangerschaftsabbrüchen aus deutschen Kliniken stellt dann keine tatbestandsmäßige Störung der Totenruhe dar, wenn die Nutzung der Feten vom Gewahrsamsinhaber, nämlich dem Krankenhausleiter autorisiert ist. Dieses Ergebnis ist insofern unbefriedigend, als auch hier die von den Sorgeberechtigten nicht eingewilligte Verwendung von Feten und deren Geweben als auch Zellen in der Masse der Fälle nicht tatbestandsmäßig ist. Schließlich sind es die Kliniken selbst, die ein primäres Interesse an der Verwendung der fetalen Gewebe haben, so dass die Autorisierung durch den Klinikleiter in der Mehrzahl der Fälle nicht in Frage stehen wird.

(b) Tathandlung gem. § 168 Abs. 1 S. 1 2. Alt. StGB

Die Tathandlung besteht in der Verübung beschimpfenden Unfugs an der Leibesfrucht.

Unter beschimpfendem Unfug ist eine grob ungehörige, von einer besonders rohen Gesinnung gekennzeichnete Handlung, durch die der Täter im Angesicht eines Toten dem Verstorbenen seine Missachtung zum Ausdruck bringt[812], zu verstehen. Nicht tatbestandsmäßig sind z.B. das Zerstückeln einer Leiche[813], um diese unauffällig fortzuschaffen, als auch die kommerzielle Verwertung von Leichenteilen oder toten Leibesfrüchten[814] und der wissenschaftlichen Versuchen dienende Leichenversuch, selbst wenn die Leiche dabei verunstaltet wird[815]. Überträgt man diese Ansätze auf die Forschung an Embryonen und die damit verbundene Gewebe- bzw. Zellentnahme, so muss in Analogie zu Vorgesagtem davon ausgegangen werden, dass auch diese Tätigkeiten keinen beschimpfenden Unfug darstellen.[816]

(3) Endergebnis

Zusammenfassend bleibt festzustellen, dass die Entnahme von Geweben und Zellen aus toten Leibesfrüchten und deren spätere Verwendung zu Forschungs- als auch Transplantationszwecken durch klinisches Personal die Tatbestandsvoraus-

812 Schönke/Schröder/*Lenckner*, § 168 StGB, Rdnr. 10; *Fischer*, § 168 StGB, Rdnr. 16; LK-*Dippel*, § 168 Rdnr. 42.

813 BGH, NStZ 1981, 300.

814 Schönke/Schröder/*Lenckner*, § 168 StGB, Rdnr. 10; LK-*Dippel*, § 168 Rdnr. 47.

815 Schönke/Schröder/*Lenckner*, § 168 StGB, Rdnr. 10; *Pluisch/Heifer*, Die rechtliche Zulässigkeit von Leichenversuchen, NJW 1994, 2377-2381, S. 2379; LK-*Dippel*, § 168 Rdnr. 47.

816 Im Ergebnis so auch *Schmeissner*, (Straf-)Rechtliche Aspekte der Transplantation fetaler Zellen und Gewebe, S. 63.

setzungen des beschimpfenden Unfugs nicht erfüllen. Auch eine unbefugte Wegnahme ist nur in den Fällen gegeben, in denen der Klinikleiter nicht eingewilligt hat, was bei Transplantations- bzw. Forschungsprojekten nahezu niemals der Fall sein dürfte.

cc) Sachbeschädigung, § 303 StGB

Die Entnahme von Zellen und Geweben und die damit einhergehende Zerstörung der Leibesfrucht könnte eine Sachbeschädigung i.S.d. § 303 Abs. 1 StGB darstellen.

Zunächst müsste es sich bei der Leibesfrucht um eine fremde Sache handeln. Grundsätzlich ist der lebende Mensch bereits deshalb keine Sache, weil er nicht Objekt sondern Subjekt von Rechten ist[817] – dies gilt auch für den menschlichen Embryo im Mutterleib[818]. Da die Leibesfrucht beim Abort tot geboren wird, ist fraglich, inwiefern dem Leichnam Sacheigenschaft zukommt. Diese Frage ist heftig umstritten. Die einen verneinen die Sacheigenschaft mit der Argumentation, dass es sich bei dem Leichnam um einen Rückstand der Persönlichkeitsrechte des Verstorbenen handle[819] während die anderen jedenfalls nach dem Erlöschen der Pietätsbindung die Sacheigenschaft bejahen.[820] Eine Auflösung des Streits ist jedoch nicht notwendig, da für die rechtliche Einordnung von Eingriffen vielmehr die Zulässigkeit und das Recht über die menschliche Leiche verfügen zu können entscheidend sind.

In jedem Fall müsste der Leichnam nämlich fremd sein. Fremd wäre er, wenn er im Eigentum bzw. zumindest im Miteigentum eines anderen stehen würde[821]. Nach herrschender Meinung ist der Leichnam jedoch herrenlos[822], da der Körper vor dem Tod bereits keine Sache war und dementsprechend die Erben kein Eigentum an ihm erwerben können. Folglich ist der Körper der Leibesfrucht nicht eigentumsfähig und kann aus diesem Grund auch nicht „fremd“ sein. Eine Strafbarkeit gemäß § 303 Abs. 1 StGB scheidet daher aus.

817 Schönke/Schröder/*Eser*, § 242 Rdnr. 10; LK-Vogel, § 242 Rdnr. 4.

818 MüKo/*Schmitz*, § 242 Rdnr. 24.

819 RG JW 1913, 652; RGZ 100, 171; OLG München v. 31.5.1976, NJW 1976, 1805.

820 MüKo/*Schmitz*, § 242 Rdnr. 25; *Kohlhaas,* Rechtsfragen zur Transplantation von Körperorganen, NJW 1967, 1489-1493, S. 1491; *Eichholz*, Die Transplantation von Leichenteilen aus zivilrechtlicher Sicht, NJW 1968, 2272-2276, S. 2274; LK-Vogel, § 242 Rdnr. 5.

821 Schönke/Schröder/*Eser*, § 242 Rdnr. 12; LK-*Vogel*, § 242 Rdnr. 6; MüKo/*Schmitz*, § 242 Rdnr. 26.

822 Schönke/Schröder/*Eser*, § 242 Rdnr. 21; LK-*Vogel*, § 242 Rdnr. 10; MüKo/*Schmitz*, § 242 Rdnr. 30; RGSt. 64, 313, S. 315.

dd) Eigentumsdelikte

Die Entnahme von Zellen und Geweben, ohne die Einwilligung der Sorgeberechtigten oder anderer Berechtigter könnte wegen Diebstahls, § 242 StGB, oder Unterschlagung, § 246 StGB, strafbewährt sein. Allerdings setzen auch diese Straftatbestände als Tatobjekt eine fremde Sache voraus. Wie zuvor dargelegt, fehlt es beim menschlichen Leichnam der Leibesfrucht an dem Kriterium der Fremdheit. Eine Strafbarkeit im Rahmen der Eigentumsdelikte scheidet mithin aus.

ee) Zwischenergebnis

Auch wenn auf den ersten Blick einige Normen des StGB einschlägig zu sein scheinen, so bleibt doch festzustellen, dass die Entnahme von Zellen und Geweben aus Leibesfrüchten und deren Weiterverwendung strafrechtlich nicht sanktioniert ist. Weder die Leibesfrucht selbst, noch die Sorgeberechtigten sind vor einem unkonsentierten Umgang mit der Leibesfrucht geschützt.

ff) Transplantationsgesetz

Mit dem neuen Gewebegesetz wurden erstmals Embryonen und Fetale Gewebe mit Inkrafttreten der Änderungen des TPG am 4. September 2007 in den Regelungskreis des Transplantationsgesetzes aufgenommen. Dementsprechend wurde § 18 TPG dahingehend erweitert, dass das Handeltreiben mit Geweben entgegen § 17 Abs. 1 S. 1 TPG und das Entnehmen, Übertragen und sich Übertragenlassen von Geweben entgegen § 17 Abs. 2 TPG mit Freiheitsstrafe bis zu 5 Jahren oder Geldstrafe bestraft wird.

Somit wird zumindest ein kleiner Bereich der bisherigen Strafbarkeitslücke im Umgang mit Embryonen und fetalen Geweben geschlossen. Zu berücksichtigen ist hierbei allerdings, dass die Regelungen des Transplantationsgesetzes gemäß §1TPG nur Anwendung auf die Spende und die Entnahme von menschlichen Organen oder Geweben zum Zwecke der Übertragung auf Menschen sowie auf die Übertragung der Organe oder der Gewebe einschließlich der Vorbereitung dieser Maßnahmen finden. Der große Bereich der forschungsbedingten Nutzung menschlicher Organe, Gewebe und Zellen, sofern diese nicht in klinischen Versuchen im oder am menschlichen Körper eingesetzt werden, wird hingegen vom Anwendungsbereich des Gesetzes nicht erfasst.[823]

Es bleibt folglich bei dem Resümee, das das deutsche Rechtssystem auch weiterhin einen umfassenden Schutz fetaler Gewebe und Zellen vor deren nicht

823 Bundesregierung, Entwurf eines Gesetzes über die Qualität und Sicherheit von menschlichen Geweben und Zellen, Begründung, S. 8.

konsentierten Entnahme und Verwendung zu Forschungszwecken vermissen lässt.

2. Überzählige Embryonen

In den letzten Jahrzehnten ist eine starke Zunahme der Inanspruchnahme assistierter Reproduktionsmöglichkeiten in Deutschland zu beobachten. Während im Jahr 1982 lediglich 742 Behandlungen der assistierten Reproduktion durchgeführt wurden, waren es 2003 bereits 105.854 Behandlungen, mit einem deutlichen Rückgang der Behandlungszahlen auf 59.448 im Jahr 2004 aufgrund der nunmehr nur noch fünfzigprozentigen Kostenübernahme der Gesetzlichen Krankenkassen.[824] Um die Erfolgsquote zu steigern werden mehr Eizellen befruchtet als tatsächlich transplantiert werden. In der Vergangenheit kam es daher zu einer Ansammlung so genannter „überflüssiger" Embryonen, die kryokonserviert auf ihre weitere Verwendung warten. Die Angaben zur Anzahl dieser Embryonen variieren stark. Angeblich soll es in der Bundesrepublik Deutschland nur ca. 70 überzählige Embryonen geben.[825] Laut IVF-Register aus dem Jahr 2001 soll es in Deutschland 90 notfallmäßig kryokonservierte Embryonen geben, während nach Angaben des Bundesforschungsministeriums für das Jahr 2001 von einer Anzahl von 100 bis 150 Embryonen ausgegangen wurde.[826]

Wie bei den abgetriebenen Embryonen sollen in einem ersten Schritt die einfachgesetzlichen Regelungen und danach die verfassungsrechtlichen Vorgaben untersucht werden.

a) Transplantationsgesetz

Bislang galt das TPG gemäß § 1 Abs. 2 TPG nicht für embryonale und fetale Organe und Gewebe und somit auch nicht für Embryonen in-vitro. Die Ausnahme embryonaler und fetaler Gewebe aus dem Anwendungsbereich des TPG besteht in der durch das Gewebegesetz seit dem 4. September 2007 in Kraft getretenen Fassung des TPG nicht mehr. Diese Gewebe werden nunmehr vom Anwendungsbereich des TPG erfasst. Allerdings lässt das neue TPG explizite Regelungen zum Umgang mit extrakorporalen Embryonen und deren Geweben vermissen. Dies ist indes nicht verwunderlich, da extrakorporale Embryonen nach den Vorgaben des ESchG nur zum Zweck der Herbeiführung einer Schwangerschaft und zu nichts anderem verwendet werden dürfen.

824 Deutsches IVF-Register 2004, S. 6.

825 Dreier/*Dreier*, Art. 1 I Rdnr. 94.

826 FAZ vom 14.05.2001, S. 2.

Auch die Verbots-, Straf- und Bußgeldvorschriften des TPG sind auf extrakorporale Embryonen nicht anwendbar. Extrakorporale Embryonen können bereits aufgrund § 2 Abs. 1 ESchG nicht in den Anwendungsbereich des § 17 Abs. 1 TPG fallen, da es untersagt ist, sie zur Heilbehandlung anderer einzusetzen. Entsprechend ist auch nicht das Organ- und Gewebehandelsverbot des § 18 Abs. 1 TPG anwendbar, da dieser auf § 17 Abs. 1 TPG verweist, dessen Voraussetzungen bei extrakorporalen Embryonen nicht erfüllt sind. Somit bleibt festzuhalten, dass extrakorporale Embryonen vom Transplantationsgesetz nicht explizit geschützt werden.

b) BGB

Zivilrechtlich ist die Rechtsnatur des Embryonen in-vitro noch etwas schwieriger zu fassen als die des Embryonen in-vivo. Ebenso wie der Embryo in-vivo ist der Embryo in-vitro nicht rechtsfähig gemäß §1 BGB. Vereinzelt wird vertreten, ihn als Rechtsgut sui generis zu behandeln und seinen Umgang ausschließlich über die Persönlichkeitsrechte der Träger zu bestimmen.[827] Dies ist hingegen abzulehnen, da eine Einordnung sui generis nur in Frage käme, wenn die Rechtsordnung anderweitig keine Zuordnung ermöglichte. Dies ist hier nicht der Fall.[828] Im Rahmen der elterlichen Fürsorgepflicht obliegt den Eltern die Bestimmung über den Umgang mit den extrakorporalen Embryonen. Zwar haben sich die Entscheidungen der Eltern über den Umgang mit dem Embryo an dessen Wohl zu orientieren, was aber nicht bedeutet, dass hierdurch eine Einwilligung in die Vernichtung ausgeschlossen würde. Vielmehr müsse das Wohl des Embryonen für den konkreten Einzelfall unter Berücksichtigung seines Entwicklungspotentials betrachtet werden.[829] Wie im Folgenden noch zu zeigen sein wird, kann die Entscheidung der Freigabe überzähliger Embryonen zu Forschungszwecken unter der Inkaufnahme ihrer Vernichtung unter Orientierung am Wohl der Leibesfrucht gerechtfertigt sein, wenn eine Ausrichtung des Wohls des ungeborenen Lebens an dessen Erhalt nicht möglich ist.[830]

827 *Lanz-Zumstein*, Die Rechtsstellung des unbefruchteten und befruchteten menschlichen Keimguts, S. 304.

828 *Lanz-Zumstein*, Die Rechtsstellung des unbefruchteten und befruchteten menschlichen Keimguts, S. 305.

829 *Halász*, Das Recht auf bio-materielle Selbstbestimmung, S. 53.

830 So im Ergebnis auch *Fechner*, Menschenwürde und generative Forschung und Technik, JZ 1986, 653-664, S. 659; *Müller-Terpitz*, Die neuen Empfehlungen der DFG zur Forschung mit menschlichen Stammzellen, WissR 2001, 271, S. 283.

c) *Richtlinien der Bundesärztekammer*

Bei der Betrachtung extrakorporal erzeugter Embryonen sind lediglich die Regelungsinhalte für Zellen und Gewebe lebender Feten maßgeblich, da extrakorporal erzeugte Embryonen nach heutigem Wissensstand ad infinitum lebensfähig aufbewahrt werden können und nicht zu anderen Zwecken als der Implantation verwendet werden dürfen, so dass sich die Frage nach deren Absterben bzw. einer anderen Verwendung als der der Implantation nicht stellt.

aa) Nutzung fetaler Zellen und Gewebe

Gemäß Punkt 4.1 der Richtlinie dürfen fetale Zellen und Gewebe von lebenden Feten nur zum unmittelbaren Nutzen des Feten – oder gegebenenfalls der Mutter – entnommen werden. Es existiert ein generelles Forschungs- und Verwertungsverbot für lebenden Feten entnommene Zellen und Gewebe, es sei denn, diese werden zum unmittelbaren Nutzen des Feten bzw. der Mutter entnommen.

bb) Verfügungsbefugte

Bezüglich der Frage der Verfügungsbefugnisse gelten die gleichen Vorgaben wie bei den abgetriebenen Embryonen und die hierzu getätigten Ausführungen[831] entsprechend.

cc) „Schutzmechanismen“

Einem Missbrauch extrakorporal erzeugter Embryonen wird dadurch wirksam vorgebeugt, dass die Erzeugung extrakorporaler Embryonen ausschließlich zu Zwecken der Herbeiführung einer Schwangerschaft gemäß §1Abs.1Nr.2ESchG gestattet ist. Somit mangelt es bereits an der Möglichkeit Embryonen „künstlich“ zu schaffen, um sie für andere Zwecke als um deren selbst Willen nutzbar zu machen. Dementsprechend enthalten die Richtlinien der Bundesärztekammer keine weitergehenden Regelungen bezüglich der Verwendung extrakorporal erzeugter Embryonen.

dd) Umfang der Verfügungsbefugnisse

Die Verfügungsbefugnisse sind bereits durch die Regelung des §2Abs.1ESchG stark eingeschränkt. Danach ist es untersagt, einen extrakorporal erzeugten menschlichen Embryo zu veräußern oder zu einem nicht seiner Erhaltung dienenden Zweck abzugeben, zu erwerben oder zu verwenden. Dies hat zur Kon-

831 Siehe Kap. III. H. II. 1. d) bb) (2), S. 211.

sequenz, dass Embryonen in-vitro, die ihrem eigentlichen Zweck, der Herbeiführung einer Schwangerschaft, nicht mehr zugeführt werden können, sei es aufgrund von Krankheit oder Tod der Mutter, weiter aufbewahrt werden müssen, da alle anderen Verwendungsformen nach §2Abs.1ESchG ausgeschlossen sind. Folgerichtig enthalten die Richtlinien der Bundesärztekammer keine differenzierten Regelungen zu diesem Themenkomplex.

d) Verfassungsrecht

Im Folgenden soll die Frage erörtert werden, inwiefern die verfassungsrechtlichen Vorgaben, den Status und die Verwendung abgetriebener Embryonen betreffend, auf Embryonen in-vitro übertragbar sind bzw. welche besonderen Anforderungen und Schutzkonzepte hier einschlägig sind.

aa) Leben, Art. 2 Abs. 2 S. 1 1. Alt GG und Menschenwürde, Art. 1 Abs. 1 GG

Da die Forschung an In-Vitro-Embryonen zwangsläufig bisher zu deren Zerstörung führt, könnten diese in ihren Grundrechten auf Leben und Menschenwürde betroffen sein. Hierfür müssten sie jedoch zunächst Grundrechtsträger sein.

Wie bereits aufgezeigt,[832] ist die Frage nach der Grundrechtsträgerschaft des Embryonen und damit nach seinem Grundrechtsschutz aus Art. 2 Abs. 2 S. 1, 1. Alt. GG stark umstritten. Während bei den abortierten Embryonen die Frage nach der Grundrechtsträgerschaft vor der Nidation noch dahingestellt bleiben konnte, ist sie bei den In-Vitro-Embryonen von zentraler Bedeutung, da es sich bei diesen zwangsläufig um Pränidationsembryonen handelt. Weder aus dem Grundgesetz selbst oder der Gesetzessystematik noch den ethikorientierten Denkansätzen lässt sich zweifelsfrei eine Grundrechtsträgerschaft des Embryonen in-vitro ableiten.[833] Sie ist daher abzulehnen. Wendtland resümierte diesen Zustand treffend wie folgt: „Die überkommene Grundrechtsdogmatik stößt an ihre Grenzen, wenn es darum geht, allgemeinverbindliche Aussagen zur Grundrechtsfähigkeit von Präimplantationsembryonen zu treffen."[834] Dies bedeutet hingegen nicht zwangsläufig, dass der Pränidationsembryo schutzlos gestellt ist. Zwar kommt der grundrechtliche Schutz im Grundsatz nur Grundrechtssubjekten zu; eine Erhebung eines Nichtgrundrechtssubjekts in den persönlichen Schutzbereich der Grundrechte ist bei entsprechender Begründung jedoch möglich.[835] Im Vergleich

832 Siehe Ausführungen zu den abortierten Embryonen unter Kap. III. H. II. 1. e) aa) (1), S. 214ff.

833 Siehe Ausführungen unter Kap. III. H. II. 1. e) aa) (1) (a)-(f), S. 214-222.

834 *Wendtland*, Die Forschung mit menschlichen embryonalen Stammzellen als Gegenstand der Rechtsetzung, S. 123.

835 *Klopfer*, Verfassungsrechtliche Probleme der Forschung an humanen pluripotenten embryonalen Stammzellen und ihre Würdigung im Stammzellgesetz, S. 59.

zu der Situation der Embryonen in-vivo können allerdings keine überzeugenden Argumente gefunden werden, die eine Erhebung des Embryonen in-vitro in den persönlichen Schutzbereich der Grundrechte rechtfertigen würden. Wären Embryonen in-vivo bereits vor der Nidation schutzwürdig, wäre deren völlige Schutzlosstellung in § 218 Abs. 1 S. 2 StGB – vorsichtig formuliert – zumindest verfassungsrechtlich bedenklich.[836] Sowohl durch die Pille als auch die Spirale wird die Nidation der befruchteten Eizelle verhindert und ihrem Entwicklungspotential zu einem Menschen ein Ende gesetzt.

bb) Embryonenschutz als verfassungsimmanente Schranke der Forschungsfreiheit des Art. 5 Abs. III S. 1 GG

Auch wenn der Präimplantationsembryo nicht in den persönlichen Schutzbereich der Grundrechte erhoben werden kann, so ist sein Schutz auf anderem Wege möglich und indiziert.

(1) Verfassungsimmanente Schranke

Die Forschungsfreiheit des Art. 5 Abs. III S. 1 GG ist ein schrankenlos garantiertes Grundrecht, das seine Einschränkungen durch kollidierende Grundrechte Dritter und andere mit Verfassungsrang ausgestattete Rechtsgüter findet. Klärungsbedürftig ist somit, inwiefern der Embryonenschutz von Präimplantationsembryonen eine verfassungsimmanente Schranke der Forschungsfreiheit darstellt.

Leider lässt die Judikatur des Bundesverfassungsgerichts eine allgemeine Definition für Rechtsgüter von Verfassungsrang vermissen.[837] Als Rechtsgüter von Verfassungsrang wurden jedoch zum Beispiel die Einrichtung und die Funktionsfähigkeit der Bundeswehr[838], die Krankenversorgung durch Universitätsklinika[839] und der Kinder- und Jugendschutz[840] anerkannt. Vereinzelt wird der Embryonenschutz als Rechtsgut von Verfassungsrang auch aus Art. 74 Abs. 1 Nr. 26 GG mit der Argumentation, dass als Grundlage von Einschränkungen bereits die Gesetzgebungskompetenz des Bundes aus Art. 74 Abs. 1 Nr. 26 GG ausreiche, abgeleitet.[841] Hiernach sind die medizinisch unterstützte

836 *Klopfer*, Verfassungsrechtliche Probleme der Forschung an humanen pluripotenten embryonalen Stammzellen und ihre Würdigung im Stammzellgesetz, S. 74f.

837 *Haßmann*, Embryonenschutz im Spannungsfeld internationaler Menschenrechte, staatlicher Grundrechte und nationaler Regelungsmodelle zur Embryonenforschung, S. 112.

838 BVerfGE 28, 243, S. 261.

839 BVerfGE 57, 70, S. 99.

840 BVerfGE 83, 130, S. 139f.

841 *Heun*, Embryonenforschung und Verfassung – Lebensrecht und Menschenwürde des Embryos, JZ 11/2002, 517-523, S. 523; ablehnend *Wendtland*, Die Forschung mit menschlichen embryonalen Stammzellen als Gegenstand der Rechtsetzung, S. 142f.

Erzeugung menschlichen Lebens, die Untersuchung und die künstliche Veränderung von Erbinformationen sowie die Regelungen zur Transplantation von Organen und Geweben Gegenstand der konkurrierenden Gesetzgebung des Bundes. Die Ableitung des Verfassungsrangs stützt sich auf die Parallelbetrachtung zur Soldatenentscheidung des Bundesverfassungsgerichts, in der der Verfassungswert der Einrichtung und Funktionsfähigkeit der Bundeswehr aus den Kompetenznormen der Art. 73 Nr. 1 GG und Art. 87a Abs. 1 S. 1 GG abgeleitet wurde[842]. Allein aus der Kompetenznorm auf ein Rechtsgut von Verfassungsrang zu schließen, erscheint hingegen bedenklich. Sinn und Zweck der Kompetenznormen ist schließlich, die Handlungsbereiche von Bund und Ländern abzugrenzen.[843] Lediglich die Kompetenzzuweisung an den Bund bedeutet noch nicht, dass das zu regelnde Gut mit Verfassungsrang ausgestattet ist und vorbehaltlos gewährte Grundrechte einzuschränken vermag.[844] Demgemäß kann allein aus der Kompetenzzuweisung der Verfassungsrang des Embryonenschutzes nicht abgeleitet werden. In Frage käme hingegen eine Ableitung des Verfassungsranges aus der Menschenwürde. Spiegelbildlich zum nachwirkenden Würdeschutz für nicht mehr grundrechtsfähige Tote,[845] könnte in Anlehnung an die Entscheidung des Bundesverfassungsgerichts[846], wonach dort, wo menschliches Leben existiere, ihm Menschenwürde zukomme, von einem vorwirkenden Würdeschutz für Embryonen ausgegangen werden. Entgegen Haßmann, der einen Würdeschutz für Embryonen als Überspannung der Menschenwürdegarantie verwirft[847], ist Wendtland zuzustimmen. Er plädiert dafür, dass eine objektiv-rechtliche Komponente des Würdeschutzes heranzuziehen ist, welche an die Existenz menschlichen Lebens gekoppelt ist, auch wenn dieses Leben keinen Grundrechtsschutz genießt.[848] Schutzobjekte sind demnach die konkreten Erscheinungsformen menschlichen Lebens, die zugleich als potentielle Grundrechtsträger in Betracht kommen.[849] Hieraus erwächst die Verpflichtung des Gesetzgebers, für die einzelnen Entwicklungsstadien Kriterien zu erarbeiten,

842 BVerfGE 28, 243, S. 261.

843 BVerfGE 69, 1, S. 60.

844 *Huster*, Gehört der Tierschutz ins Grundgesetz?, ZRP 1993, 326-330, S. 327 m.w.N.

845 Es ist allgemein anerkannt, dass trotz des Endes der Grundrechtssubjektivität mit dem Hirntod sich aus dem objektiv-rechtlichen Wertgehalt des Art. 1 Abs. 1 GG eine Legitimation für die Regulierung des Umgangs mit Hirntoten entnehmen lässt. (*Pieroth* in Jarass/Pieroth, Art. 1, Rdnr. 6).

846 BVerfGE 39, 1, 41.

847 *Haßmann*, Embryonenschutz im Spannungsfeld internationaler Menschenrechte, staatlicher Grundrechte und nationaler Regelungsmodelle zur Embryonenforschung, S. 114.

848 *Wendtland*, Die Forschung mit menschlichen embryonalen Stammzellen als Gegenstand der Rechtsetzung, S. 144.

849 *Wendtland*, Die Forschung mit menschlichen embryonalen Stammzellen als Gegenstand der Rechtsetzung, S. 145.

welche Verhaltensweisen als Würdeverletzungen anzusehen sind[850].

Festzuhalten bleibt, dass der Embryo in-vitro zwar nicht Grundrechtsträger im verfassungsrechtlichen Sinne ist,[851] aufgrund des Verfassungsrangs des Embryonenschutzes aber nicht schutzlos gestellt ist. Jegliche Verwendung von In-Vitro-Embryonen, sei es zu Forschungszwecken oder anderen Zwecken, ist folglich daraufhin zu überprüfen, inwiefern sie dem verfassungsrechtlich garantierten Embryonenschutz zuwiderläuft.

(2) Ausgleich von Forschungsinteressen und Embryonenschutz

Es obliegt somit dem Gesetzgeber, den Konflikt zwischen Forschungsinteressen und Embryonenschutz in verhältnismäßiger Weise zu regeln.[852] Es bedarf hierzu einer, auf den jeweiligen in Frage stehenden Regelungsbereich ausgerichteten Bewertung der gegenläufigen verfassungsrechtlichen Positionen. Nachfolgend sollen allgemeingültige Kriterien für die Abwägung erarbeitet und dargestellt werden.

Bereits aufgrund der Komplexität der zu regelnden Materie und dem Auftreten immer neuer Fragestellungen bedingt durch die fortschreitende medizinische Entwicklung lassen sich der Verfassung keine haarfeinen Vorgaben für den Abwägungsprozess entnehmen.[853] Jedenfalls kann weder der Forschungsfreiheit noch dem Embryonenschutz gegenüber dem jeweils anderen Verfassungsgut ein prinzipieller Vorrang gewährt werden. Beide Verfassungsgüter stehen in keinerlei Hierarchieverhältnis zueinander, so dass dem einen der Vorrang gegenüber dem anderen eingeräumt werden müsste.[854] Somit steht dem Gesetzgeber ein relativ weiter Beurteilungs- und Ermessensspielraum bei der Frage der Sicherstellung seiner Schutzpflichten für den Embryo zu, der diesen zwar zu einem uneingeschränkten Verbot der Embryonenforschung berechtigt, hingegen aber nicht notwendig verpflichtet.[855] Auch wenn keinem der Verfassungsgüter per se ein Vorrang vor dem anderen einzuräumen ist, so verfügt der Gesetzgeber über eine Anzahl legitimer Differenzierungskriterien anhand derer die Konkordanz-

850 *Denninger*, Embryo und Grundgesetz. Schutz des Lebens und der Menschen-. würde vor Nidation und Geburt, KritV 2003, 191-209, S. 207.

851 Vgl. *Ipsen*, Der „verfassungsrechtliche Status" des Embryonen in-vitro, JZ 2001, 989-996, S. 996.

852 *Wendtland*, Die Forschung mit menschlichen embryonalen Stammzellen als Gegenstand der Rechtsetzung, S. 146.

853 *Ipsen*, Der „verfassungsrechtliche Status" des Embryonen in-vitro, JZ 2001, 989-996, S. 995; *Lübbe*, Embryonenschutz als Verfassungsfrage, ZfP 1989, 138, S. 149.

854 BVerfGE 47, 327, 369 (kein prinzipieller Vorrang der Forschungsfreiheit gegenüber anderen Verfassungsrechtsgütern); *Wendtland*, Die Forschung mit menschlichen embryonalen Stammzellen als Gegenstand der Rechtsetzung, S. 147.

855 *Taupitz*, Import embryonaler Stammzellen, ZRP 2002, 111-115, S. 113.

abwägung vorgenommen werden kann. Hierzu gehören der Entwicklungsstand der Embryonen, das Forschungsziel und dessen Erfolgsaussichten, die Herkunft des Embryonen und dessen alternative „Nutzungsmöglichkeiten", wie auch der Grad der Beeinträchtigung des Embryonenschutzes.

Entscheidet sich die Frau gegen eine Implantation bestehen für den Embryo in-vitro drei Möglichkeiten: die zeitlich unbegrenzte Kryokonservierung, das Absterben oder die Verwendung im Rahmen von Forschungsvorhaben – ein ausweglose Schicksal. So wird häufig argumentiert, dass angesichts der Tatsache, dass der überzählige Embryo in-vitro keine Möglichkeit hat, jemals geboren zu werden und somit ohnehin dem Tod geweiht sei[856], seine Degradierung zum Forschungsobjekt durch hochrangige medizinische Erkenntnisziele aufgewogen werden könne[857]. Auch wenn aus dieser Argumentation nicht zwangsläufig auf die verfassungsrechtliche Zulässigkeit der Forschung mit überzähligen In-Vitro-Embryonen geschlossen werden darf, so kann angesichts der zuvor dargestellten drei Möglichkeiten des Embryonen in-vitro durchaus kritisch nachgefragt werden, wovor der Embryo beim Einsatz als Forschungsobjekt zu schützen sei.[858] Paul beantwortet diese Frage pauschal dahingehend, dass der Embryo vor jedem beliebigen Umgang geschützt werden müsse.[859] Wie dieser Forderung Rechnung getragen werden kann, soll im Folgenden dargestellt werden.

Die Diskussion über die Zulässigkeit bzw. Unzulässigkeit der Forschung an (überzähligen) Embryonen ist mitnichten ein rein deutsches Phänomen. So vielfältig die argumentativen Ansätze sind, so vielfältig sind auch die nationalen Regelungen zur Frage der Zulässigkeit der verbrauchenden Embryonenforschung. Ein Vergleich nationaler Regelungen in der EU zeigt, dass von den Staaten, die diesen Themenkomplex geregelt haben[860], neben Deutschland nur in Österreich die Embryonenforschung ebenfalls verboten ist. Die rechtlichen Regelungen in den anderen Staaten unterscheiden sich unter anderem nach dem zulässigen Ziel der Forschung und dem zulässigen Höchstalter des Embryonen bis zu dem mit bzw. an ihm geforscht werden darf. Während in den meisten Staaten die Forschung innerhalb der ersten vierzehn Tage zulässig ist, ist z.B. in

856 *Deutsch*, Artifizielle Wege menschlicher Reproduktion, MDR 1985, 177-183, S. 180; *Brewe*, Embryonenschutz und Stammzellgesetz, S. 88.

857 *Eser*, Rechtsvergleichende Aspekte der Embryonenforschung in: Opolka, Respekt vor dem werdenden Leben, 112, S. 126f., *Fechner*, Menschenwürde und generative Forschung und Technik, JZ 1986, 653-664, S. 659; *Budde*, Menschenwürde aus heutiger Sicht, S. 90.

858 *Paul*, Möglichkeiten und Grenzen der Forschung an embryonalen Stammzellen und des therapeutischen Klonens, S. 53.

859 *Paul*, Möglichkeiten und Grenzen der Forschung an embryonalen Stammzellen und des therapeutischen Klonens, S. 53.

860 Die Forschung an Embryonen ist in Dänemark, Deutschland, Finnland, Frankreich, Griechenland, Österreich, Schweden, Spanien und dem Vereinigten Königreich geregelt.

Frankreich die Forschung lediglich innerhalb der ersten sieben Tage zulässig.[861] Auch in Deutschland mehren sich die Stimmen, die die Regelungen des Embryonenschutzgesetzes und Stammzellgesetzes als zu restriktiv kritisieren[862] und die Embryonenforschung unter bestimmten Voraussetzungen zulassen wollen. Wie bereits dargelegt, sind der deutschen Verfassung nur sehr spärliche Anhaltspunkte für die Beantwortung „der mit der modernen Reproduktionsmedizin und genetischen Forschung aufgeworfenen Fragen“[863] zu entnehmen. Im Hinblick auf das klare Forschungsverbot des § 2 Abs. 1 ESchG an In-Vitro-Embryonen, haben bisher nur wenige Autoren Ausführungen zu möglichen Voraussetzungen der Embryonenforschung unter Abänderung der Vorschriften des ESchG gemacht.

So hat beispielsweise die Zentrale Ethikkommission der Bundesärztekammer mehrheitlich die Ansicht vertreten, dass menschliche Embryonen, die für Zwecke der Assistierten Reproduktion erzeugt wurden, aber nicht implantiert werden können, für Forschungszwecke verwendet werden dürfen unter der Prämisse, dass die Forschungsziele nicht auf andere Weise (z.B. durch Forschung an adulten Stammzellen oder an tierischen Zellen) vergleichbar gut erreicht werden können.[864] Darüber hinaus sollen öffentlich und privat finanzierte Forschungsvorhaben mit humanen embryonalen Stammzellen hinsichtlich ihrer Zulässigkeit von einer unabhängigen, interdisziplinär zusammengesetzten Kommission beurteilt werden.[865]

Diese Voraussetzungen werden in ihrem Umfang dem komplexen Regelungsgehalt und den zum Teil divergierenden Interessen der Beteiligten nicht gerecht, da sie insbesondere Regelungen zur Aufklärung und Einwilligung vermissen lassen.

Demgegenüber hat Hassmann[866] ein feingliedrigeres Netz an Voraussetzungen entwickelt. Hiernach soll die verbrauchende Embryonenforschung nur dann zulässig sein, wenn:

1. das konkrete Forschungsvorhaben eine wesentliche Weiterentwicklung des

861 EGE, Ethische Aspekte der Forschung an menschlichen Embryonen, Abschließende Studie, S. 57f.

862 *Losch*, Lebensschutz am Lebensbeginn: Verfassungsrechtliche Probleme des Embryonenschutzes, NJW 1992, 2926-2932, S. 2929f.; *ZEK BÄK*, Stellungnahme zur Stammzellforschung, 19.06.2002, S. 34f.; *Haßmann*, Embryonenschutz im Spannungsfeld internationaler Menschenrechte, staatlicher Grundrechte und nationaler Regelungsmodelle zur Embryonenforschung, S. 237f..

863 *Ipsen*, Der „verfassungsrechtliche Status“ des Embryonen in-vitro, JZ 2001, 989-996, S. 995.

864 *ZEK BÄK*, Stellungnahme zur Stammzellforschung, 19.06.2002, S. 2, These 8.

865 ZEK BÄK, Stellungnahme zur Stammzellforschung, 19.06.2002, S. 2, These 8.

866 *Hassmann*, Embryonenschutz im Spannungsfeld internationaler Menschenrechte, staatlicher Grundrechte und nationaler Regelungsmodelle zur Embryonenforschung, 239-243, S. 239.

Wissensstandes verspricht,
2. das Forschungsvorhaben nicht auch durch Rückgriff auf bereits bestehende Zelllinien oder andere Stammzellen realisierbar ist,
3. nur überzählige Embryonen verwendet werden und
4. die Eltern in das Forschungsvorhaben nach vorheriger Aufklärung über die Alternativen zur Forschung, den Gegenstand der Embryonenforschung und die Folgen für den Embryo eingewilligt haben und der behandelnde Arzt nicht an dem Forschungsvorhaben beteiligt ist.[867]

Zwei der vier Voraussetzungen stimmen mit den von der Zentralen Ethikkommission der Bundesärztekammer Vorgeschlagenen überein. In Übereinstimmung mit beiden Verfassern muss gefordert werden, dass lediglich überzählige Embryonen Verwendung finden und dies auch nur dann, wenn das Forschungsziel nicht auf anderem Wege, z.B. unter Nutzung anderer Stammzellen erreichbar ist. Hierdurch entsteht ein schonender Ausgleich zwischen den Interessen der Forschungsfreiheit und des Embryonenschutzes. Da auch hier den Eltern die Personensorge für den Embryo obliegt, muss entsprechend den Erfordernissen bei der Transplantation von Geweben und Organen ebenfalls eine Aufklärung der Eltern und deren Einwilligung in die Verwendung des Embryonen für das konkrete Forschungsvorhaben gefordert werden. Insbesondere sind sie über die anderen Optionen der Zukunft des überzähligen Embryonen aufzuklären, nämlich die „ewige" Kryokonservierung, die Verwerfung oder die Spende an eine andere Frau. Allerdings erscheint die Forderung Hassmanns, die Embryonenforschung nur dann zuzulassen, wenn das Forschungsvorhaben eine wesentliche Weiterentwicklung des Wissensstandes verspricht, überzogen. Zwar steht er mit dieser Forderung nicht alleine. Auch Losch fordert, dass es sich um ein wichtiges medizinisches Forschungsinteresse handeln und der Forschungsbedarf dringlich sein muss.[868] Hiergegen ist allerdings einzuwenden, dass zum einen die Eruierung, wann eine Weiterentwicklung des Wissensstandes „wesentlich" ist, in der Praxis zu nicht unerheblichen Auslegungsproblemen und Unsicherheiten führen würde und zum anderen dem Embryonenschutz bereits damit ausreichend genüge getan ist, dass nur überzählige Embryonen verwendet werden dürfen und dies auch nur, wenn das Forschungsziel mit anderen Mitteln nicht erreichbar ist.

Ein Blick auf die Regelungen zur Embryonenforschung in anderen Ländern zeigt, dass die Zulässigkeitsvoraussetzungen durchaus vergleichbar zu den Vorgenannten sind und die Befürchtungen, die dagegen von deutscher Seite ins Feld geführt werden, in diesen Ländern nicht eingetreten sind. Das klassische Damm-

867 *Hassmann*, Embryonenschutz im Spannungsfeld internationaler Menschenrechte, staatlicher Grundrechte und nationaler Regelungsmodelle zur Embryonenforschung, 239-243, S. 239.

868 *Losch*, Lebensschutz am Lebensbeginn: Verfassungsrechtliche Probleme des Embryonenschutzes, NJW 1992, 2926-2932, S. 2931.

bruchargument lautet, dass bei einer Zulassung der Embryonenforschung Frauen versucht seien, viele In-Vitro-Embryonen herstellen zu lassen, um diese dann für bestimmte Forschungsvorhaben oder auch an bestimmte Angehörige zu spenden und der Embryo so zum Forschungsobjekt degradiert und instrumentalisiert würde, sich quasi eine Eigendynamik entwickeln würde, die nicht mehr gesteuert werden könne.[869] Diese Befürchtungen sind nicht eingetreten. Derartige Besorgnisse können durch entsprechende Regelungen von vornherein vermieden werden können. Beispielhaft wurde dies in den Empfehlungen der NBAC, der nationalen Bioethik-Kommission der USA, gelöst.

So sollen voraussichtliche Spender von überzähligen Embryonen rechtzeitig alle relevanten und angemessenen Informationen erhalten, um eine informierte und freiwillige Entscheidung bezüglich der Verfügung über den Embryo treffen zu können. Bevor der voraussichtliche Spender den potentiellen Forschungszweck erwägen kann, soll er über die Möglichkeiten, den Embryo zu kryokonservieren, ihn einer anderen Frau zu spenden oder ihn zu verwerfen, aufgeklärt werden. Erst wenn sich der voraussichtliche Spender dazu entscheidet, den Embryo verwerfen zu lassen, soll ihm die Möglichkeit unterbreitet werden, ihn zu Forschungszwecken zu spenden. Während der Darstellung der Verwendungsmöglichkeiten einer Spende zu Forschungszwecken, soll der Spender darüber informiert werden:

- dass das Forschungsvorhaben nicht darauf angelegt ist, dem Spender medizinische Vorteile zu bringen,
- dass die Einwilligung in die Spende zur Forschung oder deren Verweigerung keine Auswirkungen auf die Qualität einer späteren Versorgung der Spender hat,
- in welchem Bereich die Forschung durchgeführt werden soll,
- wie dies finanziert wird und welche wirtschaftlichen Profite der Forschung erwartet werden,
- dass für Forschungszwecke verwendete Embryonen zu keinem Zeitpunkt in den Uterus einer anderen Frau transferiert werden und
- dass das Forschungsvorhaben die Zerstörung des Embryonen beinhaltet.[870]

Und um jegliche Art finanzieller Anreize auszuschließen sollen Embryonen und deren Gewebe unverkäuflich sein.[871]

Diese Empfehlungen bilden in Zusammenschau mit dem Vorgesagten eine gute Grundlage für die Entwicklung eines Anforderungskatalogs an die Zulässigkeitsvoraussetzungen der deutschen Forschung an Embryonen und fetalen Ge-

869 *Keller*, Die verbrauchende Forschung an Embryonen in verfassungsrechtlicher und strafrechtlicher Sicht, in: Wuermeling, Leben als Labormaterial, S. 66.

870 NBAC, Ethical Issues in Human Stem Cell Research, Vol. 1, 1999, Recommendation 5, S. 72f.

871 NBAC, Ethical Issues in Human Stem Cell Research, Vol. 1, 1999, Recommendation 6, S. 74.

weben.

cc) Anforderungskatalog zur Embryonenforschung

In Übereinstimmung mit der Kritik anderer Autoren, dass keine überzeugenden Argumente ersichtlich sind, weshalb die Forschung an frühen Embryonen in-vitro anders geregelt werden könnte und sollte als die Forschung an abgetriebenen Embryonen,[872] soll nachfolgend ein Kriterienkatalog vorgestellt werden, der sowohl für die Forschung an abgetriebenen Embryonen als auch In-Vitro-Embryonen Anwendung finden soll:

1. Eine Verwendung zu Forschungszwecken ist nur zulässig, wenn die Forschungsziele nicht auch unter Verwendung anderer Forschungsobjekte / -materialien erreicht werden können. Die Freigabe zu Forschungszwecken darf bei Embryonen in-vitro nur innerhalb der ersten 14 Entwicklungstage geschehen, da der Embryo in vivo strafrechtlich erst nach dem 14. Entwicklungstag Schutz erfährt und so eine Gleichbehandlung beider Embryonenarten erreicht wird. Danach sind diese zwingend zu verwerfen.
2. Forschungszweck und Forschungsziel dürfen keinen Anreiz für den Abort des Embryonen in-vivo oder die Verwerfung des Embryonen in-vitro darstellen. Dies bedeutet, dass sich die Mutter zunächst entscheiden muss, ob sie den Embryo in-vivo zum Abort bringt. Im Falle eines Embryonen in-vitro müssen die Sorgeberechtigten zunächst die Entscheidung treffen, ob der Embryo in-vitro verworfen werden soll. In beiden Szenarien müssen den Einwilligungsberech-

872 Die Zentrale Ethikkommission hält die Gewinnung von Stammzellen aus Embryonen, die ohnehin dem Tod geweiht sind, weil sie nicht mehr zur Herbeiführung einer Schwangerschaft eingesetzt werden sollen und deshalb keine reelle Lebenschance haben, innerhalb der ersten Tage nach der Befruchtung für verfassungsrechtlich vertretbar (*ZEK BÄK*, Stellungnahme zur Stammzellforschung vom 19.06.2002, S. 35f.). Nach Auffassung Ipsens stößt die Gewinnung von Stammzellen aus überzähligen Embryonen auf keine verfassungsrechtlichen Bedenken. (*Ipsen*, Der „verfassungsrechtliche Status" des Embryo in vitro, JZ 2001, 989-996, S. 996.) Ebenso argumentiert Kutzer, dass ein absoluter Lebensschutz des Embryos in-vitro sich nicht mit dem zurückgenommenen Lebensschutz des Fötus` vertrage – es geradezu widersprüchlich sei, die „willkürliche Vernichtung im Mutterleib befruchteter Eizellen vor der Nidation sanktionslos zuzulassen", währenddessen das künstlich befruchtete Ei umfassenden strafrechtlichen Schutz erfahre. (*Kutzer*, Embryonenschutzgesetz- Wertungswidersprüche zu den Regelungen bei Schwangerschaftsabbruch, Früheutanasie, Sterbehilfe und Transplantation, MedR 2002, 24-26, S. 24f.) Insbesondere das Bundesverfassungsgericht hat einen Grundrechtsschutz für Embryonen vor ihrer Nidation, d.h. bis zum 14. Tag ihrer Entwicklung im Mutterleib, abgelehnt (BVerfGE 39, 1 (36)). Wegen der Vergleichbarkeit des Embryos in-vitro und in-vivo schlussfolgert auch Klopfer, dass beide bis zum Zeitpunkt der Nidation, also dem 14. Entwicklungstag, gleich zu behandeln sind. (*Klopfer*, Verfassungsrechtliche Probleme der Forschung an humanen pluripotenten embryonalen Stammzellen und ihre Würdigung im Stammzellgesetz, S. 76.)

tigten alle Alternativen, bis auf die Verwendung zu Forschungszwecken, dargestellt werden, um sie so in die Lage zu versetzen, eine informierte Entscheidung zu treffen.

3. Erst wenn die Entscheidung zum Abort bzw. zur Verwerfung getroffen ist, dürfen die Personensorgeberechtigten über alternative Verwendungsmöglichkeiten des Embryonen für Forschungsvorhaben aufgeklärt werden.
4. Die Aufklärung über die Möglichkeit den Embryo zu Forschungszwecken zu spenden anstatt ihn verwerfen zu lassen, soll zwingend folgende Punkte enthalten:
   a. Die Einwilligung in die Spende erfolgt freiwillig und ist jederzeit frei widerruflich, solange das Material noch nicht verwendet wurde.
   b. Die Personensorgeberechtigten erhalten keine finanzielle Entschädigung für die Spende – diese erfolgt unentgeltlich.
   c. Erforderlich ist die Einwilligung der Personensorgeberechtigten.
   d. Weder medizinische, noch genetische Daten des Embryonen bzw. der ihm entnommenen Gewebe, Zellen oder aus ihm hergestellten Stammzelllinien werden Dritten zugänglich gemacht. Die Verarbeitung der Forschungsdaten und deren etwaige Publikation erfolgt unter vollständiger Anonymisierung.
   e. Das Forschungsvorhaben ist nicht darauf angelegt, den Spendern oder von ihnen benannten Personen konkrete medizinische Vorteile zu bringen. Eine Spende zugunsten bestimmter Empfänger ist verboten.
   f. Die Entscheidung für oder gegen eine Spende zu Forschungszwecken hat keine Auswirkungen auf die Qualität der späteren Versorgung der Spender.
   g. Den Spendern ist umfassend über das Forschungsvorhaben Auskunft zu erteilen. Hierzu gehören die Forschungsziele, Methoden und die erwarteten wirtschaftlichen Profite.
   h. Die Embryonen sind ausschließlich für die mitgeteilten Forschungsvorhaben zu verwenden. Sollte deren Verwendung hierfür nicht möglich sein, so werden sie verworfen.
5. Die Aufklärung über die Möglichkeit der Spende des Embryonen zu Forschungszwecken soll von medizinischem Personal durchgeführt werden, welches in das Forschungsvorhaben nicht involviert ist. Folglich sollen aufklärende und forschende Ärzte unabhängig voneinander sein.
6. Jegliche Forschungsvorhaben sind vorab von der zuständigen Ethikkommission zu begutachten und zuzulassen. Hierdurch soll sichergestellt werden, dass den Gesichtspunkten des Embryonenschutzes umfassend Rechnung getragen wird und die Forschungsvorhaben von einer multidisziplinär besetzten Kommission evaluiert werden. Denkbar wäre, diese Prüfungs- und Überwachungskompetenz auf die bereits bestehenden Ethikkommissionen der Bundesärztekammer oder alternativ die Ethikkommissionen der einzelnen Län-

derärztekammern oder Universitäten zu übertragen.

Durch die Implementierung eines derartigen Regelungswerks kann folglich ein schonender Ausgleich zwischen den Forschungsinteressen und dem Embryonenschutz erreicht werden.

e) Strafrecht

Im Folgenden soll überblickartig untersucht werden, inwieweit die Verwendung überzähliger extrakorporaler Embryonen zur Entnahme von Geweben und Zellen zu Forschungszwecken strafrechtlich sanktioniert wird.

aa) Störung der Totenruhe, § 168 StGB

Eine Verletzung des Straftatbestandes der Störung der Totenruhe in all seinen Alternativen scheitert bereits daran, dass der extrakorporal erzeugte, nicht implantierte Embryo nicht unter den Begriff der Leibesfrucht und damit nicht in den Schutzbereich fällt.[873] Der Begriff der Leibesfrucht erfasst die menschliche Frucht erst vom Zeitpunkt der Einnistung an.[874]

bb) Eigentumsdelikte

Eine Strafbarkeit wegen Diebstahls oder Unterschlagung des Embryonen in-vitro muss bereits aus dem Grunde ausscheiden, dass es an der Sacheigenschaft des Embryonen in-vitro fehlt. Eine etwaige Sacheigenschaft der Gameten endet jedenfalls spätestens mit ihrer Verschmelzung,[875] wodurch der Embryo eine neue Qualität erhält, aufbauend auf seiner einzigartigen Genetik.[876] Bei dem Embryo in-vitro handelt es sich bereits um „artspezifisches menschliches Leben",[877] womit er dem Sachbegriff entzogen ist.

cc) Sachbeschädigung, § 303 StGB

Mangels Sacheigenschaft des Embryonen in-vitro[878] muss schließlich auch eine Strafbarkeit wegen Beschädigung oder Vernichtung ausscheiden.

---

873 MüKo/*Hörnle*, § 168 Rdnr. 10; BT-Drs. 10/6568, 3; LK-*Dippel*, § 168 Rdnr. 27, Schönke/Schröder/*Lenckner*, § 168, Rdnr. 1.

874 BT-Drs. 10/3758, S. 4.

875 *Eser*, Neuartige Bedrohungen ungeborenen Lebens, S. 9.

876 *Keller/Günther/Kaiser*: Kommentar zum Embryonenschutzgesetz, Einführung I B, Rdnr. 6.

877 Schönke/Schröder/*Eser*, § 242, Rdnr. 10.

878 Siehe hierzu die Ausführungen in Kap. III. H. II. 1. f) cc), S. 234.

dd) Embryonenschutzgesetz

Erst durch Inkrafttreten des Embryonenschutzgesetzes wurde die zuvor dargestellte Strafbarkeitslücke geschlossen. Gemäß § 2 Abs. 1 ESchG ist jegliche Verwendung menschlicher Embryonen zu fremdnützigen, d.h. nicht der Erhaltung des Embryonen dienenden Zwecken verboten und wird mit Freiheitsstrafe bis zu 3 Jahren oder mit Geldstrafe bestraft.

Ebenso ist es untersagt zu einem anderen Zweck als der Herbeiführung einer Schwangerschaft zu bewirken, dass sich ein menschlicher Embryo extrakorporal weiterentwickelt.

Zusammengefasst ist somit sowohl die Erzeugung extrakorporaler Embryonen zu anderen Zwecken als dem der Herbeiführung der Schwangerschaft, als auch die anderweitige Verwendung des extrakorporal erzeugten Embryonen zu anderen Zwecken als denen seiner Erhaltung verboten und strafrechtlich sanktioniert.

3. Nicht transferierbare Embryonen

Die nicht transferierbaren Embryonen stellen eine besondere Untergruppe der in-vitro Embryonen dar. Es handelt sich dabei um entwicklungsunfähige Embryonen. Ihre Verwendung zu Forschungszwecken ist nach dem Embryonenschutzgesetz nicht verboten.

Gemäß § 8 Abs. 1 ESchG gilt als Embryo die befruchtete, entwicklungsfähige menschliche Eizelle vom Zeitpunkt der Kernverschmelzung an. Dies bedeutet, dass eine Verwendung von Embryonen zu Forschungszwecken in den Fällen erlaubt ist, in denen die Embryonen nicht entwicklungsfähig sind – sie dürfen für Forschungsvorhaben verwendet werden. Ihre Verwendung wird auch nach dem ESchG nicht sanktioniert. Besonderes Augenmerk ist mithin auf den Begriff der „Entwicklungsfähigkeit“ zu richten. Gemäß §8Abs.2 ESchG gilt die befruchtete menschliche Eizelle als entwicklungsfähig, es sei denn, dass sie sich über das Einzellstadium hinaus nicht zu entwickeln vermag. Zwar ist die Embryonenforschung an entwicklungsunfähigen Embryonen somit grundsätzlich zulässig, die forschende Institution aber in der Pflicht, die Entwicklungsunfähigkeit des Embryonen zu beweisen.

Auch aus verfassungsrechtlichen Gesichtspunkten sind keine Gründe ersichtlich, weshalb die Forschung an entwicklungsunfähigen Embryonen unzulässig sein sollte. Allerdings müssen vergleichbare Anforderungen an Aufklärung und Einwilligung der Sorgeberechtigten gestellt werden, wie bei der Spende von entwicklungsfähigen In-Vitro-Embryonen.

4. Embryonen im Vorkernstadium

Von den kryokonservierten Embryonen sind die kryokonservierten Vorkernstadien zu unterscheiden. Seit Inkrafttreten des Embryonenschutzgesetzes zum 01. Januar 1991 dürfen nur noch so viele Eizellen einer Frau befruchtet werden, wie ihr im Zyklus übertragen werden sollen, § 1 Nr. 5 ESchG. Aus diesem Grunde werden neben den im Zyklus zu übertragenden befruchteten Eizellen lediglich imprägnierte Eizellen, sog. Vorkernstadien, kryokonserviert.[879] Die Zahl der kryokonservierten Vorkernstadien (Kryos) ist bedeutend höher als die der kryokonservierten Embryonen. Allein im Jahr 2009 wurden 17.912 Kryos für Maßnahmen der assistierten Reproduktion aufgetaut[880], so dass die Anzahl der kryokonservierten Vorkerne ein Vielfaches dieser Zahl betragen muss.

Die Forschung mit Embryonen im Vorkernstadium ist neben der Forschung mit entwicklungsunfähigen Embryonen der zweite Ausnahmefall, der nicht durch das Embryonenschutzgesetz sanktioniert ist. Während die bisherigen Forschungsmöglichkeiten mit Vorkernen relativ limitiert und das wissenschaftliche Interesse an deren Verwendung mithin gering war, wird in letzter Zeit, so auch jüngst auf der Konferenz internationaler Wissenschaftler in Münster, in der Forschung mit Vorkernen der Ausweg aus dem Forschungsverbot mit In-Vitro-Embryonen gesehen.[881] Schlüssel der neuen Forschungsmethoden soll der ANT (Altered Nuclear Transfer) sein. Hierbei handelt es sich um einen abgewandelten Kerntransfer, bei dem molekulare Tricks verhindern sollen, dass aus einer Eizelle nach der Befruchtung ein entwicklungsfähiger Embryo entstehen kann.[882] Durch einen Eingriff in das Erbgut wird das Gen Cdx2 außer Kraft gesetzt, wobei das Gen intakt, aber wirkungslos bleibt. Der Embryo entwickelt sich so, dass anstatt einer Blastozyste etwas entsteht, was Schöler als „Stammzellencyste" bezeichnet.[883] Diese Gebilde enthalten in ihrer inneren Zellmasse die von Wissenschaftlern begehrten embryonalen Stammzellen, deren Ausbeute noch größer sein soll als unter Verwendung von In-Vitro-Embryonen.[884] Durch diese Technik würden

879 *Enquete-Kommission* „Recht und Ethik in der modernen Medizin", Schlussbericht, BT-Drs. 14/9020, S. 33.

880 Deutsches IVF-Register 2009, S. 14.

881 *Kastilan*, Stammzellforscher suchen Kompromiss mit der Politik, Die Welt, 22.05.2006, http://www.welt.de/data/2006/09/22/1046376.html.

882 Einen Überblick über die Technik des ANT gibt der Aufsatz von *Hurlbut*, Altered Nuclear Transfer, As a Morally Acceptable Means to Procure Human Pluripotent Stem Cells, http://alterednucleartransfer.com/index.php?page=4a&view=1.

883 *Kastilan*, Stammzellforscher suchen Kompromiss mit der Politik, Die Welt, 22.05.2006, http://www.welt.de/data/2006/09/22/1046376.html.

884 *Kastilan*, Stammzellforscher suchen Kompromiss mit der Politik, Die Welt, 22.05.2006, http://www.welt.de/data/2006/09/22/1046376.html.

befruchtete Eizellen im Vorkernstadium für die Stammzellforschung nutzbar gemacht, ohne dass ein entwicklungsfähiger Embryo zerstört würde.

Aus verfassungsrechtlicher Sicht ergeben sich zwei Fragen: Erstens stellt sich die Frage, ob die Forschung an Vorkernen verfassungsrechtlich unbedenklich und zulässig ist und zweitens ist zu prüfen, ob auch die dahingehende Manipulation von Vorkernen, die verhindert, dass das sie sich in einen entwicklungsfähigen Embryo entwickeln, zulässig ist.

In Anbetracht der verfassungsrechtlichen Rahmenbedingungen für die Forschung an In-Vitro-Embryonen muss in Fortführung dieser Argumentation davon ausgegangen werden, dass, wenn unter zuvor geschilderten Voraussetzungen die Forschung an diesen überzähligen Embryonen zulässig sein soll, erst recht die Forschung mit Vorkernen zulässig sein muss, die noch nicht die Entwicklungsstufe der Blastozyste erreicht haben. Nach dem Kontinuitätsargument, wohnt zwar auch bereits dem Vorkern menschliches Leben inne, welches sich kontinuierlich zu einem Menschen weiterentwickelt. Von einzelnen Vertretern der Literatur[885] wird daher vertreten, dass auch Vorkerne Rechtssubjekte des Menschenwürdeschutzes des Art. 1 GG sind. Dennoch ist den Vorkernen in Analogie zu dem Status des Embryonen in-vitro der Rechtssubjektscharakter abzusprechen. Aufgrund ihrer Potentialität sollen sie indes auch nicht schutzlos gestellt sein, so dass auf sie die gleichen Voraussetzungen anzuwenden sind, unter denen die Embryonenforschung für zulässig erachtet wird.[886] Vorkerne werden für den Fall, dass sich die Eltern für keine weitere Kultivierung und Übertragung entscheiden, entweder kryokonserviert oder verworfen. Als Alternative zur Verwerfung ist den Sorgeberechtigten ebenfalls die Möglichkeit zu eröffnen, nach entsprechender Aufklärung und Einwilligung die Vorkerne zu Forschungszwecken zu spenden.

Das besondere Interesse an der Embryonenforschung resultiert aus der Hoffnung neue Stammzelltherapien zu entwickeln. Um Stammzellen aus einem Embryo gewinnen zu können, muss dieser ein bestimmtes Entwicklungsstadium erreicht haben,[887] welches im Vorkernstadium noch nicht gegeben ist. Die Anwendung der ANT-Technik ermöglicht es, die Vorkerne in das Blastozystenstadium hinein weiterzukultivieren, die Gewinnung von Stammzellen zu ermöglichen, ohne dass ein entwicklungsfähiger Embryo zerstört und gegen das Embryonenschutzgesetz verstoßen würde.

Der Einsatz dieser oder anderer Techniken, die darin resultieren aus einem entwicklungsfähigen einen entwicklungsunfähigen Embryo herzustellen, ist aus

885 Dreier/*Dreier*, Art. 1 I, Rn. 85; *Merkel*, Forschungsobjekt Embryo, S. 160.

886 Siehe Ausführungen in Kap. III. H. II. 2. d) cc), S. 247ff.

887 Embryonale Stammzellen werden aus der inneren Zellmasse, dem Embryoblast einer Blastozyste, d.h. während des 5.-7. Tages der Entwicklung in-vitro gewonnen. (*ZEK BÄK*, Stellungnahme zur Stammzellforschung vom 19.06.2002, S. 9).

mehreren Gründen abzulehnen. Zunächst stellt die Anwendung dieser Techniken eine klare Umgehung der Embryonenschutzvorschriften des ESchG dar. Darüber hinaus wird ein Embryo mit Entwicklungspotential so manipuliert, dass er dieses verliert. Diese Praktiken verstoßen gegen den verfassungsrechtlich garantierten Embryonenschutz. Eine Abwägung zwischen Forschungsinteressen und dem Embryonenschutz würde hier zu Ungunsten des Forschungsinteresses ausgehen. Ein potentielles menschliches Leben wird durch die ANT-Technik unwiderruflich manipuliert und zur Entwicklungsunfähigkeit verändert mit dem Ziel, Stammzellen zu erhalten. In dieser Konstellation wird der Vorkern zum Forschungsobjekt degradiert. Den Interessen der Wissenschaft und Forschung wäre m.E. umfassend genüge getan, wenn die Forschung an überzähligen In-Vitro-Embryonen und unmanipulierten Vorkernen zugelassen würde.

Kap. IV – Zusammenfassung

Abschließend werden die Anforderungen an die Verwendung von Körpermaterialien zu Drittzwecken (A.) und an die Weiterverwendung von Embryonen (B.) dargelegt.

A. Verwendung von Körpermaterialien zu Drittzwecken

Ausgehend von der Notwendigkeit der informierten Einwilligung des Betroffenen werden nachfolgend Vorschläge für Aufklärungs- und Einwilligungsformulare dargestellt.

I. Fazit

Die Weiterverwendung entnommenen Körpermaterialien zu anderen Zwecken als dem Entnahmezweck bedarf der Einwilligung des Betroffenen.

1. Notwendigkeit der informierten Einwilligung

Während Blut, Knochenmark und menschliche Organe bereits seit längerer Zeit an Wertigkeit gewonnen haben – sowohl in der Bevölkerung als auch in Medizin und Wissenschaft – , wurde anderen vom Körper getrennten Substanzen und Materialien, wie der Plazenta und Nabelschnur bisher wenig Bedeutung beigemessen. Welcher Patient hätte je einen Gedanken an den Verbleib des ihm im Rahmen von Untersuchungen und Operationen entnommenen Blutes, Gewebes, Tumorgewebes und vor Organteilen verloren? Und doch ist es in der Vergangenheit Gang und Gäbe gewesen, diese Materialien nicht zu verwerfen, sondern vielmehr für Forschungszwecke weiter zu verwenden, zumindestens aufzubewahren um sie zu einem späteren Zeitpunkt für Forschung und Lehre nutzbar zu machen. Das Hinzukommen immer neuer Untersuchungstechniken und die Entwicklung der medizinischen Wissenschaft führten in jüngster Zeit dazu, dass sich vermehrt Juristen als auch Mediziner der Frage stellen, ob es für diese Form der Weiterverwendung entnommener und in Kliniken oder Arztpraxen zurückgelassener Körpersubstanzen nicht der Einwilligung des ehemaligen Substanzträgers bedürfe.[888]

Wie so häufig, ist auch in diesem Fall der medizinische Fortschritt den juristischen Regelungen um Längen voraus. Dies wäre unproblematisch, wenn es einer Regelung nicht bedürfte, zum Beispiel weil keine schützenswerten Rechte und Interessen der Patienten beeinträchtigt würden oder die betroffenen Kreise über eine gut funktionierende Selbstkontrolle verfügte. Die Frage der Zulässigkeit der Weiterverwendung entnommener Körpersubstanzen über ihren eigentlichen Entnahmezweck hinaus ist weder spezialgesetzlich noch in den eigenen standesrechtlichen Vorschriften explizit geregelt.

Dies ist umso problematischer, als jede noch so kleine Substanzprobe sensible Daten über ihren ehemaligen Träger enthält. Durch den Einsatz in Forschungsvorhaben könnten diese Daten sichtbar und Dritten gegenüber zugänglich gemacht werden. Die unkonsentierte Weiterverwendung der entnommenen Materialien könnte sowohl einen Eingriff in das allgemeine Persönlichkeitsrecht[889] als auch in das Eigentumsrecht[890] des ehemaligen Trägers darstellen. Mit der herrschenden Meinung ist daher grundsätzlich die Einwilligung des ehemaligen Substanzträgers in jede Form der Weiterverwendung der ihm entnommenen Substanzen und Gewebe zu fordern.[891] Unabhängig von Art, Qualität und ursprünglichem Zweck der Entnahme, sei es zu Spenden- oder zu Diagnose- und Therapiezwecken, ist die Einwilligung des ehemaligen Materialträgers für alle Verwendungszwecke, die über die ursprüngliche Zweckbindung hinausgehen, erforderlich. Hierbei ist die Form der Weiterverarbeitung des Materials unerheblich. Sowohl anonymisiertes als auch nicht anonymisiertes Material bedürfen zur Weiterverwendung der Einwilligung des ehemaligen Substanzträgers bzw. des oder der Berechtigten.

---

888 Siehe Ausführungen Kap II. B. II., S. 89ff. und Kap. III. C. II. 2. a) aa), S. 151ff.

889 Siehe Ausführungen Kap II. B. II. 3., S. 107ff.

890 Siehe Ausführungen Kap II. B. II. 1., S. 89ff.; *Freund/Weiss*, Zur Zulässigkeit der Verwendung menschlichen Körpermaterials für Forschungs- und andere Zwecke, MedR 2004, 315-319, S. 316.

891 *Hamerl,* Rechtsschutz des Spenders von Blut und Knochenmark gegen bestimmungswidrigen Gebrauch, in Plöchl: Ware Mensch, 41-74, S. 58; Nitz/Dierks, Nochmals: Forschung an und mit Körpersubstanzen – wann ist die Einwilligung des ehemaligen Trägers erforderlich?, MedR 2002, 400-403, S. 400, *Lippert*, Forschung an und mit Körpersubstanzen – wann ist die Einwilligung des ehemaligen Trägers erforderlich?, MedR 2001, 406-410, S. 406f., *Taupitz*, Forschung mit menschlichen Zellen in Österreich: Profit auf Kosten des Patienten?, JBl 2000, 152-161, S. 154; siehe Ausführungen in Kap. III. C. II. 2. a) bb), S. 154ff.

2. Aufklärungs- und Einwilligungsinhalte

Zusammenfassend ist zu fordern, dass die Weiterverwendung entnommener Körpermaterialien außerhalb ihres ursprünglichen Entnahmezwecks nur zuzulassen ist, wenn folgende Voraussetzungen erfüllt sind:

1. Das entnommene Material wurde für den eigentlichen Entnahmezweck verwendet und wird zu diesem nicht weiter benötigt[892] bzw. der ursprüngliche Entnahmezweck kann nicht mehr erreicht werden[893], so dass das Material nunmehr verworfen werden müsste.
2. Die Körpermaterialspender bzw. Patienten sind über folgende Punkte aufgeklärt:
   a) Art und Umfang des zu spendenden bzw. des während des ärztlichen Eingriffs zu entnehmenden Körpermaterials,
   b) Entnahmezweck,
   c) Absicht, das Körpermaterial nach Zweckerreichung bzw. im Falle der Unmöglichkeit der Zweckerreichung für Drittzwecke zu verwenden, anstatt es zu verwerfen,
   d) Drittzwecke, für die das Material aufbewahrt bzw. verwendet werden soll, sofern bereits bekannt,
   e) Maßnahmen zum Datenschutz,
   f) Information, dass die Einwilligung bzw. deren Verweigerung keinen Einfluss auf die weitere Behandlung hat,
   g) Information, was mit etwaigen im Rahmen der Forschung gewonnenen Erkenntnissen geschieht, ob diese dem Patienten bzw. Spender mitgeteilt werden,
   h) Information, dass der Materialträger eine Generaleinwilligung erteilen kann oder auch nur einzelne Zwecke genehmigen bzw. ausschließen kann.
   i) Information, dass die Einwilligung jederzeit zurückgezogen werden kann.

Der ehemalige Substanzträger muss insbesondere über die beabsichtigte Weiterverwendung seiner Materialien aufgeklärt werden. Ist bereits bekannt, für welche Forschungsvorhaben das Material eingesetzt werden soll, sollte der Substanzträger hierüber informiert werden. Es liegt allerdings in der Natur der Sache, dass

892 Von dieser Regelung soll die Weiterverwendung zu Diagnose- bzw. Therapiezwecken entnommener Körpermaterialien erfasst werden. Erst wenn Diagnose bzw. Therapie abgeschlossen sind und sicher ist, dass das Material hierfür nicht mehr benötigt wird – soll es überhaupt für weitere Zwecke zur Verfügung stehen.

893 Erfasst sind ursprünglich zu Spendezwecken entnommene Körpermaterialien, die – aus welchen Gründen auch immer – für die Übertragung auf einen Dritten nicht mehr verwendet werden können bzw. bei Eigenspenden, nicht mehr benötigt werden.

zum Entnahmezeitpunkt regelmäßig noch nicht absehbar sein wird, zu welchen weiteren Zwecken das Material Verwendung finden könnte. Aus diesem Grunde muss es der Entnahmestelle möglich sein, auch eine generelle Einwilligung des Materialträgers zu erlangen, ohne dass dieser die genauen Spezifika einer möglichen Weiterverwendung kennt. Der Materialträger muss jedoch auf den Umstand hingewiesen werden, dass zum Zeitpunkt der Erteilung der Einwilligung noch nicht absehbar ist, für welche konkreten Zwecke sein Material Verwendung finden wird.[894]

Als Aufklärende kommen sowohl der Arzt, der die Eingriffsaufklärung durchführt als auch ein anderer an dem Eingriff nicht beteiligter Arzt in Frage. Um die Unabhängigkeit zwischen therapeutischem Eingriff und dem Interesse an einer möglichen darüber hinausgehenden Weiterverwendung zu unterstreichen, kann das Hinzuziehen eines unabhängigen Arztes, der nur über die Weiterverwendungsinteressen aufklärt und um eine entsprechende Einwilligung nachsucht, vorteilhaft sein.[895] Möglichen Ängsten des Patienten, dass es zu einer Verquickung von Forschungsinteressen und Therapieinteressen kommen könnte, kann so von vornherein begegnet werden. Gegen eine separate Aufklärung sprechen jedoch pragmatische Gründe. Es müsste ein weiterer Arzt involviert und in die Materie eingeführt werden, der zusätzliche Arbeit mit der Aufklärungstätigkeit hätte. Für den Patienten würde dies eine doppelte Belastung darstellen. Gerade vor anstehenden großen Operationen ist der Patient in der Regel wenig geneigt, sich mehrmals mit dem Eingriff als solchem und dem Verbleib des ihm entnommenen Materials auseinanderzusetzen. Für beide Varianten sprechen gute Gründe, so dass sowohl die eine als auch die andere Vorgehensweise möglich sein sollte. In der Praxis haben sich beide Varianten etabliert.[896] Unabhängig von der Person des Aufklärenden ist es wichtig, dass der Patient bzw. Spender über vorgenannte Punkte aufgeklärt und seine Fragen, soweit möglich, beantwortet werden.

3. Der oder die Berechtigte(n) wurde(n) vor der Entnahme des Körpermaterials um die Einwilligung zu einer über den ursprünglichen Entnahmezweck hinausgehenden Verwendung ersucht und hat bzw. haben diese erteilt.

---

894 Siehe Ausführungen Kap III. C. II. 2. a) aa), S. 151ff.

895 In der HTCR-Stiftung wird das Verfahren wie folgt gehandhabt: Ein Arzt, der weder in die Entnahme, noch in die mögliche Nutzung des zu entnehmenden Gewebes involviert ist, klärt den Patienten auf und holt sein Einverständnis ein. (*Thasler, et. al.*, Die Verwendung menschlichen Gewebes in der Forschung, Dtsch Med Wochenschr 2002; 127: 1397–1400, S. 1399.)

896 HTCR-Stiftung, *Thasler, et. al.*, Heilung in der Kulturschale, Biotechnologie in Bayern 2001, 24-27, S. 27; Klinikum rechts der Isar der Technischen Universität München, Einverständniserklärung zur Aufbewahrung und Analyse entnommener Blut- und Gewebeproben zum Zwekke der Diagnostik, der Wissenschaft und der Lehre; Heinrich Heine Universität Düsseldorf, Orthopädische Klinik und Poliklinik Institut für Humangenetik und Anthropologie, Multiple Exostosen: Spende von Operationsmaterial, Patienteninformation.

Einwilligungsberechtigt ist grundsätzlich der ursprüngliche Materialträger.

Ist der ursprüngliche Materialträger aufgrund seines Alters noch nicht einwilligungsberechtigt, so ist die Einwilligung der Personensorgeberechtigten, in aller Regel der Eltern, zu fordern. Dies gilt sowohl für die Weiterverwendung des Nabelschnurblutes als auch der Plazenta.

Bisher sehen jedoch die berufsrechtlichen Regelungen für die Entnahme und Verwendung des Nabelschnurblutes lediglich das Einwilligungserfordernis der Mutter vor, welches den zivilrechtlichen Anforderungen nicht genügt.[897] Entsprechend müssen sowohl die Einlagerungs- und Nutzungsverträge der kommerziellen und gemeinnützigen Nabelschnurblutbanken als auch die Richtlinien zur Transplantation von Nabelschnurblut der Bundesärztekammer abgeändert und ergänzt werden.

Die Richtlinie der BÄK könnte bezüglich der Aufklärung und Einverständniserklärung des Punktes 4.1.4 wie folgt geändert werden:

> 4.1.4 Aufklärung und Einverständniserklärung im Entnahmezentrum
>
> 1. [...]
> 2. [...]
> 3. Die Entnahme des kindlichen Nabelschnurblutes setzt
>   a) bei verheirateten Elternteilen,
>   b) bei unverheirateten Elternteilen, die eine gemeinschaftliche Sorgeerklärung abgegeben haben
>
>   die Aufklärung und Einwilligung beider Elternteile und in allen übrigen Fällen die Aufklärung und Einwilligung der Mutter voraus.
> 4. Die Einverständniserklärung beinhaltet folgende Punkte: [...].

Auch die Einlagerungs- und Nutzungsverträge der Nabelschnurblutbanken sollten um eine „Einwilligungsklausel" vorgenannten Inhaltes ergänzt werden.

II. Vorschläge für Aufklärungs- und Einverständniserklärungen

Im Folgenden sollen Beispielunterlagen für die Aufklärung und Einwilligung eines Patienten und eines Spenders in die Weiterverwendung seiner Substanzen entworfen werden:

897 Siehe Kap. III. F. II. 2. a) cc), S. 182ff.

1. Patient

Nachfolgend wird dargelegt, welche Inhalte die Patientenaufklärung über die mögliche Weiterverwendung entnommenen Materialien enthalten muss.

a) Aufklärungsbogen

Aufklärungsbogen und Einverständniserklärung zur {Zweckbezeichnung} entnommener {Materialbezeichnung}

Lieber Patientin, lieber Patient ,

bei Ihnen soll im Rahmen eines {Kurzbeschreibung des Eingriffs} {Materialbezeichnung} entnommen werden. Nach Abschluss der Untersuchungen Ihres während des Eingriffs entnommenen {Materialbezeichnung} würde dieses verworfen, d.h. entsorgt werden.

Wir möchten Sie bitten, uns Ihre Einwilligung zu erteilen, Ihr Untersuchungsmaterial nach Abschluss der Untersuchungen für folgende {Zweckbezeichnung}[898] *zu verwenden.*

Über die Ergebnisse der unter anderem auch mit Ihren Materialien durchgeführten Forschung werden Sie nicht persönlich informiert. Forschungsergebnisse werden unter Nutzung anonymisierten Daten in den entsprechenden Fachzeitschriften veröffentlicht.

„Um die ärztliche Schweigepflicht und den Datenschutz zu wahren, werden die für die wissenschaftlichen Untersuchungen benötigten Krankheitsdaten anonymisiert, d.h. die nötigen Einzelheiten über Ihre Krankheit werden ohne Ihren Namen übermittelt“.[899]

Für Sie persönlich entsteht aus der Untersuchung Ihres {Materialbezeichnung} kein Nachteil. Sollten Sie die Weiterverwendung Ihres {Materialbezeichnung} nicht wünschen, hat dies keinen Einfluss auf Ihre Behandlung und Weiterbehandlung.

Die Einwilligung ist freiwillig und kann jederzeit ohne Angabe von Gründen widerrufen werden. Das Material wird dann verworfen und die erhobenen Daten vernichtet bzw. aus den Datenbanken gelöscht.

---

898 Sofern bekannt, sollte der Verwendungszweck so genau wie möglich beschrieben werden. Außerdem sollten an dieser Stelle alle Tätigkeiten aufgeführt werden, denen das entnommene Material unterzogen wird und werden soll. Hierzu gehören die Aufbewahrung, Aufbereitung und Lagerung in Gewebebanken.

899 Dieser Passus ist der Patienteninformation der HTCR-Stiftung entnommen.

b) Einwilligungserklärung Patient

Einwilligung

Name.........................

Vorname.....................

Art des Eingriffs...

Datum des Eingriffs..

Hiermit übertrage ich der {Institution} das Eigentum an meinem im Rahmen des medizinischen Eingriffs entnommenen {Materialbezeichnung}

nicht aber[900]:

und willige in dessen Verwendung zur {Verwendungszweck}

nicht aber:[901]

ein.

Datum.................. Datum.....................

....

Unterschrift Patient Unterschrift aufklärender Arzt

900 Der Patient muss auch die Möglichkeit haben, Materialien von einer Weiterverwendung auszuschließen. Wurden im Rahmen einer Tumoroperation Tumorgewebe als auch gesundes Gewebe entnommen, könnte der Patient z.B. nur in eine Weiterverwendung seines Tumorgewebes und nicht in die Weiterverwendung seines gesunden Gewebes einwilligen.

901 Der Patient muss über die Auswahl seines Materials hinaus auch die Möglichkeit haben, bestimmte Verwendungsformen auszuschließen. Er kann eine Generaleinwilligung oder eine beschränkte Einwilligung für bestimmte Verwendungsformen erteilen.

2. Spender

Nachfolgend wird dargelegt, welche Inhalte die Spenderaufklärung über die mögliche anderweitige Verwendung entnommenen Materialien enthalten muss.

a) Aufklärungsbogen

Aufklärungsbogen und Einverständniserklärung zur {Zweckbezeichnung} entnommener {Materialbezeichnung}

Liebe Spenderin, lieber Spender,

Sie haben sich bereit erklärt, sich {Materialbezeichnung} entnehmen zu lassen und dieses für Dritte zu spenden. In seltenen Fällen kann sich das gespendete Material als untauglich für die Übertragung auf Dritte erweisen und müsste dann verworfen, d.h. entsorgt werden.

Wir möchten Sie bitten, uns für diesen Fall Ihre Einwilligung zu erteilen, Ihr Spendenmaterial für folgende {Zweckbezeichnung} zu verwenden.

Über die Ergebnisse der unter anderem auch mit Ihren Materialien durchgeführten Forschung werden Sie nicht persönlich informiert. Forschungsergebnisse werden unter Nutzung anonymisierten Daten in den entsprechenden Fachzeitschriften veröffentlicht.

„Um die ärztliche Schweigepflicht und den Datenschutz zu wahren, werden die für die wissenschaftlichen Untersuchungen benötigten Daten anonymisiert, d.h. die nötigen Einzelheiten über Ihren Gesundheitszustand werden ohne Ihren Namen übermittelt.“[902]

Für Sie persönlich entsteht aus der Untersuchung Ihres {Materialbezeichnung} kein Nachteil. Sollten Sie die Weiterverwendung Ihres {Materialbezeichnung} nicht wünschen, hat dies keinen Einfluss auf Ihre Spendenentscheidung, Behandlung und Weiterbehandlung.

Die Einwilligung ist freiwillig und kann jederzeit ohne Angabe von Gründen widerrufen werden. Das Material wird dann verworfen und die erhobenen Daten vernichtet, bzw. aus den Datenbanken gelöscht.

902 Dieser Passus ist der Patienteninformation der HTCR-Stiftung entnommen.

b) Einwilligungserklärung

Einwilligung

Name…………………….

Vorname………………..

Material……………………………………..

Datum der Spende………………………………….

Hiermit übertrage ich der {Institution} das Eigentum an meinem im Rahmen der Spende entnommenen {Materialbezeichnung}

nicht aber[903]:

und willige in dessen Verwendung zur {Verwendungszweck}

nicht aber:[904]

ein.

Datum..................	*Datum*......................
....	....
Unterschrift Spender	*Unterschrift aufklärender Arzt*

B. Embryonen

Schließlich werden die Anforderungen an die Verwendung von Embryonen zu Forschungszwecken dargestellt.

I. Embryonen in-vivo

Mit der Thematik der Embryonenforschung sind bei allen Beteiligten, Medizinern, Forschern, Juristen, Eltern, Erkrankten, vielfältige und teilweise wider-

903 Siehe Ausführungen in Fn. 900, S. 261.

904 Siehe Ausführungen in Fn. 901, S. 261.

streitende- Emotionen und Interessen verbunden. Dies erklärt, weshalb die Frage der Zulässigkeit der Embryonenforschung zu einem der brisantesten ethisch-medizinisch-juristischen Schwerpunkte unserer Zeit gehört. Auf der einen Seite sind unzählige Embryonen aus Schwangerschaftsabbrüchen und natürlichen Aborten zu verzeichnen. Hinzu kommen unzählige In-Vitro-Embryonen im Vorkernstadium, die niemals transplantiert werden. Auf der anderen Seite besteht eine Vielzahl von Patienten, die sich aufgrund des medizinischen Fortschritts Hoffnung auf Therapie, wenn nicht gar Heilung ihrer Krankheit[905] durch den Einsatz embryonaler Stammzellen und Gewebe machen. Zwischen vorskizzierten Polen bewegen sich Mediziner und Forscher und experimentieren im Grenzbereich des Machbaren, während sich Juristen, Philosophen, Theologen und Politiker einen nicht enden wollenden Disput über die Zulässigkeit und die Grenzen der Embryonenforschung liefern.

Nach den Richtlinien der Bundesärztekammer besteht ein generelles Forschungs- und Verwertungsverbot für Zellen und Gewebe, die lebenden Feten entnommen werden, sofern diese nicht dem unmittelbaren Nutzen des Feten bzw. der Mutter dienen.[906] Toten Feten dürfen hingegen Zellen und Gewebe auch für experimentelle und therapeutische Zwecke entnommen werden, die nicht dem unmittelbaren Nutzen des Feten oder der Mutter dienen.[907]

Auffallend ist, dass sowohl die Richtlinien der BÄK[908] als auch das durch das Gewebegesetz geänderte TPG[909] lediglich von einer Verfügungsbefugnis der Mutter über den Embryo ausgehen. Diese Regelungen stehen in Konflikt zu den bestehenden allgemeinen zivilrechtlichen Regelungen, wonach grundsätzlich beiden Ehepartnern die Personensorge für ihr Kind obliegt.[910] Folglich bedarf es auch hier einer Änderung des TPG und der Richtlinien, welche wie folgt aussehen könnten:

§ 4 a TPG sollte wie folgt angepasst werden:

§ 4 a Entnahme bei toten Feten und Embryonen

(1) Die Entnahme von Organen oder Geweben bei einem toten Fetus oder Embryo ist nur zulässig, wenn

1. [...]

2. die Frau, die mit dem Fetus oder Embryo schwanger war, deren verheirateter Mann oder der Mann, mit welchem sie eine gemeinschaftliche Sorgeerklärung abgegeben

905 Hoffnungen auf einen Einsatz embryonaler Gewebe und Zellen bestehen vor allem für Parkinson- und Diabetespatienten. Außerdem wird auf einen umfassenden Einsatz embryonaler Stammzellen für die Züchtung von Geweben und deren späterer Transplantation gehofft. Siehe hierzu die Ausführungen in Kap. III. H. I., S. 205f.

906 Punkt 4.1. der Richtlinien zur Verwendung fetaler Zellen und fetaler Gewebe der BÄK.

907 Punkt 4.2. der Richtlinien zur Verwendung fetaler Zellen und fetaler Gewebe der BÄK.

908 Punkt 4.5. der Richtlinien zur Verwendung fetaler Zellen und fetaler Gewebe der BÄK.

909 § 4a Abs. 1 Nr. 2 TPG.

910 Siehe Ausführungen Kap III. F. II. 2. a) cc) (1), S. 183f.

hat durch eine ärztliche Person über eine in Frage kommende Organ- oder Gewebeentnahme und die vorgesehene Verwendung der Organe oder Gewebe aufgeklärt worden sind und in die Entnahme und in die Verwendung der Organe oder Gewebe schriftlich eingewilligt haben und [...].[911]

3. [...]

(2) Der Arzt hat Ablauf, Inhalt und Ergebnis der Aufklärung und Einwilligung nach Absatz 1 Satz 1 Nr. 2 aufzuzeichnen. Die entnehmende Person hat Ablauf und Umfang der Organ- oder Gewebeentnahme aufzuzeichnen. Das Recht auf Einsichtnahme haben die in Absatz 1 Nr. 2 aufgezählten Berechtigten.[912] *Sie können eine Person ihres Vertrauens hinzuziehen. (...)*

(3) In den Fällen des Absatzes 1 gelten die Personensorgeberechtigten für die Zwecke der Dokumentation, der Rückverfolgung und des Datenschutzes als Spender.[913]

Das Aufklärungs- und Einwilligungserfordernis des Punktes 4.5 der Richtlinie zur Verwendung fetaler Zellen und fetaler Gewebe der Bundesärztekammer könnte wie folgt adaptiert werden:

4.5. Die Verwendung fetaler Zellen und Gewebe setzt
a. bei verheirateten Elternteilen,
b. bei unverheirateten Elternteilen, die eine gemeinschaftliche Sorgeerklärung abgegeben haben
die Aufklärung und Einwilligung beider Elternteile und in allen übrigen Fällen die Aufklärung und Einwilligung der Mutter voraus. Die Einwilligung ist dem behandelnden Arzt gegenüber schriftlich zu erteilen. [...]

Den Persönlichkeitsrechten der Personensorgeberechtigten wird die Richtlinie der BÄK umfassend gerecht. Gemäß Punkt 4.5 der Richtlinie dürfen die Personensorgeberechtigten Verfügungen hinsichtlich des Umfangs der Zell- und Gewebeentnahme sowie hinsichtlich der generellen Art der Verwendung treffen, jedoch auf die Person des Empfängers keinen Einfluss nehmen. Sie dürfen deshalb keinen Einfluss auf die Person des Empfängers nehmen, da nur so ausgeschlossen werden kann, dass die Entscheidung zum Schwangerschaftsabbruch von Drittinteressen, wie z.B. der Hilfe für einen nahen Angehörigen durch die Spende des fetalen Gewebes, motiviert ist. Aus selbigem Grund darf der Abort nicht gegen Entgelt stattfinden und dürfen die Sorgeberechtigten erst nach dem

911 Die bisherige Regelung in § 4a Abs. 1 Nr. 2 TPG lautet: Die Entnahme von Organen oder Geweben bei einem toten Fetus oder Embryo ist nur zulässig, wenn „die Frau, die mit dem Fötus oder Embryo schwanger war, durch einen Arzt über eine in Frage kommende Organ- oder Gewebeentnahme aufgeklärt wurden und in die Entnahme der Organe oder Gewebe schriftlich eingewilligt hat."

912 Die bisherige Regelung lautet: § 4a Abs. 2 TPG: „Die Frau, die mit dem Fötus oder Embryo schwanger war, hat das Recht auf Einsichtnahme."

913 Die bisherige Regelung lautet: § 4a Abs. 3 TPG: „In den Fällen des Absatzes 1 gilt die Frau, die mit dem Fötus oder Embryo schwanger war, für die Zwecke der Dokumentation, der Rückverfolgung und des Datenschutzes als Spender."

Abort um ihre Einwilligung in die Spende fetalen oder embryonalen Gewebes ersucht werden.

Die somit sehr weiten Verfügungsbefugnisse der Personensorgeberechtigten als auch die Verfügungsbefugnisse Dritter werden durch den über den Tod des Fetus hinaus dauernden Menschenwürdeschutz begrenzt. Festzuhalten bleibt somit, dass jede Verwendung des Embryonen auf eine mögliche Interessenkollision mit dessen Menschenwürde hin zu untersuchen ist und im Falle einer Verletzung der Menschenwürde nicht zulässig ist. Darüber hinaus bedarf jede Form der Verwendung des Embryonen der Einwilligung der Sorgeberechtigten.

Da die unkonsentierte Verwendung von aus Schwangerschaftsabbrüchen stammenden Embryonen nicht strafbar ist und es in der klinischen Praxis schwierig sein dürfte, nachzuvollziehen, ob die Embryonen entsorgt oder für Forschungszwecke verwendet werden, muss gefordert werden, dass die Personensorgeberechtigten nach jedem Schwangerschaftsabbruch über Möglichkeiten der und Interessen an der Weiterverwendung des Embryonen aufgeklärt werden und um ihre Einwilligung nachgesucht wird. Wegen der vergleichbaren Interessen- und Rechtslage bezüglich der Anforderungen an eine zulässige Embryonenforschung werden diese für Embryonen in-vivo und in-vitro nachfolgend gemeinsam dargestellt.

II. Embryonen in-vitro

Erhitzen sich die Gemüter bereits bei der Frage der Zulässigkeit von Forschungsvorhaben an abgetriebenen Embryonen, so kochen sie im Hinblick auf die gleiche Frage bei in-vitro Embryonen geradezu über.

Während nach Angaben des Bundesforschungsministeriums für das Jahr 2001 insgesamt lediglich von einer Anzahl von 100 bis 150 kryokonservierten Embryonen[914] ausgegangen werden kann, darf die Anzahl der kryokonservierten Vorkerne auf mehrere zehntausend[915] geschätzt werden. Aus vielfältigen Gründen wird die Mehrzahl dieser Vorkerne nicht transplantiert etwa weil die Frauen in der Zwischenzeit schwanger geworden sind oder sich der Kinderwunsch aus anderen Gründen erledigt hat. Diese Vorkerne bleiben dann kryokonserviert. Gemäß §2Abs.1ESchG ist es untersagt, einen extrakorporal erzeugten menschlichen Embryo zu veräußern oder zu einem nicht seiner Erhaltung dienenden Zweck ab-

914 FAZ vom 14.05.2001, S. 2.

915 Davon ausgehend, dass im Jahr 2006 14779 Vorkerne zum Zwecke der Transplantation aufgetaut wurden und regelmäßig ein Vielfaches hiervon kryokonserviert wird, muss im Verlauf der Jahre damit gerechnet werden, dass eine nicht unbedeutende Anzahl kryokonservierter Vorkerne in deutschen Reproduktionszentren existiert.

zugeben, zu erwerben oder zu verwenden. Dieses sehr restriktive Verbot wurde und wird zunehmend häufiger, vor allem seitens der Mediziner und Forschungseinrichtungen aber auch von Juristen, kritisiert.[916] Die Prüfung der verfassungsrechtlichen Vorgaben in Bezug auf die Zulässigkeit der Forschung mit In-Vitro-Embryonen hat ergeben, dass ein derart weitgehendes Verwendungsverbot der Embryonen, wie das des §2Abs.1ESchG von Verfassungswegen nicht zwingend erforderlich ist.

Der Embryo in-vitro ist zwar nicht Grundrechtsträger im verfassungsrechtlichen Sinne,[917] ist aufgrund des Verfassungsrangs des Embryonenschutzes jedoch nicht schutzlos gestellt. Jegliche Verwendung von in-vitro Embryonen, sei es zu Forschungszwecken oder zu anderen Zwecken, ist daher daraufhin zu überprüfen, inwiefern sie dem verfassungsrechtlich garantierten Embryonenschutz zuwiderläuft. Das Embryonenschutzgesetz könnte folglich entschärft werden und der Gesetzgeber wäre aufgerufen, den Konflikt zwischen Forschungsinteressen und Embryonenschutz in verhältnismäßiger Weise zu regeln.

Unter Abwägung der verschiedenen Interessen und Rechtsgüter erscheint die Forschung an Embryonen in-vitro als auch abgetriebenen Embryonen als zulässig, sofern folgende Voraussetzungen kumulativ erfüllt sind:

1. Die Forschungsziele können nicht auch unter Verwendung anderer Forschungsobjekte / -materialien erreicht werden.
2. Die Freigabe zu Forschungszwecken darf nur innerhalb der ersten 14 Entwicklungstage des Embryonen in-vitro erfolgen, danach sind diese zwingend zu verwerfen.
3. Forschungszweck und Forschungsziel dürfen keinen Anreiz für den Abort des Embryonen in-vivo oder die Verwerfung des Embryonen in-vitro darstellen. Dies bedeutet, dass sich die Mutter zunächst entscheiden muss, ob sie den Embryo in-vivo abtreibt. Im Falle eines Embryonen in-vitro müssen die Sorgeberechtigten zunächst die Entscheidung treffen, ob der Embryo in-vitro verworfen werden soll. In beiden Szenarien müssen den Einwilligungsberechtigten alle Al-

916 So argumentiert Losch, dass in den Fällen, in denen In-Vitro-Embryonen nicht mehr zur Herbeiführung einer Schwangerschaft eingesetzt werden sollen, nicht per se einer Weiterverwendung entzogen werden dürfen, sondern vielmehr auch hier eine Abwägung mit anderen kollidierenden Schutzinteressen zu fordern ist. *Losch*, Lebensschutz am Lebensbeginn: Verfassungsrechtliche Probleme des Embryonenschutzes, NJW 1992, 2962-2932, S. 2929; *Bartmann*, Stammzellen: Was Forscher wollen, was sie dürfen, Dtsch Ärztebl 2001: A 1672; *Schuh*, Streit ums frühe Leben, Die Zeit 02/1999; *Schuh*, Was dürfen Ärzte und Forscher, Die Zeit 02/1999; *Wolfrum*, Stammzellen als biomedizinische Verheißung – zu welchem Preis?, spektrumdirekt vom 10.05.2001, http://www.wissenschaft-online.de/sixcms/list.php?article_id=573387&page=fe_seiten&skip=2.

917 Vgl. *Ipsen*, Der „verfassungsrechtliche Status" des Embryonen in-vitro, JZ 2001, 989-996, S. 991.

ternativen, bis auf die Verwendung zu Forschungszwecken, dargestellt werden, um sie so in die Lage zu versetzen, eine informierte Entscheidung zu treffen.

4. Erst wenn die Entscheidung zum Abort bzw. zur Verwerfung getroffen ist, dürfen die Sorgeberechtigten über alternative Verwendungsmöglichkeiten des Embryonen für Forschungsvorhaben aufgeklärt werden.
5. Die Aufklärung bezüglich der Möglichkeit den Embryo zu Forschungszwecken zu spenden anstatt ihn verwerfen zu lassen, soll zwingend folgende Punkte enthalten:
   a. Die Einwilligung in die Spende erfolgt freiwillig und ist jederzeit frei widerruflich, sofern das Material noch nicht verwendet wurde.
   b. Die Personensorgeberechtigten erhalten keine finanzielle Entschädigung für die Spende – diese erfolgt unentgeltlich.
   c. Erforderlich ist die Einwilligung der Personensorgeberechtigten.
   d. Weder medizinische, noch genetische Daten des Embryonen bzw. der ihm entnommenen Gewebe, Zellen oder aus ihm hergestellten Stammzelllinien werden Dritten zugänglich gemacht. Die Verarbeitung der Forschungsdaten und deren etwaige Publikation erfolgt unter vollständiger Anonymisierung.
   e. Das Forschungsvorhaben ist nicht darauf angelegt, den Spendern oder von ihnen benannten Personen konkrete medizinische Vorteile zu bringen. Eine Spende zugunsten bestimmter Empfänger ist verboten.
   f. Die Entscheidung für oder gegen eine Spende zu Forschungszwecken hat keine Auswirkungen auf die Qualität der späteren Versorgung der Spender.
   g. Den Spendern ist umfassend über das Forschungsvorhaben Auskunft zu erteilen. Hierzu gehören die Forschungsziele, Methoden und die erwarteten wirtschaftlichen Profite.
   h. Die Embryonen werden ausschließlich für diese Forschungsvorhaben verwendet. Sollte deren Verwendung jedoch nicht möglich sein, so werden sie verworfen.
5. Die Aufklärung über die Möglichkeit der Spende des Embryonen zu Forschungszwecken soll von medizinischem Personal durchgeführt werden, welches in das Forschungsvorhaben nicht involviert ist, so dass jeglicher Verdacht der Beeinflussung durch Drittinteressen von vornherein ausgeschlossen ist. Folglich sollen freigebende und verwendende Stelle unabhängig voneinander sein.
6. Jegliche Forschungsvorhaben sind vorab von einer Ethikkommission zu begutachten und zuzulassen. Hierdurch soll sichergestellt werden, dass den Gesichtspunkten des Embryonenschutzes umfassend Rechnung getragen wird und die Forschungsvorhaben von einer multidisziplinär besetzten Kommission evaluiert werden. Denkbar wäre, diese Prüfungs- und Überwachungskompetenz auf die bereits bestehenden Ethikkommissionen der Bundesärztekammer

oder alternativ die Ethikkommissionen der einzelnen Länderärztekammern zu übertragen.

Unter vorgenannten Voraussetzungen erscheint die Forschung sowohl an In-Vitro-Embryonen als auch an abortierten Embryonen sowohl ethisch als auch juristisch vertretbar.

Epilog

Auch der Richter in Michael Crichtons Roman „Next“ kommt schlussendlich, nach Zusammenfassung der anglo-amerikanischen Rechtsansichten zum Umgang mit menschlichen Körpermaterialien zu dem Ergebnis, das die Verwendung menschlicher Körpermaterialien zwingend nur mit der spezifischen Einwilligung des Betroffenen zulässig ist. Diesem Erfordernis ist uneingeschränkt zuzustimmen.

„Manche Gerichte haben entnommenes menschliches Gewebe als Abfall eingestuft. Andere haben Gewebeproben als Forschungsmaterial eingestuft, vergleichbar mit Büchern in einer Bibliothek. Wieder andere stufen das Gewebe als verlassenes Eigentum ein, das unter bestimmten Umständen automatisch entsorgt werden kann, so wie ein Schließfach nach einer gewissen Zeit geöffnet und sein Inhalt verkauft werden darf. Manche Gerichte haben versucht, einander widersprechende Ansprüche abzuwägen, und sind zu dem Schluss gelangt, dass der Anspruch der Allgemeinheit auf Forschung höher zu bewerten ist als der Anspruch des Einzelnen auf Eigentumsrecht.

Jede dieser Lösungen stößt bei der unverrückbaren Tatsache der menschlichen Natur an ihre Grenzen. Unser Körper ist unser persönliches Eigentum. In gewisser Weise ist das Recht auf den eigenen Körper das fundamentalste Eigentumsrecht, das wir kennen. Es ist die Kernerfahrung unseres Seins. [...]

Aus diesem Grund ist es eben nicht das Gleiche, ob jemand einem Arzt für ein bestimmtes Forschungsprojekt Gewebe spendet oder einer Bibliothek ein Buch. Es wird nie das Gleiche sein. Wenn der Arzt oder dessen Forschungsinstitut die Gewebeproben später für einen anderen Zweck verwenden möchte, dann sollte das nicht ohne vorherige Einwilligung des Gewebespenders möglich sein. Und das gilt für alle weiteren Verwendungen der Proben. Wenn Zeitschriften ihre Abonnenten benachrichtigen können, dass das Abo ausläuft, dann können Universitäten doch wohl ihre Gewebespender informieren, wenn sie die Proben für einen neuen Zweck verwenden wollen.“

(*Michael Crichton*, Next, S. 488f.)

Anhangsverzeichnis

Anhang 1 –
DRK „Taschentücher gibt's im Supermarkt"

DRK Blutspendekampagne – Plakat
http://www.drk-blutspende.de/blutspendekampagnen/plakate/plakate.php

Anhang 2 – Aderlass

Cintio d' Amato
Venesection of a female patient 1671
„Courtesy of the National Library of Medicine."

Anhang 3 – Uni Gießen: Aufklärungs- und Einwilligungsbogen

Liebe Patienten!

Wir, die Ärzte des Zentrums für ...., haben **eine Bitte an Sie**: Wir würden gerne eventuell anfallende Reste von Blut- oder Gewebeproben zu Forschungszwecken verwenden.

Genauer gesagt:
Zu den Aufgaben eines Universitätsklinikums zählt auch die Erforschung von Krankheiten und die Entwicklung neuer Untersuchungs- und Behandlungsmethoden. Oft ist dafür die Benutzung von überschüssigem organischen Material (z.B. Blutreste oder Gewebereste nach Blutentnahmen, Entbindungen oder Operationen) eine wichtige Voraussetzung. Diese Materialien müssen normalerweise kostspielig entsorgt werden.

Sie können uns bei unserer Forschung sehr helfen, wenn Sie solches Material zur Forschung freigeben.

Ihre Einwilligung ist mit keinen persönlichen Vor- oder Nachteilen für Sie verbunden. Sie ermöglicht jedoch den Gewinn neuer Erkenntnisse durch Forschung zum Nutzen zukünftiger Patientinnen und Patienten. Damit möglichst jeder Patient in den Genuss eines solchen Fortschritts kommen kann, veröffentlichen wir unsere Forschungsergebnisse vor allem in medizinischen Fachzeitschriften. Gelegentlich ist allerdings auch die kommerzielle Anwendung unserer Forschungsergebnisse durch die Industrie erforderlich, damit neue Medizingeräte, neue Arzneimittel u.s.w. überhaupt erst auf den Markt kommen können. Ob Ihre Blut- oder Gewebespende hierzu beitragen kann, ist derzeit noch völlig ungewiss. Rein vorsorglich möchten wir Sie jedoch um Ihr Einverständnis auch mit einer solchen eventuellen kommerziellen Anwendung der mit Ihrer Hilfe erzielten Erkenntnisse bitten. Dieses Einverständnis schließt Ihren Verzicht auf jede Art von Entgelt ein und versteht sich als uneigennütziger Beitrag zur Förderung des medizinischen Fortschritts.

Wichtig ist uns: Es wird Ihnen in keinem Fall mehr Blut oder Gewebe entnommen, als dies für Ihre Untersuchung sowieso erforderlich ist. Sie überlassen uns nur die Blut- und Gewebereste, die bei allen Untersuchungen natürlicherweise übrig bleiben. Wir versichern darüber hinaus, dass Ihre Daten- und Persönlichkeitsrechte umfassend geschützt werden, insbesondere, dass jeder Bezug des Materials zu Ihrer Person zum frühestmöglichen Zeitpunkt unkenntlich gemacht wird.

Wir bedanken uns für Ihre Hilfe!

....
(Unterschrift des gf. Direktors / Studienleiters etc.)

Einverständniserklärung

Name: ....

Mit der beschriebenen Verwendung des bei mir entnommenen Blutes oder Gewebes bin ich

☐ einverstanden.

☐ einverstanden, nehme hiervon jedoch folgende Körpermaterialien aus:

....

☐ nicht einverstanden.

Gießen, der .... (Datum) .... (eigenhändige Unterschrift des Patienten)

Stand: 28.12.2004

Anhang 4 – Charité: Stationärer Behandlungsvertrag

Stand: Oktober 2005

Stationärer Behandlungsvertrag

Die
CHARITÉ - UNIVERSITÄTSMEDIZIN BERLIN
Gemeinsame Einrichtung von Freier Universität Berlin und Humboldt-Universität zu Berlin
Körperschaft des Öffentlichen Rechts

Patient
Name
Vorname
Geburtsdatum
Fallnummer

und

Herrn / Frau: ______________________________

wohnhaft: ______________________________

vereinbaren stationäre Krankenhausbehandlung (voll-, teil-, vor- und/oder nachstationär)

für sich als Patient ☐
für den oben genannten Patienten. ☐

Das Klinikum verpflichtet sich, die notwendigen und zweckmäßigen Krankenhausleistungen zu erbringen.

Der Vertragspartner verpflichtet sich, für den Fall, dass keine Kostenübernahmeerklärung einer Krankenkasse oder eines anderen Sozialleistungsträgers oder einer privaten Krankenversicherung vorgelegt wird oder die vorgelegte Kostenübernahmeerklärung nicht die Kosten aller in Anspruch genommenen Leistungen abdeckt, als Selbstzahler die Zahlung des Entgeltes nach den jeweils geltenden Tarifen gemäß des ausgelegten Preisverzeichnisses zu leisten. Tarifänderungen während des Aufenthalts- und Behandlungszeitraumes werden anerkannt.

Der Patient / der Vertragspartner erkennt die Allgemeinen Vertragsbedingungen (AVB) des Klinikums als Bestandteil dieses Vertrages an.
Die Allgemeinen Vertragsbedingungen (AVB) liegen zur Einsichtnahme oder Mitnahme aus.
Desgleichen erkennt er die Geltung der Hausordnung an, die im Klinikum aushängt oder ausliegt.

Die Universität ist gesetzlich verpflichtet (§ 4 Berliner Hochschulgesetz), im Rahmen der Krankenversorgung Aufgaben der Lehre und Forschung wahrzunehmen.
Das Universitätsklinikum verarbeitet personenbezogene Daten. Das Universitätsklinikum hält sich bei allen Phasen der Datenverarbeitung streng an die Gesetze. Im Rahmen dieser Gesetze steht dem Patienten ein Auskunfts- und Einsichtnahmerecht über die gespeicherten Daten zu.

Auf die gesetzliche Verpflichtung zur Zuzahlung gem. § 39 Abs. 4 SGB V bin ich durch Aushändigung des Merkblattes hingewiesen worden.

Ich wünsche, dass das Klinikum über die Tatsache des Krankenhausaufenthalts bei Nachfrage (insbesondere beim Pförtner) ***keine Auskunft*** erteilt.

Erklärung zur Abrechnung der Krankenhausleistung gem. § 305 Abs. 2 SGB V
Ich wünsche, über die der Krankenkasse in Rechnung gestellten Entgelte unterrichtet zu werden.

1

Schumannstraße 20/21 | 10117 Berlin | Telefon +49 30 450-50 | www.charite.de
Deutsche Bank AG | BLZ 100 700 00 | Konto-Nr. 711 0000 00

Im Rahmen der Diagnostik/Therapie entnommenes Gewebe

Das im Rahmen der geplanten Diagnostik oder Behandlung entnommene Material wird nach internationalen Standards untersucht. Diese Untersuchung ist für die Einschätzung Ihrer Erkrankung zwingend notwendig. Nach Beendigung der Untersuchung verbleibt in der Regel Restmaterial. Für wissenschaftliche Untersuchungen, die zum besseren Verständnis von Erkrankungen beitragen sollen, ist dieses Restmaterial von großer medizinischer Bedeutung. Dabei wird sichergestellt, dass ein Rückschluss auf die Person des Patienten nicht erfolgen kann.

Ich willige daher ein, dass das Restmaterial, einschließlich anonymer klinischer Daten, für weitere Untersuchungen genutzt und ggf. auch an externe Institutionen unentgeltlich weitergereicht wird. Ich erhebe keine persönlichen oder finanziellen Ansprüche.

Ja **Nein**

Mein Recht, die Zustimmung jederzeit gegenüber dem mich behandelnden Arzt zurückzunehmen, bleibt hiervon unberührt.

Nach dem Berliner Sektionsgesetz vom 18.06.1996 ist die Frage der Einwilligung in eine klinische Sektion im Behandlungsvertrag zu regeln.

Deshalb bitten wir Sie um Verständnis für die nachfolgende Erklärung.

Im Falle meines Todes bin ich mit einer klinischen Sektion einverstanden.

Ja **Nein**

Mein Recht, die Zustimmung jederzeit gegenüber dem mich behandelnden Arzt zurückzunehmen, bleibt hiervon unberührt.

Datenübermittlung

an den Hausarzt/weiterbehandelnden Arzt (gemäß § 73 Abs. 1 b SGB V)

Ich bin damit einverstanden, dass meine Behandlungsdaten / Befunde durch die Charité an den von mir benannten Hausarzt / weiterbehandelnden Arzt zweckgebunden übermittelt werden können und dass die bei meinem Hausarzt vorliegenden Behandlungsdaten / Befunde, soweit diese für meine Behandlung erforderlich sind, durch die Charité angefordert werden können.

Ja **Nein**

an das zuständige Tumorzentrum

Im Falle einer Krebserkrankung erkläre ich hiermit mein Einverständnis, meine Krankheitsdaten (Identitätsdaten sowie ärztliche Informationen über die Behandlung und Nachsorge) zur Verbesserung der ärztlichen Betreuung, zur Krebsforschung und zur onkologischen Qualitätssicherung vom Tumorzentrum Berlin e. V. erfasst und ausgewertet, sowie im Fall meines Hauptwohnsitzes im Land Brandenburg an das Tumorzentrum Land Brandenburg e. V. weitergeleitet werden. Das Tumorzentrum Berlin ist ein Verbund der in Berlin mit Krebserkrankungen befassten Ärzte und Institutionen.

Ja **Nein**

Ich habe das Recht, dieses Einverständnis jederzeit zurückzuziehen.

Ich bin darüber informiert, dass im Falle einer Krebserkrankung auf der Grundlage des Gesetzes zur Einführung einer Meldepflicht für Krebserkrankungen vom 25. März 2004 eine Meldung an das Gemeinsame Krebsregister der Länder Berlin, Brandenburg, Mecklenburg-Vorpommern, Sachsen-Anhalt und der Freistaaten Sachsen und Thüringen (GKR) in 12621 Berlin erfolgt.

Sofern meine medizinischen Daten aus diesen Registern für wissenschaftliche Zwecke verwendet werden, darf ein Rückschluss auf meine Person nicht möglich sein.

____

Unterschrift des Patienten

Erklärung zum Zahlungsverzug

Das Universitätsklinikum kann sich bei Zahlungsverzug eines Inkassounternehmens bedienen. Der Unterzeichner stimmt der Weitergabe personenbezogener Daten, Diagnosen und durchgeführten Behandlungsmaßnahmen an Dritte zu. Die Weitergabe dieser Daten darf ausschließlich zum Zwecke der Rechnungserstellung sowie der Durchführung des gerichtlichen und außergerichtlichen Forderungseinzugs erfolgen.

Für den Fall des Zahlungsverzuges wird ohne Nachweis des konkreten Verzugsschadens der Ersatz eines pauschalierten Verzugsschadens in Höhe von 5 v. H. über dem jeweils geltenden Basiszinssatz nach § 247 BGB vereinbart. Ferner wird als Abgeltung für Porto und sonstige Verwaltungskosten eine Mahnkostenpauschale in Höhe von **EURO 2,50 je Mahnung** vereinbart.

Bei Zahlungsverzug gelten die gesetzlichen Bestimmungen des BGB.

Datum	Unterschrift für das Klinikum	Unterschrift Vertragspartner/Patient

Schumannstraße 20/21 | 10117 Berlin | Telefon +49 30 450-50 | www.charite.de
Deutsche Bank AG | BLZ 100 700 00 | Konto-Nr. 711 0000 00

Anhang 5 – Thasler, Weiss: Patienteninformation

Beispiel für eine Patienteninformation.

Liebe Patientin, lieber Patient,

bei Ihnen soll im Rahmen einer bevorstehenden chirurgischen Behandlung Gewebe entnommen werden. Regelmäßig müssen dabei neben dem kranken Befund auch normale Gewebeanteile entfernt werden, um ausreichende Sicherheitsabstände zwischen krankem und gesunden Gewebe einhalten zu können. Ihr behandelnder Arzt trifft diese Entscheidung je nach der vorliegenden Situation im Operationsgebiet. Nur kleine Anteile der gesunden Organstücke werden für die feingewebliche Untersuchung benötigt. Der Rest wird in der Regel verworfen. Dieses Gewebe soll der Forschung zugeführt werden, indem geringe Anteile dieser ansonsten verworfenen Organreste aufbewahrt, aufbereitet sowie Zellkulturen anlegen werden sowie zur weiteren, auch entgeltlichen Forschung verwenden werden.

In Betracht kommen hier insbesondere Versuche mit neuen Medikamenten, deren Einfluss auf das Krankheitsgeschehen des Menschen an diesen Zellen untersucht werden kann. **Auf diese Weise kann die Anzahl der erforderlichen Tierversuche und der klinischen Versuche an Menschen erheblich eingeschränkt werden.**

Darüber hinaus wird eine Gewebebank unterhalten, die mit Zellbestandteilen aus verworfenem Gewebe bestückt wird. Die Gewebebank stellt eine Informationsquelle über den Zustand der Zellbestandteile nach Art sowie Krankheitsbild und -stadium dar. Der Inhalt der Gewebebank steht in anonymisierter Form für Genanalysen zur Verfügung. Anonymisiert bedeutet dabei, dass in der Gewebebank lediglich die Zellbestandteile sowie medizinische Informationen, aber keine Informationen zu Ihrer Person gespeichert werden. Mit der Verwendung des Gewebes werden ausschließlich und unmittelbar gemeinnützige Zwecke verfolgt.

Vertraulichkeit der Unterlagen

Um die ärztliche Schweigepflicht und den Datenschutz zu wahren, werden die für die wissenschaftlichen Untersuchungen benötigten Krankheitsdaten anonymisiert, d.h. die nötigen Einzelheiten über Ihre Krankheit werden ohne ihren Namen übermittelt. Die Bestimmungen des Datenschutzes werden eingehalten.

Wir bitten deshalb um Ihre Zustimmung, das Ihnen entnommene Gewebe der Forschung zur Verfügung zu stellen. Für Sie selbst entsteht aus der Untersuchung Ihres Gewebes kein Schaden. Sollten Sie eine solche Untersuchung nicht wünschen, ändert dies nicht Ihre Behandlung. Die Operation wird in keiner Weise beeinträchtigt; insbesondere verlängert sich nicht die Dauer und nicht das Ausmaß des Eingriffs. Das Gewebe, das Ihnen entnommen wird, wird dann nicht anderweitig verwendet, sondern vernichtet.

Wir möchten Sie darauf hinweisen, dass Ihre Einwilligung auf freiwilliger Basis erfolgt. Sie haben das Recht, Ihre Einwilligung jederzeit zurückzuziehen, ohne dass dies Ihre übliche ärztliche Versorgung oder Ihr Verhältnis zu dem Sie betreuenden Arzt/Personal beeinflussen würde.

Wir bitten Sie um Ihre Mitwirkung, damit in Zukunft eine bessere medizinische Versorgung auf diesem Gebiet möglich ist.

Einwilligung
Name des Patienten:
Art des operativen Eingriffs:
Datum der OP:

Hiermit übertrage ich der Stiftung Human Tissue and Cell Research (HTCR) das Eigentum an dem Gewebe, das im Rahmen der medizinisch indizierten Operation zu entfernen ist, zur weiteren, auch entgeltlichen Verwendung entsprechend der o. a. Informationen. Ich bin weiterhin damit einverstanden, dass Blutuntersuchungen zum Ausschluss einer Infektiösität des Gewebes (Hepatitis, HIV) sowie zu wissenschaftlichen Analysen verwendet wird.

Datum und Unterschrift des Patienten:

Datum und Unterschrift des aufklärenden Arztes:

(Quelle: Thasler, Weiß et. al., Die Verwendung menschlichen Gewebes in der Forschung, 1397-1400, S. 1400.)

Anhang 6 – Heinrich-Heine-Uni: Einwilligungsbogen

Heinrich Heine Universität
Postfach 101007
40001 Düsseldorf

Orthopädische Klinik und Poliklinik
Institut für Humangenetik und Anthropologie
Genet. Projektleiter EXT: Fr. Dr. B. Leube

Stand: 1. Juli 2003
Tel: 0211-811-2355
e-mail: leube@uni-duesseldorf.de

Multiple Exostosen: Spende von Operationsmaterial

Sehr geehrte/r Patient/in,

Wir freuen uns, dass Sie Exostosengewebe für Forschungszwecke zur Verfügung stellen wollen. In diesem Zusammenhang möchten wir Sie auf einige Punkte hinweisen:

- Es handelt sich um eine Spende, d.h. Sie geben damit eigenen Ansprüche auf diese Gewebeprobe auf. Da es sich um Grundlagenforschung handelt, ist eine persönliche Mitteilung über die Verwendung und die evtl. resultierenden Ergebnisse nicht vorgesehen. Weiterführende Ergebnisse werden wie üblich – d.h. selbstverständlich anonymisiert – z.B. in Fachzeitschriften veröffentlicht.
- Wir werden uns bemühen, die Probe bis zu ihrer Verwendung fachgerecht zu lagern, können aber keine Garantie dafür übernehmen. Eine Beschädigung, z.B. durch einen Stromausfall während der Tiefkühllagerung können wir nicht ausschließen.
- Aus unserer Erfahrung klappt der Versand nur, wenn Operateur und Pathologe sich im Vorfeld abgestimmt haben. **Bitte teilen Sie uns deshalb eine geplante Operation möglichst frühzeitig mit und geben Sie uns den Operateur an.**
- Für den Versand müssen wir Ihnen vorher spezielle Versandröhrchen zuschicken. Bitte kontaktieren Sie uns dazu rechtzeitig. Die Röhrchen sollten bis zum Tag der Operation im Kühlschrank gelagert werden. (Der Versand erfolgt aber ungekühlt.)
- Es wäre sehr hilfreich für uns, wenn wir außer der Gewebeprobe noch eine Blutprobe (10-20 ml in EDTA-Röhrchen) von Ihnen erhalten könnten. Diese Blutprobe könnte sicherlich problemlos im Rahmen der Operation mit abgenommen werden (sie kann natürlich auch schon vorher entnommen und ver-

schickt werden). **Auch dies klappt aber nach unserer Erfahrung nur, wenn Sie sich selbst darum kümmern.**

- Für eventuelle Rückfragen bitten wir Sie, uns Ihren Namen und Adresse anzugeben. Falls Sie keine Kontaktaufnahmen durch uns wünschen, können Sie die entsprechenden Felder aber auch freilassen. Bitte leisten Sie aber auf jeden Fall die Unterschrift, die Ihr Einverständnis dokumentiert.

Ich habe dieses Informationsblatt gelesen und bin damit einverstanden. Hiermit stelle ich für Forschungszwecke folgendes zur Verfügung (bitte ankreuzen):

□ Operationsgewebe

□ EDTA-Blutprobe

Datum, Unterschrift

Name, Vorname (bitte in Druckschrift)	Geburtsdatum
Kontaktadresse	Telefon
Bei minderjährigen Patienten: Datum und Unterschrift/en der/des Erziehungsberechtigten	

(Abschrift)

Anhang 7 – Klinikum rechts der Isar: Einverständniserklärung

Aktuelle Version vom 21. Juni 2007 nach Beschluss der Ethikkommission der Fakultät für Medizin vom 19. Juni 2007

Einverständniserklärung
zur Aufbewahrung entnommener Gewebe- und Blutproben und zu deren Analyse zum Zwecke der Diagnostik, der Wissenschaft und der Lehre

Ich erkläre mich damit einverstanden, dass Gewebe- und Blutproben sowie Proben von anderen Körperflüssigkeiten, die im Rahmen therapeutischer und diagnostischer Eingriffe bei mir entnommen und einer diagnostischen Untersuchung zugeführt werden, aufbewahrt und für spätere wissenschaftliche Untersuchungen (insbesondere auch zur molekulargenetischen Analyse) sowie zum Zwecke der Lehre (Ausbildung von Studenten der Medizin an der Technischen Universität München) verwendet werden können. Die Aufbewahrung der Proben erfolgt in der Gewebebank des Klinikums rechts der Isar, welche vom Institut für Allgemeine Pathologie und Pathologische Anatomie der Technischen Universität München organisiert und koordiniert wird. Ich verzichte auf eine eventuelle wirtschaftliche Nutzung wissenschaftlicher Resultate.

Ich bin mir bewusst, dass auf die erhobenen Daten nur unter Beachtung des der gesetzlichen Datenschutzbestimmungen für wissenschaftliche und statistische Analysen sowie zu Lehrzwecken zurückgegriffen werden kann. Ich erkläre mich zudem damit einverstanden, dass Blut/Gewebeproben, die bei mir entnommen wurden, auch an Dritte zu Forschungszwecken weitergegeben werden dürfen.

Mir ist klar, dass an diesen Proben auch künftige Untersuchungsverfahren, die neue auch für mich persönlich relevante diagnostische und therapeutische Erkenntnisse bringen, durchgeführt werden können. Es muss daher sichergestellt werden, dass auch zukünftig diagnostische Untersuchungen vor wissenschaftlichen Untersuchungen den Vorrang haben.

Ich bin darüber informiert, dass wissenschaftliche Untersuchungen an diesen Proben nur mit Zustimmung der Ethikkommission der Fakultät für Medizin der Technischen Universität München durchgeführt werden dürfen.

Für mich entstehen dadurch keinerlei diagnostische oder therapeutische Nachteile und keine zusätzlichen Kosten.

Ich bin darüber informiert, dass ich jederzeit von dieser Zustimmung zurücktreten kann

München, den ....

(Unterschrift der Patientin/des Patienten)

(Quelle: Klinikum rechts der Isar der Technischen Universität München, Einverständniserklärung zur Aufbewahrung und Analyse entnommener Blut- und Gewebeproben zum Zwecke der Diagnostik, der Wissenschaft und der Lehre)

Literaturverzeichnis

Antonow, Katrin — Der rechtliche Rahmen der Zulässigkeit für Biobanken zu Forschungszwecken, in: Düsseldorfer Rechtswissenschaftliche Schriften, Düsseldorf 2006.

Arneson, Richard J. — Lockenian Self-Ownership: Towards a demolition, Political Studies 1991, 39, 36–42.

Baden, Eberhard — Wirtschaftliche Aufklärungspflichten in der Medizin, NJW 1988, 746–749.

Bamberger, Heinz; Roth, Herbert — Kommentar zum Bürgerlichen Gesetzbuch, Band 1, §§ 611-1296, 2. Auflage, München 2008.

(zit.: Bamberger/Roth/*Bearbeiter*)

Kommentar zum Bürgerlichen Gesetzbuch, Band 2, §§ 1-610, 2. Auflage, München 2007.

(zit.: Bamberger/Roth/*Bearbeiter*)

Bankl, Hans — Im Rücken steckt das Messer, Geschichten aus der Gerichtsmedizin, München 2003.

(zit.: *Bankl*, Im Rücken steckt das Messer)

Bartmann, Peter — Stammzellen: Was Forscher wollen, was sie dürfen, Dtsch Ärztebl A 1672.

Baumann-Hölzle — Patientenautonomie im Spannungsfeld von Abwehr, Forderung und Fürsorge, Qualität in der Gesundheitsversorgung, Newsletter des GQMG 2007, 23–25.

(zit.: *Baumann-Hölzle*, Patientenautonomie im Spannungsfeld)

Baur, Fritz; Baur, Jürgen F.; Stürner, Rolf Sachenrecht, 18. Auflage, München 2009.

(zit.: *Baur/Stürner*, Sachenrecht)

Beckmann, Rainer; Löhr, Mechthild Der Status des Embryos, Medizin – Ethik – Recht, 1.Auflage, Würzburg 2003.

(zit.: *Beckmann/Löhr*, Der Status des Embryos)

Bender, A.W. Organtransplantation und AMG, VersR 1999, 419–424.

Berg, Giselind Fetales Gewebe, Ein Gutachten zur Forschung und Verwendung embryonalen / fetalen Gewebes, Berlin 2000.

(zit.: *Berg*, Fetales Gewebe)

BGB-RGRK Kommentar zum Bürgerlichen Gesetzbuch mit besonderer Berücksichtigung der Rechtsprechung des Reichsgerichts und des Bundesgerichtshofes, Band I, §§ 1–240, 12. Auflage, Berlin 1982.

(zit.: BGB-RGRK/*Bearbeiter*)

Bock, Nadine Rechtliche Voraussetzungen der Organentnahme von Lebenden und Verstorbenen, Eine juristische Untersuchung, basierend auf den medizinischen Grundlagen der Organtransplantation unter besonderer Berücksichtigung der aktuellen rechtspolitischen und rechtsethischen Diskussion, Dissertation, Europäische Hochschulschriften Reihe 2, Rechtswissenschaft, Frankfurt am Main 1999.

(zit.: *Bock,* Rechtliche Voraussetzungen der Organentnahme von Lebenden und Verstorbenen)

Böckenförde-Wunderlich, Barbara Präimplantationsdiagnostik als Rechtsproblem, Ärztliches Standesrecht, Embryonenschutzgesetz, Verfassung, Tübingen 2002.

(zit.: *Böckenförde-Wunderlich*, Präimplantationsdiagnostik als Rechtsproblem.

Böhmer, Werner Grundfragen der verfassungsrechtlichen Gewährleistung des Eigentums in der Rechtsprechung des Bundesverfassungsgerichts, NJW 1988, 2561–2574.

Bohnenberger, Karl Volkstümliche Überlieferungen in Württemberg, Glaube, Brauch, Heilkunde, 3. Auflage, Stuttgart 1980.

(zit.: *Bohnenberger*, Volkstümliche Überlieferungen in Württemberg)

Bördlein, Ingeborg Tumorbanken – gute Investition für Krebspatienten, Einblick 2003/03, 6–9.

Brewe, Manuela Embryonenschutz und Stammzellgesetz, Rechtliche Aspekte der Forschung mit embryonalen Stammzellen, Dissertation, Berlin [u.a.] 2006.

(zit.: *Brewe*, Embryonenschutz und Stammzellgesetz)

Breyer, Patrick Der datenschutzrechtliche Schutz von Körpersubstanzen, die Patienten zu Analysezwecken entnommen wurden, MedR 2004, 660–667.

(zit.: *Breyer*, Der datenschutzrechtliche Schutz von Körpersubstanzen)

Brohm, Winfried Forum: Humanbiotechnik, Eigentum und Menschenwürde, JuS 1998, 197–205.

Brox, Hans; Walker, Wolf-Dietrich Allgemeiner Teil des BGB, 34. Auflage, Köln 2010.

Brüggemeier, Gert Haftungsrecht: Struktur, Prinzipien, Schutzbereich, Springer 2006.

Brunner, Johannes	Theorie und Praxis im Leichenrecht, NJW 1958, 1173–1174.
Bruns, Manfred	Aids, Alltag und Recht, MDR 1987, 353-358.
Budde, Constanze	Menschenwürde aus heutiger Sicht, Wirtschaftsrelevante und ökologische Ausprägungen, Aachen 1995.
	(zit.: *Budde*, Menschenwürde aus heutiger Sicht)
Bundesärztekammer	Richtlinien zur Transplantation peripherer Blutstammzellen, DÄBl. 23, A-1584.
	Stellungnahme zum Entwurf eines Gewebegesetzes, 04.05.2006, http://www.bundesaerztekammer.de/10/0018/ZStell.pdf
Bundesministerium für Gesundheit und Soziales	Blut und Aufgaben des Blutes, http://www.bmgs.bund.de.
Bundesregierung	Gesetzentwurf der Bundesregierung Entwurf eines Gesetzes über Qualität und Sicherheit von menschlichen Geweben und Zellen (Gewebegesetz), 25.10.2006, BT-Drs. 16/3146.
	Gesetzentwurf der Bundesregierung Entwurf eines Gesetzes zur Regelung des Transfusionswesens (Transfusionsgesetz -TFG), 13.01.1998, BT-Drs.13/9594.
Campbell, Courtney S.	Body, Self and the Property Paradigm, Hastings Center Report Vol.22 No 5, 34–42.
Council of Europe	Draft explanatory memorandum to the draft recommendation on research on biological materials of human origin, CDBI (2005) 5 REV2.

Council of Europe, Steering Committee on Bioethics — Draft Explanatory Report to the proposal for an instrument on the use of archived human biological materials in biomedical research, CDBI/INF (2002) 6.

Recommendation on research on biological materials of human origin, Rec (2006) 4.

Creifelds, Carl; Weber, Klaus; Guntz, Dieter — Rechtswörterbuch, 20. Auflage, München 2010.

Crichton, Michael — Next, 1. Auflage, München 2008.

Denninger, Erhard — Embryo und Grundgesetz. Schutz des Lebens und der Menschenwürde vor Nidation und Geburt, KritV2003, 191–209.

Dettmeyer, R.; Madea, B. — Aufklärung und Einwilligung bei der Beschaffung und Verarbeitung von menschlichen Zellen und Geweben, Rechtsmedizin 2004, 14, 85–93.

Deutsch, Erwin — Artifizielle Wege menschlicher Reproduktion: Rechtsgrundsätze; Konservierung von Sperma, Eiern und Embryonen; künstliche Fertilisation; Embryotransfer, MDR 1985, S. 177.

(zit.: *Deutsch*, Artifizielle Wege menschlicher Reproduktion)

Das Persönlichkeitsrecht des Patienten, AcP 1992, 192, 161–180.

Deutsch, Erwin; Spickhoff, Andreas — Medizinrecht, Arztrecht, Arzneimittelrecht, Medizinprodukterecht und Transfusionsrecht, 6. Auflage, Berlin 2008.

Deutsche Knochenmarkspenderdatei (DKMS) — Kryokonservierung und Langzeitlagerung von Nabelschnurstammzellen bei Neugeborenen zur späteren Eigennutzung. http://www.dkms.de

Deutsche Stiftung Organtransplantation und Gewebe(DSO-G) — Jahresbericht 2004, http://www.gewebenetzwerk.de/downloads.html

Leitlinie zur Dokumentation von Ablauf, Inhalt und Ergebnis der Beteiligung der Angehörigen oder Gleichgestellter zur Frage der Organspende bei fehlender schriftlicher Einwilligung des Verstorbenen (§ 4 Abs. 4 TPG), www.dso.de/fachinformationen/arbeitsmittel/pdf/Dokumentation.pdf.

Deutscher Bundesrat

Stellungnahme des Bundesrates Entwurf eines Gesetzes über Qualität und Sicherheit von menschlichen Geweben und Zellen (Gewebegesetz), 13.10.2006, Drs.543/06.

(zit.: *Deutscher Bundesrat, Stellungnahme zum Gewebegesetzentwurf)*

Antwort der Bundesregierung auf die Kleine Anfrage der Abgeordneten Detlef Parr, Dr. Dieter Thomae, Dr. Irmgard Schwaetzer, weiterer Abgeordneter und der Fraktion der FDP – Drucksache 14/8159, BT-Drs.14/8256.

Deutscher Bundestag Ausschuss für Gesundheit und Soziale Sicherung

Wortprotokoll 80. Sitzung, Berlin, den 20.10.2004, http://www.klinik.uni-wuerzburg.de/img/ejbfile/Protokoll_Anhorung.pdf?id=4288

Deutscher Bundestag Enquete-Kommission Ethik und Recht der modernen Medizin

Schlussbericht, BT-Drs. 14/9020.

Wortprotokoll der 41. Sitzung am 04. Juli 2005, Protokoll 15/41.

Gutachtliche Stellungnahme der Enquete-Kommission Ethik und Recht der modernen Medizin des Deutschen Bundestages vom 03.11.2003 (8. Sitzung) zum Erlass einer Richtlinie des Europäischen Parlaments und des Rates zur Festlegung von Qualitäts- und Sicherheitsstandards für die Spende, Beschaffung, Testung, Verarbeitung, Lagerung und Verteilung von menschlichen Geweben und Zellen (Interinstitutionelles Dossier 2002/0128), http://www.bundestag.de/parlament/gremien/kommissionen/archiv15/ethik_med/berichte_stellg/03_11_03_Stellg_Gewebe.pdf.

Zweiter Zwischenbericht der Enquete-Kommission Recht und Ethik der modernen Medizin, Teilbericht Stammzellforschung, 21.11.2001, BT-Drs. 14/7546.

Deutscher Richterbund — DRB lehnt Beitritt zur Bioethik-Konvention ab, DriZ1998, S.316.

Dickenson, Donna — Property in the body, Feminist perspectives, Cambridge [u.a.] 2007.

(zit.: *Dickenson*, Property in the body)

DIR — Deutsches IVF-Register, http://www.deutsches-ivf-register.de/

Dohmen, Daniela — Die Gewinnung, Verarbeitung und Anwendung neonataler Stammzellen, Rechtsgrundlagen und –maßstäbe, Dissertation, Münster 2005.

(zit.: *Dohmen*, Die Gewinnung, Verarbeitung und Anwendung neonataler Stammzellen)

Dolzer, Rudolph; Vogel, Klaus — Bonner Kommentar zum Grundgesetz, Heidelberg Stand: 1999.

Dreier, Horst — Stufungen des vorgeburtlichen Lebensschutzes, ZRP2002/09, 377–383.

Grundgesetz Kommentar, 2. Auflage, Tübingen 2004.

Dreier, Horst; Bauer, Hartmut Grundgesetz Kommentar, Präambel, Artikel 1 – 19, Tübingen 2004.

Dürig, Günter Der Grundsatz von der Menschenwürde, AöR 1956/81, 117–157.

Grundrechte und Zivilrechtsprechung, Festschrift für Hans Nawiasky, 1956, S. 157-190.

(zit. *Dürig*, FS Nawiasky)

Duminil, Marie-Paule Le sang, les vaisseaux, le coeur, Dans la Collection hippocratique ; anatomie et physiologie, Paris 1983.

Eberbach, Wolfram H. Heimliche Aids-Tests, NJW 1987, 1470–1472.

Eberhardt, D. Selbstbestimmungsrecht des Patienten und ärztliche Aufklärungspflicht im Zivilrecht Frankreichs und Deutschlands, in: Beiträge zum Privat- und Wirtschaftsrecht, Karlsruhe 1968.

Egger, Dietmar Ökonomische Perspektiven: Stammzellen aus Nabelschnurblut? eine Alternative zu embryonalen Stammzellen in: Christine Hauskeller, Humane Stammzellen – Therapeutische Optionen, ökonomische Perspektiven, mediale Vermittlung, Berlin 2002, S. 140ff.

Ehlers, Alexander P. F. Die ärztliche Aufklärung vor medizinischen Eingriffen, Bestandsaufnahme und Kritik, Köln 1987.

(zit.: *Ehlers,* Die ärztliche Aufklärung vor medizinischen Eingriffen)

Ehmke, Horst | Stellungnahme in: Arndt, Claus; Erhard, Benno; Funcke, Liselotte, Der Paragraph 218 StGB vor dem Bundesverfassungsgericht, Dokumentation zum Normenkontrollverfahren wegen verfassungsrechtl. Prüfung d. Fünften Strafrechtsreformgesetzes (Fristenregelung), Motive, Texte, Materialien, Band 7, Heidelberg; Karlsruhe 1979, S.180ff.

(zit.: *Ehmke*, Stellungnahme, in: Arndt/Erhardt/Funke (Hrsg.), Der § 218 StGB vor dem Bundesverfassungsgericht)

Ehrlich, Stella | Gewinnabschöpfung des Patienten bei kommerzieller Nutzung von Körpersubstanzen durch den Arzt?, Frankfurt am Main [u.a.] 2000.

Eichholz, Jürgen | Die Transplantation von Leichenteilen aus zivilrechtlicher Sicht, NJW 1968, 2272–2276.

Enning, Cornelia | Heilmittel aus Plazenta, Norderstedt 2003.

Erman, Walter (Hrsg.) | Bürgerliches Gesetzbuch, Handkommentar mit AGBG, EGBGB, ErbbauVO, HauratsVO, HausTWG, ProdHaftG, SachenRBerG, SchuldRAnpG, VerbrKrG, 12. Auflage, Münster 2008.

(zit.: Erman/*Bearbeiter*)

Eser, Albin | Neuartige Bedrohungen ungeborenen Lebens, Embryoforschung und „Fetozid“ in rechtsvergleichender Perspektive; [Vortrag: 12. Dezember 1988], Heidelberg 1990.

(zit.: *Eser*, Neuartige Bedrohungen ungeborenen Lebens)

Rechtsvergleichende Aspekte der Embryonenforschung in: Opolka, Uwe (Red.): Respekt vor dem werdenden Leben: ein Presseseminar der Max-Planck-Gesellschaft zum Thema Embryonenforschung, Schloß Ringberg/Tegernsee, 22. bis 24. Juni 1988, München 1989, 112–130.

Europarat — Erläuternder Bericht zu dem Übereinkommen zum Schutz der Menschenrechte und der Menschenwürde im Hinblick auf die Anwendung von Biologie und Medizin, DIR/JUR (97) 1997.

European Group on Ethics and New Technologies (EGE) — Opinion on the Ethical Aspects of Umbilical Cord Blood Banking, opinion number 19, 2004.

Fechner, Erich — „Menschenwürde und generative Forschung und Technik. Eine rechtstheorethische und rechtspolitische Untersuchung", JZ 1986, 653–664.

(zit.: *Fechner*, Menschenwürde und generative Forschung und Technik)

Fine, A. — Human fetal tissue research: Practice, Prospects and Policy, Cell Transplantation 1994, 3 (2), 113–145.

Fischer, Thomas — Strafgesetzbuch und Nebengesetze, 58. Auflage, München 2011.

Forkel, Hans — Verfügungen über Teile des menschlichen Körpers, JZ1974, 593–599.

Freier, Friedrich v. — Getrennte Körperteile in der Forschung zwischen leiblicher Selbstverfügung und Gemeinbesitz, MedR 2005, 321–328.

(zit.: *Freier*, Getrennte Körperteile in der Forschung)

Freund, Georg — Nabelschnurblut und Zustimmungserfordernis, MedR2005, 453–458.

Freund, Georg; Weiss, Natalie — Zur Zulässigkeit der Verwendung menschlichen Körpermaterials für Forschungs- und andere Zwecke, MedR2004, 315–319.

Gareis, Karl von — Das Recht am menschlichen Körper, Eine privatrechtliche Studie, in: Festgabe der juristischen Fakultät zu Königsberg für ihren Senior Johann Theodor Schirmer zum 1. August 1900, Königsberg 1900 (Nachdruck 1970).

(zit.: *Gareis*, Das Recht am menschlichen Körper in FS Schirmer)

Geilen, Gerd — Probleme der Organtransplantation, JZ 1971, 41–48.

Gernhuber, Joachim; Coester-Waltjen, Dagmar — Lehrbuch des Familienrechts, 6. Auflage, München 2010.

Geyer, Christian — Biopolitik, Die Positionen, Frankfurt am Main 2002.

Goethe, Johann Wolfgang von; Demmer, Sybille — Faust -eine Tragödie, Erster und zweiter Teil, München 2001.

Gordijn, Bert; Olthuis, Henk — Ethische Fragen zur Stammzellentransplantation aus Nabelschnurblut, Ethik Med (2000) 16–29.

Gropp, Walter — Wem gehört die Plazenta?, Überlegungen zur Vermarktung eines der „Grenzüberschreitung“ dienenden Organs in: Arnold, Burkhardt et al. (Hrsg.) Grenzüberschreitungen, Beiträge zum 60. Geburtstag von Albin Eser, Freiburg 1995, 299–315.

(zit.: *Gropp*, Wem gehört die Plazenta?)

Günther, Hans-Ludwig; Keller, Rolf — Fortpflanzungsmedizin und Humangenetik – strafrechtliche Schranken?, Tübinger Beiträge zum Diskussionsentwurf eines Gesetzes zum Schutz von Embryonen, Tübingen 1987.

Halàsz, Christian Das Recht auf bio-materielle Selbstbestimmung, Grenzen und Möglichkeiten der Weiterverwendung von Körpersubstanzen, Dissertation, Berlin 2004.

(zit.: *Halàsz*, Das Recht auf bio-materielle Selbstbestimmung)

Hamerl, Thomas Rechtsschutz des Spenders von Blut und Knochenmark gegen bestimmungswidrigen Gebrauch in: Plöchl Gerhardt (Hrsg.), Ware Mensch, Rechtsprobleme der medizinischen und kommerziellen Verwertung von Teilen des menschlichen Körpers, Wien 1996, 41–74.

Harks, Thomas Der Schutz der Menschenwürde bei der Entnahme fötalen Gewebes, Zur Bedeutung des Zusammenfallens von pränatalem und postmortalem Grundrechtsschutz NJW 2002, 716–722.

Harris, J. W. Who owns my body, OJLS 55, 65–70.

Hartleb, Torsten Auf der Suche nach einem neuen Grundrechtsträger – Der extrakorporale Embryo im deutschen Grundgesetz, 46. Assistententagung Öffentliches Recht, Wien 2006, 123–145.

Hasskarl, Horst; Hasskarl, Jens; Ostertag, Alice Gewinnung und Anwendung hämatopoetischer Stammzellen aus Nabelschnurblut, Pharmarecht 2002/3, 81–91.

Hassmann, Holger Embryonenschutz im Spannungsfeld internationaler Menschenrechte, staatlicher Grundrechte und nationaler Regelungsmodelle zur Embryonenforschung, With English summary, Berlin 2003.

Herrig, Christina Die Gewebetransplantation nach dem Transplantationsgesetz, Entnahme, Lagerung, Verwendung unter besonderer Berücksichtigung der Hornhauttransplantation, Frankfurt am Main 2002.

Herrmann, Beate Self-Ownership?, Über die Verfügungsrechte am eigenen Körper in: Schwarte, Ludger / Wulf Christoph: Körper und Recht, München 2003, 277–288.

(zit.: *Herrmann*, Self-Ownership)

Heun, Werner Der Hirntod als Kriterium des Todes des Menschen - Verfassungsrechtliche Grundlagen und Konsequenzen, JZ 1996, 213-219.

Embryonenforschung und Verfassung – Lebensrecht und Menschenwürde des Embryos, JZ 2002, 517–523.

Hingst, Wolfgang Zeitbombe Kosmetik, Wien 1985

Hobbes, Thomas Der Leviathan, Baden-Baden 2000.

Hoerster, Norbert Forum: Ein Lebensrecht für die menschliche Leibesfrucht?, JuS 1989, 172-178.

Ein „verringertes“ Lebensrecht zur Legitimation der Fristenregelung?, NJW 1997, 773–775.

Höfling, Wolfram Um Leben und Tod: Transplantationsgesetzgebung und Grundrecht auf Leben, JZ 1995, 26-33.

Verfassungsrechtliche Aspekte der Verfügung über menschliche Embryonen und „humanbiologisches Material", Gutachten für die Enquete-Kommission des Deutschen Bundestages „Recht und Ethik der modernen Medizin", 2001, http://www.bundestag.de/parlament/gremien/kommissionen/archiv14/medi/medi_gut_hoe.pdf

(zit.: *Höfling*, Verfassungsrechtliche Aspekte der Verfügung über menschliche Embryonen und „humanbiologisches Material", Gutachten)

Bestimmungsmacht über die körperliche Integrität? Verfassungsfragen am Anfang und Ende menschlichen Lebens in: Bündnis 90/Die Grünen, Schutz des Lebens an seinem Beginn und Ende, Berlin 2002.

Höfling, Wolfram (Hrsg.) — Transplantationsgesetz Kommentar, Berlin 2003.

(zit.: Höfling/*Bearbeiter*)

Honsell, Heinrich/ Mayer-Maly, Theo/ Selb, Walter — Römisches Recht, 4. Aufl. Berlin, Heidelberg, NY 1987

(zit: *Honsell/Mayer/Selb,* Römisches Recht)

Hopt, Klaus J. — Nichtvertragliche Haftung außerhalb von Schadens- und Bereicherungsausgleich, Zur Theorie und Dogmatik des Berufsrechts und der Berufshaftung AcP 1983, 608–720.

(zit.: *Hopt*, Nichtvertragliche Haftung außerhalb von Schadens- und Bereicherungsausgleich)

Hubmann, Heinrich — Das Persönlichkeitsrecht, Köln 1967.

Urheber- und Verlagsrecht, Ein Studienbuch, München 1995.

Hübner, Marlis/ Pühler, Wiebke/ Middel, Claus-Dieter — Praxisleitfaden Gewebegesetz: Grundlagen, Anforderungen, Kommentierungen, Köln 2009.

(zit: *Hübner/Pühler/Middel*, Praxisleitfaden Gewebegesetz)

Hurlbut, William B. — Altered Nuclear Transfer, As a Morally Acceptable Means to Procure Human Pluripotent Stem Cells, http://alterednucleartransfer.com/index.php?page=4a&view=1

Huster, Stefan — Gehört der Tierschutz ins Grundgesetz?, ZRP 1993, 326–330.

Illhardt, Franz Josef — Medizinische Ethik, Ein Arbeitsbuch, Berlin 1985.

Wem gehört der Mensch?, Erwägungen über Besitzrechte am eigenen Körper, 3. Auflage, Dortmund 1996.

(zit.: *Illhardt*, Wem gehört der Mensch?)

Institut für Psychologie, Albert-Ludwigs-Universität Freiburg — Grundlagen der Biomedizin, http://www.psychologie.uni-freiburg.de/abteilungen/Rehabilitationspsychologie/forschung1/downloads/infobroschuere

Ipsen, Joern — Der „verfassungsrechtliche Status“ des Embryo in vitro, JZ2001, 989–996.

Isensee, Josef; Kirchhof, Hans-Peter (Hrsg.) — Handbuch des Staatsrechts der Bundesrepublik Deutschland, 3.Auflage, Heidelberg 2008.

Janker, Helmut — Heimliche HIV-Antikörpertests – strafbare Körperverletzung?, NJW 1987, 2897–2903.

Jansen, Norbert — Die Blutspende aus zivilrechtlicher Sicht, Dissertation, Bochum 1978.

Jarass, Hans D.; Pieroth, Bodo; — Grundgesetz für die Bundesrepublik Deutschland, Kommentar, 9. Auflage, München 2009.

(zit.: *Bearbeiter* in Jarass/Pieroth)

Jauernig, Othmar; Bürgerliches Gesetzbuch, Mit Allgemeinem Gleichbehandlungsgesetz (Auszug); Kommentar, 13. Auflage, München 2009.

(zit.: Jauernig/*Bearbeiter)*

Jellinek, Georg System der subjektiven öffentlichen Rechte, 2.Auflage, Tübingen 1919, Aalen 1979.

Johnsen, Karl Die Leiche im Privatrecht, Dissertation, Heidelberg1912.

Kallmann, Rainer Rechtsprobleme bei der Organtransplantation, FamRZ 1969, 572–579.

Kaminsky, Carmen Embryonen, Ethik und Verantwortung, Eine kritische Analyse der Statusdiskussion als Problemlösungsansatz angewandter Ethik, Tübingen 1998.

(zit.: *Kaminsky*, Embryonen, Ethik und Verantwortung)

Kant, Immanuel Lectures on Ethics, Cambridge 1997.

Kaser, Max Römisches Privatrecht, Ein Studienbuch, München 2005.

Kass, Leon R. Thinking About the Body, Hastings Center Report Vol.15, No1, 20–30.

Kastilan, Sonjy Stammzellforscher suchen Kompromiss mit der Politik, 22.05.2006, http://www.welt.de/data/2006/09/22/1046376.html

Kaufmann, Horst Allgemeines Persönlichkeitsrecht und Schmerzensgeld, JuS1963, 373–384.

Keller, Rolf Die verbrauchende Forschung an Embryonen in verfassungsrechtlicher und strafrechtlicher Sicht in: Wuermeling, Hans-Bernhard (Hrsg.), Leben als Labormaterial? Zur Problematik der Embryonenforschung, Düsseldorf 1988, 54-71.

Keller, Rolf; Günther, Hans-Ludwig; Kaiser, Peter — Embryonenschutzgesetz, Kommentar zum Embryonenschutzgesetz, Stuttgart, Berlin, Köln 1992.

Kimbrell, Andrew — Ersatzteillager Mensch, Die Vermarktung des Körpers, Frankfurt Main 1994.

(zit.: *Kimbrell*, Ersatzteillager Mensch)

Klockenbusch, Walter — Geschäftemacherei mit der Angst, http://klinik.uni-muenster.de/organisation/pulsschlag/ausgaben/2005/07_05/geschaeftemachereimitderangst.php.

Klopfer, Karsten — Verfassungsrechtliche Probleme der Forschung an humanen pluripotenten embryonalen Stammzellen und ihre Würdigung im Stammzellgesetz, 1. Auflage, Berlin 2006.

Klusemann, Max — Das Recht des Menschen an seinem Körper, Dissertation, Leipzig 1907.

Kögler, G.; Tutschek, B.; Körschgen, L.; Platz, A.; Bender, H.G.; Wernet, P. — Die José Carreras Stammzellbank Düsseldorf im NETCORD/EUROCORD-Verbund, Entwicklung, klinische Ergebnisse, Perspektiven und Aufklärung werdender Eltern, Gynäkologe 38, 835–846.

Kohler, Josef — Lehrbuch der Rechtsphilosophie, Berlin 1917.

Kohlhaas, Max — Rechtsfragen zur Transplantation von Körperorganen, NJW1967, 1489–1493.

Kommission der Europäischen Gemeinschaften — Vorschlag für eine Richtlinie des Europäischen Parlaments und des Rates zur Festlegung von Qualitäts- und Sicherheitsstandards für die Spende, Beschaffung, Testung, Verarbeitung, Konservierung, Lagerung und Verteilung von menschlichen Geweben und Zellen, 2002/0128 (COD).

Kopetzki, Christian; Mayer, Heinz — Biotechnologie und Recht, Wien 2002.

Kopp, Thomas Die Strafbarkeit der Entnahme von Leichenteilen, dargestellt am Beispiel von Gehörknöchelchen (ossicula) und Augenhornhäuten (cornea), MedR 1997, 544–548.

Koppe, Fritz Das Recht am eigenen Körper, Dissertation, Erlangen 1917.

Kutlu, Aygün AGB-Kontrolle bei stationärer Krankenhausaufnahme, Dissertation, Heidelberg 2006.

Kutzer, Klaus Embryonenschutzgesetz – Wertungswidersprüche zu den Regelungen bei Schwangerschaftsabbruch, Früheutanasie, Sterbehilfe und Transplantation, MedR 2002, 24–26.

Lackner, Karl; Kühl, Christian (Hrsg.) Strafgesetzbuch, Kommentar 27. Auflage, München 2011.

(zit.: *Lackner/Kühl*)

Lanz-Zumstein, Monika Die Rechtsstellung des unbefruchteten und befruchteten menschlichen Keimguts, Ein Beitrag zu zivilrechtlichen Fragen im Bereich der Reproduktions- und Gentechnologie, München 1990.

(zit.: *Lanz-Zumstein*, Die Rechtsstellung des unbefruchteten und befruchteten menschlichen Keimguts)

Larenz, Karl; Wolf, Manfred Allgemeiner Teil des Bürgerlichen Rechts, 9. Auflage, München 2004

Laufs, Adolf Aids und Arztrecht, NJW 1987, 2257-2265.

Laufs, Adolf; Uhlenbruck, Wilhelm Handbuch des Arztrechts, 4. Auflage, München 2010.

Leipziger Kommentar Großkommentare der Praxis StGB, Band 6, §§ 146 bis 210, 12. Auflage, Berlin 2010.

(zit: LK-*Bearbeiter*)

Großkommentare der Praxis StGB, Einleitung. Band 8, §§ 242 bis 262, 12. Auflage, Berlin 2010.

(zit: LK-*Bearbeiter*)

Lippert, Hans-Dieter Forschung an und mit Körpersubstanzen – wann ist die Einwilligung des ehemaligen Trägers erforderlich?, MedR 2001, 406–410.

Locke, John Two treatises of government, Cambridge 2003.

Lorenz, Dieter Recht auf Leben und körperliche Unversehrtheit, in: Isensee, Josef; Kirchhof, Hans-Peter (Hrsg.), Handbuch des Staatsrechts der Bundesrepublik Deutschland, Band VI, 2. Auflage, Heidelberg 2001.

Losch, Bernhard Lebensschutz am Lebensbeginn: Verfassungsrechtliche Probleme des Embryonenschutzes, NJW 1992, 2926–2932.

Lübbe, Weyma „Embryonenschutz als Verfassungsfrage“, ZfP 1989, 138–150.

Luhmann, Niklas Grundrechte als Institution, Ein Beitrag zur politischen Soziologie, 5. Auflage, Berlin 2009.

(zit.: *Luhmann*, Grundrechte als Institution)

Luther, Martin Die Bibel, Nach der Übersetzung Martin Luthers ; [Bibeltext in der revidierten Fassung von 1984], Stuttgart 2007.

Macpherson, Crawford B. The political theory of possessive individualism, Hobbes to Locke, Oxford 1962.

Mai, Gerald Die rechtliche Zulässigkeit der embryonalen Gewebe- und Zellentnahme zum Zwecke der Entwicklung einer neuartigen Therapiestrategie gegen die Parkinsonsche Krankheit, Frankfurt am Main, New York 1999.

Mangoldt, Hermann von; Klein, Friedrich; Starck, Christian (Hrsg.) Kommentar zum Grundgesetz, Band I: Präambel, Artikel 1 bis 19, 6.Auflage, München 2010.

(zit.: *Bearbeiter* in v. Mangoldt/Klein/Starck)

Manzei, Alexandra Stammzellen aus Nabelschnurblut, Ethische und gesellschaftliche Aspekte; eine Veröffentlichung des Institutes Mensch, Ethik und Wissenschaft (IMEW) 1.Auflage, Berlin 2005.

Martens Beschlussbesprechung OLG Frankfurt, Beschluss vom 29.11.1974 – 2 Ws 239/74, NJW 1975, 1668–1669.

Martis,Rüdiger Winkhart-Martis, Martina Arzthaftungsrecht, Fallgruppenkommentar, 3. Auflage, Köln 2010.

Maunz, Theodor; Dürig, Günter Grundgesetz: Kommentar, 60. Auflage, München 2010.

(zit.: Maunz/Dürig/*Bearbeiter*)

Maurer, Hartmut Die medizinische Organtransplantation in verfassungsrechtlicher Sicht, Bemerkungen zumEntwurf eines Transplantationsgesetzes, DÖV1980, 7–15.

(zit.: *Maurer*, Die medizinische Organtransplantation in verfassungsrechtlicher Sicht)

Medizinische Hochschule Hannover Gemeinsame Stellungnahme zum Thema Fetale Stammzellen/Nabelschnurblut.

http://www.mh-hannover.de/fileadmin/kliniken/zentrum_frauenheilkunde/download/Nabelschnurblut.pdf.

Merkel, Reinhard Forschungsobjekt Embryo, Verfassungsrechtliche und ethische Grundlagen der Forschung an menschlichen embryonalen Stammzellen, München 2002.

(zit.: *Merkel*, Forschungsobjekt Embryo)

Michalski, Lutz — (Zahn-) Ärztliche Aufklärungspflicht über die Ersatzfähigkeit von Heilbehandlungskosten, VersR 1997, 137–145.

Michel, F. P. — Forum: Aids-Tests ohne Einwilligung – Körperverletzung oder Strafbarkeitslücke?, JuS 1988, 8–13.

Mittelstein, Max — Mensch und Leichnam als Rechtsobjekt in GA Bd. 34, 172.

Müller, Rolf — Die kommerzielle Nutzung menschlicher Körpersubstanzen, Rechtliche Grundlagen und Grenzen, Dissertation, Berlin 1997.

(zit.: *Müller*, Die kommerzielle Nutzung menschlicher Körpersubstanzen)

Müller-Terpitz, Ralf — Die neuen Empfehlungen der DFG zur Forschung mit menschlichen Stammzellen, WissR 2001, 271-286.

Münch, Ingo von; Kunig, Philip — Grundgesetz-Kommentar, Band 1, Präambel bis Art. 19, 5. Auflage, München 2000.

(zit.: *Bearbeiter* in v. Münch/Kunig)

Münchener Kommentar zum Bürgerlichen Gesetzbuch — Band 1, Teilband 1 „Allgemeiner Teil" §§ 1 – 240, ProstG, 5. Auflage, München 2006.

(zit.: MüKo/Bearbeiter)

Band 3, Schuldrecht, Besonderer Teil, §§ 433 – 610, 5.Auflage, München 2007.

(zit.: MüKo/Bearbeiter)

Band 6, Sachenrecht, §§ 854 – 1296, 5. Auflage, München 2009.

(zit.: MüKo/Bearbeiter)

Band 8, Familienrecht II, §§ 1589-1921, 5. Auflage, München 2008.

(zit.: MüKo/Bearbeiter)

Münchener Kommentar zum Strafgesetzbuch — Band 2/2, §§ 80 – 184 f StGB, München 2005.

(zit.: MüKo/Bearbeiter)

Band 3, §§ 185 – 262 StGB, München 2003.

(zit.: MüKo/Bearbeiter)

Mugdan, Benno — Recht der Schuldverhältnisse, Berlin 1899, Aalen 1979.

Nationaler Ethikrat — Wortprotokoll, Niederschrift über das Forum Bioethik, 22. September 2004, Zwischen altruistischer Spende und Produkt – Ethische Aspekte der Gewebetransplantation.

Biobanken für die Forschung, Stellungnahme, Hamburg 2004.

Die Zahl der Organspenden erhöhen – Zu einem drängenden Problem der Transplantationsmedizin in Deutschland, Stellungnahme, Berlin, 24. April 2007.

Nipperdey, Hans Carl; Enneccerus, Ludwig — Allgemeiner Teil des Bürgerlichen Rechts, Ein Lehrbuch, 15. Auflage, Tübingen 1960.

Nitz, Gerhard; Dierks, Christian — Nochmals: Forschung an und mit Körpersubstanzen – wann ist die Einwilligung des ehemaligen Trägers erforderlich?, MedR 2002, 400–403.

Nixdorf, Wolfgang — Zur ärztlichen Haftung hinsichtlich entnommener Körpersubstanzen, VersR 1995, 740–745.

Ofner, Helmut — Gewinnung und Verwertung menschlicher Körpersubstanzen aus operativen Eingriffen in: Kopetzki, Christian; Mayer, Heinz, Biotechnologie und Recht, Wien, 2002, 185–197.

Ordemann, R. u.a. Dresdner Nabelschnurblutbank, Erfahrungen der Nabelschnurblutbank in Dresden, unterstützt durch die Deutsche Knochenmarkspenderdatei, Dtsch Med Wochenschr 2000; 125: 1424-1428.

Palandt, Otto Bürgerliches Gesetzbuch, 70. Auflage, München 2011.

(zit.: Palandt/*Bearbeiter*)

Paul, Annekatrin Möglichkeiten und Grenzen der Forschung an embryonalen Stammzellen und des therapeutischen Klonens, Eine Untersuchung der verfassungsrechtlichen und einfachgesetzlichen Aspekte, Hamburg 2004.

(zit.: *Paul*, Möglichkeiten und Grenzen der Forschung an embryonalen Stammzellen und des therapeutischen Klonens)

Perels, M.; Teyssen, J. Aids, Antikörpertest und Einwilligungserfordernis, MMW 1987, 76.

Planck, Gottlieb Sachenrecht, Band 3, Berlin 1906.

Pluisch, Frank; Heifer, Ulrich Die rechtliche Zulässigkeit von Leichenversuchen, NJW 1994, 2377–2381.

Profamilia e.V. Expertise Fetales Gewebe, Ein Gutachten zu Forschung und Verwendung von embryonalem / fetalem Gewebe, 1. Auflage, Frankfurt am Main, 2000.

(zit.: *Profamilia*, Expertise Fetales Gewebe)

Prütting, Hanns; Wegen, Gerhard; Weinreich, Gerd BGB-Kommentar, 5. Auflage, Köln 2010.

(zit: Prütting/Wegen/Weinreich/*Bearbeiter*)

Pschyrembel, Willibald; Hildebrandt, Helmut Klinisches Wörterbuch, 262. Auflage, Berlin 2010.

Pühler, Wiebke/ Middel, Claus-Dieter/ Hübner, Marlis — Pankreasinseln Was tun, wenn ein Organ zum Gewebe wird?, MedR 2010 28:23-27.

(zit: *Pühler/Middel/Hübner*, Pankreasinseln)

Quigley, Muireann — Property and the body: Applying Honoré, J Med Ethics 2007; 33: 631-634.

Rager, Günter — Embryo-Mensch-Person: Zur Frage nach dem Beginn des personalen Lebens, in: J. P. Beckmann (Hrsg.), Fragen und Probleme einer medizinischen Ethik, 10. Auflage, Berlin 1996, S. 254ff.

(zit.: *Rager*, Embryo-Mensch-Person)

Rager, Günter (Hrsg.) — Beginn, Personalität und Würde des Menschen, 3. Auflage, Freiburg 2009.

Reich, Warren T. — Encyclopedia of bioethics, New York 1978.

Revermann, Christoph; Sauter, Arnold — Biobanken als Ressource der Humanmedizin, Studien des Büros für Technikfolgen-Abschätzung beim Deutschen Bundestag – 23, Berlin 2007.

Riedel, Eibe — Die Rahmenkonvention – Eine geeignete Regelungstechnik für ein Übereinkommen zur Biomedizin?, SS. 34ff. in: Taupitz, Jochen, Das Menschenrechtsübereinkommen zur Biomedizin des Europarates, Berlin 2002.

Rieger, Hans-Jürgen — Verletzung der wirtschaftlichen Aufklärungs- und Dokumentationspflicht durch den behandelnden Arzt, DMW 1999, 1469–1470.

Rixen, Stephan — Die Bestattung fehlgeborener Kinder als Rechtsproblem, FamRZ 1994, 417–425.

Roth-Stielow, K. — Stufungen des vorgeburtlichen Lebensschutzes, ZRP 2002, 530.

Rupp, Hans-Heinrich Die Stellung der Studenten in der Universität, VVDStRL 1969, 27, 113.

Sachs, Michael Grundgesetz Kommentar, 5. Auflage, München 2009.

(zit.: Sachs/*Bearbeiter*)

Sacksofsky, Ute Der verfassungsrechtliche Status des Embryos in vitro, Gutachten für die Enquete-Kommission des Deutschen Bundestages „Recht und Ethik der modernen Medizin" September 2001, http://www.bundestag.de/parlament/gremien/kommissionen/archiv14/medi/medi_gut_sac.pdf.

Sasse, Ralf Zivil-und strafrechtliche Aspekte der Veräußerung von Organen Verstorbener und Lebender, Frankfurt am Main 1996.

Schaefer, Ulrich W. Knochenmarktransplantation, Prinzipien, Forschungs-schwerpunkte und Perspektiven, Essener Unikate 1998; 10, 85–91.

Schäfer, Paul Rechtsfragen zur Verpflanzung von Körper- und Leichenteilen, Dissertation, Münster 1961.

Schaffland, Hans J.; Wiltfang, Noeme Bundesdatenschutzgesetz, ergänzbarer Kommentar nebst einschlägigen Rechtsvorschriften, Berlin 1977, Stand 2010.

Scharlau, Ingrid Mensch und Maschine, http://www.uni-bielefeld.de/psychologie/ae/Ae01/hp/scharlau/mum.htm

Schelling, Philip Die Pflicht des Arztes zur wirtschaftlichen Aufklärung im Lichte zunehmender ökonomischer Zwänge im Gesundheitswesen, MedR 2004, 422–429.

Schindele, Eva Datenspende Blut – Wie Biobanken Patientenmaterial vermarkten, Deutschlandfunk, Wissenschaft im Brennpunkt, www.dradio.de/dlf/sendungen/wib/323772

Schmeissner, Katja (Straf-) Rechtliche Aspekte der Transplantation fetaler Zellen und Gewebe, Dissertation, Berlin 2002.

Schmidt-Bleibtreu, Bruno; Hofmann, Hans Hopfauf, Axel (Hrsg.) Kommentar zum Grundgesetz, 11. Auflage, 2008

(zit.: *Bearbeiter* in Schmidt-Bleibtreu/Hofmann/Hopfauf)

Schneider, Ingrid Föten, Der neue medizinische Rohstoff, Frankfurt am Main [u.a.] 1995.

Schoeller, Birgit Vorschlag für eine gesetzliche Regelung der Organspende vom lebenden Spender, Frankfurt am Main 1994.

Scholz, Rupert Instrumentale Beherrschung der Biotechnologie durch die Rechtsordnung in: Gareis, Hansgeorg u.a., 16. Bitburger Gespräche, 1986.

(zit.: *Scholz*, Bitburger Gespräche 1986)

Schönke, Adolf; Schröder, Horst Strafgesetzbuch, Kommentar, 28. Auflage, München 2010.

(zit.: Schönke/Schröder/*Bearbeiter*)

Schröder, Michael; Taupitz, Jochen Menschliches Blut verwendbar nach Belieben des Arztes?, Zu den Formen erlaubter Nutzung menschlicher Körpersubstanzen ohne Kenntnis des Betroffenen, Stuttgart 1991.

(zit.: *Schröder/Taupitz*, Menschliches Blut verwendbar nach Belieben des Arztes?)

Schroth, Ulrich Forschung mit embryonalen Stammzellen und Präimplantationsdiagnostik im Lichte des Rechts, JZ 2002, 170–179.

Schroth, Ulrich; König, Peter, Gutmann, Thomas; Oduncu, Fuat Transplantationsgesetz, Kommentar, München 2005.

(zit.: Bearbeiter in Schroth/König/Gutmann/Oduncu*)*

Schünemann, Hermann — Die Rechte am menschlichen Körper, Dissertation, Frankfurt am Main 1985.

Schuh, Hans — Streit ums frühe Leben, Die Zeit 02/1999.

Was dürfen Ärzte und Forscher?, Die Zeit 02/1999.

Schultheis, Rudolf — Über die Möglichkeit von Privatrechtsverhältnissen am menschlichen Leichnam und Teile desselben, Dissertation, Halle 1888.

(zit.: *Schultheis,* Privatrechtsverhältnisse am Leichnam)

Schumacher, Gert-Horst; Christ, Bodo E. — Embryonale Entwicklung und Fehlbildungen des Menschen, Anatomie und Klinik, 10. Auflage, Berlin 1993.

Shakespeare, William — Der Kaufmann von Venedig, Berlin 1976.

Simitis, Spiros — Allgemeine Aspekte des Schutzes genetischer Daten, in: Genanalyse und Persönlichkeitsrechtsschutz, Zürich 1994.

Simitis, Spiros; Bizer, Johann — Kommentar zum Bundesdatenschutzgesetz, Baden-Baden 2003.

Simon, Jürgen W.; Paslack, Rainer; Goebel, Jürgen W.; Krawczak, Michael — Biomaterialbanken – Rechtliche Rahmenbedingungen, Schriftenreihe der Telematikplattform für Medizinische Forschungsnetze, Berlin 2006.

Smend, Rudolf — Das Recht der freien Meinungsäußerung, VVDStRL 1982, 44.

Soergel, Hans Theodor; Siebert, Wolfgang — Bürgerliches Gesetzbuch mit Einführungsgesetz und Nebengesetzen, Band 1 „Allgemeiner Teil (§§ 1 – 103)“, 13. Auflage, 2000.

(zit.: Soergel/*Bearbeiter*)

Bürgerliches Gesetzbuch, Schuldrecht III/1, Band 4/1 §§ 516-651, 12. Auflage, 1997.

(zit.: Soergel/*Bearbeiter*)

Bürgerliches Gesetzbuch, Sachenrecht 1, Band 14 §§ 854-984, 13. Auflage, 2002.

(zit.: Soergel/*Bearbeiter*)

Bürgerliches Gesetzbuch, Familienrecht 4, Band 20, §§ 1741-1921, 13. Auflage, 2000.

(zit.: Soergel/*Bearbeiter*)

Spranger, Tade M. — Der Mensch als Sondermüll, Zum Umgang mit Fehlgeburten, NVwZ 1999, 856–858.

Die ungenehmigte Verfügung der Krankenhäuser über Fehlgeborene, MedR 1999, 210–213.

Die Rechte des Patienten bei der Entnahme und Nutzung von Körpersubstanzen, NJW 2005, 1084–1090.

Starck, Christian — Die künstliche Befruchtung beim Menschen – Zulässigkeit und zivilrechtliche Folgen., 1. Teilgutachten: Verfassungsrechtliche Probleme (Verhandlungen des 56. Deutschen Juristentages, Bd.I Teil A), München 1986, A1-58.

Praxis der Verfassungsauslegung, 1. Auflage, Baden-Baden 1994.

Verfassungsrechtliche Grenzen der Biowissenschaft und Fortpflanzungsmedizin, JZ 2002, 1065–1072.

Starr, Douglas; *Leipold, Inge* — Blut, Stoff für Leben und Kommerz, München 1999.

Statistisches Bundesamt Deutschland — Schwangerschaftsabbrüche 2009, http://www.destatis.de/jetspeed/portal/cms/Sites/destatis/Internet/DE/Content/Statistiken/Gesundheit/Schwangerschaftsabbrueche/Aktuell,templateId=renderPrint.psml.

Staudinger, Julius von — Allgemeiner Teil Kommentar zum Bürgerlichen Gesetzbuch, Buch 1, §§ 90 – 133; §§ 1-54, 63 Beurkundungsgesetz, Berlin 2004.

(zit.: Staudinger/*Bearbeiter*)

Allgemeiner Teil Kommentar zum Bürgerlichen Gesetzbuch, Buch 2, Schenkungsrecht §§ 516-534, Berlin 2005.

(zit.: Staudinger/*Bearbeiter*)

Kommentar zum Bürgerlichen Gesetzbuch, Sachenrecht §§ 925 – 984; Anhang zu §§ 929ff. Sonderformen der Übereignung (Eigentum 2), Berlin 2004.

(zit.: Staudinger/*Bearbeiter*)

BGB-Kommentar, §§ 1626 – 1631, Anhang zu § 1631 RKEG, §§ 1631a – 1633; Berlin 2007.

(zit.: Staudinger/*Bearbeiter*)

Kommentar zum Bürgerlichen Gesetzbuch, Familienrecht §§ 1896 – 1921 (Rechtliche Betreuung und Pflegschaft), Berlin 2006.

(zit.: Staudinger/*Bearbeiter*)

Stentenbach, Berthold — Der strafrechtliche Schutz der Leiche, Aachen 1995.

Stern, Klaus — Das Staatsrecht der Bundesrepublik Deutschland, Band 1: Grundbegriffe und Grundlagen des Staatsrechts, Strukturprinzipien der Verfassung, 2. Auflage 1984.

Das Staatsrecht der Bundesrepublik Deutschland, Band III/2: Allgemeine Lehren der Grundrechte, 1994.

Sternberg-Lieben, Detlef — Strafrechtlicher Schutz der toten Leibesfrucht (§ 168 StGB n.F.), NJW 1987, 2062-2063.

Taupitz, Jochen

Das Menschenrechtsübereinkommen zur Biomedizin des Europarates, Berlin 2002.

Der deliktsrechtliche Schutz des menschlichen Körpers und seiner Teile, NJW 1995, 745-752.

Forschung mit menschlichen Zellen in Österreich: Profit auf Kosten des Patienten?, JBl 2000, 152–161.

Import embryonaler Stammzellen, ZRP 2002, 111–115.

Kommerzialisierung menschlicher Körpersubstanzen in: Damm, Reinhardt; Hart, Dieter, Die rechtliche Regulierung von Gesundheitsrisiken, Baden-Baden, 1993, 51ff.

Privatrechtliche Rechtspositionen um die Genomanalyse: Eigentum, Persönlichkeit, Leistung, JZ 1992, 1089–1099.

Veröffentlichungen des Instituts für Deutsches, Europäisches und Internationales Medizinrecht, Gesundheitsrecht und Bioethik der Universitäten Heidelberg und Mannheim, Das Menschenrechtsübereinkommen zur Biomedizin des Europarates, Taugliches Vorbild für eine weltweit geltende Regelung? = The convention on human rights and biomedicine of the Council of Europe, Berlin 2002.

(zit.: *Taupitz*, Das Menschenrechtsübereinkommen zur Biomedizin des Europarates, Taugliches Vorbild für eine weltweit geltende Regelung?)

Wem gebührt der Schatz im menschlichen Körper?, AcP191, 201–246.

Tempel, Otto — Inhalt, Grenzen und Durchführung der ärztlichen Aufklärungspflicht unter Zugrundelegung der höchstrichterlichen Rechtssprechung, NJW 1980, 609–617.

Thasler, Wolfgang E.; Weiß, Thomas; Jauch, Karl-Walter — Heilung in der Kulturschale?, http://www.htcr.de/stiftung.html

Thasler, Wolfgang E.; Weiß, Thomas; Schillhorn, K.; Irrgang, B.; Jauch, K.-W. — Die Verwendung menschlichen Gewebes in der Forschung, Dtsch Med Wochenschr 127, 1397–1400.

Trouet, C. — New European guidelines for the use of stored human biological materials in biomedical research, J. Med. Ethics 30, 99–103.

Tschulik; Zatloukal — Der neue Stellenwert von Tumor- und Gewebebanken im Lichte der Genom- und Proteomforschung, Der Pathologe 2001, 310–315.

Universitätsklinikum Essen — Informationen über die freiwillige Knochenmarkspende und periphere Blutstammzellspende, http://www.uni-essen.de/sze

Vangerow, Karl Adolph von — Lehrbuch der Pandekten, Marburg 1851.

Wahrig, Gerhard — Deutsches Wörterbuch, Gütersloh u.a. 2000.

Walter, Ute — Geschichte des Anspruchs auf Schmerzensgeld bis zum Inkrafttreten des bürgerlichen Gesetzbuches, Habilitation, Rechts- und Staatswissenschaftliche Veröffentlichungen der Görres-Gesellschaft, Bd. 109, 2004.

Weißauer; Hirsch — Forensische Probleme der Aufklärungspflicht vor diagnostischen Eingriffen, Med. Klin.Prax. 1983, 57-65.

Wendtland, Carsten — Die Forschung mit menschlichen embryonalen Stammzellen als Gegenstand der Rechtsetzung, Frankfurt am Main 2005.

Wicklein, Marco — Biobanken zwischen Wissenschaftsfreiheit, Eigentumsrecht und Persönlichkeitsrechtsschutz, Dissertation, Marburg 2007.

Wieacker, Franz — Sachbegriff, Sachbegriff, Sacheinheit, Sachzuordnung, AcP194, 357–104.

Wissenschaftliche Dienste des Deutschen Bundestages — Zur Vereinbarkeit des Entwurfs der „Bioethik-Konvention" des Europarates vom 6. Juni 1996 mit den Grundrechten, Bonn 1996.

Wolfrum, Rüdiger — Stammzellen als biomedizinische Verheißung – zu welchem Preis?, http://www.wissenschaft-online.de/sixcms/list.php?article_id=573387&page=fe_seiten&skip=2

Zedler, Johann Heinrich — Grosses Vollständiges Universal-Lexicon Aller Wissenschaften und Künste, Halle u. Leipzig 1739.

Zentrale Ethikkommission bei der Bundesärztekammer (ZEK BÄK) — Stellungnahme der Zentralen Ethikkommission zur Stammzellforschung vom 19.06.2002, http://www.zentrale-ethikkommission.de/downloads/Stammzell.pdf

(zit.: *ZEK BÄK*, Stellungnahme zur Stammzellforschung)

Übertragung von Nervenzellen in das Gehirn von Menschen (Stellungnahme), Deutsches Ärzteblatt 1998, A-1869-1871.

Die (Weiter-)Verwendung von menschlichen Körpermaterialien für Zwecke medizinischer Forschung, Stellungnahme der Zentralen Ethikkommission 2003, http://www.zentrale-ethikkommission.de/downloads/Koerpermat.pdf

(zit.: *ZEK BÄK*, Stellungnahme zur (Weiter-)Verwendung von menschlichen Körpermaterialien für Zwecke medizinischer Forschung

Zippelius, Reinhold; Würtenberger, Thomas; Maunz, Theodor — Deutsches Staatsrecht, Ein Studienbuch, 32. Auflage, München 2008.

(zit.: *Maunz/Zippelius*, Staatsrecht)

Die Reihe RECHT UND MEDIZIN wird von den Professoren Deutsch (Göttingen), Kern (Leipzig), Laufs (Heidelberg), Lilie (Halle a.d. Saale), Schreiber (Göttingen) und Spickhoff (Göttingen) herausgegeben. Ihre Aufgabe ist es, Monographien und Dissertationen auf dem Gebiet des Medizinrechts zu veröffentlichen. Dieses Gebiet, das an Bedeutung noch zunehmen wird, umfaßt auf der juristischen Seite sowohl zivilrechtliche als auch straf- und öffentlich-rechtliche Fragestellungen. Die Fragen können von der juristischen oder von der medizinischen Seite aus untersucht werden. Übergreifendes Ziel ist es, den medizinrechtlichen Fragen nicht etwa ein gängiges juristisches Denkschema überzuwerfen, sondern die besonderen Probleme der Regelung medizinischer Sachverhalte eigenständig aufzufassen und darzustellen.

Manuskriptzusendungen an die Herausgeber bitte per Brief- bzw. Paketpost. Die Adressen der Herausgeber sind:

Prof. Dr. Dr. h.c. Erwin Deutsch (Zivilrecht und Rechtsvergleichung)
Höltystraße 8
37085 Göttingen

Prof. Dr. Bernd-Rüdiger Kern (Zivilrecht, Rechtsgeschichte und Arztrecht)
Universität Leipzig
Juristenfakultät / Lehrstuhl für Bürgerliches Recht, Rechtsgeschichte
und Arztrecht
Burgstraße 27
04109 Leipzig

Prof. Dr. Dr. h.c. Adolf Laufs (Zivilrecht, Medizinrecht und Rechtsgeschichte)
Kohlackerweg 12
69151 Neckargemünd

Prof. Dr. Hans Lilie (Strafrecht, Strafprozessrecht und Medizinrecht;
federführender Reihenherausgeber)
Martin-Luther-Universität Halle-Wittenberg
Juristische Fakultät: Strafrecht
Universitätsplatz 6
06108 Halle a.d. Saale
hans.lilie@jura.uni-halle.de

Prof. Dr. Dr. h.c. Hans-Ludwig Schreiber (Strafrecht und Rechtstheorie)
Grazer Str. 14
30519 Hannover

Prof. Dr. Andreas Spickhoff (Zivil- und Zivilprozessrecht, Internationales und
Vergleichendes Medizinrecht)
Georg-August Universität Göttingen
Juristische Fakultät
Platz der Göttinger Sieben 6
37073 Göttingen

RECHT UND MEDIZIN

Band 24 Stephan Cramer: Genom- und Genanalyse. Rechtliche Implikationen einer "Prädiktiven Medizin". 1991.

Band 25 Knut Schulte: Das standesrechtliche Werbeverbot für Ärzte unter Berücksichtigung wettbewerbs- und kartellrechtlicher Bestimmungen. 1992.

Band 26 Young-Kyu Park: Das System des Arzthaftungsrechts. Zur dogmatischen Klarstellung und sachgerechten Verteilung des Haftungsrisikos. 1992.

Band 27 Angela Könning-Feil: Das Internationale Arzthaftungsrecht. Eine kollisionsrechtliche Darstellung auf sachrechtsvergleichender Grundlage. 1992.

Band 28 Jutta Krüger: Der Hamburger Barmbek/Bernbeck-Fall. Rechtstatsächliche Abwicklung und haftungsrechtliche Aspekte eines medizinischen Serienschadens. 1993.

Band 29 Alexandra Goeldel: Leihmutterschaft – eine rechtsvergleichende Studie. 1994.

Band 30 Thomas Brandes: Die Haftung für Organisationspflichtverletzung. 1994.

Band 31 Winfried Grabsch: Die Strafbarkeit der Offenbarung höchstpersönlicher Daten des ungeborenen Menschen. 1994.

Band 32 Jochen Markus: Die Einwilligungsfähigkeit im amerikanischen Recht. Mit einem einleitenden Überblick über den deutschen Diskussionsstand. 1995.

Band 33 Meltem Göben: Arzneimittelhaftung und Gentechnikhaftung als Beispiele modernen Risikoausgleichs mit rechtsvergleichenden Ausblicken zum türkischen und schweizerischen Recht. 1995.

Band 34 Regine Kiesecker: Die Schwangerschaft einer Toten. Strafrecht an der Grenze von Leben und Tod – Der Erlanger und der Stuttgarter Baby-Fall. 1996.

Band 35 Doris Voll: Die Einwilligung im Arztrecht. Eine Untersuchung zu den straf-, zivil- und verfassungsrechtlichen Grundlagen, insbesondere bei Sterilisation und Transplantation unter Berücksichtigung des Betreuungsgesetzes. 1996.

Band 36 Jens-M. Kuhlmann: Einwilligung in die Heilbehandlung alter Menschen. 1996.

Band 37 Hans-Jürgen Grambow: Die Haftung bei Gesundheitsschäden infolge medizinischer Betreuung in der DDR. 1997.

Band 38 Julia Röver: Einflußmöglichkeiten des Patienten im Vorfeld einer medizinischen Behandlung. Antezipierte Erklärung und Stellvertretung in Gesundheitsangelegenheiten. 1997.

Band 39 Jens Göben: Das Mitverschulden des Patienten im Arzthaftungsrecht. 1998.

Band 40 Hans-Jürgen Roßner: Begrenzung der Aufklärungspflicht des Arztes bei Kollision mit anderen ärztlichen Pflichten. Eine medizinrechtliche Studie mit vergleichenden Betrachtungen des nordamerikanischen Rechts. 1998.

Band 41 Meike Stock: Der Probandenschutz bei der medizinischen Forschung am Menschen. Unter besonderer Berücksichtigung der gesetzlich nicht geregelten Bereiche. 1998.

Band 42 Susanne Marian: Die Rechtsstellung des Samenspenders bei der Insemination / IVF. 1998.

Band 43 Maria Kasche: Verlust von Heilungschancen. Eine rechtsvergleichende Untersuchung. 1999.

Band 44 Almut Wilkening: Der Hamburger Sonderweg im System der öffentlich-rechtlichen Ethik-Kommissionen Deutschlands. 2000.

Band 45 Jonela Hoxhaj: Quo vadis Medizintechnikhaftung? Arzt-, Krankenhaus- und Herstellerhaftung für den Einsatz von Medizinprodukten. 2000.

Band 46 Birgit Reuter: Die gesetzliche Regelung der aktiven ärztlichen Sterbehilfe des Königreichs der Niederlande – ein Modell für die Bundesrepublik Deutschland? 2001. 2. durchgesehene Auflage 2002.

Band 47 Klaus Vosteen: Rationierung im Gesundheitswesen und Patientenschutz. Zu den rechtlichen Grenzen von Rationierungsmaßnahmen und den rechtlichen Anforderungen an staatliche Vorhaltung und Steuerung im Gesundheitswesen. 2001.

Band 48 Bong-Seok Kang: Haftungsprobleme in der Gentechnologie. Zum sachgerechten Schadensausgleich. 2001.

Band 49 Heike Wachenhausen: Medizinische Versuche und klinische Prüfung an Einwilligungsunfähigen. 2001.

Band 50 Thomas Hasenbein: Einziehung privatärztlicher Honorarforderungen durch Inkassounternehmen. 2002.

Band 51 Oliver Nowak: Leitlinien in der Medizin. Eine haftungsrechtliche Betrachtung. 2002.

Band 52 Christina Herrig: Die Gewebetransplantation nach dem Transplantationsgesetz. Entnahme – Lagerung – Verwendung unter besonderer Berücksichtigung der Hornhauttransplantation. 2002.

Band 53 Matthias Nagel: Passive Euthanasie. Probleme beim Behandlungsabbruch bei Patienten mit apallischem Syndrom. 2002.

Band 54 Miriam Ina Saati: Früheuthanasie. 2002.

Band 55 Susanne Schneider: Rechtliche Aspekte der Präimplantations- und Präfertilisationsdiagnostik. 2002.

Band 56 Uta Oelert: Allokation von Organen in der Transplantationsmedizin. 2002.

Band 57 Jens Muschner: Die haftungsrechtliche Stellung ausländischer Patienten und Medizinalpersonen in Fällen sprachbedingter Mißverständnisse. 2002.

Band 58 Rüdiger Wolfrum / Peter-Tobias Stoll / Stephanie Franck: Die Gewährleistung freier Forschung an und mit Genen und das Interesse an der wirtschaftlichen Nutzung ihrer Ergebnisse. 2002.

Band 59 Frank Hiersche: Die rechtliche Position der Hebamme bei der Geburt. Vertikale oder horizontale Arbeitsteilung. 2003.

Band 60 Hartmut Schädlich: Grenzüberschreitende Telemedizin-Anwendungen: Ärztliche Berufserlaubnis und Internationales Arzthaftungsrecht. Eine vergleichende Darstellung des deutschen und US-amerikanischen Rechts. 2003.

Band 61 Stefanie Diettrich: Organentnahme und Rechtfertigung durch Notstand? Zugleich eine Untersuchung zum Konkurrenzverhältnis von speziellen Rechtfertigungsgründen und rechtfertigendem Notstand gem. § 34 StGB. 2003.

Band 62 Anne Elisabeth Stange: Gibt es psychiatrische Diagnostikansätze, um den Begriff der schweren anderen seelischen Abartigkeit in §§ 20, 21 StGB auszufüllen? 2003.

Band 63 Christiane Schief: Die Zulässigkeit postnataler prädiktiver Gentests. Die Biomedizin-Konvention des Europarats und die deutsche Rechtslage. 2003.

Band 64 Maike C. Erbsen: Praxisnetze und das Berufsrecht der Ärzte. Der Praxisverbund als neue Kooperationsform in der ärztlichen Berufsordnung. 2003.

Band 65 Markus Schreiber: Die gesetzliche Regelung der Lebendspende von Organen in der Bundesrepublik Deutschland. 2004.

Band 66 Thela Wernstedt: Sterbehilfe in Europa. 2002.

Band 67 Axel Thias: Möglichkeiten und Grenzen eines selbstbestimmten Sterbens durch Einschränkung und Abbruch medizinischer Behandlung. Eine Untersuchung aus straf- und betreuungsrechtlicher Perspektive unter besonderer Berücksichtigung der Problematik des apallischen Syndroms. 2004.

Band 68 Jutta Müller: Ärzte und Pflegende, die keine Organe spenden wollen. Transplantatmangel muss nicht sein. 2004.

Band 69 Ihna Link: Schwangerschaftsabbruch bei Minderjährigen. Eine vergleichende Untersuchung des deutschen und englischen Rechts. 2004.

Band 70 Susann Tiebe: Strafrechtlicher Patientenschutz. Die Bedeutung des Strafrechts für die individuellen Patientenrechte. 2005.

Band 71 Jörg Gstöttner: Der Schutz von Patientenrechten durch verfahrensmäßige und institutionelle Vorkehrungen sowie den Erlass einer Charta der Patientenrechte. 2005.

Band 72 Oliver Jürgens: Die Beschränkung der strafrechtlichen Haftung für ärztliche Behandlungsfehler. 2005.

Band 73 Stephanie Gropp: Schutzkonzepte des werdenden Lebens. 2005.

Band 74 Clemens Winter: Robotik in der Medizin. Eine strafrechtliche Untersuchung. 2005.

Band 75 Barbara Eck: Die Zulässigkeit medizinischer Forschung mit einwilligungsunfähigen Personen und ihre verfassungsrechtlichen Grenzen. Eine Untersuchung der Rechtslage in Deutschland und rechtsvergleichenden Elementen. 2005.

Band 76 Anastassios Kantianis: Palliativmedizin als Sterbebegleitung nach deutschem und griechischem Recht. 2005.

Band 77 Ulrike Morr: Zulässigkeit von Biobanken aus verfassungsrechtlicher Sicht. 2005.

Band 78 Nora Markus: Die Zulässigkeit der Sectio auf Wunsch. Eine medizinische, ethische und rechtliche Betrachtung. 2006.

Band 79 Michael Benedikt Nagel: Die ärztliche Behandlung Neugeborener – Früheuthanasie. 2006.

Band 80 Regina Leitner: Sterbehilfe im deutsch-spanischen Rechtsvergleich. 2006.

Band 81 Martin Berger: Embryonenschutz und Klonen beim Menschen – Neuartige Therapiekonzepte zwischen Ethik und Recht. Ansätze zur Entwicklung eines neuen Regelungsmodells für die Bundesrepublik Deutschland. 2007.

Band 82 Amelia Kuschel: Der ärztlich assistierte Suizid. Straftat oder Akt der Nächstenliebe? 2007.

Band 83 Hans-Ludwig Schreiber / Hans Lilie / Henning Rosenau / Makoto Tadaki / Un Jong Pak (Hrsg.): Globalisierung der Biopolitik, des Biorechts und der Bioethik? Das Leben an seinem Anfang und an seinem Ende. 2007.

Band 84 Ralf Clement: Der Rechtsschutz der potentiellen Organempfänger nach dem Transplantationsgesetz. Zur rechtlichen Einordnung der verteilungsrelevanten Regelungen zwischen öffentlichem und privatem Recht. 2007.

Band 85 Sabine Lebert: Humanes Überschußgewebe – Möglichkeit der Verwendung für die Forschung? Analyse der rechtlichen, ethischen und biomedizinischen Voraussetzungen im Ländervergleich. 2007.

Band 86 Dietrich Wagner: Der gentechnische Eingriff in die menschliche Keimbahn. Rechtlich-ethische Bewertung. Nationale und internationale Regelungen im Vergleich. 2007.

Band 87 Britta Vogt: Methoden der künstlichen Befruchtung: „Dreierregel" versus „Single Embryo Transfer". Konflikt zwischen Rechtslage und Fortschritt der Reproduktionsmedizin in Deutschland im Vergleich mit sieben europäischen Ländern. 2008.

Band 88 Sebastian Rosenberg: Die postmortale Organtransplantation. Eine „gemeinschaftliche Aufgabe“ nach § 11 Abs. 1 S. 1 Transplantationsgesetz. Kompetenzen und Haftungsrisiken im Rahmen der Organspende. 2008.

Band 89 Julia Susanne Sundmacher: Die unterlassene Befunderhebung des Arztes. Eine Auseinandersetzung mit der Rechtsprechung des BGH. 2008.

Band 90 Martin Schwee: Die zulassungsüberschreitende Verordnung von Fertigarzneimitteln (Off-Label-Use). Eine Untersuchung vorwiegend im Bereich des Rechts der Gesetzlichen Krankenversicherung unter besonderer Berücksichtigung der sozialgerichtlichen Rechtsprechung. 2008.

Band 91 Jorge Guerra González: Xenotransplantation: Prävention des xenogenen Infektionsrisikos. Eine Untersuchung zum deutschen und spanischen Recht. 2008.

Band 92 Ulrike Beitz: Zur Reformbedürftigkeit des Embryonenschutzgesetzes. Eine medizinisch-ethisch-rechtliche Analyse anhand moderner Fortpflanzungstechniken. 2009.

Band 93 Dunja Lautenschläger: Der Status ausländischer Personen im deutschen Transplantationssystem. 2009.

Band 94 Annekatrin Habicht: Sterbehilfe – Wandel in der Terminologie. Eine integrative Betrachtung aus der Sicht von Medizin, Ethik und Recht. 2009.

Band 95 Ann-Kathrin Hirschmüller: Internationales Verbot des Humanklonens. Die Verhandlungen in der UNO. 2009.

Band 96 Henrike John: Die genetische Veränderung des Erbgutes menschlicher Embryonen. Chancen und Grenzen im deutschen und amerikanischen Recht. 2009.

Band 97 Christof Stock: Die Indikation in der Wunschmedizin. Ein medizinrechtlicher Beitrag zur ethischen Diskussion über „Enhancement“. 2009.

Band 98 Jochen Böning: Kontrolle im Transplantationsgesetz. Aufgaben und Grenzen der Überwachungs- und der Prüfungskommission nach den §§ 11 und 12 TPG. 2009.

Band 99 Stefanie Schulte: Die Rechtsgüter des strafbewehrten Organhandelsverbotes. Zum Spannungsfeld von Selbstbestimmungsrecht und staatlichem Paternalismus. 2009.

Band 100 Dorothea Maria Tachezy: Mutmaßliche Einwilligung und Notkompetenz in der präklinischen Notfallmedizin. Rechtfertigungsfragen und Haftungsfolgen im Notarzt- und Rettungsdienst. 2009.

Band 101 Annette Hergeth: Rechtliche Anforderungen an das IT-Outsourcing im Gesundheitswesen. 2009.

Band 102 Jussi Raafael Mameghani: Der mutmaßliche Wille als Kriterium für den ärztlichen Behandlungsabbruch bei entscheidungsunfähigen Patienten und sein Verhältnis zum Betreuungsrecht. 2009.

Band 103 Ocka Anna Böhnke: Die Kommerzialisierung der Gewebespende. Eine Erörterung des Resourcenmangels in der Transplantationsmedizin unter besonderer Berücksichtigung der Widerspruchslösung. 2010.

Band 104 Bernd-Rüdiger Kern / Hans Lilie (Hrsg.): Jurisprudenz zwischen Medizin und Kultur. Festschrift zum 70. Geburtstag von Gerfried Fischer. 2010.

Band 105 Ehsan Mohammadi-Kangarani: Die Richtlinien der Organverteilung im Transplantationsgesetz – verfassungsgemäß? 2011.

Band 106 Leonie Hübner: Umfang und Grenzen des strafrechtlichen Schutzes des Arztgeheimnisses nach § 203 StGB. 2011.

Band 107 Dörte Busch: Eigentum und Verfügungsbefugnisse am menschlichen Körper und seinen Teilen. 2012.

www.peterlang.de